Michael
Ladwig

LUDWIG VON MISES EIN LEXIKON

Von
A wie **A**narchismus
bis **Z** wie **Z**wang

FBV | EDITION LICHTSCHLAG

Bibliografische Information der Deutschen Nationalbibliothek
Die Deutsche Nationalbibliothek verzeichnet diese Publikation in der Deutschen Nationalbibliografie; detaillierte bibliografische Daten sind im Internet über **http://d-nb.de** abrufbar.

Für Fragen und Anregungen:
info@finanzbuchverlag.de

1. Auflage 2016

Nymphenburger Straße 86
D-80636 München
Tel.: 089 651285-0
Fax: 089 652096

Korrektorat: Desirée Šimeg
Umschlaggestaltung: Melanie Melzer, München
Umschlagabbildung: mit freundlicher Genehmigung des Ludwig von Mises Institute, Alabama
Satz: Carsten Klein, München
Druck: GGP Media GmbH, Pößneck
Printed in Germany

ISBN Print 978-3-89879-979-9
ISBN E-Book (PDF) 978-3-86248-902-2
ISBN E-Book (EPUB, Mobi) 978-3-86248-901-5

Weitere Informationen zum Verlag finden Sie unter
www.finanzbuchverlag.de

Inhalt

Mises für alle!

Ich bin nicht für die Marktwirtschaft und gegen den Sozialismus, weil die Kapitalisten sehr nette Leute sind. {...} Ich bin für den Kapitalismus, weil er der Menschheit nützt. Ich bin nicht gegen den Sozialismus, weil die Sozialisten schlechte Leute sind, aber weil er zu einem völligen Niedergang des Lebensstandards aller führt und die Freiheit zerstört.[1]

Lieber Leser, vielen Dank für den Kauf dieses Werkes. Vor Ihnen liegt ein außergewöhnliches Extrakt der schriftlichen Werke eines der größten Ökonomen und Sozialphilosophen des 20. Jahrhunderts: Ludwig von Mises (1881–1973).

Dass es so weit kommen konnte, verdankt die Nachwelt der leidenschaftlichen Vehemenz, mit der Mises seine Thesen vertrat. Die Erkenntnis, dass jedweder Fremdeingriff in bedürfnisgelenktes Handeln unethisch ist, ist dabei nur eine – jedoch wesentliche – Folge der Geradlinigkeit seiner Arbeiten. Beispielhaft dafür mag ein Satz aus seiner viel zu kurzen Autobiografie dienen, nämlich dass »in der Wissenschaft {...} Kompromisse Verrat an der Wahrheit«[2] seien. Mit Nachgiebigkeit vermag man Freunde in Politik und Wissenschaft zu gewinnen, Mises jedoch war daran nicht interessiert. Vielmehr setzte er auf Vernunft. Die Feindschaft vieler Akademikerkollegen – zumeist aus der Historischen Schule der Nationalökonomie – und Politiker begleiteten ihn leider sein Leben lang. Aber auch weite Teile der außerökonomischen Intelligenz standen Mises' entschlossenem Eintreten und seinen messerscharfen Argumenten gegen jedwede sozialistischen Experimente ablehnend gegenüber.

Ludwig von Mises' Schriften sind zweifelsfrei der geistige Kraftquell des Liberalismus und des Libertarismus gleichermaßen; beide erfreuen

1 MU, S. 102
2 ER, S. 48

sich in der jüngeren Vergangenheit starken Zulaufs. Die Lektüre Mises'scher Werke sind unzweifelhaft die erfolgversprechendste Therapie gegen Sozialismus, Etatismus und Interventionismus; denn – Unvoreingenommenheit und Aufgeschlossenheit vorausgesetzt – seine in der Praxis immer wieder bestätigten Theorien führen sozusagen zur »Heilung« vom planwirtschaftlichen Denken. Der österreichische Visionär hatte bereits 1912 die fatale Wirkung eines Banken-Teilreservesystems beschrieben[3] und 1920 die Undurchführbarkeit eines sozialistischen Wirtschaftssystems theoretisch nachgewiesen.[4] Und das noch bevor diese Systeme politisch und weltgeschichtlich Relevanz erlangten! 1927, also zwei Jahre vor der Weltwirtschaftskrise, prophezeite Mises: »Wer seine Augen nicht absichtlich schließt, muß überall die Anzeichen einer nahenden Katastrophe der Weltwirtschaft erkennen.«[5]

Obwohl Mises' Geld- und Konjunkturtheorien zunächst großen Anklang fanden, gerieten seine Lehren von der Wirkmächtigkeit einer freien Marktwirtschaft im Fahrwasser interventionistischer Doktrinen ins Abseits. Zu Unrecht, wie wir heute wissen.

Doch erfreulicherweise wächst seit mehr als einem Jahrzehnt das Interesse an der Person Ludwig von Mises und seiner Lehre unaufhörlich. Als bekanntester Vertreter der Österreichischen Schule der Nationalökonomie vertrat er die radikale Ansicht, dass nur eine auf freiwilligen Handlungen basierende Wirtschaftsform – wie der Kapitalismus – nachhaltigen Wohlstand auf- und ausbauen kann. Alle anderen Wirtschaftsformen – wie die sozialistischen oder die interventionistischen – sind, gemessen an ihren eigenen Zielen, zum Scheitern verurteilt.

Die erkenntnistheoretischen Arbeiten Mises' nehmen stets das menschliche Handeln in den Blick. Diese Lehre – die Praxeologie, wie er sie nannte – ist das Fundament, auf dem alle anderen wissenschaftlichen Disziplinen – auch die Wirtschaftswissenschaften – gedanklich aufbauen. Ihr Stellenwert in der akademischen Welt ist allerdings nicht der, den sie haben müsste, weil zeitgenössische Wirtschaftswissenschaftler sich aufgrund ihrer Nähe

---

3 in »Theorie des Geldes und der Umlaufsmittel«

4 in verschiedenen Aufsätzen zur sozialistischen Wirtschaftsordnung und ab 1922 in »Die Gemeinwirtschaft«

5 LI, S. 2

zur Philosophie nur schwer mit ihr anfreunden können.[6] Der handelnde Mensch trachtet nach der bestmöglichen Deckung seiner Bedürfnisse, und diese sind die Antriebsmechanismen einer jeden Volkswirtschaft. Folgerichtig stand daher immer der Mensch im Zentrum seiner Erörterungen, niemals aber anonyme Kollektive. Mises' Subjektivismus ist der weitergedachte Umstand von der Verschiedenartigkeit der Menschen. Unterschiedliche Fähigkeiten, Bedürfnisse und Ethiken bestimmen in Gänze das Auf und Ab der Wirtschaft. Die vielgescholtene Ungleichheit der Lebensverhältnisse ist nur eine Folge dieser unumstößlichen Erkenntnis. Der unbehinderte Markt war für Mises nicht nur eine Einrichtung der ergiebigen Arbeitsteilung und effizienten Allokation knapper Ressourcen, sondern der Garant und unabdingbare Voraussetzung für Frieden und Freiheit, mithin ein Inkubator menschlicher Gesellschaft.

Mises stellte zu Recht fest, dass es Demagogen allzu leicht fällt, die Gegenwart auf Kosten unserer Zukunft zu bereichern, weil unser ganzes Denken völlig auf das beschränkt ist, was wir wissen und auf den ersten Blick zu beobachten imstande sind. Mises nahm es zeit seines Lebens auf sich, die dunkle Kehrseite einer jeden staatsinterventionistischen Maßnahme auszuleuchten. Denn, so Mises, »wer nur das zu sagen hat, was jedermann hören will, sollte lieber schweigen«.[7]

Die vorliegende Veröffentlichung ist daher dazu geeignet, den wichtigsten Begrifflichkeiten des Mises'schen Denkens *in nuce* wieder mehr Aufmerksamkeit zukommen zu lassen. Insofern soll dieses Nachschlagewerk der Weiterverbreitung seiner Gedanken dienen und gleichzeitig Anregung zum vertiefenden Studium seiner Werke sein.

Michael Ladwig
Herausgeber

---

6 Im Übrigen standen auch einige damalige Nationalökonomen mit der Praxeologie auf Kriegsfuß und »verhöhnten« den von Mises vertretenden Zweig der Nationalökonomie als »literarisch«. BB, S. 662.

7 ER, S. 38

Editorische Notiz

Ereignisse und Personen, die Mises gelegentlich erwähnte, wurden in den Fußnoten vom Herausgeber ergänzt und gegebenenfalls mit weiteren Erläuterungen versehen. Auslassungen in den Zitaten, sind mit »{...}« gekennzeichnet. Fußnotenkommentare in Anführungszeichen entsprechen den Originalfußnoten aus Mises Werken. Kommentare ohne Anführungszeichen stammen vom Herausgeber.

Der Quellennachweis erfolgt unter jedem Zitat. Das Buchstabenkürzel steht für das Werk, dessen komplette bibliografische Angaben sich im Literaturverzeichnis befinden, und die dem Kürzel nachstehende Zahl gibt die Seite an.

Danksagung

Dank gebührt Andreas Marquart vom Ludwig von Mises Institut Deutschland, der mir in der Endphase des Lexikons jederzeit helfend zu Rechte- und Publikationsfragen zur Seite stand. Außerdem danke ich Michael Kastner von buchausgabe.de, der mir in den besonders schwierigen – da bis in den angelsächsischen Raum hineinreichenden – Rechteangelegenheiten geduldig und kenntnisreich antwortete. Gedankt sei auch Helmut Krebs von menschliches-handeln.de, der mir seine veröffentlichten und bis heute noch unveröffentlichten Mises-Übersetzungen zwecks Auswertung zur Verfügung stellte.

Letztlich ist noch allen Verlagen zu danken, die mir in kollegialer Weise den Abdruck der teils sehr umfangreichen Textstellen erlaubten. Zu nennen sind die Verlage Lau (Reinbek), Lucius & Lucius (Stuttgart), Akston (München), Schweizer Monat (Zürich), Springer (Heidelberg), Academia (Sankt Augustin), Knapp (Frankfurt), Wissenschaftliche Buchgesellschaft (Darmstadt), Duncker & Humblot (Berlin), Thieme (Stuttgart), Mohr Siebeck (Tübingen) und Manz (Wien).

Anarchismus

Es gibt eine Schule, die meint, man könnte durch Belehrung alle Menschen von der Notwendigkeit überzeugen, immer sozial zu handeln, das heißt so zu handeln, daß man im Handeln auf die Erhaltung der gesellschaftlichen Ordnung Rücksicht nimmt; richtig belehrt, würden dann alle Menschen schon freiwillig sozial handeln. Dem Anarchismus erscheinen daher Einrichtungen, die den einzelnen zur Befolgung der Regeln, die die Aufrechthaltung der Gesellschaft fordert, zwingen sollen, als überflüssig. Seiner Auffassung nach könnte eine Gesellschaftsordnung, die nicht einzelnen Menschengruppen Vorrechte auf Kosten und zu Lasten der übrigen einräumt, auch ohne die Einrichtung eines Zwangsapparates zur Unterdrückung gesellschaftsschädlichen Handelns auskommen. Die ideale Gesellschaft brauche daher keinen Staat und keine Regierung, keine Richter, keine Büttel und keine Schergen. Der Grundfehler der anarchistischen Lehre liegt in der Nichtbeachtung der Erfahrungstatsache, daß es Menschen gibt, denen die Einsicht oder die Kraft mangelt, ihr Handeln den Anforderungen der Gesellschaft gemäß einzurichten. Wollte man selbst zugeben, daß alle gesunden Erwachsenen über beides verfügen, so kann man doch nicht bestreiten, daß es beim heranwachsenden Menschen, beim kranken Menschen und bei dem vom Kräfteverfall des Alters ergriffenen Menschen gar häufig anders ist. Schon daß es Kinder, Geisteskranke und Altersschwache gibt, macht einen gesellschaftlichen Zwangsapparat unentbehrlich. Wenn die übrigen Glieder der Gesellschaft freiwillig stets sozial handeln, dann wird ihnen gegenüber ein Einschreiten der Regierungsorgane sich als überflüssig erweisen. Man mag der Ansicht sein, daß jeder, der antisozial handelt, als krank zu betrachten und daher vor allem zu heilen sei; doch solange nicht alle geheilt sind, muss ein Zwangsapparat darüber wachen, daß durch das Verhalten solcher Kranker kein Schaden entstehe. Gesellschaftliches Zusammenleben und Zusammenwirken von Menschen ist daher nur im staatlichen Verbande denkbar, d. h. nur in einem Verbande, der über einen Zwangsapparat zur Unterdrückung gesellschaftsstörenden Handelns von Einzelnen oder von Gruppen verfügt.
NÖ, S. 119 f.

Der Anarchismus verkennt die wahre Natur des Menschen; er

wäre nur durchführbar in einer Welt von Engeln und Heiligen. Liberalismus ist nicht Anarchismus; Liberalismus hat mit Anarchismus nicht das geringste zu tun. Der Liberalismus ist sich darüber ganz klar, daß ohne Zwanganwendung der Bestand der Gesellschaft gefährdet wäre, und daß hinter den Regeln, deren Befolgung notwendig ist, um die friedliche menschliche Kooperation zu sichern, die Androhung der Gewalt stehen muß, soll nicht jeder einzelne imstande sein, den ganzen Gesellschaftsbau zu zerstören. Man muß in der Lage sein, den, der das Leben, die Gesundheit oder persönliche Freiheit anderer Menschen oder das Sondereigentum nicht achten will, mit Gewalt dazu zu bringen, sich in die Regeln des gesellschaftlichen Zusammenlebens zu fügen. Das sind die Aufgaben, die die liberale Lehre dem Staat zuweist: Schutz des Eigentums, der Freiheit und des Friedens.
LI, S. 33

ꝏ

Man pflegt oft die grundsätzliche Verschiedenheit, die zwischen dem liberalen und dem anarchistischen Gedanken besteht, zu verkennen. Der Anarchismus lehnt alle gesellschaftliche Zwangsorganisation ab, er verwirft den Zwang als Mittel gesellschaftlicher Technik. Er will den Staat und die Rechtsordnung wirklich abschaffen, weil er der Meinung ist, daß die Gesellschaft sie ohne Schaden entbehren könnte. Er befürchtet von der Anarchie nicht Unordnung, denn er glaubt, daß die Menschen sich auch ohne Zwang zu gesellschaftlichem Zusammenwirken verbinden und dabei alle jene Rücksichten nehmen würden, die das Leben in der Gesellschaft verlangt. Der Anarchismus ist an sich weder liberal noch sozialistisch; er bewegt sich in einer anderen Ebene als Liberalismus und Sozialismus. Wer den Grundgedanken des Anarchismus als verfehlt ansieht, wer es für eine Illusion hält, daß es möglich sei oder je möglich werden könnte, die Menschen ohne den Zwang einer verpflichtenden Rechtsordnung zu friedlichem Zusammenwirken zu vereinen, der wird sowohl als Liberaler als auch als Sozialist sich von anarchistischen Ideen fernhalten. Alle liberalen und alle sozialistischen Theorien, die den Boden der streng logischen Gedankenverknüpfung nicht verlassen, haben ihr System unter bewußter und scharfer Ablehnung des Anarchismus ausgebaut. Inhalt und Umfang der Rechtsordnung sind im Liberalismus und im Sozialismus verschieden; doch beide erkennen ihre Notwendigkeit. Wenn der Liberalismus

das Gebiet der staatlichen Tätigkeit einengt, so liegt es ihm fern, die Notwendigkeit des Bestandes einer Rechtsordnung zu bestreiten. Er ist nicht staatsfeindlich, er sieht den Staat nicht als ein – wenn auch notwendiges – Übel an. Seine Stellung zum Staatsproblem ist überhaupt nicht durch seine Abneigung gegen die »Person« des Staates gegeben, sondern durch seine Stellung zum Eigentumsproblem. Weil er das Sondereigentum an den Produktionsmitteln will, muß er folgerichtig alles ablehnen, was ihm entgegensteht. Der Sozialismus wieder muß, sobald er sich grundsätzlich vom Anarchismus abgewendet hat, das Gebiet, das die Zwangsordnung des Staates regelt, zu erweitern suchen; ist es doch sein ausgesprochenes Ziel, die »Anarchie der Produktion« zu beseitigen. Der Sozialismus hebt die staatliche Rechtsordnung mit ihrem Zwange nicht auf; er dehnt sie im Gegenteil auf ein Gebiet aus, das der Liberalismus staatsfrei lassen will.
GW, S. 31 f.

Wird das Gesetz aufgehoben, so wird die Gesellschaft durch Anarchie zerstört.
BK, S. 85

Eine engstirnige Schule von Philosophen, die Anarchisten, haben sich dazu entschieden, die Materie zu ignorieren, indem sie eine staatenlose Organisation der Menschheit vorschlagen. Sie übergehen einfach den Tatbestand, daß die Menschen keine Engel sind. Sie sind zu dumm zu erkennen, daß kurzfristig ein Individuum oder eine Gruppe von Individuen seine Interessen gewiss auf Kosten seiner eigenen langfristigen Interessen und die aller anderen befördern kann. Eine Gesellschaft, die nicht bereit ist, die Angriffe solch asozialer und kurzsichtiger Aggressoren zu durchkreuzen, ist hilflos und auf die Gnade ihrer wenigst intelligenten und brutalsten Mitglieder verwiesen. Während Plato sein Utopia auf die Hoffnung gründete, daß eine kleine Gruppe von vollkommen weisen und moralisch tadellosen Philosophen für die oberste Leitung aller Angelegenheiten verfügbar sein werden, gehen die Anarchisten davon aus, daß alle Menschen ohne Ausnahme mit perfekter Weisheit und moralischer Tadellosigkeit ausgestattet sein werden. Sie begreifen nicht, daß kein System der gesellschaftlichen Zusammenarbeit das Dilemma zwischen den kurzfristigen Interessen eines Menschen oder einer Gruppe

und den langfristigen beseitigen kann. {...} Es ist wahr, der Staat ist unverzichtbar, weil die Menschen nicht fehlerlos sind. Aber dazu konzipiert, mit einigen Aspekten der menschlichen Unvollkommenheit fertig zu werden, kann er nie vollkommen sein.
UF, S. 98 f./101

Antikapitalismus

Das Preis- und Marktsystem des Kapitalismus ist eine Gesellschaft, in der Verdienste und Leistungen den Erfolg oder das Versagen eines Menschen bestimmen. {...} Um sich selbst zu trösten und um seine Selbstbehauptung wieder herzustellen, ist ein solcher Mensch auf der Suche nach einem Sündenbock. Er versucht, sich selbst einzureden, daß es nicht sein eigener Fehler war, der ihn versagen ließ. Er ist wenigstens ebenso begabt, tüchtig und fleißig wie diejenigen, die ihn überstrahlen. Unglücklicherweise ist es nur so, daß unsere ruchlose soziale Ordnung die Preise nicht den verdienstvollen Menschen zuleitet; sie krönt den unredlichen, gewissenlosen Schurken, den Schwindler, den Ausbeuter, den »groben Individualisten«. Er selbst hat seiner Ehrlichkeit wegen versagt. Er war zu anständig, sich der niedrigen Tricks zu bedienen, denen seine erfolgreichen Rivalen ihren Aufstieg verdanken. Wegen der Umstände, wie sie der Kapitalismus schafft, ist der Mensch gezwungen, zwischen Tugend und Armut auf der einen Seite und Laster und Reichtum auf der anderen Seite zu wählen. Er selbst hat, Gott sei Dank, die erste Alternative gewählt und die letztere zurückgewiesen. Diese Suche nach einem Sündenbock ist eine Einstellung von Leuten, die in einer sozialen Ordnung leben, die jedermann nach seinem Beitrag zu dem Wohlergehen seines Mitmenschen behandelt, und in welcher somit jeder der Urheber seines eigenen Vermögens ist. Jedes Mitglied einer solchen Gesellschaft, dessen Ehrgeiz nicht ganz befriedigt ist, hat ein Ressentiment gegen das Glück derjenigen, die erfolgreicher waren. Ein Dummkopf befreit sich von diesen Gefühlen durch Verleumdung und Beschimpfung. Die kultivierteren und geschickteren Menschen erlauben es sich nicht, sich persönlichen Verleumdungen hinzugeben. Sie sublimieren ihren Haß in eine Philosophie, die Philosophie des Antikapitalismus, um die innere Stimme, die ihnen sagt, daß ihr Versagen ihr eigener Fehler ist, unhörbar zu machen. Ihr Fanatismus in der Verteidigung ihrer Kritik am Kapitalismus ist der Tatsache zuzuschreiben, daß sie ihr eigenes Wissen über die Unrichtigkeit ihrer

Angriffe bekämpfen. Dem Leiden, das durch enttäuschten Ehrgeiz verursacht wird, sind besonders diejenigen Menschen unterworfen, die in einer Gesellschaft leben, in der das Prinzip der Gleichheit vor dem Recht herrscht. Es ist nicht verursacht durch die Gleichheit vor dem Recht, sondern durch die Tatsache, daß die Ungleichheit der Menschen hinsichtlich ihrer geistigen Fähigkeiten, Willenskraft und deren Anwendung in einer Gesellschaft, in der die Gleichheit vor dem Recht herrscht, sichtbar wird. Die Kluft zwischen dem, was ein Mensch darstellt und erreicht, und was er von seinen eigenen Fähigkeiten und Leistungen denkt, wird mitleidlos enthüllt. Wunschträume von einer »gerechten« Welt, die ihn nach seinem »wirklichen Wert« behandeln würde, sind die Zufluchtsstätte derjenigen, die unter einem Mangel an Selbsterkenntnis leiden.
WA, S. 21 ff.

Klagen über die Härte und Unbilligkeit des auf dem Markte herrschenden Ausleseverfahrens gehören zu dem volkstümlichsten Bestandteil der landläufigen Anklagen gegen den Kapitalismus. Um die Erzeuger – vor allem die Arbeiter, oft auch die Unternehmer und die Grundbesitzer, mitunter selbst die Kapitalisten – gegen die Tyrannei der Verbraucher zu schützen, sucht die Wirtschaftspolitik das Getriebe des Marktes zu hemmen, indem sie den minderwertigen Erzeuger in die Lage versetzt, sich dem tüchtigeren Erzeuger gegenüber im Wettbewerb zu behaupten. Was man Sozialpolitik nennt, ist oft nichts anderes als Schutz des Erzeugers gegen den Verbraucher. Es will »Produzentenpolitik« sein im Gegensatz zu der »Konsumentenpolitik« des unbehinderten Marktes.
NÖ, S. 273

Die weitaus überwiegende Zahl aller Kartelle und Trusts hätte nicht errichtet werden können, wenn nicht die Regierungen durch protektionistische Maßnahmen die Voraussetzungen ihrer Bildung geschaffen hätten. Die Monopole der verarbeitenden Gewerbe und des Handels verdanken ihre Entstehung nicht einer der kapitalistischen Wirtschaft immanenten Tendenz, sondern der gegen den Kapitalismus gerichteten Interventionspolitik der Regierungen.
GW, S. 360

Arbeitslosigkeit

Man pflegt es als paradox zu bezeichnen, daß Waren unverkäuflich daliegen, während Menschen nach diesen Waren Bedarf haben, und daß Arbeitslose vorhanden sind, wo doch noch viel Arbeit auf der Welt zu leisten wäre. Die Ausdrücke »Unverkäuflichkeit« und »Arbeitslosigkeit« erwecken eben unrichtige Vorstellungen von dem Tatbestand, den sie zu bezeichnen haben. »Unverkäuflichkeit« bedeutet nicht, daß die Waren überhaupt nicht verkauft werden können, sondern nur, daß sie nicht zu einem Preise verkauft werden können, der die Produktionskosten deckt. Diese Güter hätten überhaupt nicht erzeugt werden sollen, weil anderer, verhältnismäßig dringenderer Bedarf noch nicht gedeckt war. Arbeitslosigkeit bedeutet nicht, daß der Arbeiter keine Arbeit finden könne, sondern daß er für die Arbeit, die er zu leisten gewillt und befähigt ist, nicht jenen Lohn erhalten kann, den er verlangt.
KK

ಐ

Die Nichtausnützung der vollen Produktionskapazität von Kapitalanlagen, die nicht umgelenkt werden können, erklärt sich aus Fehlern der Vergangenheit. Man hat Investitionen gemacht unter Annahmen, die sich als ungerechtfertigt erwiesen haben; der Markt verlangt anderes als das, was ihm von diesen Anlagen geliefert werden kann.[8] Die Anhäufung von Warenvorräten und die Arbeitslosigkeit von Arbeitskräften ist Spekulation. Der Eigentümer will die Waren nicht zu dem Preis verkaufen, den er heute erhalten könnte, weil er hofft, später einen höheren Preis zu erzielen. Der Arbeiter will weder Orts- oder Berufswechsel vornehmen noch seine Lohnforderung ermäßigen, weil er hofft, die Arbeit, die er vorzieht, an dem Orte, den er vorzieht, mit höherem Lohn zu finden. Beide, Vorratsbesitzer und Arbeitslose, weigern sich, sich der Marktlage von heute anzupassen, weil sie auf das Auftreten neuer Daten hoffen, die die Marktlage zu ihren Gunsten verändern sollen. Weil sie sich der Marktlage nicht anpassen, hat das Wirtschaftsgefüge noch nicht den Gleichgewichtsstand erreicht.
NÖ, S. 527

ಐ

8 »Auch im Gleichgewichtszustand können Anlagen bestehen, die nicht oder nicht vollständig ausgenützt werden. Sie stören den Gleichgewichtsstand ebensowenig wie das Brachliegen des extramarginalen Bodens.«

Wenn ein Arbeitsuchender für die Art von Arbeit, die er vorzieht, keinen Abnehmer findet, muss er sich um Arbeit anderer Art umsehen. Wenn ein Arbeitsuchender nicht den Lohn erhalten kann, den er gerne haben wollte, dann muss er seine Ansprüche herabsetzen. Will er das nicht, so findet er keine Arbeit; er wird arbeitslos. Die Arbeitslosigkeit ist die Folge des Umstandes, daß der Arbeiter – entgegen der Auffassung der früher erwähnten Lehre vom Nichtwartenkönnen der Arbeiter – warten kann und warten will. Ein Arbeiter, der nicht warten kann und nicht warten will, findet in der unbehinderten Marktwirtschaft, in der es extramarginalen brachliegenden Boden und oft auch unausgenützte Produktionskapazität produzierter Produktionsmittel gibt, immer Arbeit; es genügt, daß er seine Lohnforderung ermäßigt oder Beruf und Arbeitsort wechselt. {...} Die Arbeitslosigkeit ist auf dem unbehinderten Markte immer freiwillig gewollt. Der Arbeitslose sieht in ihr das kleinere von zwei Übeln, zwischen denen er zu wählen hat. Die Marktlage mag den Lohn herabdrücken, doch es gibt auf dem unbehinderten Markte stets einen Lohnsatz, zu dem alle Arbeitswilligen Arbeit finden können. Die endlichen Löhne sind jene Lohnsätze, bei denen alle Arbeiter Beschäftigung und alle Unternehmer so viele Arbeiter, als sie beschäftigen wollen, finden. {...} Von der marktmäßigen Arbeitslosigkeit ist die irreguläre Arbeitslosigkeit grundsätzlich verschieden. Sie entspringt nicht dem Entschlusse des einzelnen Arbeiters. Sie ist die Folge einer Politik, die höhere Löhne als die, die der Markt bildet, durch Eingriff in das Getriebe des Marktes festzulegen sucht. Die irreguläre Arbeitslosigkeit geht über den Rahmen einer Betrachtung der unbehinderten Marktwirtschaft hinaus.
NÖ, S. 546 ff.

Daß man die Arbeitslosigkeit nicht dadurch bekämpfen kann, daß man auf Staatskosten öffentliche Arbeiten ausführen läßt, die sonst unterblieben wären, ist klar. Die Mittel, die hier aufgewendet werden, müssen durch Steuern oder Anleihen aus jener Verwendung, die sie sonst gefunden hätten, herausgezogen werden. Man kann auf diesem Wege die Arbeitslosigkeit in einem Produktionszweig nur soweit mildern, als man sie in einem anderen erhöht.
LI, S. 75

Am verhängnisvollsten wurde die antikapitalistische Wirtschaft auf dem Arbeitsmarkt. Bei dem Lohnsatz, der sich auf dem unbehinderten Markt bildet, finden alle Arbeiter Beschäftigung und alle Unternehmer die Arbeiter, die sie benötigen. Daß Arbeitslosigkeit nicht nur als vorübergehende Erscheinung von unbeträchtlichem Umfang, sondern als Dauererscheinung auftritt, ist allein dem Umstand zuzuschreiben, daß die Bestrebungen der Gewerkschaften, das Lohnniveau über dem Satz, der bei dem Stand der Kapitalsversorgung und der Ergiebigkeit der Arbeit von der Wirtschaft ohne Kapitalsaufzehrung getragen werden kann, festzulegen, von der Wirtschaftspolitik gefördert werden. Zu diesem von den Gewerkschaften festgehaltenen Lohnsatz kann nur ein Teil der Arbeiter Beschäftigung finden. Solange den Arbeitslosen Unterstützungen aus öffentlichen Mitteln zuteil werden und solange nicht wirksam dafür Sorge getragen wird, daß Arbeiter, die bereit sind, zu einem niedrigeren Satz als dem von der Gewerkschaft geforderten, zu arbeiten, gegen Gewaltanwendung seitens der Gewerkschaften geschützt sind, wird die künstliche Überhöhung des Lohnniveaus bleiben, da sie gegen den Druck arbeitsuchender Arbeitsloser gesichert ist. Aber dann wird auch die Arbeitslosigkeit immer mehr um sich greifen. Die Arbeitslosenunterstützung ist keineswegs, wie die von der interventionistischen Lehre beherrschte öffentliche Meinung anzunehmen pflegt, eine Maßnahme zur Milderung der durch die Arbeitslosigkeit hervorgerufenen Not. Sie ist vielmehr ein Glied in der Kette von Ursachen, die die Arbeitslosigkeit als Dauer- und Massenerscheinung erst schaffen.
KK

Wenn man anregt, den Unternehmern, die Arbeitslose in ihre Betriebe einstellen wollen, einen Teil des Lohnaufwandes unmittelbar oder mittelbar aus öffentlichen Mitteln zu vergüten, so erkennt man an, daß die Unternehmer bei einem niedrigeren Lohnstande in der Lage wären, mehr Arbeiter zu beschäftigen als bei einem höheren. Wenn man vorschlägt, der Staat oder die Gemeinden mögen ohne Rücksicht auf die Rentabilität Arbeiten ins Werk setzen, die die Privatwirtschaft, weil sie unrentabel sind, nicht leisten will, so heißt auch das nichts anderes, als daß der Lohn so hoch ist, daß er eine Rentabilität dieser Unternehmungen nicht zuläßt. (Nebenbei bemerkt übersieht dieser Vorschlag ganz, daß der Staat

und Gemeinden nur dann bauen und investieren können, wenn sie die hierfür erforderlichen Mittel der Privatwirtschaft entziehen, so daß also die Verwirklichung dieses Vorschlages auf der einen Seite genau so viel neue Arbeitslosigkeit schaffen müßte, als auf der anderen Seite Arbeitslosigkeit beseitigt wird.) Wenn man neuestens wieder daran denkt, die Arbeitszeit zu verkürzen, so bedeutet auch das eine Anerkennung unserer Auffassung. Denn indem dieser Vorschlag die Arbeitszeit dergestalt kürzen will, daß alle Arbeitslosen Beschäftigung finden, und dabei jedem einzelnen Arbeiter in dem Maße, in dem er weniger zu arbeiten hat als heute, geringeren Lohn zukommen lassen will, setzt er als selbstverständlich voraus, daß beim Satze der gegenwärtigen Entlohnung nicht mehr Arbeit zu finden ist, als gegenwärtig vergeben wird. Daß die Löhne zu hoch sind, um allen Beschäftigung zu geben, gibt auch zu, wer die Forderung aufstellt, die Arbeiter mögen ohne Erhöhung des Lohnsatzes ihre Leistung steigern. Wo Zeitlohn herrscht, bedeutet dies ja ohne weiteres Verbilligung der Arbeit, und dort, wo Stücklohn herrscht, dasselbe unter der Voraussetzung, daß die Stücklöhne gekürzt werden.
UW, S. 19 f.

Für den Unternehmer ist die Verwendung von Arbeitern Teil eines Geschäftes; sinkt der Lohn, so steigt die Rentabilität seines Unternehmens, er kann mehr Arbeiter einstellen. Die Arbeiter haben es mithin in der Hand, die Nachfrage nach Arbeitskräften zu erhöhen. Das bedeutet nun ganz und gar nicht, daß der Markt die Tendenz hätte, den Lohnsatz ständig zu drücken. Wenn die Konkurrenz der Arbeiter die Tendenz hat, den Lohn zu drücken, so hat der Wettbewerb der Unternehmer wieder die Tendenz, ihn in die Höhe zu treiben.
UW, S. 15 f.

Man vergegenwärtige sich etwa das Problem einer Massenarbeitslosigkeit, die Jahr um Jahr verlängert wird. Der »Fortschrittliche« interpretiert sie als ein Übel, das dem Kapitalismus innewohnt. Das naive Publikum ist bereit, diese Erklärung zu schlucken. Die Leute machen sich nicht klar, daß die Arbeitslosigkeit in einem unbehinderten Arbeitsmarkt, der weder von gewerkschaftlichem Druck noch von vom Staat festgesetzten Mindestlohnsätzen beeinträchtigt wird, lediglich kleine Gruppen für kurze Zeit betrifft. Bei

freiem Kapitalismus ist Arbeitslosigkeit eine vergleichsweise unwichtige, vorübergehende Erscheinung; es herrscht eine ständige Tendenz zum Verschwinden der Arbeitslosigkeit vor. Wirtschaftlicher Wandel mag zu neuer Arbeitslosigkeit führen. Doch zu den Lohnsätzen, die auf einem freien Arbeitsmarkt vereinbart werden, erhält jeder, der Lohn verdienen will, schließlich eine Anstellung. Arbeitslosigkeit als Massenerscheinung ist die Folge einer angeblichen »arbeiterfreundlichen« Politik des Staates und von gewerkschaftlichem Druck und gewerkschaftlicher Gewalt. {...} Es ist eine Illusion zu glauben, daß Staatsausgaben Arbeitsplätze für Unbeschäftigte – also für jene, die wegen der Politik der Gewerkschaften oder der Regierung keine Arbeitsplätze erhalten können – schaffen können. Wenn die Staatsausgaben auf nicht-inflationäre Weise finanziert werden, also entweder durch Besteuerung der Bürger oder durch Anleihen beim Publikum, vernichten sie auf der einen Seite so viele Arbeitsplätze wie sie auf der anderen Seite schaffen. Wenn sie durch Inflation finanziert werden, also entweder durch eine Ausweitung des Umlaufs an Geld und Banknoten oder durch Anleihen bei Geschäftsbanken, verringern sie die Arbeitslosigkeit nur dann, wenn die Geldlöhne hinter den Warenpreisen zurückbleiben, also wenn und insoweit die realen Lohnsätze sinken. Es gibt nur einen Weg zu einer Erhöhung der realen Lohnsätze für alle, die Löhne verdienen wollen: die fortschreitende Anhäufung neuen Kapitals und die Verbesserung technischer Produktionsweisen, die das neue Kapital hervorruft. Die wahren Interessen der Arbeitnehmer stimmen mit denen der Arbeitgeber überein.
BK, S. 117 f.

Im Gleichgewichtszustand der Volkswirtschaft gibt es keine unbeschäftigten Arbeitskräfte. Die Arbeitslosigkeit ist eine Folge der wirtschaftlichen Veränderung, sie ist in der durch obrigkeitliche und gewerkschaftliche Eingriffe nicht behinderten Wirtschaft stets nur eine Übergangserscheinung, und die Verschiebung der Lohnsätze hat immer wieder die Tendenz, sie zum Verschwinden zu bringen. Durch zweckentsprechende Einrichtungen, wie zum Beispiel durch Ausgestaltung der Arbeitsvermittlung, die sich auf dem unbehinderten Markte, d. i. bei voller Freizügigkeit der Person und bei Aufhebung aller die Berufswahl und den Berufswechsel erschwerenden Umstände aus dem Wirtschaftsmechanismus heraus

entwickeln würden, könnte man die Dauer der einzelnen Fälle von Arbeitslosigkeit so sehr verkürzen, daß sie kaum noch als ein ernstes Übel empfunden werden könnte. Doch das Verlangen, jedem Bürger einen Anspruch auf Beschäftigung in seinem gewohnten Berufe zu einem Lohn zuzugestehen, der hinter dem Lohnsatz anderer Arbeit, die gerade mehr begehrt wird, nicht zurückbleibt, ist ganz und gar verkehrt. Die Wirtschaft kann ein Mittel zur Erzwingung des Berufswechsels nicht entbehren. In dieser Gestalt ist das Recht auf Arbeit nicht nur in einer auf dem Sondereigentum an den Produktionsmitteln beruhenden Gesellschaftsordnung schlechterdings undurchführbar. Auch das sozialistische Gemeinwesen könnte dem Arbeiter nicht das Recht zugestehen, gerade in seinem gewohnten Berufe tätig zu sein; es müßte die Befugnis haben, die Arbeitskräfte dort zu verwenden, wo sie gerade benötigt werden.
GW, S. 37 f.

Arbeitsteilung

Die wissenschaftliche Erfassung des Problems der Gesellschaft und der Vergesellschaftung hat von der Arbeitsteilung und ihrem Gegenstück, der Arbeitsvereinigung, auszugehen. Gesellschaft ist das Zusammenhandeln, Zusammenwirken und Zusammengehen der Menschen, das in der Arbeitsteilung seinen Ausdruck findet. Die Erfahrung lehrt den handelnden Menschen, daß die arbeitsteilig verrichtete Arbeit ergiebiger ist als die in Vereinzelung geleistete. Denn die Bedingungen, unter denen der Mensch sein Handeln betätigt, sind so beschaffen, daß Arbeitsteilung und Arbeitsvereinigung ergiebiger sind als Sonderhandeln der Einzelnen. Diese Bedingungen sind: Erstens: die Ungleichheit der einzelnen Menschen, insbesondere auch in Hinblick auf ihre Eignung zur Verrichtung verschiedener Arbeiten.[9] Zweitens: die ungleiche Verteilung der natürlichen Produktionsbedingungen auf der Erde. Man kann diese beiden Voraussetzungen auch als eine auffassen, indem man von der Mannigfaltigkeit der Natur spricht, die das Weltall zu einem Gefüge von unendlichem Reichtum der Spielarten gemacht hat. Wäre die Erdoberfläche so beschaffen, daß die Produktionsbedingungen an allen ihren Punkten gleich wären,

9 »Die Gesellschaftslehre der Aufklärungszeit hat diese elementare Erfahrungstatsache der animalischen und geistigen Natur des Menschen keineswegs, wie ihr immer wieder vorgeworfen wird, verkannt. Sie hat ihr in ihrem System in der Lehre von der Arbeitsteilung eine tragende Rolle zugewiesen.«

und würde ein Mensch den übrigen Menschen so gleichen wie ein Kreis jedem andern Kreis mit demselben Durchmesser in der euklidischen Geometrie gleicht, dann würde Arbeitsteilung den Handelnden keine Vorteile bieten. Abseits von diesen beiden Voraussetzungen steht eine dritte, die – wie die Erfahrung zeigt – gleichfalls gegeben ist: daß es nämlich Arbeiten gibt, die die Kraft der Einzelnen übersteigen und nur durch Zusammenfassung der Kräfte mehrerer geleistet werden können. Es ist dabei gleichgültig, ob die Unzulänglichkeit der Kräfte eines Einzelnen in dem Missverhältnis zwischen dem, was er an Kraft aufzubringen vermag, und dem erforderlichen Arbeitsaufwand liegt, oder darin, daß der Einzelne zwar imstande wäre, das geplante Werk allein zu vollbringen, daß er aber dazu so viel Zeit brauchen würde, daß er die Vollendung voraussichtlich überhaupt nicht erleben würde oder daß sie so spät eintreten würde, daß sie ihm nicht einen Nutzen zu bringen vermöchte, der den Aufwand lohnen könnte. In beiden Fällen kann das Ziel des Handelns nur mit vereinten Kräften erreicht werden. Die Verbindung der Einzelnen zum gemeinsamen Handeln schafft erst die Möglichkeit, das Ziel zu erreichen.

NÖ, S. 125 f.

Der Rassenhass ist ebenso wie die mystischen Gemeinschaftsgefühle keine ursprüngliche, natürliche und den Menschen angeborene Erscheinung; er ist das Erzeugnis einer Ideologie. Doch selbst dann, wenn es einen Tatbestand gäbe, den man als ursprünglichen oder natürlichen Rassenhass zu bezeichnen hätte, würde das die gesellschaftliche Kooperation der Menschen nicht berühren und die Ricardo'sche[10] Vergesellschaftungstheorie nicht entkräften. Die gesellschaftliche Verbundenheit hat weder mit individueller Liebe noch mit einem allgemeinen Liebesgebot etwas zu schaffen. Nicht weil die Menschen einander lieben oder einander lieben sollten, kooperieren sie, sondern weil es im Interesse jedes Einzelnen liegt, sich die Vorteile der Arbeitsteilung zunutze zu machen. Selbst wenn es wahr wäre, daß die Natur zwischen den Rassen Hass wachsen ließ, so läge darin nichts, was die wechselseitigen Vorteile der Arbeitsteilung beeinträchtigen könnte. Nicht aus Liebe zu den Mitmenschen, sondern aus Liebe zu sich selbst zieht der in Gesellschaft lebende Mensch

10 David Ricardo (* 1772 in London; † 1823 in Gatcombe Park). Britischer Wirtschaftswissenschaftler und führender Vertreter der klassischen Nationalökonomie.

den Frieden und die einträchtige Zusammenarbeit dem unsozialen Gegeneinander vor.
NÖ, S. 138 f.

ꟿ

Wenn das isolierte Handeln Einzelner durch Zusammenhandeln ersetzt wird, bleibt das Wesen des Handelns unberührt. Daß es Schneider und Tischler, Ärzte und Bauern gibt, ist eben Arbeitsteilung. Der Austausch von Diensten verleiht diesem System seinen Sinn. Es gibt in der Gesellschaft, der Gesamtheit der kooperierenden Wirte, keine Erhalter und keine Erhaltenen; es gibt hier nur ein Geben und Empfangen, ein wechselseitiges Tauschen, ein Hin und Her von Diensten. Es ist ein Irrtum, zu glauben, daß zwar der Landwirt ohne den Schneider, nicht aber der Schneider ohne den Landwirt leben könnte. Um allein für sich zu wirtschaften, müssten beide ihre Spezialisierung aufgeben. Nicht nur der Schneider müsste auch Landwirt werden; der Landwirt müsste auch Schneider werden, wenn er nicht nackt gehen will.
NÖ, S. 112

ꟿ

Die menschliche Gesellschaft ist die Vereinigung der Menschen zu gemeinsamem Handeln. Gemeinsames nach dem Grundsatz der Arbeitsteilung gerichtetes Handeln hat nämlich gegenüber dem isolierten Handeln einzelner Menschen den Vorzug höherer Ergiebigkeit. Wenn eine Anzahl Menschen nach dem Grundsatz der Arbeitsteilung gemeinschaftlich ihr Handeln einrichten, dann erzeugen sie unter im übrigen gleichen Verhältnissen nicht nur soviel, als die Summe dessen ausmachen würde, was sie einzeln handelnd erzeugt hätten, sondern bedeutend mehr. Auf dieser höheren Ergiebigkeit der arbeitsteilig verrichteten Arbeit beruht die ganze menschliche Gesittung. Durch die Arbeitsteilung unterscheidet sich der Mensch von den Tieren. Die Arbeitsteilung hat den schwachen, in physischer Kraft den meisten Tieren gegenüber zurückstehenden Menschen zum Beherrscher der Erde und zum Schöpfer der Wunderwerke der Technik gemacht. Ohne Arbeitsteilung wären wir heute in keiner Beziehung weiter als unsere Vorfahren vor tausend oder zehntausend Jahren. Die menschliche Arbeit für sich allein ist nicht imstande, unser Wohlbefinden zu mehren. Sie muß, um fruchtbar zu werden, auf die von der Natur zur Verfügung gestellte Erde und die Stoffe und Kräfte der Erde angewendet werden. Der Boden und alle Stof-

fe und Kräfte, die er birgt und trägt, und die menschliche Arbeit sind die beiden Produktionsfaktoren, aus deren sinnvollem Zusammenwirken alle die Brauchbarkeiten hervorgehen, die der Befriedigung unserer äußeren Bedürfnisse dienen.
LI, S. 16

Der Bürgerkrieg zerstört so die Arbeitsteilung, weil er jede Gruppe zwingt, sich an der Arbeit ihrer Parteigenossen Genüge sein zu lassen. Hat man die Möglichkeit solcher Feindseligkeiten im Auge, dann wird man von vornherein die Arbeitsteilung sich nicht so stark entwickeln lassen dürfen, daß man dann, im Falle es wirklich zum Kampf kommt, Mangel leidet. Die Entfaltung der Arbeitsteilung ist nur soweit möglich, als die Gewähr ewigen friedlichen Zusammenlebens geboten ist. Die Arbeitsteilung kann sich nur unter dem Schutze eines gewährleisteten Friedens entwickeln. Wo diese Voraussetzung fehlt, überschreitet die Arbeitsteilung nicht die Grenzen des Dorfes oder nicht einmal die des einzelnen Familienhauses. Die Arbeitsteilung zwischen Stadt und Land – daß nämlich die Bauern der umliegenden Dörfer in die Stadt Getreide, Vieh, Milch und Butter liefern und von den Städtern gewerbliche Erzeugnisse eintauschen – setzt schon voraus, daß wenigstens innerhalb der einzelnen Landschaften der Frieden gesichert ist. Soll die Arbeitsteilung das Gebiet eines ganzen Volkes umfassen, so müssen Bürgerkriege außerhalb des Bereiches der Möglichkeit liegen; soll sie die ganze Welt umspannen, so muß ewiger Frieden zwischen den Völkern gesichert sein.
LI, S. 22 f.

Das entscheidende unwiderlegbare Argument gegen den Krieg holt der Liberalismus aus der Tatsache der internationalen Arbeitsteilung. Die Arbeitsteilung überschreitet schon lange die Grenzen der politischen Gemeinschaft. Kein Kulturvolk befriedigt heute seine Bedürfnisse selbstgenügsam unmittelbar durch eigene Produktion. Alle Völker sind darauf angewiesen, Waren aus dem Ausland zu beziehen und durch die Ausfuhr von eigenen Erzeugnissen zu bezahlen. Die Unterbindung des internationalen Warenaustausches würde die Menschheit kulturell schwer schädigen, würde den Wohlstand, ja die Existenzgrundlage von Millionen und Millionen Menschen untergraben. In einem Zeitalter, in

dem die Völker wechselseitig auf die Erzeugnisse ausländischer Produktion angewiesen sind, können Kriege nicht mehr geführt werden. Da ein Krieg, den ein in die internationale Arbeitsteilung verflochtenes Volk führt, durch Unterbindung der Zufuhren entschieden werden kann, muß eine Politik, die auf die Möglichkeit eines Krieges Rücksicht nehmen will, darauf bedacht sein, die nationale Wirtschaft selbstgenügsam zu machen, d. h. sie muß schon im Frieden dahin streben, daß die internationale Arbeitsteilung an den Grenzen des eigenen Staates Halt macht.
LI, S. 95

Der Kampf aller Menschen gegen alle anderen Menschen und der Kampf aller Urhorden gegen alle anderen Urhorden wird dann durch die gesellschaftliche Vereinigung abgelöst. In der Tauschgesellschaft besteht solange kein Widerstreit der Interessen, als das Optimum der Bevölkerungszahl nicht erreicht ist. Solange der Zuwachs von Arbeitern eine überproportionale Steigerung des Arbeitsertrags bedeutet, ist in der arbeitteilenden Gesellschaft der natürliche Interessenkonflikt durch Interessenharmonie ersetzt. Die Menschen sind nicht länger Konkurrenten um ein knappes Maß von Unterhaltsmitteln, sondern als Mitstrebende zur Erreichung gemeinsamer Ziele verbunden. Die Ankunft eines neuen Gastes an der Tafel des Lebens bedeutet nicht Kürzung der Portionen, die den Einzelnen zufallen, sondern eher ihre Vergrößerung.
NÖ, S. 608

Für jede Tier- und Pflanzengattung sind die Existenzmöglichkeiten beschränkt. Daher sind die vitalen Interessen jedes Lebewesens unweigerlich denjenigen aller Angehörigen seiner eigenen Spezies entgegengesetzt. Nur der Mensch ist imstande, diesen von Natur aus unvermeidlichen Konflikt durch Zusammenarbeit zu überwinden. Dank dem Prinzip der Arbeitsteilung wird eine höhere Produktivität erreicht; diese tritt so an die Stelle der bittern Feindschaft, die der Mangel an Nahrungsmitteln hervorruft, und sie bewirkt eine Interessengemeinschaft von Menschen mit gleicher Zielrichtung. Der friedliche Austausch von Gütern und Dienstleistungen – die Wirtschaft – wird zum Musterbeispiel zwischenmenschlicher Beziehungen. Gegenseitige Abmachungen der Beteiligten treten an die Stelle

der Gewalt, der Berufung auf das Gesetz des Stärkeren.
WS, S. 13

ꙮ

Der Sozialismus pflegt das Freiheitsargument gewöhnlich damit zurückzuweisen, daß er erklärt, in der kapitalistischen Gesellschaftsordnung gebe es nur für die Besitzenden Freiheit. Der Proletarier sei unfrei, denn er müsse arbeiten, um sein Leben zu fristen. Man kann sich keine ärgere Verkennung des Begriffes der Freiheit denken als diese. Daß der Mensch arbeiten muß, wenn er mehr verzehren will als das frei in Wald und Feld herumschweifende Tier, ist eine der Bedingungen, die die Natur seinem Leben gesetzt hat. Daß die Besitzenden auch ohne zu arbeiten leben können, ist ein Gewinn, den sie aus der gesellschaftlichen Arbeitsvereinigung ziehen, ohne jemand, etwa die Nichtbesitzenden, zu schädigen. Auch für diese bringt die Arbeitsvereinigung Gewinn durch Erhöhung der Produktivität der Arbeit. Die sozialistische Gesellschaftsordnung könnte die Abhängigkeit des Einzelnen von den natürlichen Lebensbedingungen nur dadurch mildern, daß sie die Produktivität der Arbeit weiter steigert. Kann sie das nicht, führt sie im Gegenteil zur Verminderung der Produktivität, dann macht sie den Menschen der Natur gegenüber unfreier.
GW, S. 173

ꙮ

Geschichtlich stehen am Ausgangspunkt der gesellschaftlichen Arbeitsteilung zwei natürliche Tatsachen: die individuelle Ungleichheit der menschlichen Anlagen und die Verschiedenheit der äußeren Lebensbedingungen auf der Erdoberfläche. Diese beiden Tatsachen sind in Wahrheit eins: die Mannigfaltigkeit der Natur, die sich nicht wiederholt und das Weltall mit seinem unendlichen, sich nie erschöpfenden Reichtum an Spielarten hervorbringt. (Und diese natürliche Tatsache selbst, die wir in der soziologischen Betrachtung als Gegebenheit hinzunehmen haben, ist das Ergebnis eines in der Natur vorgegangenen Prozesses der Differenzierung und Integrierung, der der Erklärung durch dasselbe Prinzip harrt, das zur Erklärung der gesellschaftlichen Entwicklung dienen soll.)
GW, S. 262

ꙮ

Von allen Beschuldigungen, die man gegen das System des Freihandels und des Sondereigentums er-

hoben hat, ist keine törichter als die, daß es antisozial und individualistisch sei und daß es den sozialen Körper atomisiere. Der Verkehr wirkt nicht auflösend, wie die romantischen Schwärmer für Autarkie kleiner Teile der Erdoberfläche behaupten, sondern verbindend. Erst die Arbeitsteilung läßt gesellschaftliche Bindung entstehen, sie ist das Soziale schlechthin. Wer für nationale und staatliche Wirtschaftsgebiete eintritt, sucht die ökumenische Gesellschaft zu zersetzen. Wer durch den Klassenkampf die gesellschaftliche Arbeitsteilung im Innern eines Volkes zu zerstören sucht, ist antisozial.
GW, S. 281

In der gesellschaftlichen Arbeitsgemeinschaft nimmt der Einzelne jeweils eine bestimmte Stellung ein, durch die sein Verhältnis zu allen übrigen Gliedern der Gesellschaft gegeben ist. Die Beziehung, die ihn mit den anderen Mitgliedern der Gesellschaft verbindet, ist die Tauschbeziehung. Als Gebender und Empfangender, als Verkäufer und Käufer gehört er der Gesellschaft an.
GW, S. 299

Aussenwirtschaftslehre, monetäre

Daher ist denn auch jene Auffassung nicht zutreffend, die die Gestaltung der Valutenkurse nicht aus der Kaufkraft, sondern aus der Zahlungsbilanz heraus zu erklären sucht. Diese Lehre unterscheidet zwischen der Entwertung des Geldes, das ist Verringerung seiner internationalen Bewertung, und der Wertverminderung, das ist der Verminderung seiner Kaufkraft im Inlande. Zwischen beiden bestehe nur ein entfernter oder – wie von manchen behauptet wird – gar kein Zusammenhang. Der Valutenkurs sei ein Ergebnis des jeweiligen Standes der Zahlungsbilanz. Steige die Höhe der an das Ausland zu leistenden Zahlungen, ohne daß eine entsprechende Vermehrung der vom Auslande zu empfangenden Zahlungen eintritt, oder gehe die Höhe der vom Auslande zu empfangenden Zahlungen zurück, ohne daß eine entsprechende Verminderung der an das Ausland zu leistenden Zahlungen erfolgt, dann müßten die Valutenkurse steigen. Der Grundfehler dieser Theorie ist der, daß sie ganz darauf vergißt, daß die Höhe der Einfuhr und der Ausfuhr in erster Linie von den Preisen abhängt, daß man nicht aus Laune oder des Vergnügens halber ein- oder ausführt, sondern

um Geschäfte zu machen, um an den Preisunterschieden hüben und drüben zu verdienen, und daß die Ein- oder Ausfuhr solange fortgesetzt wird, bis die Preisunterschiede verschwunden sind. Sie übersieht die Bedeutung der Preise für die internationale Warenbewegung. Sie geht fehlerhafterweise von dem Akte der Zahlung aus, statt von dem des Geschäftsabschlusses. Das ist die Folge jener pseudojuristischen Geldlehre, die im Gelde nur das Zahlungsmittel, nicht das allgemeine Tauschmittel erblicken will, einer Lehre, die in der Wissenschaft und in der Politik die übelsten Früchte getragen hat. Die Sache liegt nicht etwa so, daß der Kaufmann beim Abschluß des Geschäftes nicht an die Kosten der Valutabeschaffung denkt und sich erst bei Eintritt der Fälligkeit der Zahlung um diese zu kümmern beginnt. Ein Kaufmann, der so vorgehen wollte, könnte es nicht lange bleiben. Der rechnende Kaufmann zieht die Valutaverhältnisse sehr wohl in Betracht, da er immer die Absatzpreise im Auge hat; er berücksichtigt auch die erwarteten Valutaschwankungen, sei es, daß er von den marktmäßigen Mitteln der Kurssicherung Gebrauch macht, sei es, daß er selbst das Risiko der Valutaveränderung zu tragen gewillt ist.
GS

Bankpolitik

Man verkennt den Gang der Bankpolitik, wenn man in den Eingriffen der Regierungen das Bestreben sehen will, die Umlaufsmittelausgabe zu beschränken. Der Grundzug der Bankpolitik war nicht Beschränkung, sondern Förderung der Umlaufsmittelausgabe. Man hat Banken privilegiert, weil man zur Verbilligung des Kredits die Grenzen, die die Bankfreiheit der Kreditausweitung setzt, hinausverlegen wollte, oder weil man für die Staatskassen unmittelbare Vorteile erlangen wollte; meist wurden beide Ziele, das kreditpolitische und das fiskalische, zugleich angestrebt. Man hat im Umlaufsmittel ein taugliches Werkzeug zur Herabsetzung des Zinsfußes gesehen und forderte von der Bank, daß sie durch Ausweitung der Umlaufsmittelausgabe den Staatskassen oder der »Wirtschaft« billige Kredite zur Verfügung stelle. Erst als man die währungspolitischen Folgen der Kreditausweitung zu erkennen begann, kam es zu Gesetzen, die die Ausgabe metallisch nicht bedeckter Banknoten und mitunter auch die Eröffnung metallisch nicht gedeckter Kassenführungsguthaben zu beschränken suchten. Zur Bankfreiheit, die dem, was man als Mißbrauch oder Gefahr schranken-

loser Kreditausweitung ansah, am wirksamsten abgeholfen hätte, wollte man gerade wegen ihrer Wirksamkeit nicht zurückkehren. Denn man glaubte, daß die Wirtschaft auf ein »normales«, auf ein »berechtigtes« Ausmaß von Kreditausweitung nicht verzichten könne, und man hielt das Maß an Kreditausweitung, das im Systeme der Bankfreiheit möglich wäre, für unzulänglich. {...} Jedenfalls aber bedeutet eine Regelung der Umlaufsmittelausgabe, die die privilegierten Banken bestehen lässt, nie mehr als Beschränkung der Umlaufsmittelausgabe für »normale« Zeiten und Verhältnisse. Selbst wenn man radikal und ausnahmelos alle Erweiterung der Umlaufsmittelausgabe untersagt, bleibt doch, wenn man die privilegierte Zentralbank aufrecht erhält, die Einrichtung, die es jederzeit ermöglicht, die Umlaufsmittel zu vermehren. Dann wird sich immer die Regierung finden, die von der ihr zugebote stehenden Möglichkeit der Kreditausweitung auch Gebrauch machen wird. Jede Regierung ist stets geneigt, finanzielle Verlegenheiten, denen sie begegnet, als einen Fall von Notstand anzusehen, der die Anwendung von außerordentlichen Mitteln, die in »normalen« Zeiten verpönt erscheinen, rechtfertigen kann. Auch das schärfste Verbot der Erweiterung der Umlaufsmittelausgabe versagt gegenüber einer Notstandsgesetzgebung.
NÖ, S. 401 ff.

Bestechung

In der unbehinderten Marktwirtschaft haben die Unternehmer und Kapitalisten weder an der Beeinflussung der öffentlichen Meinung noch an der Bestechung der Regierungsfunktionäre Interesse. Im Staatswesen, das durch Eingriffe der Obrigkeit in das Marktgetriebe Privilegien schafft, die einer Anzahl von Menschen oder Gruppen von Menschen Vorteile auf Kosten der übrigen Bürger bringen, ist jedermann darauf bedacht, bei der Verteilung der Gnaden so gut als möglich abzuschneiden. Nicht selten werden die Unternehmer und Kapitalisten zum Bestechen gezwungen. Sie müssen trachten, die öffentliche Meinung, die Parteien und die Regierung durch Geschenke davon abzuhalten, ihnen Schaden zuzufügen. Zu den öffentlichen Abgaben treten die Abgaben, die die Beamten, die Parteien und die Parteipresse allen, die zahlen können, auferlegen. Es liegt in der Natur der Sache, daß man von der Bestechung, die man leistet, um verschont zu werden, schließlich zur Bestechung gelangt, die zur Erlangung von einträglichen Privilegien

geleistet wird. Der Tatbestand, daß Unternehmer und Kapitalisten die Regierungsmänner mitunter bestechen, beweist nicht, daß sie herrschen, sondern, daß sie beherrscht werden. Nicht die Herrscher zahlen Tribute, sondern die Beherrschten.
NÖ, S. 172

Bildung

Der Schwerpunkt, der von den Soziologen auf die Massenphänomene gelegt wird und ihre Vergötterung des gemeinen Mannes sind ein Nebenzweig des Mythos, daß alle Menschen biologisch gleich sind. Welche Unterschiede zwischen Individuen auch bestehen, sie sind, so wird behauptet, durch postnatale Umstände verursacht. Wenn alle Menschen gleichermaßen die Vorzüge einer guten Bildung genössen, würden solche Unterschiede nicht auftauchen. Die Verteidiger dieser Lehre bleiben uns schuldig, die Unterschiede zwischen Abgängern derselben Schule zu erklären und die Tatsache, daß viele, die autodidaktisch gelernt haben, Doktoren, Master und Bachelor der renommiertesten Universitäten weit überragen. Sie übersehen, daß Bildung Schülern nicht mehr beibringen kann als das Wissen ihrer Lehrer. Bildung erzieht Schüler, Imitatoren und Routiniers, keine Bahnbrecher neuer Ideen und kreative Genies. Die Schulen sind keine Kinderstuben des Fortschritts und der Verbesserung, sondern Konservatorien der Tradition und unveränderlicher Denkweisen. Das Zeichen des kreativen Geistes ist, daß er einen Teil dessen, was er gelernt hat, ablehnt oder wenigstens etwas Neues hinzufügt. Man mißdeutet total die Meisterleistung des Bahnbrechers, wenn man sie auf die Unterweisung reduziert, die er von seinem Lehrer erhalten hat. Gleichgültig wie wirksam schulisches Üben auch sein mag, es würde nur Stagnation, Orthodoxie und starre Pedanterie erzeugen, wenn es keine außergewöhnlichen Menschen jenseits der Weisheit ihrer Übungsleiter gäbe.
TG, S. 269

Der europäische Totalitarismus ist das Ergebnis der überlegenen Stellung der Bürokratie im Bereich der Erziehung. Die Universitäten bereiteten den Diktatoren den Weg.
BK, S. 94

Bürokratie

Bürokratisierung ist notwendig starr, weil sie die Befolgung vorhandener Regeln und Praktiken beinhaltet. Aber im gesellschaftlichen

Leben führt Starrheit zu Versteinerung und Tod. Es ist eine sehr bezeichnende Tatsache, daß Stabilität und Sicherheit die meistgeliebten Schlagwörter der heutigen »Reformer« sind. Wenn die Menschen der Urzeit sich den Grundsatz der Stabilität zu eigen gemacht hätten, würden sie niemals Sicherheit gewonnen haben; sie würden vor langer Zeit schon von Raubtieren und Bazillen ausgerottet worden sein. Deutsche Marxisten prägten das Wort: Wenn der Sozialismus wider die menschliche Natur ist, dann muß die menschliche Natur verändert werden. Sie bemerkten nicht, daß ein Mensch aufhört, ein Mensch zu sein, wenn seine Natur verändert wird. In einem allumfassenden, bürokratischen System würden weder die Bürokraten noch ihre Untertanen weiterhin Menschen bleiben.
BK, S. 108

Die Bürokratisierung ist nur eine besondere Eigenheit der Verstaatlichung.
BK, S. 116

Der uneffiziente Fachmann wird immer eine vorrangige Stellung der Bürokratie erstreben. Er ist sich völlig darüber im Klaren, daß er innerhalb eines Wettbewerbsystems keinen Erfolg haben wird. Für ihn ist die allumfassende Bürokratisierung ein Zufluchtsort. Mit der Macht einer Behörde versehen, wird er seine Anweisungen mit Hilfe der Polizei durchsetzen. Dieser ganzen fanatischen Verteidigung von Planwirtschaft und Sozialismus liegt oft nichts anderes zugrunde als das insgeheime Bewußtsein der eigenen Minderwertigkeit und Ineffizienz. Menschen, die sich ihrer Unfähigkeit im Wettbewerb bewußt sind, verachten »dieses kranke Konkurrenzsystem«. Wer seinen Mitmenschen nicht zu dienen in der Lage ist, will sie beherrschen.
BK, S. 98

Für die Aufgaben, die die Gerichte und Behörden zu erfüllen haben, gibt es kein rechnerisch erfaßbares Kriterium wie für die an den Preisen des Marktes orientierte Wirtschaft. Darum kann die oberste Leitung der Staatsgeschäfte die Aufgabe der untergeordneten Stellen nicht so einfach umschreiben, wie ein Unternehmer es seinen Beauftragten gegenüber tun kann. Soll die Einheit der Verwaltung aufrecht bleiben und soll nicht alle Entscheidungsbefugnis von der Spitze auf die ausführenden Organe niederster Instanz übergehen, dann muß das Tun und Lassen dieser Organe in Amtsinstruktionen und Weisungen aller Art für jeden denkbaren Fall bis ins einzelne geregelt werden. Dann wird es Pflicht eines jeden Amtsorgans, diese Weisungen zu befolgen; es kommt schließlich nicht so sehr auf Erfolg oder Mißerfolg seiner Tätigkeit an als darauf, ob sie durch die Reglements formal gedeckt ist. Diesen Formalismus, der besonders auch in allen Dingen der Einstellung, Behandlung und Beförderung des Personals zutage tritt, nennen wir Bureaukratismus. Der Bureaukratismus ist nicht ein Übelstand, der aus irgendwelchen Mängeln und Gebrechen der Organisation oder aus der Unzulänglichkeit der Amtspersonen entspringt; er ist das Wesen jeder Betriebsführung, die nicht nach der Rentabilitätsrechnung ausgerichtet ist. Wenn Staat und Gemeinden ihre Tätigkeit über den Bereich der Gerichts- und Polizeiführung ausdehnen, dann wird der Bureaukratismus zu einem Grundproblem der gesellschaftlichen Organisation. Selbst ein nur auf Rentabilität eingestelltes öffentliches Unternehmen könnte nicht unbureaukratisch geführt werden. Man hat versucht, den Bureaukratismus dadurch auszuschalten, daß man die Leiter dieser Betriebe am Gewinn beteiligt. Doch da sie die eintretenden Verluste niemals tragen können, fördert man damit nur allzuleicht Waghalsigkeit, und um dieser entgegenzutreten, bindet man wichtigere Entscheidungen erst recht wieder an Beschlüsse irgendwelcher vorgesetzter Behörden, Kollegien, Beiräte und an Gutachten von »Fachleuten und Sachverständigen«, schafft also verstärkten Formalismus und Bureaukratismus. Doch in der Regel verlangt man von den öffentlichen Betrieben, daß sie nicht bloß auf Rentabilität hinarbeiten sollen. Gerade darum will man sie ja in der öffentlichen Hand wissen. Auch Deumer[11] stellt an das verstaatlichte Bankwesen die Forderung, daß es sich mehr vom volkswirtschaftlichen als vom privatwirtschaftlichen Gesichtspunkte orientieren soll, daß es also seine Mittel nicht dort anlegen soll, wo der höchste Ertrag zu erzielen ist, sondern ohne derartige Rücksichten zu nehmen, dort, wo dies im nationalen Interesse erwünscht wäre. {...} Unter solchen Umständen verliert die Rentabilitätsrechnung ihre Bedeutung für das Unternehmen, und man muß,

---

11 Robert Deumer (* 1882 in Leipzig; † 1956 in Karlstein). Jurist und späterer Reichsbankdirektor.

soll die Gebarung der Generalleitung und der Abteilungsleiter überhaupt kontrolliert werden, zu den alten Mitteln des Bureaukratismus greifen: zur Reglementierung der Geschäftsführung und zur Besetzung aller Stellen mit Personen, die bereit sind, die Reglements zu befolgen. {...} Man kann also die Sache drehen und wenden, wie man will, es kann nicht gelingen, eine Organisation ausfindig zu machen, die den öffentlichen Betrieb vor dem Erstarren im bureaukratischen Formalismus bewahren könnte. Darüber darf man sich nicht mit der Feststellung beruhigen, daß in den letzten Jahrzehnten auch viele große Aktiengesellschaften »bureaukratisiert« wurden. Diese Bureaukratisierung ist nicht, wie ganz verkehrt behauptet wird, eine Folge ihres großen Umfangs. Auch der größte Betrieb bleibt, solange er nur auf Rentabilität eingestellt ist, gegen alle Gefahren des Bureaukratismus gefeit. Nur wenn andere Gesichtspunkte als das Streben, Gewinne zu erzielen, den Unternehmungen aufgezwungen werden, verlieren sie die wesentlichen Eigenschaften der kapitalistischen Unternehmung. Die heute herrschende etatistische und interventionistische Politik war es, die die großen Unternehmungen genötigt hat, sich in immer steigendem Maße zu bureaukratisieren. Sie waren z. B. genötigt, an ihre Spitze nicht tüchtige Geschäftsmänner, sondern Herren mit guten Beziehungen zu maßgebenden Kreisen zu stellen, sie mußten unrentable Geschäfte eingehen, um einflußreichen Politikern und Parteien oder der Regierung gefällig zu sein, sie mußten Betriebe, die sie aufzulassen wünschten, fortführen und Unternehmungen und Betriebe, die sie nicht benötigten, übernehmen. Politik und Geschäfte sind nicht nur, was man gewöhnlich allein zu beachten pflegt, zum Schaden der Politik, sondern noch mehr zu dem der Geschäfte verquickt worden. Die tausend Rücksichten auf allerlei der Unternehmung an sich fremde Dinge, die viele Großbetriebe heute nehmen müssen, haben in sie den Keim des Bureaukratismus hineingetragen.
KI, S. 143 ff.

Eine repräsentative Demokratie kann nicht bestehen, wenn ein großer Teil der Wähler auf der öffentlichen Gehaltsliste steht. Wenn die Parlamentarier sich nicht mehr als Treuhänder der Steuerzahler ansehen, sondern als Vertreter der Empfänger von Gehältern, Löhnen, Subventionen, Arbeitslosenunter-

stützung und anderen Wohltaten aus dem Steuertopf, dann ist es um die Demokratie geschehen.
BK, S. 89

Bürokratisches Wirtschaften ist die Methode zur Führung von Verwaltungsgeschäften, welche keinen Geldwert auf dem Markt haben. Man beachte, daß wir nicht sagen, daß die erfolgreiche Handhabung öffentlicher Angelegenheiten keinen Wert besitzt, sondern, daß ihr Wert nicht durch Markttransaktionen ersichtlich wird und daß er konsequenterweise nicht in Geldbegriffen ausgedrückt werden kann.
BK, S. 61

Der europäische Totalitarismus ist das Ergebnis der überlegenen Stellung der Bürokratie im Bereich der Erziehung. Die Universitäten bereiteten den Diktatoren den Weg.
BK, S. 94

Das Kennzeichen einer Bürokratie ist, daß sie Dinge tut, die wichtig sind, die aber nicht bezahlt werden können und die keinen Marktpreis haben. Solch eine Sache ist zum Beispiel der Schutz der Individuen vor Gangstern und anderen Kriminellen. Das ist die Aufgabe der Polizeibehörde. Sie ist sehr wichtig, unverzichtbar. Aber die Dienste der Polizeibehörde können nicht auf dem Markt verkauft werden. Daher lassen sich die Erfolge dieser Polizeitätigkeiten nicht in der gleichen Weise bewerten wie die Tätigkeiten einer Schuhfabrik. Die Schuhfabrik kann sagen: »Das Publikum billigt unsere Tätigkeit, weil wir Gewinne machen.« Die Polizeibehörde kann nur sagen, das Publikum billigt uns durch die Handlungen des Stadtrats, des Kongresses, Parlaments und so weiter. Daher muss das Leitungssystem, das im Polizeisystem angewendet werden muss, ein bürokratisches System sein.
MU, S. 86

Cantillon-Effekt

Wenden wir unsere Aufmerksamkeit den Veränderungen der Geldmenge zu, also den Veränderungen des Angebots an Geld, so haben wir zunächst festzustellen, daß die Veränderungen der Geldmenge stets auch Veränderungen des Reichtums einzelner Personen oder Personengruppen bedeuten. Die Geldmenge kann nicht anders wachsen, als indem einige dieses Mehr an Geld zuerst empfangen. Wir können, wenn wir wollen, auch annehmen, daß alle Wirte an dem zusätzlichen Geld dergestalt teilhaben, daß jeder einzelne einen Teil von dem neuen Gelde sofort bei dessen Einfließen in das Marktgetriebe empfängt. Es hätte keinen Sinn diese Annahme zu machen, nicht nur weil ihr keine praktische Bedeutung zukommt, sondern weil auch dann, wenn sie zutrifft, das Ergebnis, zu dem unsere Darlegungen gelangen werden, daß nämlich die Preise der verschiedenen Waren und Dienste durch die Preissteigerung nicht gleichzeitig und nicht gleichmäßig betroffen werden – unter keinen Umständen gleichzeitig und gleichmäßig betroffen werden können – nicht berührt wird. Nehmen wir an, die Regierung erzeuge zusätzliches Papiergeld und setze es in Verkehr. Die Regierung will Waren und Arbeitskräfte kaufen oder Schulden bezahlen oder verzinsen. Wie dem auch immer sei, sie erscheint mit einem zusätzlichen Angebot von Geld auf dem Markte, sie ist reicher geworden und kann nun mehr kaufen, als sie ohne die Papiergeldvermehrung hätte kaufen können. Dieses neue Angebot von Geld muss die Preise der Güter, die die Regierung kaufen will, erhöhen. Wenn die Regierung ihre Einkäufe aus Mitteln bestreiten würde, die sie durch Besteuerung gewonnen hat, müsste der Preissteigerung der von der Regierung begehrten Waren eine Preissenkung der Waren gegenüberstehen, auf die die Steuerzahler nun verzichten müssen. Wenn aber die Regierung an Geld reicher wurde, ohne daß andere an Geld ärmer wurden, so bleibt dieser Preisfall aus. Einige (nämlich die von der Regierung zusätzlich gekauften) Waren steigen sogleich im Preise, die übrigen Waren behalten zunächst den alten Preisstand bei. Doch nun geht es weiter. Die, welche die von der Regierung begehrten Waren zu Markte bringen, sind nun selbst reicher geworden, sie können nun ihrerseits mehr kaufen, und so steigen auch die Preise der Waren, die sie zu kaufen begehren. So schreitet die Preissteigerung im ganzen Marktgefüge von Ware zu Ware weiter, bis schließlich alle Preise und Löhne von ihr ergriffen worden sind. Die Preissteigerung tritt mithin nicht zur gleichen Zeit bei allen Preisen und Löhnen ein. Doch auch dann, wenn schon alle Preise und Löhne gestiegen sind, ist die Preissteigerung nicht in dem gleichen Ausmaß bei den einzelnen Waren und Dienstleistungen erfolgt. Der Umstand, daß in der Zeit, in der die preissteigernde Wirkung der zusätzlichen Geldmenge von Ware zu Ware weiterschreitet, die einen sich des Vorzugs erfreuen, die Waren, die sie zu Markte bringen, zu den

neuen höheren Preisen absetzen zu können, dagegen aber für die Waren, die sie kaufen, noch die älteren niedrigeren Preise zu bezahlen, und daß die anderen in der umgekehrten Lage sind, höhere Preise im Einkauf bezahlen müssen, während sie als Verkäufer nur die alten niedrigeren Preise erzielen, lässt Gewinne und Verluste entstehen. Durch diese Gewinne und Verluste und durch die Gewinne der Schuldner und durch die Einbußen der Gläubiger werden die Einkommens- und Vermögensverhältnisse in der Gesellschaft verschoben; es bildet sich eine neue Vermögens- und Einkommensschichtung, die das Verhältnis der Geldpreise der verschiedenen Waren untereinander verschiebt. Wenn die preissteigernde Wirkung der Geldvermehrung sich schon allen Waren gegenüber durchgesetzt hat und wenn der neue endliche Ruhezustand oder Gleichgewichtszustand erreicht ist, haben sich die Verhältnisse geändert.
NÖ, S. 371 f.

℘

Nehmen wir etwa an, in einem isolierten Staate werde eine neue Goldmine erschlossen. Die zusätzliche Goldmenge, die von ihr in den Verkehr strömt, fließt zunächst den Minenbesitzern und dann der Reihe nach den mit ihnen in Verkehr tretenden Personen zu. Teilen wir schematisch die ganze Bevölkerung in vier Gruppen ein: die Minenbesitzer, die Produzenten von Luxusgütern, die übrigen Gewerbetreibenden und die Landwirte, so werden die ersten beiden Gruppen sich der durch die Geldwertverringerung geschaffenen Vorteile voll erfreuen können, und zwar die erste in höherem Maße als die zweite. Für die dritte Gruppe liegt die Sache schon anders. Bei ihr wird der Gewinn, den sie durch erhöhte Nachfrage von seiten der ersten beiden Gruppen erlangt, schon zum Teile dadurch geschmälert, daß sie für Luxusgüter bereits früher höhere Preise bezahlen mußte, da hier die Geldwertverringerung bereits voll zum Ausdrucke gekommen war, als sie bei ihren Produkten erst einsetzte. Vollends die vierte Gruppe wird aus dem ganzen Prozeß nur Nachteile ziehen. Die Landwirte sind bereits genötigt, alle Erzeugnisse des Gewerbefleißes teuerer zu bezahlen, bevor die Preissteigerung der landwirtschaftlichen Produkte ihnen hierfür eine Entschädigung bietet. Wenn diese endlich eintritt, stellt sie für die Landwirte zwar das Ende einer Zeit wirtschaftlichen Notstandes dar; Vorteile, die sie für die früher erlittenen Verluste entschädigen, können sie aber daraus

nicht mehr ziehen. Sie können ja für die erzielten höheren Geldbeträge keine Waren einkaufen, die noch zu den alten, dem früheren Niveau des Geldwertes angepaßten Preisen erhältlich sind, denn die Preissteigerung hat sich bereits in der ganzen Volkswirtschaft durchgesetzt. So bleiben die Verluste, die die Landwirte zu jener Zeit erlitten, als sie ihre Produkte noch zu den alten niedrigeren Preisen verkauften, die der anderen aber bereits zu den neuen höheren Preisen bezahlen mußten, unausgeglichen. Diese Verluste der Gruppen, zu denen die Geldwertänderung zuletzt gelangt, sind es eben, aus denen in letzter Linie der Gewinn der Minenbesitzer und der ihnen zunächst stehenden Gruppen herstammt. Die Wirkungen der Geldwertveränderungen auf die Einkommens- und Vermögensverteilung, die dadurch hervorgerufen wurden, daß die Veränderungen des inneren objektiven Tauschwertes des Geldes sich nicht zur gleichen Zeit und nicht in gleichem Maße den einzelnen Waren und Dienstleistungen gegenüber durchsetzen, treten beim metallischen Sachgelde nicht in anderer Weise zutage als beim Zeichen- und beim Kreditgelde. Auch wenn die Geldvermehrung durch die Ausgaben von Staatsnoten oder von nicht einlösbaren Banknoten vor sich geht, kommt sie zunächst nur einem Teil der Einzelwirtschaften zugute, und nur allmählich verbreitet sich die zusätzliche Geldmenge über die ganze Volkswirtschaft.
TU, S. 193 f.

Die Vermehrung des Geldvorrates der Volkswirtschaft bedeutet also stets eine Vermehrung des Geldbesitzes, des Vermögens einer Anzahl von Wirtschaftssubjekten; diese können entweder die Emittenten des Zeichen- oder Kreditgeldes oder die Produzenten des Geldstoffes für das Sachgeld sein. Überdies wird bei diesen Personen das Verhältnis zwischen Geldbedarf und Geldvorrat verschoben; sie haben verhältnismäßig Überfluß an Geld, verhältnismäßig Mangel an anderen wirtschaftlichen Gütern. Die nächste Folge beider Umstände ist die, daß der Grenznutzen der Geldeinheit für die betreffenden Wirtschaftssubjekte sinkt. Das muß ihr Verhalten auf dem Markte beeinflussen. Sie sind »tauschfähiger«, »kaufkräftiger« geworden. Sie müssen nun auf dem Markte ihre Nachfrage nach den Gegenständen ihres Bedarfes stärker zum Ausdruck bringen als bisher; sie können mehr Geld für die Waren bieten, welche sie zu erwerben wünschen. Es wird die selbst-

verständliche Folge davon sein, daß die betreffenden Güter im Preise steigen werden, daß der objektive Tauschwert des Geldes ihnen gegenüber sinkt. Die Preissteigerung auf dem Markte bleibt aber keineswegs auf jene Güter beschränkt, nach denen sich der Begehr der ersten Besitzer des neuen Geldes richtet. Auch diejenigen, die diese Güter zu Markte gebracht haben, sehen ja ihr Einkommen und ihren verhältnismäßigen Geldvorrat vergrößert und sind ihrerseits wieder in der Lage, nach den Gütern ihres Bedarfes eine stärkere Nachfrage zu entfalten, so daß auch diese Güter im Preise steigen. So setzt sich die Preissteigerung, sich dabei verflachend, solange fort, bis alle Waren, die einen in stärkerem, die anderen in schwächerem Maße, von ihr erfaßt sind. Nicht für alle Individuen bedeutet die Geldvermehrung auch eine Einkommensvermehrung. Diejenigen Schichten der Gesellschaft, an die die zusätzliche Geldmenge zuletzt gelangt, erfahren vielmehr eben im Gefolge der durch die Geldvermehrung hervorgerufenen Geldwertverminderung eine Einkommensschmälerung {...}.
TU, S. 119 f.

Deflation

Deflation (Restriktion, Kontraktion) wieder bedeutet: Eine Verminderung der Geldmenge (im weiteren Sinne), der kein entsprechender Rückgang des Geldbedarfs (im weiteren Sinne) gegenübersteht, so daß ein Steigen des inneren objektiven Tauschwertes des Geldes eintreten muß.
TU, S. 224

∞

Wenn man auf eine Inflation eine Deflation folgen lässt, die die Preise ungefähr wieder in die Nähe der Preise bringt, die vor Auftreten der Inflation auf dem Markte gebildet worden waren, hat man die sozialen Wirkungen der Inflation nicht behoben oder rückgängig gemacht; man hat nur die sozialen Wirkungen der Deflation hinzugefügt.
NÖ, S. 376 f.

∞

Die Ausdrücke Inflation und Deflation bezeichnen nicht praxeologische Begriffe. Sie sind aus der Vorstellung heraus gebildet worden, daß es »normales« Geld gebe, dem man Neutralität zuschreiben darf. Als Inflation und Deflation wollte man dann das »abnormale«, das

»schlechte« Geldwesen bezeichnen, bei dem Kaufkraftänderungen von der Geldseite her auftreten. Man kann die Ausdrücke Inflation und Deflation zur Erleichterung der Darstellung in wirtschaftsgeschichtlichen und wirtschaftspolitischen Erörterungen ohne Bedenken verwenden, wenn man damit von der Geldseite her wirkende starke Veränderungen der Kaufkraft bezeichnen will.
NÖ, S. 389

Demagogie

Wenn der Liberale bestimmte volkstümliche Maßnahmen widerrät, weil er von ihnen schädliche Folgen erwartet, dann schilt man ihn volksfeindlich und preist den Demagogen, der ohne Rücksicht auf die späteren schädlichen Folgen das empfiehlt, was im Augenblick zu nützen scheint. Das vernünftige Handeln unterscheidet sich vom unvernünftigen Handeln dadurch, daß es vorläufige Opfer bringt; diese vorläufigen Opfer sind nur Scheinopfer, da sie durch den Erfolg, der später eintritt, aufgewogen werden. Wer die wohlschmeckende, aber ungesunde Speise meidet, bringt bloß ein vorläufiges, ein scheinbares Opfer; der Erfolg – das Nichteintreten der Schädigung – zeigt, daß er nicht verloren, sondern gewonnen hat. Doch um so zu handeln, braucht es Einsicht in die Folgen des Handelns. Das macht sich der Demagoge zunutze. Er tritt dem Liberalen, der das vorläufige Scheinopfer fordert, entgegen, schilt ihn hartherzig und volksfeindlich. Sich selbst rühmt der Demagoge als Menschen- und Volksfreund. Er weiß die Herzen der Zuhörer zu Tränen zu rühren, wenn er seine Vorschläge durch den Hinweis auf Not und Elend empfiehlt. Die antiliberale Politik ist Kapitalaufzehrungspolitik. Sie empfiehlt, die Gegenwart auf Kosten der Zukunft reichlicher zu versorgen.
LI, S. 7 f.

Demokratie

Die folgenschwerste Verkennung aber hat der Begriff der Demokratie dadurch erfahren, daß man sie, in Überspannung des naturrechtlichen Souveränitätsbegriffes, als schrankenlose Herrschaft der volonté générale[12] aufgefaßt hat. Die Allmacht des demokratischen Staates ist im Wesen durch nichts von der des unumschränkten Selbstherrschers verschieden. Die Vorstellung, die die Köpfe unserer Demagogen und ihrer Anhänger erfüllt, daß der Staat alles könne, was er wolle, und daß es gegenüber dem Willen des souve-

12 allgemeiner Wille

ränen Volkes keinen Widerstand geben dürfe, hat vielleicht mehr Übel gestiftet als je der Cäsarenwahn entarteter Fürstensprossen. Wie dieser stammt auch er aus der rein machtpolitischen Auffassung des Staates her. Der Gesetzgeber fühlt sich frei von allen Beschränkungen, weil er aus der Rechtstheorie die Kunde schöpft, daß alles Recht auf seinen Willen zurückgeht. Es ist nur eine kleine, aber folgenschwere Verwechslung, wenn er seine formelle Freiheit für materielle nimmt und glaubt, auch über den natürlichen Bedingungen des gesellschaftlichen Lebens zu stehen. Die Konflikte, die daraus entstehen, zeigen, daß Demokratie nur im Liberalismus Sinn hat; nur in seinem Rahmen erfüllt sie eine gesellschaftliche Funktion. Demokratie ist ohne Liberalismus eine hohle Form.
GW, S. 53

ꕥ

Demokratie ist jene Verfassungsform eines Staates, die die Anpassung der Regierung an die Wünsche der Regierten ohne gewaltsame Kämpfe ermöglicht. Wenn im demokratischen Staatswesen die Regierung nicht mehr so geführt wird, wie es die Mehrheit der Bevölkerung haben will, dann braucht es keinen Bürgerkrieg, um jene Männer in die Ämter zu bringen, die so zu arbeiten gewillt sind, wie es die Mehrheit will. Der Wahlapparat und der Parlamentarismus sorgen schon dafür, daß sich der Regierungswechsel glatt und reibungslos, ohne Gewaltanwendung und ohne Blutvergießen vollzieht.
LI, S. 37

ꕥ

Der Hauptvorzug und Wert dessen, was verfassungsmäßige Einrichtungen, Demokratie und Regierung durch das Volk genannt wird, muss in dem Tatbestand gesehen werden, daß sie einen friedlichen Wechsel der Methoden und des Personals der Regierung ermöglichen. Wo es eine repräsentative Regierung gibt, sind keine Revolutionen und Bürgerkriege erforderlich, um einen unpopulären Herrscher und sein System abzulösen. Wenn die Menschen in der Verwaltung und ihre Methoden, die öffentlichen Belange zu leiten, der Mehrheit der Nation nicht länger gefallen, werden sie in der nächsten Wahl durch andere Menschen und ein anderes System ersetzt.
TG, S. 359

ꕥ

Die Parlamentarier betrachten sich vielfach weniger als Vertreter des

ganzen Volkes denn als Vertreter bestimmter Interessen, für die sie durch geschicktes Verhandeln mit den Vertretern anderer Gruppen möglichst viel herauszuschlagen suchen. In den Kabinetten fühlen sich manche Ressortminister vor allem als die berufenen Anwälte der betreffenden Sonderinteressen.
WL, S. 600

ꩰ

Demokratie ist Selbstbestimmung, Selbstverwaltung, Selbstherrschaft. Auch in der Demokratie beugt sich der Bürger Gesetzen und gehorcht Staatsorganen und Staatsdienern. Doch die Gesetze sind unter seiner Mitwirkung zustande gekommen, die Träger der Amtsgewalt sind unter seiner mittelbaren oder unmittelbaren Mitwirkung zum Amte gelangt. Die Gesetze können außer Kraft gesetzt oder abgeändert werden, die Amtsleute können abgesetzt werden, wenn die Mehrheit der Bürger es will. Das ist das Wesen der Demokratie, darum fühlen sich die Bürger in der Demokratie frei. Wer gezwungen ist, Gesetzen zu gehorchen, auf deren Entstehen er keinen Einfluß hat, wer es dulden muß, daß über ihm eine Regierung waltet, auf deren Bildung er nicht einwirken kann, ist im politischen Sinne unfrei, ist politisch rechtlos, mag er auch in seiner Privatrechtssphäre geschützt sein.
NW, S. 37

ꩰ

Eine repräsentative Demokratie kann nicht bestehen, wenn ein großer Teil der Wähler auf der öffentlichen Gehaltsliste steht. Wenn die Parlamentarier sich nicht mehr als Treuhänder der Steuerzahler ansehen, sondern als Vertreter der Empfänger von Gehältern, Löhnen, Subventionen, Arbeitslosenunterstützung und anderen Wohltaten aus dem Steuertopf, dann ist es um die Demokratie geschehen.
BK, S. 89

ꩰ

Unter dem Einfluß des Interventionismus haben sich die Parlamente zu Privilegienmärkten entwickelt. Die parlamentarische Korruption ist eine unvermeidliche Begleiterscheinung des Interventionismus.
NS, S. 93

ꩰ

Demokratie ist Selbstherrschaft des Volkes, ist Autonomie. Das aber bedeutet nicht, daß alle in gleicher Weise an der Gesetzgebung und Verwaltung mitwirken müssen.

Die unmittelbare Demokratie ist nur in kleinsten Verhältnissen zu verwirklichen. {...} Um das Ziel zu erreichen, dem die demokratischen Einrichtungen dienen wollen, ist nichts weiter erforderlich, als daß Gesetzgebung und Verwaltung sich nach dem Willen der Volksmehrheit richten; das aber leistet auch die mittelbare Demokratie ganz. Nicht daß jeder selbst Gesetze schreibt und verwaltet, macht das Wesen der Demokratie aus, sondern das, daß Gesetzgeber und Regierer vom Volkswillen in der Weise abhängig sind, daß sie friedlich gewechselt werden können, wenn sie sich in einen Gegensatz zu ihm gestellt haben.
GW, S. 50 f.

Diktatur

Jeder, der das Recht des Stärkeren predigt, hält sich selbst für den Stärkeren; wer die Einrichtung der Sklaverei befürwortet, denkt nie daran, daß er selbst Sklave sein könnte; wer den Gewissenszwang fordert, fordert ihn gegen andere und nicht gegen sich; wer für oligarchische Staatseinrichtung eintritt, zählt sich selbst zur Oligarchie, und wer für den aufgeklärten Despotismus oder für die Diktatur schwärmt, ist unbescheiden genug, sich selbst im Tagtraum die Rolle des aufgeklärten Despoten oder Diktators zuzuweisen oder zumindest zu erwarten, daß er selbst der Despot des Despoten oder der Diktator des Diktators wird. So wie sich niemand in die Lage des Schwächeren, des Unterdrückten, des Vergewaltigten, des negativ Privilegierten, des rechtlosen Untertanen wünscht, so wünscht sich auch niemand in den Sozialismus anders als in der Rolle des Generaldirektors oder des Inspirators des Generaldirektors. In dem Traum- und Wunschgebilde des Sozialismus gibt es ja kein anderes Leben, das wert wäre, gelebt zu werden.
LI, S. 56 f.

ꝏ

Die der Unfähigkeit der Massen innewohnenden Gefahren können nicht umgangen werden durch die Übertragung der Befugnis zur letzten Entscheidung auf einen oder einige Menschen, so ausgezeichnet sie auch sein mögen. Es ist eine Illusion zu erwarten, daß der Despotismus immer auf der Seite der guten Gründe sein wird. Für den Despotismus ist es charakteristisch, daß er versucht, den Eifer der Bahnbrecher, das Los ihrer Mitmenschen zu verbessern, zu dämpfen. Das vorrangige Ziel der despotischen Regierung ist es, jede Neuerung zu verhindern,

die ihre Vormacht gefährden könnte. Ihre wirkliche Natur treibt sie zu einem extremen Konservatismus, zu der Tendenz zu erhalten was ist, gleichgültig wie wünschenswert ein Wandel für das Wohl des Volkes sein mag. Sie ist neuen Ideen und jeder Spontaneität auf Seiten der Untertanen feindlich gesonnen.
TG, S. 358 f.

℘

Jeder Diktator plant, seine Mitmenschen genau so zu züchten, aufzuziehen, zu füttern und zu dressieren wie der Viehzüchter sein Vieh. Sein Ziel ist es nicht, das Volk glücklich zu machen, sondern das Volk in eine Verfassung zu bringen, die ihn, den Diktator, glücklich macht. Er will es zähmen, ihm den Rang von Vieh geben. Auch der Viehzüchter ist ein gutwilliger Despot.
BK, S. 98

Eigentum

Aller politischen Gewalt wohnt die Tendenz inne, sich schrankenlos auszuwirken und das Gebiet ihres Einflußbereiches soweit als möglich auszudehnen. Alles zu beherrschen, keinen Spielraum zu lassen, in dem sich die Dinge frei, ohne Eingreifen der Obrigkeit vollziehen können, das ist das Ziel, dem jeder Machthaber heimlich zustrebt. Diesem Streben tritt nun das Sondereigentum entgegen. Das Sondereigentum schafft eine staatsfreie Sphäre des Individuums, es setzt dem Auswirken des obrigkeitlichen Willens Schranken, es läßt neben und gegen die politische Macht andere Mächte aufkommen. Das Sondereigentum wird damit zur Grundlage aller staats- und gewaltfreien Lebensbetätigung, zum Pflanz- und Nährboden der Freiheit, der Autonomie des Individuums und in weiterer Folge aller fortschreitenden Entwicklung des Geistigen und des Materiellen. {...} Niemals hat es daher eine politische Gewalt gegeben, die freiwillig darauf verzichtet hätte, das Sondereigentum an den Produktionsmitteln in seiner freien Entfaltung und Auswirkung zu behindern. Regierungen dulden das Sondereigentum, wenn sie dazu genötigt werden, aber sie anerkennen es nicht freiwillig in Erkenntnis seiner Notwendigkeit.
LI, S. 60

℘

Daß es in grauer Vorzeit gesellschaftliche Kooperation auch ohne volles Sondereigentum gegeben hat, kann nicht das geringste dafür beweisen, daß man auch auf höheren Kulturstufen ohne Sondereigentum auskommen könnte. Wenn die Ge-

schichte in dieser Frage überhaupt etwas beweisen könnte, so könnte es nur das sein, daß es nie und nirgends Völker gegeben hat, die sich ohne Sondereigentum über drückendste Not und halbtierische Wildheit erhoben haben.
LI, S. 53

Man kann annehmen, daß der Wunsch nach Frieden heute allgemein ist. Aber die Völker sind nicht im Klaren darüber, welche Voraussetzungen erforderlich sind, um den Frieden zu sichern. Damit der Frieden nicht gestört werde, muß man das Interesse am Kriegführen beseitigen. Man muß eine Ordnung aufrichten, die Völkern und Volksteilen Lebensverhältnisse schafft, mit denen sie soweit zufrieden sind, daß sie nicht zum Verzweiflungsmittel des Krieges greifen. Der Liberale geht nicht darauf aus, den Krieg durch Sittensprüche und Predigten abzuschaffen. Er sucht in der Gesellschaft Bedingungen zu schaffen, die die Kriegsursachen beseitigen. Die erste Voraussetzung dieser Art ist das Sondereigentum. Wenn das Sondereigentum auch im Kriege hochgehalten werden muß, wenn der Sieger nicht berechtigt ist, sich das Sondereigentum der Privatleute anzueignen, und die Aneignung des öffentlichen Eigentums keine große Bedeutung hat, weil überall Sondereigentum an den Produktionsmitteln besteht, dann entfällt bereits ein wichtiger Grund zum Kriegführen.
LI, S. 98 f.

Um zu prüfen, ob eine Einrichtung als ein Sonderrecht, als ein Privileg eines einzelnen oder einer Schichte anzusehen ist, darf man sich nicht die Frage vorlegen, ob sie diesem einzelnen oder diesen Schichten nützt, sondern nur die, ob sie der Allgemeinheit nützlich ist. Wenn wir zum Schlusse gelangen, daß das Sondereigentum an den Produktionsmitteln allein eine gedeihliche Entwicklung der menschlichen Gesellschaft ermöglicht, dann ist es klar, daß dies nichts anderes ist als die Feststellung, daß das Sondereigentum kein Privileg der Eigentümer ist, sondern eine gesellschaftliche Einrichtung zum Nutzen und Frommen aller, mag sie auch dabei einzelnen besonders angenehm und nützlich sein. Der Liberalismus spricht sich nicht im Interesse der Besitzer für die Aufrechterhaltung des Eigentums aus. Er will nicht das Sondereigentum darum erhalten, weil er es nicht ohne Verletzung der Rechte der Eigentümer aufheben könnte. Würde

er die Beseitigung des Sondereigentums für nützlich im Interesse der Allgemeinheit halten, dann würde er für seine Aufhebung eintreten ohne Rücksicht darauf, ob er dadurch die Eigentümer schädigt. Die Beibehaltung des Sondereigentums aber liegt im Interesse aller Schichten der Gesellschaft. Auch der Arme, der nichts sein Eigen nennt, lebt in unserer Gesellschaftsordnung unverhältnismäßig besser als er in einer Gesellschaft leben würde, die sich unfähig erweisen würde, auch nur einen Bruchteil von dem zu erzeugen, was in unserer Gesellschaftsordnung erzeugt wird.
LI, S. 27

Eigentum an Produktionsmitteln ist in der kapitalistischen Gesellschaftsordnung ein Mandat, das von den Verbrauchern auf Widerruf erteilt wird. Ein täglich wiederholtes Plebiszit weist jedem einzelnen den Platz zu, auf dem er zu wirken hat. Das Marktgetriebe gibt der Wirtschaft Sinn und Ordnung.
VW, S. 3

Die sozialistische oder kommunistische Lehre versagt völlig darin, den wesentlichen Unterschied zwischen den Bedingungen einer Kasten- oder Klassengesellschaft und jener einer kapitalistischen Gesellschaft zu beachten. Feudaleigentum wird entweder durch Eroberung oder durch Schenkung eines Eroberers geschaffen. Es wird aufgelöst entweder durch Widerruf der Schenkung oder durch Eroberung von seiten eines mächtigeren Eroberers. Es war Eigentum durch »Gottes Gnade«, weil es letztlich von einem militärischen Sieg herkam, welchen die Bescheidenheit oder der Dünkel der Fürsten dem besonderen Eingreifen Gottes zuschrieb. Die Eigner des Feudaleigentums hingen nicht vom Markt ab, sie dienten keinen Konsumenten; innerhalb des Bereichs ihrer Eigentumsrechte waren sie wirklich Herren. Das ist aber ganz anders bei den Kapitalisten und Unternehmern einer Marktwirtschaft. Sie erwerben und vergrößern ihr Eigentum durch Dienste, die sie den Konsumenten leisten, und sie können es nur erhalten, wenn sie ihnen täglich auf bestmögliche Weise dienen.
TG, S. 151

In der geschlossenen Hauswirtschaft dient das Eigentum an den Produktionsmitteln nur dem Eigentümer. Nur der Eigentümer verzehrt

die Früchte des Produktionsprozesses, für den sie verwendet wurden. Für alle übrigen Gesellschaftsmitglieder ist es so, als ob diese Produktionsmittel nicht auf der Welt wären. In der Marktwirtschaft ist das Eigentum an den Produktionsmitteln ein Werkzeug der gesellschaftlichen Produktion, die vom Markt, d. h. von der Gesamtheit der Bürger, abhängt und deren Früchte durch den Markt wieder allen Bürgern zuströmen. Eigentümer kann nur der werden und bleiben, der das Eigentum täglich durch Bewährung auf dem Markte neu erwirbt. Der Umstand, daß jeder Eigentümer von sachlichen Produktionsmitteln der Rechtsnachfolger von Eigentümern ist, die das Eigentum durch Aneignung oder durch Beraubung eines Eigentümers erworben haben, verliert damit alle Bedeutung. Er wird zu einer rechtsgeschichtlichen Feststellung, die mit der gesellschaftlichen Wirklichkeit nichts zu tun hat. In der Marktwirtschaft ist das Sondereigentum von jenem fernen Ursprung des Ureigentums losgelöst. Der Markt enteignet täglich den Eigentümer, der das Eigentum nicht in der – vom Standpunkt aller Marktparteien – zweckmäßigsten Weise für die Produktion zu nutzen weiß. In der Marktgesellschaft wird man Eigentümer, weil man erfolgreich für die Bedürfnisse der Mitmenschen zu sorgen weiß, und mit der Erwerbung von Eigentum übernimmt man die Verpflichtung, auch ferner besser für die Versorgung des Marktes zu wirken als andere. Jeder Eigentümer ist ein Beauftragter der Gesellschaft und muss gewärtig sein, daß er das Eigentum wieder verliert, wenn er es nicht dem Auftrage gemäß verwaltet. Nicht nur der Erwerb, auch die Erhaltung des Eigentums wird durch das Handeln aller Marktparteien bestimmt. Die Eigentümer gehen aus einem täglich erneuten Wahlverfahren hervor, und das Mandat, das ihnen durch die Verleihung der Verfügungsmacht über Produktionsmittel erteilt wird, ist ein imperatives Mandat, das ihnen wieder entzogen wird, wenn sie dem erteilten Auftrag nicht entsprechen. Das Sondereigentum ist in der Marktgesellschaft kein Privileg, sondern eine gesellschaftliche Funktion.
NÖ, S. 623 f.

℘

Die Auffassung, die in dem Sondereigentum ein Privileg der Besitzer erblickt, ist ein Nachklang aus älteren Perioden der Geschichte des Eigentums. Alles Eigentum ist einst durch Okkupation herrenloser Sachen begründet worden. Die Geschichte des Eigentums ist durch

eine Periode durchgegangen, in der gewaltsame Vertreibung alter Eigentümer die Regel bildet. Man kann ruhig sagen, daß es kein Stück Grundeigentum gibt, das sich nicht auf eine gewaltsame Erwerbung zurückführen läßt. Für die kapitalistische Gesellschaftsordnung hat dies freilich keine Bedeutung mehr, da hier das Eigentum immer wieder im Produktionsprozeß neugewonnen wird.
GW, S. 468 f.

☙

Die Scheidung der Individuen in Eigentümer und Nichteigentümer ist ein Ergebnis der gesellschaftlichen Arbeitsteilung. Die Erkenntnis der sozialen Funktion des Eigentums ist die zweite große soziologische Leistung der klassischen Nationalökonomie und der »individualistischen« Gesellschaftstheorie des 18. Jahrhunderts. Für die ältere Auffassung blieb das Eigentum immer mehr oder weniger ein Vorrecht Weniger, ein Raub am allgemeinen Gut, eine Einrichtung, die man ethisch als ein Übel, wenn auch mitunter als ein unvermeidliches Übel, anzusehen neigte. Erst der Liberalismus erkannte die gesellschaftliche Funktion des Sondereigentums an den Produktionsmitteln. Es bringt die Güter in die Verfügungsgewalt derjenigen, die sie am besten zu verwenden wissen, es leitet sie in die Hand des besten Wirts. Daher ist nichts dem Wesen des Eigentums abträglicher als Besitzprivilegien und Produzentenschutz. Gebundenheit des Eigentums in jeder Gestalt, Bannrechte und andere Vorrechte der Erzeuger sind Einrichtungen, die geeignet sind, die gesellschaftliche Funktion des Eigentums zu hemmen. Sie werden vom Liberalismus mit derselben Entschiedenheit bekämpft, mit der er gegen jede Art von Unfreiheit des Arbeiters auftritt.
GW, S. 282

☙

In der ganzen Welt hat der Feudalismus zur Entmilitarisierung der Krieger geführt. Die Nachkommen der Reisigen wurden Landjunker. Besitz macht wirtschaftlich und unkriegerisch. Nur die Fernhaltung des Sondereigentums kann einem Staatswesen den militärischen Charakter erhalten. Nur der Krieger, der außer dem Krieg kein anderes Betätigungsfeld kennt als die Vorbereitung für den Krieg, ist immer zum Krieg bereit. Mit Männern, die an ihre Wirtschaft denken, lassen sich Verteidigungskriege führen, aber keine lange dauernden Eroberungskriege. Der Militärstaat ist ein Staat

von Räubern. Er lebt vorzugsweise von Beute und Tributen. Neben diesen Einkünften spielt der Ertrag eigener wirtschaftlicher Tätigkeit nur eine untergeordnete Rolle; vielfach fehlt sie auch vollkommen.
GW, S. 221

ꝸ

Jenes physische Haben der wirtschaftlichen Güter, das, soziologisch betrachtet, das Wesen des natürlichen Eigentums ausmacht, kann man sich nur durch Okkupation entstanden denken. Da das Eigentum nicht eine vom Wollen und Handeln des Menschen unabhängige Tatsache ist, kann man nicht absehen, wie es originär anders hätte ins Leben treten können als durch Aneignung von herrenlosem Gut. Ist es einmal ins Leben getreten, dann bleibt es, solange sein Gegenstand nicht untergeht, fortbestehen, bis es entweder durch Wollen und Handeln des Eigners aufgegeben wird oder bis es trotz des auf das Gegenteil gerichteten Wollens und Handelns des Eigners aus seinem physischen Haben tritt. Jener Fall liegt vor, wenn der Eigentümer sich des Eigentums freiwillig entäußert, dieser, wenn er es an die Natur zurückverliert, z. B. wenn ein Stück Vieh sich verläuft, oder wenn es ihm durch einen anderen Menschen gewaltsam entrissen wird. Alles Eigentum leitet sich von Okkupation und Gewalt her. Beachten wir, von der in den Gütern steckenden Arbeitskomponente absehend, allein die in ihnen enthaltene Naturkomponente, so gelangen wir, wenn wir den Rechtstitel eines rechtmäßigen Eigentümers zurückverfolgen, notwendigerweise zu einem Punkt, an dem es aus der Aneignung allgemein zugänglichen Gutes entstanden ist, wenn wir nicht schon vorher auf gewaltsame Enteignung eines Vorgängers stoßen, dessen Eigentum in letzter Linie sich auch wieder auf Aneignung oder Raub zurückführen läßt. Alles Recht führt auf tatsächliche Gewalt zurück, alles Eigentum war ursprünglich Aneignung oder Raub; das kann man den von naturrechtlichen Erwägungen ausgehenden Gegnern des Eigentums ruhig zugestehen. Nur freilich ist damit noch nicht das mindeste zum Beweise der Notwendigkeit, Zweckmäßigkeit oder sittlichen Rechtfertigung seiner Beseitigung gesagt. Das natürliche Eigentum hat mit Anerkennung durch die Mitmenschen des Eigentümers nicht zu rechnen. Es wird solange faktisch geduldet, als die Kraft fehlt, es umzustoßen; es besteht nicht länger als bis sich ein Gewaltigerer findet, der es an sich reißt. Durch Eigenmächtigkeit entstanden, muß es je-

den Augenblick die stärkere Macht fürchten. Das ist der Zustand, den die naturrechtliche Doktrin als den Krieg aller gegen alle bezeichnet hat. Er wird beendet durch die Anerkennung des tatsächlichen Verhältnisses als eines, das wert ist, erhalten zu werden. Aus Gewalt wird Recht.
GW, S. 16 f.

Eigentum, geistiges

Wenn die Rechtsordnung geistiges Eigentum nicht schützt, dann können von den Unternehmern, die nach Anweisung dieser Rezepte erzeugte Güter zu Markte bringen, nur Unternehmergewinne erzielt werden. Ein Verleger kann, wenn das Urheberrecht nicht geschützt ist, an den Büchern, die Erfolg haben, nur insoweit Gewinne erzielen, als er einen zeitlichen Vorsprung vor den anderen Verlegern erlangt hat. Nur die Aussicht, einen Gewinn dadurch zu erzielen, daß er imstande ist, das Buch früher zu verkaufen als seine Konkurrenten, könnte ihn veranlassen, dem Verfasser ein Honorar zu bezahlen. Wird jedoch das Urheberrecht durch das Gesetz geschützt, dann können im Vertrieb des Buches, wenn die übrigen Bedingungen zutreffen, Monopolpreise erzielt werden; dementsprechend können auch Autorenhonorare bemessen werden. Die Frage, ob man das geistige Eigentum der Schriftsteller, Künstler, Erfinder und Musterentwerfer schützen soll oder nicht, gehört nicht in den Rahmen einer theoretischen Untersuchung. Hier ist für uns allein die Feststellung von Bedeutung, daß dort, wo dieser Schutz nicht gewährt wird, das Problem der external economies[13] eine bedeutende Rolle im geistigen Schaffen spielt. Der geistig Schaffende ist dann ein Erzeuger, der weniger für sich als für die wirkt, die aus seinem Werk Vorteil zu ziehen wissen.
NÖ, S. 604 f.

Patente: {...} Die Erfahrung der letzten hundert Jahre beweist jedoch, daß das Patentsystem wenigstens nicht die Verwendung neuer Erfindungen versperrt hat. Es hat den Erfindergeist dadurch ermutigt, daß es genialen Menschen den Anreiz gegeben hat, die besten Jahre ihres Lebens der Aufgabe der Erfindung zu widmen und der Wirtschaft den Anreiz, hohe Summen für die Forschung auszugeben. Die öffentliche Meinung findet keinen Fehler an einer Einrichtung, die es einem Erfinder ermöglicht, eine Belohnung für den Nutzen zu erhalten, den seine Mitbürger aus seinen Beiträgen

13 Zusatznutzen

zum Menschheitsfortschritt ziehen. Die Abschaffung des Patentrechts wäre eine schwere Ungerechtigkeit.

Urheberrecht: Kaum jemand greift die Urheberrechtsgesetze an. Dank der Monopolposition, die diese Gesetze den Autoren sichern, ist es für einen erfolgreichen Schriftsteller von Belletristik, und gleicherweise für den von Sachbüchern, möglich, von Büchern und Artikeln, die für den allgemeinen Leser gedacht sind, zu leben. Der Autor hängt nicht länger von der Großzügigkeit einiger Mäzene ab wie in früheren Zeiten. Er hängt von der Käuferschaft ab.

Markenrecht: {...} Die wirtschaftliche Bedeutung von Warenzeichen ist, daß sie dem Geschäftsmann den Aufbau eines guten Rufes ermöglichen. Kraft eines Markenzeichens oder Markennamens kann der Hersteller mit der Käuferschaft direkt in Beziehung treten. Der Käufer weiß, welches Produkt er kauft, und ist in der Lage, bei seinem Einkauf zwischen Produkten zu unterscheiden, die er mehr oder weniger mag. Er kann aus der Erfahrung der Vergangenheit beim Probieren verschiedener Produkte Gewinn ziehen. Er wird zu einem treuen Kunden derjenigen Hersteller, deren Produkte ihn am meisten zufrieden stellten. {...} Markenzeichen spielen daher im gegenwärtigen Wirtschaftsleben eine wichtige Rolle. Gäbe es keinen Rechtsschutz in der Verwendung von Markenzeichen, würde die Käuferschaft die Orientierung verlieren. {...} Die Verwendung des Warenzeichens verschafft dem Hersteller die Möglichkeit, Goodwill aufzubauen. Goodwill ist der Bekanntheitsgrad, den ein Mensch oder eine Firma durch Leistungen der Vergangenheit erwirbt. Es beinhaltet die Erwartung, daß der Inhaber des Goodwill in der Zukunft seinem früheren Niveau entspricht.
MP, S. 24 f.

Einkommen

Zur Ermittlung des Einkommens in diesem Sinne bedarf es der feinen Methoden der kaufmännischen Buchführung. Die »Exaktheit« dieser Methoden, deren Ansätze und Ergebnisse mitunter selbst in Bruchteilen von Pfennigen ausgedrückt werden, ist freilich illusorisch. Ihre wichtigsten Ansätze – die Bewertung der Anlagen, der Vorräte und der Forderungen – sind nicht etwa das Ergebnis von »Messungen«. Sie beruhen entweder auf spekulativer Vorwegnahme künftiger Marktgestaltung oder auf Übung, die Staatsgesetze oder Handelsbräuche festgelegt haben. Der Wirtschaftshistoriker, den Blick ausschließlich auf die Vergangenheit gerichtet,

kann rückschauend objektiv richtige Urteile über Erfolg oder Mißerfolg eines abgeschlossenen Abschnittes wirtschaftlicher Betätigung fällen. Im Leben und Handeln, bei dem es notwendigerweise immer um die Gestaltung künftiger Dinge geht, macht die Unbestimmtheit der Zukunft jede Bewertung eines Gegenstandes zur Spekulation. Erst die Gestaltung der künftigen Dinge wird zeigen, ob eine Bilanz richtig oder unrichtig war.
RV, S. 502

ꟹ

Die meisten, wenn nicht alle, die für die möglichste Gleichheit der Einkommensverteilung eintreten, machen sich nämlich nicht klar, daß es sich hier um eine Forderung handelt, die nur durch Verzicht auf die Erreichung anderer Ziele verwirklicht werden kann. Man stellt sich vor, daß die Summe der Einkommen unverändert bleibt, und daß nur ihre Verteilung gleichmäßiger erfolgen soll als in der auf dem Sondereigentum an den Produktionsmitteln beruhenden Wirtschaftsordnung. Die Reichen werden soviel von ihrem Einkommen abgeben, als sie über das Durchschnittseinkommen beziehen, die Armen werden soviel dazu erhalten, als ihnen zum Durchschnittseinkommen fehlt. Das Durchschnittseinkommen selbst aber werde unverändert bleiben. Es gilt sich klarzumachen, daß diese Meinung auf einem schweren Irrtum beruht. Wir konnten zeigen, daß, wie immer man sich die Ausgleichung der Einkommensunterschiede denken will, sie immer notwendigerweise zu einem sehr beträchtlichen Rückgang des gesamten Volkseinkommens und somit auch des durchschnittlichen Kopfeinkommens führen muß. Wenn dem aber so ist, dann lautet die Frage ganz anders. Dann muß man sich entscheiden, ob man für gleiche Einkommensverteilung bei niedrigerem Durchschnittseinkommen oder für Ungleichheit der Einkommen bei höherem Durchschnittseinkommen ist. Diese Entscheidung wird naturgemäß im wesentlichen davon abhängen, wie groß man die durch die Änderung der gesellschaftlichen Einkommensverteilung bewirkte Schmälerung des Durchschnittseinkommens einschätzt. Schätzt man sie so ein, daß man annimmt, es werde in der Gesellschaft, die das Postulat der Gleichheit der Einkommen verwirklicht, jedermann nur ein Einkommen beziehen, das hinter dem zurückbleibt, das heute die Ärmsten beziehen, dann wird die Stellung, die man zu ihm einnimmt, wohl eine ganz andere sein als die, die die meisten Gefühlssozialisten heute haben. {...} Es ist nicht

so, daß die einen arm sind, weil die anderen reich sind. Wollte man die kapitalistische Gesellschaftsordnung durch eine andere ersetzen, in der es keinen Unterschied der Einkommensgröße gibt, dann würde man alle ärmer machen. So paradox es dem Laien klingen mag, auch die Armen haben das, was ihnen zufließt, nur weil es Reiche gibt. Erweist sich aber die auf die Behauptung, daß die Muße und der Reichtum der einen die Arbeitslast und die Armut der anderen vergrößern, gestützte Begründung der allgemeinen Arbeitspflicht und der Gleichheit der Vermögen und Einkommen als unhaltbar, dann bleibt zugunsten dieser ethischen Postulate nichts anderes übrig als das Ressentiment. Es soll niemand müßig sein, wenn ich arbeiten muß; es soll niemand reich sein, wenn ich arm bin. Immer wieder zeigt es sich, daß das Ressentiment die Grundlage aller sozialistischen Ideen bildet.
GW, S. 405 f.

Etatismus

Der Etatismus ist als Theorie die Lehre von der Allmacht des Staates und als Praxis die Politik, die alle irdischen Dinge durch Gebote und Verbote der Obrigkeit zu ordnen bestrebt ist.
TU, S. 226

ꕤ

Das älteste und beliebteste Mittel etatistischer Geldpolitik ist die behördliche Festsetzung von Höchstpreisen. Die hohen Geldpreise, meint der Etatist, sind nicht die Folge der Vermehrung der Geldmenge, sondern die Folge verbrecherischen Tuns der »Preistreiber« und »Schieber«. Es genüge diese Machenschaften zu unterdrücken, um dem Steigen der Preise Einhalt zu gebieten. So wird das Fordern und selbst das Gewähren »übermäßiger« Preise unter Strafe gestellt.
TU, S. 229

ꕤ

Die etatistische Sozialphilosophie, die alle diese Einrichtungen[14] auf den »Staat« zurückführt, kehrt wieder zur alten theologischen Erklärung zurück. In ihr nimmt der Staat die Stellung ein, die die Theologen Gott zuweisen.
GW, S. 18

ꕤ

Der Etatismus hat ganz bestimmte Anschauungen über die sittliche Einschätzung der einzelnen

14 gemeint sind hier der Gesellschaftsvertrag und die staatliche Rechtsordnung

Schichten der Gesellschaft. Er ist erfüllt von Hochschätzung des Königtums, des Adels, des ländlichen Großgrundbesitzes, der Geistlichkeit, des Berufskriegertums, insbesondere des Offizierkorps, und des Beamtentums; auch den Gelehrten und den Künstlern billigt er unter gewissen Voraussetzungen eine bevorzugte Stellung zu. Den Bauern und den Kleingewerbetreibenden wird ein bescheidener Platz zugewiesen, schlechter kommen schon die gewöhnlichen Handarbeiter weg, am schlechtesten die unzuverlässigen Elemente, die, mit dem Wirkungskreis und dem Einkommen, die ihnen nach dem Plane des Etatismus zukommen sollen, nicht zufrieden, nach materieller Besserung ihrer Lage streben. Der Etatist ordnet im Geiste alle Glieder, aus denen sich sein Zukunftsstaat zusammensetzen soll, in Rangstufen ein. Der Edlere soll mehr zu sagen haben und mehr soziale Ehrungen und mehr Einkommen empfangen als der weniger Edle. Was aber edel und was unedel ist, darüber entscheidet vor allem die Tradition. Nichts macht der Etatist der kapitalistischen Gesellschaftsordnung mehr zum Vorwurf als das, daß sie die Einkommen nicht nach seiner Wertung verteilt. Daß ein Milchhändler oder ein Fabrikant von Hosenknöpfen ein größeres Einkommen beziehen kann als der Sprosse eines alten Adelsgeschlechtes, als ein Geheimrat oder als ein Leutnant, dünkt ihm unerträglich. Hauptsächlich um diese Mißstände abzustellen, meint er, müsse die kapitalistische Gesellschaftsordnung durch die etatistische ersetzt werden. Dem Etatismus liegt es, entsprechend seinem Bestreben, die überkommene gesellschaftliche Rangordnung und ethische Wertung der einzelnen Schichten der Gesellschaft zu erhalten, ferne, durch einen vollkommenen Umsturz der geschichtlich gewordenen Rechtsordnung alles Eigentum an den Produktionsmitteln auch formal in Staatseigentum zu verwandeln. Nur die großen Unternehmungen sollen verstaatlicht werden, und auch da wird zugunsten der landwirtschaftlichen Großbetriebe, besonders des ererbten Familienbesitzes, eine Ausnahme gemacht. In der Landwirtschaft und im Mittel- und im Kleingewerbe soll das Sondereigentum dem Worte nach bestehen bleiben. Daneben wird selbst den freien Berufen unter gewissen Einschränkungen ein Spielraum gelassen. Aber alle Unternehmungen sollen dem Wesen nach Staatsbetriebe werden. Dem Landwirt werden Namen und Ehren eines Eigentümers gelassen. Doch es wird ihm untersagt, »egoistisch bloß auf den merkantilen Gewinn

zu sehen«; er hat die »Pflicht, dem Staatszwecke zuvorzukommen«[15]. Denn die Landwirtschaft ist in der Idee der Etatisten ein öffentliches Amt. {...} Nicht anders soll es um den Handwerker und um den Kaufmann stehen. Für den selbständigen Unternehmer, der über die Produktionsmittel frei verfügt, ist im Staatssozialismus ebensowenig Raum wie in irgendeinem anderen Sozialismus. Die Preise werden obrigkeitlich geregelt, die Obrigkeit bestimmt, was und wie und in welcher Menge produziert werden soll. Es gibt keine Spekulation auf »übermäßigen« Gewinn. Die Behörden wachen darüber, daß jeder nur einen angemessenen bürgerlichen Nutzen zieht, d. h. einen solchen, der ihm die Lebenshaltung auf die seinem Stande gebührende Weise sichert. Was zuviel ist, wird »weggesteuert«.
GW, S. 216 ff.

15 »Vgl. Philipp v. Arnim, Ideen zu einer vollständigen landwirtschaftlichen Buchhaltung, 1805, S. VI (zitiert bei Waltz, a. a. O., S. 20).«

Existenzminimum

Der Begriff des Existenzminimums, mit dem manche Lohntheorien einst gearbeitet haben und den die Demagogen allezeit gerne im Munde geführt haben und noch führen, ist für die Lohntheorie unbrauchbar. Eine der Bedingungen, auf der die gesellschaftliche Kooperation aufgebaut ist, ist eben die Tatsache, daß in Arbeitsteilung und Arbeitsvereinigung geleistete Arbeit in solchem Maße ergiebiger ist als die Arbeit isolierter einzelner, daß in der Gesellschaft jeder einzelne, sofern er nur arbeitsfähig ist, von Not, wie sie entfernten Vorfahren täglich drohte, nichts zu fürchten hat. In der kapitalistischen Welt spielt das Existenzminimum praktisch keine Rolle.[16] Der Begriff des Existenzminimums entbehrt aber auch der Genauigkeit und Eindeutigkeit, die man in ihm zu finden geglaubt hat. Der an ein mehr tier- denn menschengleiches Leben gewöhnte Urmensch konnte unter Bedingungen existieren, die für den verwöhnten Kulturmenschen unerträglich wären. Es gibt keinen physiologisch-biologischen Begriff eines Existenzminimums,

16 »Die Notlage weiter Schichten in Asien und in Sowjetrussland ist institutionell bedingt; diese Not würde verschwinden, wenn die Behinderung des Marktmechanismus aufhören würde.«

der für den Menschen im allgemeinen anwendbar wäre. Nicht minder unhaltbar ist aber auch die Vorstellung, man brauche ein bestimmtes Quantum an Kalorien, um den – nicht arbeitenden – Menschen gesund und reproduktionsfähig am Leben zu erhalten, und dann eine weitere Kalorienmenge, um den durch die Arbeit erforderten Kräfteverbrauch zu ermöglichen. Mit solchen Viehzüchter- und Laboratoriumsanschauungen kann man die Probleme menschlicher Arbeit und menschlichen Lebens nicht erfassen. Von allen absurden Ideen, die man in die Nationalökonomie einschmuggeln wollte, waren das eherne Lohngesetz und die ihm wesensgleiche Lehre von der »Bestimmung« des »Wertes der Arbeitskraft« durch »die zur Produktion, also auch Reproduktion, dieses spezifischen Artikels notwendige Arbeitszeit« wohl die absurdesten.[17] Immerhin konnte man mit den Vorstellungen, die dem ehernen Lohngesetz zugrunde lagen, noch einen bestimmten Sinn verbinden. Wenn man im Arbeiter ein Stück Vieh sieht und wenn man glaubt, daß der Arbeiter in der Gesellschaft und auf dem Markte wie Vieh behandelt wird und keine andere gesellschaftliche Rolle spielt als das Zugtier, wenn man ferner meint, daß der Arbeiter keine anderen Ziele kennt als Fressen und Sichfortpflanzen und für den Arbeitslohn keine andere Verwendung hat als die durch diese Zielsetzung bedingte, dann mag das eherne Lohngesetz als eine Lohntheorie erscheinen. Hat man sich aber einmal genötigt gesehen, die unhaltbaren Grundlagen des ehernen Lohngesetzes aufzugeben, dann verwickelt man sich in unauflösbare Widersprüche, wenn man zur Rettung des liebgewordenen Begriffs des Existenzminimums das physiologisch-biologische Existenzminimum in ein »soziales« verwandelt. Aus den zur Fristung des Lebens, zur Erhaltung der Arbeitsfähigkeit und zur Fortpflanzung »notwendigen« Konsummengen werden dann die zur Erhaltung einer historisch überkommenen Lebensführung erforderlichen Gütermengen. Es ist für die Entstehungsgeschichte dieser Lehre, die den Lohn aus der Tradition und aus der ständischen Gliederung der Gesellschaft erklärt, charakteristisch, daß sie geschaffen wurde als Antwort auf die Feststellung, daß Lohneinkommen und Lebenshaltung der Arbeitermassen in der modernen kapitalistischen Gesellschaft sich in fortschreitendem Aufstieg befinden und daß die überkommenen Rangunterschiede

17 »Vgl. Marx, Das Kapital, I. Bd., 7. Auflage, Hamburg 1914, S. 133.«

innerhalb der Gesellschaft nicht aufrechterhalten werden können, weil der soziale Aufstieg der arbeitenden Schichten die alten Scheidewände niederreißt. Es bedurfte vollkommener Geschichtsblindheit, um in einem Zeitalter, in dem die Industrie dem Massenkonsum täglich neue Gebiete erschließt, eine Lehre vorzutragen, die die Lohnbildung als traditionell gebunden ansieht.
NÖ, S. 551 f.

Fortschritt

Das einzige Mittel, wirtschaftlichen Fortschritt bewußt herbeizuführen, ist die Erhöhung der Ergiebigkeit der menschlichen Arbeit. Das geschieht, um mit Böhm-Bawerk[18] zu sprechen, durch das Einschlagen von Produktionsumwegen, die ein Opfer an Zeit erfordern, doch für dieses Opfer entschädigen durch die Menge und Beschaffenheit der Erzeugnisse. Wirtschaftlicher Fortschritt verlangt reichlichere Ausstattung mit Kapitalgütern und deren zweckmäßigste Verwendung.
KL, S. 159

Man meint, die materiellen Fortschritte der letzten Menschenalter seien zwar ganz schön gewesen und hätten manchen Nutzen gestiftet. Nun aber sei es genug. Das Hasten und Jagen des modernen Kapitalismus müsse ruhiger Beschaulichkeit Platz machen. Man müsse Zeit bekommen zur inneren Einkehr, und darum müßte man an die Stelle des Kapitalismus eine andere Wirtschaftsverfassung treten lassen, die nicht immerfort ruhelos Neues schafft. Der Blick des Wirtschaftsromantikers schweift ins Mittelalter zurück, nicht in das Mittelalter, das einst gewesen ist, sondern in ein Phantasiegebilde, das es nie gegeben hat. Er blickt nach dem Orient, freilich wieder nicht nach dem wahren Orient, sondern nach einem Traumgebilde seiner Phantasie. Wie glücklich waren da die Menschen ohne moderne Technik und ohne moderne Bildung! Wie konnten wir nur leichtfertig auf dieses Paradies verzichten! Wer die Rückkehr zu einfacheren Formen der gesellschaftlichen Wirtschaft predigt, möge sich vor Augen halten, daß nur unsere Wirtschaftsverfassung die Möglichkeit bietet, die Zahl von Menschen, die heute die Erde bevölkern, in der Weise zu versorgen, in der es heute geschieht. Rückkehr zum Mittelalter heißt Vertilgung von mehreren Hundert

18 Eugen Böhm Ritter von Bawerk (* 1851 in Brünn; † 1914 in Kramsach/Tirol). Österreichischer Ökonom.

Millionen Menschen. So weit, sagen allerdings die Freunde des stationären Zustandes, müsse man gar nicht gehen. Es genüge, am schon Erreichten festzuhalten und auf weitere Fortschritte zu verzichten. Wer den stationären Zustand der Wirtschaft anpreist, vergißt, daß dem denkenden Menschen der Wunsch nach Verbesserung seiner materiellen Lage innewohnt. Diesen Drang kann man nicht ausrotten; er ist die Triebkraft alles menschlichen Handelns. Versperrt man den Weg, auf dem er sich zum Wohle der Gesellschaft durch Ausgestaltung der Bedürfnisdeckung zu betätigen vermag, dann bleibt ihm nur ein Feld übrig: durch Vergewaltigung und Beraubung der Mitmenschen sich zu bereichern und andere ärmer zu machen. {...} Vor allem aber: Was bietet man als Gegengabe für den Verzicht auf weiteren materiellen Fortschritt? Glück und Zufriedenheit, innere Ausgeglichenheit und Frieden werden sich nicht schon darum allein einstellen, weil man nicht auf weitere Verbesserung der Bedürfnisbefriedigung bedacht sein wird. Die aus dem Ressentiment verkommener Literaten entsprungene Vorstellung, daß Armut und Bedürfnislosigkeit für die Entfaltung seelischer Kräfte besonders günstige Vorbedingungen schaffen, ist unsinnig. Man soll, wenn man über diese Fragen spricht, Umschreibungen meiden und die Dinge bei ihrem rechten Namen nennen. Der moderne Reichtum äußert sich vor allem in der Körperkultur – Hygiene, Reinlichkeit, Sport. Heute noch – vielleicht nicht mehr in den Vereinigten Staaten, aber überall sonst – Luxus der Wohlhabenden, wird sie, wenn die wirtschaftliche Entwicklung fortschreitet wie bisher, in nicht allzu langer Zeit Besitztum aller sein. Meint man, daß man das Innenleben der Menschen irgendwie fördert, wenn man die Massen von der Erreichung jenes Standes von Körperpflege ausschließt, den heute die Wohlhabenden bereits genießen können? Wohnt das Glück im ungepflegten Leib?
LI, S. 165 ff.

Free Banking

Wenn die Regierung sich nicht in das Geld und das Bankwesen eingemischt hätte, wäre es möglich, jedem Bürger die Freiheit zu lassen, eigene Banknoten auszugeben. Ich möchte jedem das Recht geben, eigene Banknoten auszugeben. Das Problem würde dann sein, andere Menschen dahin zu bringen, solche privaten Banknoten zu akzeptieren; vielleicht würde sie niemand

annehmen. Ich bin nicht gegen private Banknoten als solche; ich bin nur gegen Banknoten, die durch ein staatliches Privileg geschützt sind. Ich möchte den Banknoten, die in der Vergangenheit ausgegeben wurden, ihr Privileg entziehen, aber keine weiteren Banknoten als gesetzliches Zahlungsmittel und keine weitere Kreditexpansion!
MU, S. 75

Freihandel

Welche Nachteile aus der Abschließung der Grenzen gegen die Einfuhr ausländischer Waren für die Versorgung der Genossen des sozialistischen Gemeinwesens erwachsen müßten, zeigt die Freihandelstheorie. Kapital und Arbeit müßten unter relativ ungünstigeren Produktionsbedingungen verwendet werden, wo sie einen geringeren Ertrag abwerfen. Ein krasses Beispiel stellt die Sache am leichtesten klar. Ein sozialistisches Deutschland könnte, wenn auch unter enormem Aufwand von Kapital und Arbeit, in Treibhäusern Kaffee bauen. Es wäre aber weitaus vorteilhafter, anstatt Kaffee im Lande unter großen Kosten zu erzeugen, ihn aus Brasilien zu beziehen und dagegen Produkte auszuführen, für deren Erzeugung die Verhältnisse in Deutschland günstiger sind als für den Kaffeebau.[19]
GW, S. 205 f.

Ein Staat wird nicht dadurch lebensunfähig, daß in seinem Gebiet irgendwelche Rohstoffe fehlen. Die Vorstellung, die unsere öffentliche Meinung und unsere Wirtschaftspolitik von der Rohstoffversorgung haben, ist ganz unhaltbar. Wir fordern von unserem Bauer, daß er uns die Lebensmittel zu einem tief unter dem Weltmarktpreise liegenden Preis abliefere, und vom Ausland, daß es uns Lebensmittel und Rohstoffe schenke. Unser ganzes Bemühen ist darauf eingestellt, die ohnehin unnatürlich niedrigen Inlandspreise noch herabzudrücken, statt sich darum zu kümmern, daß die niedrigen Einkommen durch Arbeit erhöht werden. Wenn unsere städtische Versorgungspolitik etwas zur Linderung der Lebensmittelnot beitragen will, so fördert sie Schre-

19 »Es ist überflüssig, sich mit den Autarkie-Plänen auseinanderzusetzen, die von den ahnungslosen Literaten des »Tat«-Kreises am eifrigsten verkündet werden. (Vgl. Fried, Das Ende des Kapitalismus, Jena 1931.) Autarkie würde die Lebenshaltung des deutschen Volkes wohl unvergleichlich stärker herabdrücken als die Verhundertfachung der Reparationslasten es vermöchte.«

bergärten und läßt öffentliche Anlagen bebauen. Doch eine Stadt kann nie davon leben, daß in den Gartenanlagen mit hohen Kosten Kartoffeln und Gemüse angebaut werden. Die Kornkammer der Stadt Wien liegt nicht auf den Bauplätzen, die mit Kohl bestellt werden, sondern in den Werkstätten der Wiener Finalindustrie, deren Erzeugnisse wir auf dem Weltmarkte gegen Lebensmittel einzutauschen in der Lage wären. Nicht das Ergebnis der Aufbringung auf dem Lande ist für unsere Versorgung entscheidend, sondern der Geschäftsgang des städtischen Handels und der städtischen Industrie. Der Wahn, dem wir uns hingeben, das inländische Preisniveau durch öffentliche Bewirtschaftung unter dem Preisniveau des Weltmarktes halten zu können, beruht auf einer Selbsttäuschung. Die Differenz zwischen Weltmarktpreis und Inlandspreis bezahlt der Staat, der sich die Mittel durch Schuldenmachen und durch die Notenpresse verschafft.
BW, S. 9 f.

Bei vollkommener Freiheit des Handelsverkehres würden Kapital und Arbeit dort angesetzt werden, wo sich die günstigsten Produktionsbedingungen bieten. Weniger günstige Produktionsbedingungen würden nicht ausgenützt werden, solange die Möglichkeit besteht, irgendwo unter günstigeren Bedingungen zu produzieren. In dem Maße, in dem durch die Ausgestaltung der Verkehrsmittel, durch Verbesserung der Technik und durch gründlichere Erforschung neu dem Verkehr erschlossener Länder sich herausstellt, daß es günstigere Standorte für die Produktion gibt als die, an denen gerade produziert wird, verschieben sich die Standorte der Produktion. Kapital und Arbeit streben von den Gebieten mit weniger guten Produktionsbedingungen nach den Gebieten mit günstigeren Produktionsbedingungen.
LI, S. 115

Freiheit

Der schwerste politische Irrtum unserer Zeit ist die Verkennung der Wurzeln der modernen Freiheitsrechte. Man glaubt, daß Rede-, Gedanken- und Pressefreiheit, Freiheit der Religionsausübung, Versammlungsfreiheit und alle anderen unter der Bezeichnung Menschen- und Bürgerrechte zusammengefaßten Freiheiten ihren Ursprung und Bestand Staatsgesetzen verdanken. Doch was Gesetze in dieser Hinsicht vollbringen können, ist allein das, daß sie die Freiheiten, die die freie – d. h. die nicht durch den Zwangs- und

Unterdrückungsapparat der Regierung manipulierte – Marktwirtschaft den Bürgern gewährt, vor Angriffen seitens des behördlichen Staatsapparates schützen. Wo es keine Marktwirtschaft gibt, sind alle gesetzlichen Garantien der Freiheitsrechte wertlos. Was soll Pressefreiheit in einem Lande, in dem alle Druckereien von der Regierung verwaltet werden? Oder Versammlungsfreiheit, wenn alle Versammlungshallen Regierungseigentum sind?
EM, S. 727 f.

ꝏ

Die Gesellschaft bedarf vor allem des Friedens. Nur aus der friedlichen Kooperation der Menschen kann Wohlstand entspringen. Die Ziele, die sich die Menschen setzen und die sie durch die gesellschaftliche Kooperation zu erreichen suchen, können nur erreicht werden, wenn der gesellschaftliche Fortschritt – die Ausgestaltung der Arbeitsteilung und Arbeitsvereinigung – nicht durch Kriege und Bürgerkriege immer wieder aufs neue gestört wird. Dauernder Friede kann aber nicht gesichert werden, wenn man die Menschen ob ihres Glaubens und ob ihrer Überzeugungen und Ideologien verfolgt und wenn man ihnen verwehrt, zu denken und ihre Gedanken frei auszusprechen. Es ist eine bedauerliche Tatsache, daß viele Menschen irren und sich hartnäckig weigern, von ihrem Irrtum zu lassen. Doch was könnte Unterdrückung der freien Meinungsäußerung daran ändern? Die Geschichte hat bewiesen, daß die schärfsten Verfolgungen die Ausbreitung einer Lehre nicht hindern können. Die Unduldsamkeit hat den Irrtum nicht ausrotten können, sie hat aber zu den fürchterlichsten Kriegen geführt.
NÖ, S. 274

ꝏ

Das Wesen der Freiheit eines Individuums ist die Möglichkeit, von den traditionellen Denkweisen und Handlungsweisen abzuweichen. Planung einer bestehenden Autorität schließt Planung der Individuen aus.
TG, S. 363

ꝏ

Wenn die öffentliche Meinung letztlich verantwortlich ist für den Aufbau der Regierung, ist sie auch die Kraft, die bestimmt, ob Freiheit oder Knechtschaft besteht. Es gibt nahezu nur einen Faktor, der die Macht besitzt, die Menschen unfrei zu machen – tyrannische öffentliche Meinung. Der Kampf um Freiheit ist letztlich nicht Widerstand gegen Alleinherrscher oder Oligarchen,

sondern Widerstand gegen die Despotie der öffentlichen Meinung. Es ist nicht der Kampf der vielen gegen die wenigen, sondern der von Minderheiten – manchmal einer Minderheit von nur einem einzigen Menschen – gegen die Mehrheit. Die übelste und gefährlichste Form einer absolutistischen Herrschaft ist die einer intoleranten Mehrheit.
TG, S. 112

Natürlich werfen die Verfechter des Totalitarismus ein, daß das, was sie abschaffen wollen, nur die »wirtschaftliche Freiheit« sei, und daß alle »anderen Freiheiten« davon unberührt blieben. Aber Freiheit ist unteilbar. Die Unterscheidung zwischen einer wirtschaftlichen Sphäre des menschlichen Lebens und Handelns und einer nichtwirtschaftlichen Sphäre ist der übelste ihrer Irrtümer. Wenn eine allmächtige Autorität die Macht hat, jedem Individuum die Aufgaben, die es zu erfüllen hat, vorzuschreiben, kann nichts von dem, was übrig bleibt, Freiheit genannt werden. Er hat nur die Wahl zwischen strengem Gehorsam und Hungertod.[20]
TG, S. 362

20 »Hayek: The Road to Serfdom, London, 1944, S. 66 ff.; Mises: Socialism, S. 589.«

Man beklagt es, daß das Persönliche aus dem Geschäftsleben ausgeschaltet wurde, und daß das Geld alle Beziehungen beherrscht. Doch das, was man hier beklagt, ist nichts anderes, als daß die Willkür, die Gunst und die Laune in jenem Teil des gesellschaftlichen Lebens, den wir den rein wirtschaftlichen zu nennen pflegen, kaum noch etwas zu bedeuten haben, und daß hier alles nach jenen Erwägungen vor sich geht, die die gesellschaftliche Kooperation erfordert. Das ist die Freiheit im äußeren Leben des Menschen, daß er unabhängig ist von dem Wohlwollen der Mitmenschen. Diese Freiheit ist kein Urrecht des Menschen, sie hat es im Urzustande nicht gegeben, sie ist erst im Laufe der gesellschaftlichen Entwicklung erwachsen; ihre volle Ausbildung ist ein Werk des entwickelten Kapitalismus. Der Mensch der vorkapitalistischen Zeit hatte über sich einen gnädigen Herrn, um dessen Gunst er werben mußte. Der Kapitalismus kennt keine Gnade und keine Ungnade, er unterscheidet nicht mehr gestrenge Herren und gehorsame Knechte; alle Beziehungen sind sachlich und unpersönlich, sind rechenbar und vertretbar. Mit der Rechenhaftigkeit der kapitalistischen Geldwirtschaft steigt die Freiheit aus

dem Reich der Träume in das der Wirklichkeit herunter. Der von den reinwirtschaftlichen Beziehungen an Freiheit gewöhnte Mensch will auch im übrigen Leben Freiheit. Daher geht Hand in Hand mit der Entwicklung des Kapitalismus das Bestreben, im Staate alle Willkür und alle persönliche Abhängigkeit auszuschalten. Subjektive Rechte der Staatsbürger auch im öffentlichen Rechte zu erlangen, das freie Ermessen der Behörden möglichst einzuschränken, ist das Ziel der bürgerlichen Freiheitsbewegung. Sie fordert Recht, nicht Gnade. Und sie erkennt bald, daß es zur Verwirklichung dieser Forderung kein anderes Mittel gibt als stärkste Zurückdrängung der Gewalt des Staates über den Einzelnen, daß die Freiheit in der Freiheit vom Staate besteht. {...} Man pflegt das Problem der äußeren Freiheit in der Weise zu fassen, daß man dabei an größere oder geringere Abhängigkeit des Einzelnen von der Gesellschaft denkt. Doch die politische Freiheit ist noch nicht das Ganze der Freiheit. Um frei in seinem Handeln zu sein, genügt es nicht, daß man alles das, was andere nicht schädigt, tun darf, ohne von der Regierung oder von der formlos arbeitenden Repressionskraft der Sitte gehindert zu werden. Man muß auch darüber hinaus in der Lage sein, handeln zu können, ohne im voraus nicht absehbare gesellschaftliche Folgen der Handlung befürchten zu müssen. Und diese Freiheit verbürgt nur der Kapitalismus mit seiner nüchternen Zurückführung aller Wechselbeziehungen auf das kalte, von allem Persönlichen losgelöste Tauschprinzip des do ut des[21].
GW, S. 171 f.

Dies ist es, was die moderne Auffassung von Freiheit bedeutet. Jeder erwachsene Mensch ist frei, sein Leben nach seinen eigenen Plänen zu formen. Er wird nicht gezwungen, nach den Wünschen einer planenden Autorität zu leben, die ihren Einheitsplan durch die Polizei, das heißt durch Zwang und Zwangsherrschaft durchsetzt. Was die Freiheit des Individuums beschränkt, ist nicht die Gewalttätigkeit oder die Gefahr der Gewalttätigkeit von seiten anderer Menschen, sondern die physiologische Struktur seines Körpers und die unausweichbare, naturgegebene Knappheit der Produktionsfaktoren. Es ist offensichtlich, daß die Verfügungsfreiheit des Menschen, sein Schicksal zu formen, niemals Grenzen, die durch

21 Ich gebe, damit du gibst.

die sogenannten Naturgesetze gezogen sind, überschreiten kann.
WA, S. 10 f.

ꝏ

Freiheit unter dem Kapitalismus bedeutet: Keiner braucht von dem Belieben anderer Leute abhängiger zu sein, als sie es von seinem eigenen sind. Keine andere Freiheit ist denkbar als diese, wo die Produktion unter dem System der Arbeitsteilung vor sich geht, und wo es keine vollkommene wirtschaftliche Selbständigkeit jedes einzelnen gibt.
WA, S. 113 f.

ꝏ

Freiheit in der Gesellschaft heißt, daß ein Mensch ebenso sehr von anderen abhängig ist, wie diese von ihm. In der freien Marktwirtschaft dient jeder seinen Mitbürgern und diese wiederum dienen ihm.
WI, S. 43

ꝏ

Der Sozialismus pflegt das Freiheitsargument gewöhnlich damit zurückzuweisen, daß er erklärt, in der kapitalistischen Gesellschaftsordnung gebe es nur für die Besitzenden Freiheit. Der Proletarier sei unfrei, denn er müsse arbeiten, um sein Leben zu fristen. Man kann sich keine ärgere Verkennung des Begriffes der Freiheit denken als diese. Daß der Mensch arbeiten muß, wenn er mehr verzehren will als das frei in Wald und Feld herumschweifende Tier, ist eine der Bedingungen, die die Natur seinem Leben gesetzt hat. Daß die Besitzenden auch ohne zu arbeiten leben können, ist ein Gewinn, den sie aus der gesellschaftlichen Arbeitsvereinigung ziehen, ohne jemand, etwa die Nichtbesitzenden, zu schädigen. Auch für diese bringt die Arbeitsvereinigung Gewinn durch Erhöhung der Produktivität der Arbeit. Die sozialistische Gesellschaftsordnung könnte die Abhängigkeit des Einzelnen von den natürlichen Lebensbedingungen nur dadurch mildern, daß sie die Produktivität der Arbeit weiter steigert. Kann sie das nicht, führt sie im Gegenteil zur Verminderung der Produktivität, dann macht sie den Menschen der Natur gegenüber unfreier.
GW, S. 173

Frieden

Die Gesellschaft bedarf vor allem des Friedens. Nur aus der friedlichen Kooperation der Menschen kann Wohlstand entspringen. Die Ziele, die sich die Menschen setzen und die sie durch die gesell-

schaftliche Kooperation zu erreichen suchen, können nur erreicht werden, wenn der gesellschaftliche Fortschritt – die Ausgestaltung der Arbeitsteilung und Arbeitsvereinigung – nicht durch Kriege und Bürgerkriege immer wieder aufs neue gestört wird. Dauernder Friede kann aber nicht gesichert werden, wenn man die Menschen ob ihres Glaubens und ob ihrer Überzeugungen und Ideologien verfolgt und wenn man ihnen verwehrt, zu denken und ihre Gedanken frei auszusprechen. Es ist eine bedauerliche Tatsache, daß viele Menschen irren und sich hartnäckig weigern, von ihrem Irrtum zu lassen. Doch was könnte Unterdrückung der freien Meinungsäußerung daran ändern? Die Geschichte hat bewiesen, daß die schärfsten Verfolgungen die Ausbreitung einer Lehre nicht hindern können. Die Unduldsamkeit hat den Irrtum nicht ausrotten können, sie hat aber zu den fürchterlichsten Kriegen geführt.
NÖ, S. 274

Der Weg zum ewigen Frieden führt nicht über die Erstarkung der Staats- und Zentralgewalt, wie sie der Sozialismus anstrebt. Je größer der Raum wird, den der Staat im Leben des Einzelnen beansprucht, desto wichtiger wird die Politik für ihn, desto mehr Reibungsflächen werden damit in den Gebieten mit gemischter Bevölkerung geschaffen. Die Beschränkung der Staatsgewalt auf das Mindestmaß, wie sie der Liberalismus anstrebte, würde die Gegensätze, die zwischen verschiedenen Nationen, die in demselben Gebiete nebeneinander wohnen, wesentlich mildern. Die einzig wahre nationale Autonomie ist die Freiheit des Einzelnen dem Staate und der Gesellschaft gegenüber. Die »Durchstaatlichung« des Lebens und der Wirtschaft führt mit Notwendigkeit zum Kampfe der Völker.
NW, S. 78 f.

Die Überwindung des Gewaltprinzips durch das Friedensprinzip wird dem menschlichen Geiste in der liberalen Sozialphilosophie bewußt, in der sich die Menschheit zum erstenmal über ihr Handeln Rechenschaft gibt. Sie zerreißt den romantischen Nimbus, mit dem die Ausübung der Gewalt bis dahin umgeben war. Krieg, lehrt sie, ist schädlich, nicht nur für die Besiegten, sondern auch für die Sieger. Durch Werke des Friedens ist die Gesellschaft entstanden, ihr Wesen ist Friedensstiftung. Nicht der Krieg, der Frieden ist der Vater aller Dinge.

Nur durch wirtschaftliche Arbeit ist der Wohlstand um uns herum entstanden; Arbeit, nicht Waffenhandwerk bringt den Völkern Glück. Der Frieden baut auf, der Krieg reißt nieder. Die Völker sind durchaus friedfertig, weil sie den überwiegenden Nutzen des Friedens erkennen; sie wollen den Krieg nur als Abwehr, der Gedanke eines Angriffskrieges liegt ihnen fern. Die Fürsten allein sind kriegslustig, weil sie durch den Krieg Geld, Gut und Macht zu gewinnen hoffen. Sache der Völker ist es, ihnen zu wehren, indem sie die Bereitstellung der Mittel für die Kriegführung verweigern. Die Friedensliebe des Liberalismus entspringt nicht philantropischen Erwägungen wie der Pazifismus Bertha Suttners[22] und anderer Friedensfreunde desselben Schlages. Er hat nichts von dieser Wehleidigkeit, die die Romantik des Blutrausches mit der Nüchternheit internationaler Kongresse zu bekämpfen strebt. Seine Vorliebe für den Frieden ist nicht ein Wohltätigkeitssport, der sich im übrigen mit allen möglichen Gesinnungen verträgt; sie entspricht seiner ganzen Gesellschaftstheorie, in die sie sich harmonisch einfügt. Wer die Solidarität der wirtschaftlichen Interessen aller Völker behauptet, wer dem Problem des Umfanges des Staatsgebietes und der Staatsgrenzen ganz gleichgültig gegenübersteht, wer die kollektivistischen Vorstellungen so sehr überwunden hat, daß ihm Ausdrücke wie »Ehre des Staates« unverständlich klingen, kann nirgends einen triftigen Grund für Angriffskriege finden. Der liberale Pazifismus erwächst aus dem System der liberalen Sozialphilosophie. Es sind zwei verschiedene Äußerungen eines und desselben Grundsatzes, wenn er das Eigentum geschützt wissen will und wenn er den Krieg verwirft.[23]
GW, S. 45 f.

22 Bertha von Suttner (* 1843 in Prag, † 1914 in Wien). Österreichische Pazifistin und Schriftstellerin. Sie war die erste Frau, die mit dem Friedensnobelpreis ausgezeichnet wurde (1905).

23 »In ihrem Bestreben, alles Böse auf das Schuldkonto des Kapitalismus zu setzen, haben die Sozialisten es selbst versucht, den modernen Imperialismus und damit den Weltkrieg als Produkte des Kapitalismus zu bezeichnen. Es ist wohl nicht notwendig, sich mit diesem auf die Urteilslosigkeit der Masse berechneten Theorem eingehender zu befassen. Doch scheint es nicht unangebracht zu sein, daran zu erinnern, daß Kant den Sachverhalt richtig dargestellt hat, wenn er vom wachsenden Einfluß der »Geldmacht« die allmähliche Abnahme der kriegerischen Neigungen erwartete. »Es ist der Handelsgeist«, sagt er, »der mit dem Kriege nicht zusammen bestehen kann.« Vgl. Kant, Zum ewigen Frieden (Sämtliche Werke, a. a. O., V. Bd., S. 688). – Vgl. Sulzbach, Nationales Gemeinschaftsgefühl und wirtschaftliches Interesse, Leipzig 1929, S. 80ff.«

℘

Man kann annehmen, daß der Wunsch nach Frieden heute allgemein ist. Aber die Völker sind nicht im Klaren darüber, welche Voraussetzungen erforderlich sind, um den Frieden zu sichern. Damit der Frieden nicht gestört werde, muß man das Interesse am Kriegführen beseitigen. Man muß eine Ordnung aufrichten, die Völkern und Volksteilen Lebensverhältnisse schafft, mit denen sie soweit zufrieden sind, daß sie nicht zum Verzweiflungsmittel des Krieges greifen. Der Liberale geht nicht darauf aus, den Krieg durch Sittensprüche und Predigten abzuschaffen. Er sucht in der Gesellschaft Bedingungen zu schaffen, die die Kriegsursachen beseitigen. Die erste Voraussetzung dieser Art ist das Sondereigentum. Wenn das Sondereigentum auch im Kriege hochgehalten werden muß, wenn der Sieger nicht berechtigt ist, sich das Sondereigentum der Privatleute anzueignen, und die Aneignung des öffentlichen Eigentums keine große Bedeutung hat, weil überall Sondereigentum an den Produktionsmitteln besteht, dann entfällt bereits ein wichtiger Grund zum Kriegführen. Das ist aber noch lange nicht genug, um den Frieden zu sichern. Man muß, um das Selbstbestimmungsrecht nicht zur Farce werden zu lassen, die politischen Einrichtungen so treffen, daß der Übergang eines Gebietes von einer Staatshoheit in die andere möglichst geringe Bedeutung besitzt, so daß durch ihn niemand zu Schaden kommt oder Gewinn erzielt.
LI, S. 98 f.

Führer-Prinzip

Im zweiten Jahrhundert nach Christi Geburt wurde das Römische Reich in hochgradiger Verfeinerung des Führer-Prinzips regiert. Der Kaiser war der fähigste und herausragendste Mann. Er hinterließ seine Kaiserwürde nicht einem Mitglied seiner Familie, sondern wählte denjenigen Mann zu seinem Nachfolger, der in seinen Augen der Geeignetste für das Amt war. Dieses System verschaffte dem Reich die Aufeinanderfolge von vier großen Monarchen: Trajan[24], Hadrian[25], Antonius Pius[26] und Marcus Aurelius[27]. Dann jedoch folgte die Ära der Prä-

24 Marcus Ulpius Traianus (* 53, † 117 in Selinus). Trajan war von 98 bis 117 römischer Kaiser.

25 Publius Aelius Hadrianus (* 76, † 138 in Baiae). Hadrian war von 117 bis 138 der vierzehnte römische Kaiser.

26 Antoninus Pius (* 86 bei Lanuvium; † 161 bei Lanuvium). Römischer Kaiser von 138 bis zu seinem Tode. Er war der vierte von sechs römischen Adoptivkaisern.

27 Marc Aurel (* 121 in Rom; † 180 in Vindobona). Römischer Kaiser von 161 bis 180.

torianer, fortdauernder Bürgerkrieg, Anarchie und schneller Verfall. Die Herrschaft der Schlechtesten rückte an die Stelle der Herrschaft der Besten. Von Söldnern gestützt, ergriffen ehrgeizige Generäle die Macht und herrschten, bis ein anderer Abenteurer sie besiegte. Verrat, Aufstand und Mord wurden die Auswahlprinzipien. Historiker tadeln dafür Marc Aurel, den letzten der guten Kaiser. Er war schuldig, sagen sie, weil er die Praxis seiner Vorgänger aufgab und – anstelle des geeignetsten Mannes – seinen unfähigen Sohn Commodus[28] ins Amt einsetzte. Wie dem auch sei, ein System, das durch den Fehler eines einzigen Menschen zerstört werden kann, ist ein schlechtes System, auch wenn der Fehler weniger verzeihlich und verständlich wäre als der eines Vaters, der den Charakter und die Fähigkeit seines Sprößlings überschätzt. Die Wahrheit ist, daß solch ein Führer-System notwendigerweise zu andauerndem Bürgerkrieg führen muß, sobald es mehrere Bewerber für das höchste Amt gibt. Alle heutigen Diktatoren gelangten durch Gewalt in ihr Amt. Später hatten sie ihre Machtausübung gegen das Streben ihrer Rivalen zu verteidigen. Die politische Sprache hat einen eigenen Begriff für solche Handlungen geprägt: Sie werden Säuberungen genannt. Die Nachfolger dieser Diktatoren werden mit den gleichen Methoden zur Macht gelangen und die gleiche Grausamkeit und Unbarmherzigkeit walten lassen, um sie zu verteidigen. Die letzte Grundlage eines allumfassenden bürokratischen Systems ist Gewalt. Die Sicherheit, die es angeblich verschafft, ist der Aufruhr endlosen Bürgerkrieges.
BK, S. 108

Geburtenrückgang

In dem Maße, in dem der Kapitalismus fortschreitet, greift auch die Geburtenregelung als allgemeine, von allen Schichten des Volkes geübte Handlungsweise um sich. Der Übergang zum Kapitalismus ist daher bevölkerungsstatistisch durch zwei Tatsachen gekennzeichnet: Sinken der Geburtenzahl und Verlängerung der durchschnittlichen Lebensdauer. Als Malthus[29] hervortrat, konnte man diese Wirkung des Kapitalismus noch nicht erkennen. Heute darf man sie für die kapitalistischen Länder nicht mehr verkennen. Doch man glaubt, erfüllt

28 Commodus (* 161 in Lanuvium; † 192 in Rom) war römischer Kaiser von 180 bis 192.

29 Thomas Robert Malthus (1766 in Wotton; † 1834 in Bath). Britischer Ökonom.

von romantischen Vorurteilen, in ihr eine Erscheinung des Verfalls zu erblicken, von dem nur die Kulturmenschheit, die weiße Rasse, betroffen wird. Für diese Romantiker ist nämlich alles, was die Völker Europas in den letzten Jahrhunderten geschaffen haben, alle ihre Philosophie, Wissenschaft, Kunst, Technik, alle Wohlstandssteigerung, alle Verfeinerung des Lebens nichts als traurige Entartung, die man als das Werk des Teufels ansehen muss. Daß die Asiaten, obwohl auch bei ihnen die Anwendung moderner Hygiene und Infektionsbekämpfung die durchschnittliche Lebensdauer verlängert, die Geburtenregelung nicht in dem Umfang üben, in dem sie heute in Europa, Amerika und Australien geübt wird, daß daher die Inder, Malayen, Chinesen und Japaner sich heute stärker vermehren als die Weißen, erfüllt sie mit Schrecken. Wird nicht, fragen sie besorgt, das Ende das sein, daß die Rassen, denen die Früchte der kapitalistischen Kultur, an deren Werden sie nicht mitgewirkt haben, als ein unerwartetes Geschenk in den Schoß gefallen sind, durch ihre stärkere Bevölkerungszunahme die Weißen schließlich erdrücken werden? Wenn man sich frei hält von den Vorurteilen, die in der Geburtenregelung, wie sie von den Völkern der modernen kapitalistischen Kultur geübt wird, nichts als ein Laster sehen wollen, erscheinen diese Gedankengänge als falsch. Die geschichtliche Erfahrung zeigt, daß alle Völker weißer Rasse auf die durch den Kapitalismus bewirkte Herabsetzung der Kindersterblichkeit und Verlängerung der durchschnittlichen Lebensdauer sehr bald mit verschärfter Geburtenregelung reagiert haben. Gewiss, aus solcher Erfahrung lässt sich kein allgemeingültiges Gesetz ableiten. Doch die praxeologische Überlegung zeigt, daß zwischen den beiden Tatsachen ein notwendiger Zusammenhang besteht. Wo die Menschen auf die Verbesserung der Lebensbedingungen nicht durch entsprechende Einschränkung der Geburtenhäufigkeit reagieren, kann die Lebenshaltung auf die Dauer nicht gehoben werden. Wenn die Völker des Ostens von unserer Kultur nur die gebrauchsfertigen Mittel zur Bekämpfung der Infektionskrankheiten übernehmen, im übrigen aber ihr Verhalten nicht ändern, dann werden sie auch nie in die moderne Kultur eintreten. Dann werden sie Barbarenmassen bleiben, deren Angriffe den Kulturvölkern nicht gefährlich werden können. Solange Waffen benötigt werden, werden die Unternehmer der kapitalistischen Marktwirtschaft nicht aufhören, immer wirksamere Waffen zu erzeugen und so ihren Volksgenossen einen Vorsprung in der Ausrüstung gegenüber den nichtkapitalistischen Völkern zu sichern. Nicht den militaristischen Völkern, die nicht müde werden, sich ihrer unverbrauchten Jugendkraft, ihres überschäumenden Dynamismus und ihres Menschenreichtums zu rühmen, sind die Fortschritte zu verdanken, die die Waffentechnik in den letzten hundert Jahren gemacht hat. Die alt, verbraucht und kriegsuntüchtig gescholtenen Westvölker haben Panzerschiffe, Unterseebote, Flugzeuge, Tanks, Maschinengewehre, Rohrrücklaufgeschütze, Torpedos und viele andere Kriegswaffen geschaffen; die anderen Völker haben nur nachgeahmt und haben auch auf diesem Gebiet nichts Neues zu erfinden gewusst. Kein äußerer Feind wird die kapitalistische Kultur zerstören, wenn sie sich nicht selbst zerstört. Wenn man die Unternehmertätigkeit nicht aus der Waffenerzeugung verdrängt, dann werden die kapitalistischen Staaten im Augenblick der Gefahr stets besser gerüstet sein als die nichtkapitalistischen. {...} In der Marktwirtschaft ist jeder Einzelne im eigenen Interesse darauf bedacht, nicht mehr Kinder in die Welt zu setzen, als er ohne empfindliche Senkung der Lebenshaltung aufzuziehen vermag. Damit wird das Hinauswachsen der Bevölkerungsmenge über das jeweils durch die verfügbare Kapitalausstattung und durch den Stand des technischen Könnens gegebene Optimum verhindert. So kommen dann die Interessen der Einzelnen zum Einklang. Die militaristische Ideologie will sich mit diesem Stand der Dinge nicht abfinden. Sie sieht im Menschen nicht den Genossen gesellschaftlicher Kooperation, nicht den Mitarbeiter, sondern den Soldaten und unterscheidet zwischen den eigenen Soldaten und den Feinden. Sie wünscht die Zahl der eigenen Soldaten so groß als möglich, um die Welt zu erobern, und bekämpft daher alle Arten von Geburtenbeschränkung. Denn aller Raum auf Erden gebühre den eigenen Leuten; die übrigen hätten, weil sie schwächer wären, zu verschwinden oder den Siegern als Knechte zu dienen. Der Fehler dieses Gedankenganges liegt in der Unterschätzung der militärischen Widerstandskraft der kapitalistischen Kultur. Auch militärisch ist die kapitalistische Gesellschaft der nichtkapitalistischen überlegen. Daß sie nicht kriegslustig ist, ist nicht Ausfluß von Schwäche, sondern Einsicht in die gesellschaftszerstörende Wirkung des Krieges. Wenn sie angegriffen wird, weiß sie sich zu verteidigen. Wer die Geburtenregelung beseitigen will, will aus dem menschlichen

Leben das Verfahren ausschalten, das friedliches Zusammenwirken der Menschen ermöglicht. Wenn die Menschen sich über das Optimum der Arbeiterzahl hinaus vermehren, ist es mit dem Frieden und mit der Kultur vorbei. Dann muss die durchschnittliche Lebenshaltung sinken, und der Kampf um die Vergrößerung der Portionen wird unvermeidlich. Wenn man meint, Geburtenregelung wäre wider die Natur und wider die Gebote Gottes, dann möge man sich doch darauf besinnen, daß die Natur den Menschen den Nahrungsspielraum knapp bemessen hat. Der Mensch hat unter den Bedingungen, die die Natur seinem Leben gestellt hat und denen er sich anpassen muss, nur die Wahl zwischen Kulturlosigkeit und erbarmungslosem Vernichtungskampf aller gegen alle auf der einen Seite und Vergesellschaftung auf der andern Seite. Die Beseitigung der Geburtenregelung würde im endlichen Erfolg die Menschenzahl nicht vergrößern, sondern verkleinern, und jedem Einzelnen das Leben so kärglich gestalten, wie es für die Vorfahren der Menschen vor Jahrtausenden war.
NÖ, S. 610-614

Geld

Mit der Konzeption des Begriffes der Umlaufsgeschwindigkeit verbindet sich die Vorstellung, daß das Geld seine Nutzwirkung nur im Augenblick des Umsatzes leistet, im übrigen aber träge, unnütz ist. Einen Unterschied zwischen dem dienenden und dem ruhenden Gelde macht man auch, wenn man vom Horten oder Thesaurieren des Geldes spricht und die »thesaurierte« Geldmenge dem für den Gelddienst benötigten Kassenstande gegenüberstellt; nur zieht man in diesem Falle die Grenze zwischen dem dienenden und dem ruhenden Gelde anders. Beide Unterscheidungen sind zu verwerfen. Der Gelddienst erschöpft sich nicht im Umsatz. Nicht nur in dem Augenblick, in dem es von einer Hand in die andere geht, erfüllt das Geldstück seine Aufgabe; es dient auch, wenn es in der Kasse liegt und als absatzfähigstes Gut der künftigen Verwendung im Austauschakte harrt, als allgemein gebräuchliches Tauschmittel. Die Größe der Nachfrage nach Geld, des Geldbedarfes der einzelnen und der ganzen Volkswirtschaft, wird durch das Bedürfnis, einen Kassenstand zu halten, bestimmt, nicht durch die Summe der in ei-

nem Zeitabschnitt durchzuführenden Geldumsätze.[30]
SG, S. 313 f.

ꟳ

Die Nutzwirkung des Geldes liegt ausschließlich in seiner Kaufkraft. Da aber diese stets so hoch ist, daß Gesamtnachfrage und Gesamtangebot sich decken, steht die Volkswirtschaft stets im Genusse der höchsten durch das Geld für sie und ihre Glieder erzielbaren Nutzwirkung. Man kann die Welt, man kann eine isolierte Volkswirtschaft nicht dadurch reicher machen, daß man die Menge des Geldes vermehrt.
IG

ꟳ

Wenn man auf eine Inflation eine Deflation folgen lässt, die die Preise ungefähr wieder in die Nähe der Preise bringt, die vor Auftreten der Inflation auf dem Markte gebildet worden waren, hat man die sozialen Wirkungen der Inflation nicht behoben oder rückgängig gemacht; man hat nur die sozialen Wirkungen der Deflation hinzugefügt. Geld kann kein abstraktes Rechnungsmittel und kein Wert- oder Preismesser sein. Geld ist immer ein wirtschaftliches Gut und wird als solches von subjektiven Werturteilen erfasst. Auf dem Markte gibt es immer nur Veränderung und Bewegung, und nur weil es Veränderung und Bewegung gibt, gibt es auch Geld. Das Geld ist ein Element der Veränderung nicht deshalb, weil es »umläuft«, sondern weil es in den Kassen ruht. Denn nur weil es Veränderung gibt und über Art und Ausmaß der Veränderung Ungewissheit besteht, muss der Einzelne Kasse halten. Wie das Geld nur in einer sich verändernden Wirtschaft Platz hat, so wird es durch die Veränderung eines jeden Datums in Schwung gesetzt und damit zur Triebkraft weiterer Veränderungen. Jede Verschiebung der Verhältnisse, die zwischen den Preisen der einzelnen Waren und Dienstleistungen untereinander bestehen, beeinflußt nicht nur die Produktion und das, was man als Verteilung bezeichnet; sie wird zugleich auch zu einer Quelle von Verschiebungen im Verhältnis von Geldnachfrage und Geldangebot und löst damit weitere Bewegungen aus. Nichts kann in der Sphäre der Waren und Dienste vorgehen, ohne auch die Geldsphäre zu affizieren, und alles, was die Geldsphäre berührt, muss auf die Warensphäre wirken. Der Gedanke eines neutralen Geldes kann ebensowenig bis zu Ende

30 Vgl. auch Cannan: Money, Fourth Edition, S. 72ff. London, 1923.

gedacht werden wie der des Geldes von unveränderlichem Werte oder unveränderlicher Kaufkraft. Geld ohne Triebkraft wäre nicht etwa vollkommenes Geld, es wäre überhaupt nicht Geld. Die Ausführungen vieler oder der meisten Geldtheoretiker durchzieht die Vorstellung, daß das vollkommene Geld neutral sein sollte, daß ein Geld umso besser sei, je weniger Triebkraft es entwickle und daß es ein Ziel der Geldpolitik sein müsste, ein Geld zu schaffen, daß sich möglichst dem Ideal des neutralen Geldes annähere. Diese unklare Vorstellung fließt dabei mit der ebenso unklaren Vorstellung eines Geldes von unveränderlicher Kaufkraft zusammen.
NÖ, S. 377

ℵ

Als das Individuum das erste Mal in die Lage kam, einen Gegenstand nicht für den eigenen Konsum, sondern als Tauschmittel zu erwerben, da schätzte es diesen nach dem objektiven Tauschwerte, der ihm auf Grund seiner industriellen Brauchbarkeit auf dem Markte bereits zukam, und dann weiter erst wegen der Möglichkeit, ihn als Tauschmittel zu verwenden. Der älteste Geldwert führt auf den Warenwert des Geldstoffes zurück. Auf den historisch übernommenen Geldwert der Vergangenheit und Gegenwart wirken aber nicht nur jene Momente ein, welche die Wertgestaltung des Stoffes des Sachgeldes wegen seiner anderweitigen Verwendungsmöglichkeit beeinflussen, sondern auch jene, welche sich aus dem Geldgebrauche ergeben. Nicht nur Nachfrage und Angebot zu industriellen Zwecken, sondern auch Nachfrage und Angebot zum Tauschmitteldienste beeinflussen den Wert des Goldes von dem Augenblick an, da man begonnen hatte, das Gold als Geld zu gebrauchen.
TU, S. 86 f.

ℵ

Für unser Problem hat die Lehre von der Unfruchtbarkeit des Geldes eine andere Bedeutung. Sie beleuchtet die Stellung des Geldes im Rahmen des Privatkapitals. Weshalb rechnen wir das Geld zum Kapital? Weshalb wird für ausgeliehene Summen Zins gezahlt? Wie kann man Geldsummen, auch ohne sie zu verleihen, so verwenden, daß sie Einkommen abwerfen? Die Antwort auf diese Fragen kann nicht zweifelhaft sein. Das Geld ist nur dann Mittel des privatwirtschaftlichen Erwerbes, wenn es gegen irgendwelche andere wirtschaftliche Güter eingetauscht wird. {…} Geld, das »müßig« daliegt, d. h. nicht gegen

andere Güter eingetauscht werden soll, ist auch kein Teil des Kapitals, bringt keine Früchte. Bestandteil des Privatkapitals ist das Geld nur, weil und insoferne es für das wirtschaftende Subjekt Mittel zur Erlangung von anderen Kapitalgütern ist.
TU, S. 66

ꝏ

Allgemeines Tauschmittel kann ein Gut nur durch die Gewohnheit der am Tauschverkehre Beteiligten werden, und ihre Wertschätzung allein bestimmt die Austauschverhältnisse des Marktes.
TU, S. 45

ꝏ

Als gesichertes Ergebnis der geldgeschichtlichen Forschung kann heute bereits die Erkenntnis gelten, daß zu allen Zeiten und bei allen Völkern die Hauptmünzen nicht nach der Stückzahl ohne Prüfung von Schrot und Korn, sondern nur als Metallstücke bei genauer Berücksichtigung ihres Gewichtes und Feingehaltes gegeben und genommen wurden. Soweit man die Münzen nach der Stückzahl nahm, geschah dies lediglich in der bestimmten Erwartung, daß die Platte den für Münzen der fraglichen Gattung üblichen Feingehalt und das entsprechende Gewicht aufweise; wo der Grund, dies zu vermuten, fehlte, kehrte man zum Gebrauche der Wage und zur Bestimmung des Feingehaltes zurück. Staatsfinanzielle Erwägungen haben zur Aufstellung einer Theorie geführt, die dem Münzherrn das Recht zusprach, die Geltung der Münzen im Verkehre nach Gutdünken zu regeln. So alt wie die Münzprägung durch obrigkeitliche Gewalten ist auch das Bestreben der Obrigkeit, Gewicht und Gehalt der Münzen nach Belieben festzusetzen. {...} Gefällige Juristen suchten das Recht der Könige, die Münze nach Gutdünken zu verschlechtern, philosophisch und positiv zu begründen und den Nachweis zu erbringen, daß der vom Landesherrn festgesetzte Nennwert der Münzen allein maßgebend sei. Allen behördlichen Geboten und Verboten, Preissatzungen und Strafandrohungen zum Trotz hat jedoch der Verkehr daran festgehalten, daß nicht der Nennwert, sondern der Metallwert allein für die Bewertung der Münzen in Betracht zu ziehen sei. Nicht der Stempel, nicht die Proklamation der Münz- und Marktherren, sondern der Metallgehalt bestimmte die Geltung der Stücke im Tausche. Nicht jedes Geld schlechthin wurde im Verkehre genommen, sondern nur jene bestimmten Sorten, die ob ihres Schrot und Kornes in

Ansehen standen. In Schuldverträgen wurde die Rückzahlung in bestimmten Sorten ausbedungen und, für den Fall einer Änderung in der Ausmünzung, Erfüllung nach dem Metallwerte gefordert. Trotz aller fiskalischen Einflüsse gelangte schließlich auch unter den Juristen die Meinung zur Herrschaft, daß bei Bezahlung von Geldschulden der Metallwert – sie sprachen von der bonitas intrinseca[31] – zu berücksichtigen sei.
TU, S. 38 f.

ꟸ

Der Staat vermag durch seinen Stempel bloß, diese Metall- oder Papierstücke aus der sonstigen Masse gleichartiger Waren herauszuheben, so daß sie einer selbständigen, von der übrigen Schätzung der betreffenden Waren unabhängigen Bewertung unterliegen können, und schafft so die Voraussetzung, daß die juristisch besonders qualifizierten Stücke einer Warengattung im Verkehre als allgemein gebräuchliche Tauschmittel verwendet werden können, während die anderen Stücke ausschließlichen Warencharakter behalten. Er kann auch eine Reihe von Maßnahmen treffen, die darauf hinzielen, diese qualifizierten Stücke zum allgemeinen Tauschmittel zu machen. Niemals aber werden diese Stücke Geld, weil der Staat es befiehlt; denn nur die Übung der am Tauschverkehr Beteiligten vermag Geld zu schaffen. Wir wollen jenes Geld, das zugleich eine Ware im Sinne der Warenkunde ist, Sachgeld, jenes Geld hingegen, das aus juristisch besonders qualifizierten Stücken hergestellt, keine technologischen Besonderheiten aufweist, Zeichengeld nennen. Als dritte Kategorie wollen wir mit der Benennung Kreditgeld jenes Geld bezeichnen, welches ein Forderungsrecht gegen irgendeine physische oder juristische Person beinhaltet. Diese Forderung darf jedoch nicht jederzeit fällig und sicher sein; in diesem Falle konnte zwischen ihrem Werte und dem der Geldsumme, auf den sie lautet, keine Differenz entstehen, sie konnte nicht von den am Verkehre teilnehmenden Individuen zum Objekte einer besonderen Wertschätzung gemacht werden. Die Fälligkeit der Forderung muß vielmehr zeitlich irgendwie hinausgeschoben sein. {…} Beim Sachgeld ist das entscheidende Merkmal die Verwendung einer Ware im Sinne der Technologie als Geld. Welche Ware dies ist, kann die theoretische Untersuchung als gleichgültig außer acht lassen; fest-

31 innere Rechtschaffenheit/Güte/Beschaffenheit

halten muß man jedoch, daß die fragliche Ware Geld und das Geld eben jene Ware ist. Beim Zeichengeld hingegen gibt der Stempel, das Zeichen, allein den Ausschlag. Geld ist hier nicht der Stoff, der das Zeichen trägt, sondern das Zeichen selbst. Welcher Stoff das Zeichen trägt, ist völlig nebensächlich. Das Kreditgeld endlich ist eine künftig fällig werdende Forderung, welche als allgemeines Tauschmittel verwendet wird.
TU, S. 35 f.

Wenn Papierscheine, welchen im Verkehre nur der halbe Wert jener Geldsumme, deren Bezeichnung sie tragen, beigelegt wird, zum gesetzlichen Zahlungsmittel erklärt werden, so ist dies im Grunde nichts anderes, als wenn dem Schuldner von Gesetzeswegen die Hälfte seiner Verpflichtungen nachgesehen würde.
TU, S. 46

Die Nachfrage nach einem Tauschmittel setzt sich mithin aus zwei Teilnachfragen zusammen: aus der Nachfrage derer, die das Tauschmittel als Tauschmittel begehren, und aus der Nachfrage jener, die es wegen seiner sonstigen Dienste begehren. (Beim modernen Edelmetallgeld spricht man da von der monetären und von der industriellen Nachfrage.) Der Tauschwert des Tauschmittels beruht auf beiden Nachfragen. Der Umfang jenes Teils der Nachfrage, der auf dem Tauschmitteldienste beruht, ist nun von der Höhe des Tauschwerts selbst abhängig. Das ergibt eine Schwierigkeit, die es vielen Nationalökonomen unmöglich erscheinen lässt, diesen Gedankengang weiter zu verfolgen. Man könne doch, meinen sie, die Kaufkraft des Geldes nicht aus dem Umfang der Nachfrage und den Umfang der Nachfrage aus der Höhe der Kaufkraft erklären. Die Schwierigkeit ist aber nur scheinbar. Denn die Kaufkraft, die wir aus dem Umfange der Nachfrage erklären wollen, ist nicht die Kaufkraft, deren Höhe den Umfang der Nachfrage bestimmt. Wir haben die Bildung der Kaufkraft der allernächsten Zukunft, des nächsten Augenblicks zu begreifen, und wir ziehen zur Erklärung die Nachfrage heran, deren Bildung durch die Kaufkraft der jüngstverflossenen Vergangenheit, des eben verstrichenen Augenblicks, bestimmt wurde. Das sind zwei verschiedene Größen, und man kann der Erklärung, die auf diesem Wege vorgeht, nicht vorwerfen, daß sie sich im

Zirkel bewege.[32] Das bedeute doch, meinen die Kritiker weiter, nicht anderes als Zurückschiebung des Problems. Denn nun bleibe noch die Kaufkraft von gestern zu erklären; wolle man diese in der gleichen Weise durch die von vorgestern erklären und so fort, so sei das ein regressus in infinitum, der von einer vollkommenen und logisch befriedigenden Erklärung weit entfernt wäre. Die Kritiker sehen nicht, daß der Regress nicht unendlich weiter geht. Er stößt nämlich an einen Punkt, wo die Erklärung abschließt und keine Frage ungelöst lässt. Verfolgen wir die Kaufkraft des Geldes Schritt für Schritt zurück, so gelangen wir schließlich an den Punkt, an dem der Tauschmitteldienst beginnt. An diesem Punkt ist der Tauschwert von gestern ausschließlich durch eine Nachfrage bestimmt, die allein im Hinblick auf die anderweitigen – die industriellen – Verwendungsmöglichkeiten des den Tauschmitteldienst versehenden Gutes entfaltet wird.
NÖ, S. 368 f.

32 »Ich habe diese Ableitung der Geldwertgestaltung zuerst 1912 in der ersten Auflage meiner Theorie des Geldes und der Umlaufsmittel (a. a. O., 2. Aufl., S. 85 ff.) vorgetragen. Gegen meine Auffassung sind von mehreren Seiten Einwendungen erhoben worden. Manche davon, so vor allem die von B. M. Anderson in seinem zuerst 1917 veröffentlichten Buche vorgebrachten, müssen eingehend geprüft werden. (vgl. Anderson, The Value of Money, New York 1936, S. 100 ff.) Die Wichtigkeit des Problems lässt es angezeigt erscheinen, auch die Einwendungen von Ellis (German Monetary Theory, 1905–1933, Cambridge 1934, S. 77 ff.) nicht ohne Antwort zu lassen. Im Text werden alle vorgebrachten Kritiken dargelegt und widerlegt.«

Geldbedarf

Zunächst ist festzustellen, daß es ein Müßigliegen des Geldes im volkswirtschaftlichen Sinne überhaupt nicht gibt. Alles Geld, gleichviel, ob es gerade in den Kassen (im weitesten Sinne des Wortes) ruht oder in Bewegung ist, d. h. im Augenblicke der Betrachtung gerade seinen Eigentümer wechselt, ist in gleicher Weise dem Gelddienste gewidmet. Da ein Geldstück, das im Tausche hingegeben wird, von der Verfügungsgewalt des einen Kontrahenten in die des anderen unvermittelt übergeht und kein Zeitraum ermittelt werden kann, in dem es gerade in Bewegung ist, so sehen wir alles Geld als Geldvorrat bei irgendwelchen Individuen ruhen. Der Geldvorrat der Volkswirtschaft ist die Summe der Geldvorrate der Einzelwirtschaften; wanderndes Geld, das auch nur vorübergehend nicht einen Teil eines einzelwirtschaftlichen Geldvorrates bilden würde, gibt es nicht. Alles Geld liegt in den

Einzelwirtschaften für voraussichtliche zukünftige Verwendung bereit. Gleichgültig ist, ob der Zeitpunkt des nächsten Geldbedarfes, in dem das fragliche Geld ausgegeben werden wird, früher oder später eintritt. In jeder Wirtschaft, deren Subjekt in nur halbwegs besseren Verhältnissen lebt, gibt es einen Mindestkassenvorrat, der niemals ausgeht und stets durch Ergänzung auf seiner Höhe erhalten wird. {...} Das sogenannte Thesaurieren ist ein System der Vermögensanlage. Die Unsicherheit der zukünftigen Verhältnisse läßt es jedermann rätlich erscheinen, einen größeren oder geringeren Teil seines Besitzes in einer Form zu erhalten, die den Wechsel der Anlage, den Übergang vom Besitze eines Gutes zu dem eines anderen erleichtert, um sich so die Möglichkeit offen zu halten, künftig etwa auftretenden Bedarf an Gütern, die erst im Austausche gegen andere erworben werden müssen, ohne Schwierigkeiten zu befriedigen.
TU, S. 128 f.

Es bedarf keiner weitläufigen Auseinandersetzung, um darzutun, wie sich ein Individuum, dessen Geldbedarf seinen Geldvorrat übersteigt, bei dem Abschluß von Tauschakten verhalten wird. Wer mehr Geld in der Kasse liegen hat, als er zu benötigen glaubt, wird kaufen, um den überflüssigen Geldvorrat, der ihm nutzlos daliegt, entsprechend zu reduzieren. Ist er selbst Unternehmer, dann wird er vielleicht sein Unternehmen erweitern; ist ihm diese Verwendung nicht möglich, dann wird er etwa zinstragende Papiere erwerben; es ist auch möglich, daß er lediglich Gebrauchsgüter zu erwerben trachten wird. In jedem Falle aber bringt er den Umstand, daß er seinen Kassenstand für zu groß hält, durch ein entsprechendes Verhalten auf dem Markte zum Ausdruck. Und gerade entgegengesetzt wird sich der benehmen, dessen Geldbedarf hinter dem Geldvorrat zurückbleibt. Sinkt der Geldvorrat eines Individuums (bei gleichbleibendem Besitz oder Einkommen), dann wird es bemüht sein, die gewünschte Höhe des Kassenstandes durch ein entsprechendes Verhalten beim Abschluß von Käufen und Verkäufen zu erreichen. {...} Aber der, der tauscht und dabei Geld erwerben oder fortgeben will, schätzt die Geldeinheit nicht lediglich mit Rücksicht darauf, daß er sie zu anderen Tauschakten (in jenem engeren Sinne des Wortes) verwenden kann, sondern auch, weil er Geld benötigt, um Steuern zu zahlen, Schuldkapitalien und Zinsen zu erstatten, Schenkungen zu machen. Mit Rück-

sicht auf die Notwendigkeit, für alle diese Zwecke Geld bereit zu halten, beurteilt er die Höhe seines Kassenvorrates, und dieses Urteil über die Höhe seines Geldbedarfs entscheidet über die Nachfrage nach Geld, mit der er auf den Markt tritt.
TU, S. 115 f./118

Lange Zeit hindurch hat man geglaubt, der Geldbedarf sei eine von objektiven Tatsachen bestimmte Größe und von subjektiven Momenten unabhängig. Man meinte, der Geldbedarf der Volkswirtschaft werde einerseits durch die Gesamtmenge der in einem gegebenen Zeitraume umzusetzenden Waren, anderseits durch die sogenannte Umlaufsgeschwindigkeit des Geldes bestimmt. In dieser Anschauungsweise, die zuerst von Menger[33] mit Erfolg bekämpft wurde[34], ist schon der Ausgangspunkt verfehlt. Es ist unzulässig vom Geldbedarf der Volkswirtschaft auszugehen. Die unorganisierte Volkswirtschaft, in der allein für das Geld ein Platz bleibt, ist als solche kein Subjekt wirtschaftlicher Beziehungen. Sie benötigt nur insoferne Geld, als ihre einzelnen Glieder es benötigen. Der Geldbedarf der Volkswirtschaft ist nichts anderes als die Summe des Geldbedarfes der Einzelwirtschaften. Für die Einzelwirtschaften aber ist es nicht möglich, eine Konstruktion aufzustellen, die jener Formel: Umsatzmenge durch Umlaufsgeschwindigkeit nachgebildet erschiene. Will man dazu gelangen, den Geldbedarf eines Individuums zu umschreiben, so muß man an jene Gesichtspunkte anknüpfen, nach denen dieses vorgeht, wenn es Geld empfängt und ausgibt. Jedes Wirtschaftssubjekt ist genötigt, einen Vorrat des allgemein gebräuchlichen Tauschmittels zu halten, um dem voraussichtlichen Bedarf seiner Erwerbs- und seiner Aufwandswirtschaft zu genügen. Die Größe dieses Bedarfes ist von einer Reihe von individuellen Umständen abhängig. Sie ist in gleich hohem Maße beeinflußt von der Art der Wirtschaftsführung der betreffenden Wirtschaftseinheit und von der gesamten Organisation des gesellschaftlichen Produktions- und Tauschapparates.
TU, S. 112

33 Carl Menger von Wolfensgrün (* 1840 in Neu-Sandez; † 1921 in Wien). Österreichischer Ökonom.

34 »Artikel ›Geld‹ im Handwörterbuch der Staatswissenschaften (3. Aufl.) IV. Bd., S. 606 ff.«

Geldrechnung

Die Geldrechnung hat nur in der Wirtschaftsrechnung Sinn. Hier wendet man sie an, um die Verfügung über wirtschaftliche Güter den Regeln der Wirtschaftlichkeit anzupassen. Die wirtschaftlichen Güter treten dabei in sie nur in jenen Mengen ein, die im gegebenen Zeitpunkt gegen Geld ausgetauscht werden. Jede Erweiterung des Anwendungsgebietes der Geldrechnung führt zu Mißgriffen. Die Geldrechnung versagt, wenn man sie in geschichtlichen Untersuchungen über die Entwicklung der wirtschaftlichen Verhältnisse als Maßstab der Güterwerte zu verwenden sucht, sie versagt, wenn man an ihrer Hand Volksvermögen und Volkseinkommen zu schätzen sucht, und wenn man mit ihr den Wert von Gütern berechnen will, die außerhalb des Tauschverkehrs stehen, wie etwa, wenn man die Menschenverluste durch Auswanderung oder durch Krieg in Geld zu berechnen strebt.[35] Das sind dilettantische Spielereien, mögen sie auch mitunter von sonst einsichtigen Nationalökonomen betrieben werden. Doch innerhalb dieser Grenzen, die sie im praktischen Leben nie überschreitet, leistet die Geldrechnung all das, was wir von der Wirtschaftsrechnung verlangen müssen. Sie gibt uns einen Wegweiser durch die erdrückende Fülle der wirtschaftlichen Möglichkeiten. Sie gestattet uns, das Werturteil, das sich in unmittelbarer Evidenz nur an die genußreifen Güter und bestenfalls noch an die Produktivgüter der niedrigsten Güterordnungen knüpft, auf alle Güter höherer Ordnung auszudehnen. Sie macht den Wert rechenbar und gibt uns damit erst die Grundlagen für alles Wirtschaften mit Gütern höherer Ordnung. Hätten wir sie nicht, dann wäre alles Produzieren mit weit ausholenden Prozessen, dann wären alle längeren kapitalistischen Produktionsumwege ein Tappen im Dunkeln.
GW, S. 95 f.

Die Geldrechnung ist Wirtschaftsrechnung, das bedeutet sie ist Produktionsrechnung. Man rechnet, um die vorteilhaften (rentablen) Wege der Produktion (im weitesten Sinne des Wortes) von den nicht vorteilhaften (unrentablen) zu unterscheiden. Jeder einzelne Schritt in dem von der Geldrechnung erfassten Handeln wird durch die Geldrechnung geprüft. Das Vorbedenken des

35 »Vgl. Wieser, Über den Ursprung und die Hauptgesetze des wirtschaftlichen Wertes, Wien 1884, S. 185ff.«

Handelns wird zur kaufmännischen Kalkulation, das Nachbedenken des vollzogenen Handelns zur Erfolgsrechnung und Bilanzaufstellung durch die Buchführung. Das Rechnen im Handeln ist an eine Reihe von gesellschaftlichen Voraussetzungen geknüpft. Es muss Arbeitsteilung und Sondereigentum an den Produktionsmitteln bestehen, und die Güter aller Güterordnungen und die Dienstleistungen müssen auf dem Markte durch Vermittlung eines allgemein gebräuchlichen Tauschmittels, des Geldes, umgesetzt werden. Die Geldrechnung ist die Rechnung des im Rahmen der kapitalistischen Gesellschaftsordnung wirtschaftenden Unternehmers. Sie geht vom Handeln der in der kapitalistischen Gesellschaftsordnung wirkenden Einzelnen aus, sie ist eine Rechnung der Sondervermögen und der Sondergewinne und Sonderverluste der mit ihren Sondervermögen wirtschaftenden Einzelnen. Alle ihre Ergebnisse beziehen sich auf das Wirtschaften der Einzelnen, und wenn die Statistik sie zusammenfasst, so ergibt das die Summe der Ergebnisse des Handelns vieler Einzelner, doch niemals Ergebnisse des Handelns der Gesamtheit. Für Überlegungen, die nicht vom Standpunkt Einzelner und ihres Handeln angestellt werden, ist sie unbrauchbar. Sie ist Rentabilitätsrechnung, doch nicht Produktivitätsrechnung. Wenn man unter Volkswirtschaft etwas anderes verstehen will als das Zusammenwirken der für den Markt erzeugenden und auf dem Markte tauschenden Einzelnen, dann darf man die Geldrechnung nicht volkswirtschaftlich nennen, sondern etwa einzelwirtschaftlich. Die Geldrechnung ist ein geistiges Werkzeug des Handelns in der auf dem Sondereigentum an den Produktionsmitteln beruhenden, durch das Getriebe des Marktes gesteuerten arbeitsteiligen Gesellschaftsordnung. Sie hat sich in dem Maße entwickelt, in dem der Marktmechanismus sich verfeinert und immer weitere Kreise des Handelns in seinen Bereich gezogen hat. Erst durch die Ausbildung der Geldrechnung haben Maß und Zahl und Rechnen für menschliches Handeln und Wirken Bedeutung erlangt. Alle Messungen der Physik und der Biologie erhalten für das Handeln erst durch die Geldrechnung Sinn; nur die Geldrechnung ermöglicht es, Rechnungen und Berechnungen anzustellen, die nicht bloß theoretisch, sondern praktisch sind, d. i. dem Handeln dienen. Das menschliche Handeln wird durch die Geldrechnung rechenhaft und rechenbar. Ihre Vollendung erreicht die Geldwirtschaftsrechnung in der Kapitalsrechnung. Die zur Verfügung stehenden Güter werden in

Geld bewertet und den Veränderungen gegenübergestellt, die sie durch das Handeln und durch alle anderen Einwirkungen erfahren. Aus dieser Gegenüberstellung ergibt sich die Möglichkeit, den Erfolg des Handelns im Einzelnen und im Ganzen zu prüfen und nach dem Ergebnis der Prüfung zu regeln. Kalkulation und Buchhaltung werden zur Grundlage des Handelns der kapitalistischen Wirtschaft, d. i. der Wirtschaft, die dadurch ausgezeichnet ist, daß sie ein Verfahren besitzt, um den Erfolg des Handelns zu erkennen. Wenn man die moderne Gesellschaft und Wirtschaft kapitalistisch nennt, so ist das insofern eine glückliche Bezeichnung, als ihr wesentliches gedankliches Werkzeug die Wirtschaftsrechnung ist, deren vollkommenste Gestalt die Kapitalsrechnung darstellt. {...} Die Ausbildung der kapitalistischen Geldrechnung war die geistige Voraussetzung für die Entstehung einer systematischen und logisch geschlossenen Wissenschaft vom menschlichen Handeln.
NÖ, S. 218 ff.

Denn die Geldrechnung ist das geistige Fundament der Marktwirtschaft. Die Aufgaben, die das Handeln in jedem denkbaren System arbeitteilender Produktion zu lösen hat, lassen sich ohne Wirtschaftsrechnung nicht bewältigen. Die Marktwirtschaft rechnet in Geld, und daß sie es kann, hat ihr Werden und ihre Entfaltung ermöglicht und ermöglicht heute ihr Wirken. Daß die Marktwirtschaft wirklich ist, und daß Sozialismus nur ein Gedankenspiel vorstellt, ist allein diesem Umstand zuzuschreiben.
NÖ, S. 252 f.

Die Lehre von der Geldrechnung ist kein Teil der Theorie des indirekten Tausches; sie ist ein Stück der allgemeinen Katallaktik.
NÖ, S. 356

Ja, meint der Sozialist, auch die kapitalistische Geldrechnung ist nicht unfehlbar; es könne geschehen, daß der Kapitalist sich verrechne. Gewiß, das tritt immer wieder ein und wird immer wieder eintreten. Denn alles Handeln ist auf die Zukunft gerichtet, und die Zukunft liegt immer im Dunkel. Alle Pläne werden zuschanden, wenn die Erwartungen in Bezug auf die Gestaltung der künftigen Verhältnisse enttäuscht werden. Doch das hat mit dem Problem der Wirtschaftsrechnung nichts zu tun.

Heute rechnen wir vom Standpunkte unseres heutigen Wissens und vom Standpunkte unserer heutigen Erwartungen über die Gestaltung der Zukunft. Nicht daß der Leiter sich verrechnen kann, weil er die Zukunft unrichtig beurteilen mag, ist das Problem, sondern das, daß er auch vom Standpunkte seiner heutigen Wertungen und der Erwartungen, die er heute über die Zukunft hegt, nicht rechnen könnte.
NÖ, S. 636

Die kapitalistische Produktion {...} erfordert vor allem anderen die Technik der Wirtschaftsrechnung, durch die Sachaufwendungen und Arbeitsleistungen verschiedener Art vergleichbar werden. Die Wirtschafter müssen befähigt sein, zu erkennen, welcher Weg mit dem geringsten Aufwand zu dem angestrebten Ziel führt. Das ist die Funktion der Geldrechnung. Das Geld, das ist das allgemein gebräuchliche Tauschmittel, wird damit zu einem unentbehrlichen geistigen Requisit des Wirtschaftens, das weiter ausgreifende Produktionsprozesse durchführen will. Ohne Geldrechnung, ohne Kalkulation, Buchführung und Gewinn- und Verlustrechnung in Geld hätte die Produktionstechnik sich auf die einfachsten und daher am wenigsten ergiebigen Verfahren beschränken müssen. Würde heute – etwa durch Vollsozialisierung – die Geldrechnung aus der Produktion wieder verschwinden, dann würde das Gebilde der kapitalistischen Produktion sich in der kürzesten Zeit in ein wüstes Chaos verwandeln, aus dem es keinen anderen Ausweg geben könnte als die Rückbildung zu den Wirtschaftsgestaltungen primitivster Kulturen. Da Geldpreise der Produktionsmittel nur in einer Gesellschaftsordnung gebildet werden können, in der Sondereigentum an den Produktionsmitteln besteht, ergibt sich daraus der Beweis der Undurchführbarkeit des Sozialismus.
GN, S. 147

Die Geldrechnung ist eben nicht Wertrechnung und schon gar nicht Wertmessung. Ihre Grundlage ist die Vergleichung von Wichtigerem und Minderwichtigerem, ist ein Nach-dem-Rang-Ordnen, ein Skalieren, und nicht ein Messen. Das Suchen nach einem Maßstab des Güterwertes war ein Irrweg; die Wirtschaftsrechnung beruht in letzter Linie nicht auf Messung der Werte, sondern auf ihrer Einreihung in eine Rangordnung.
PW, S. 87 (auch GN, S. 150)

ꕤ

Die kapitalistische Wirtschaftsrechnung, die uns allein rationelle Produktion ermöglicht, beruht auf der Geldrechnung. Nur weil es für alle Waren und Dienstleistungen auf dem Markt Preise gibt, die in Geld ausgedrückt werden, können die verschiedenartigsten Güter und Arbeitsleistungen in eine einheitliche Rechnung eingehen. Die sozialistische Gesellschaftsordnung, bei der alle Produktionsmittel in dem Eigentum der Gesamtheit stehen, die demgemäß keinen Marktverkehr und keinen Austausch von Produktivgütern und -diensten kennt, kann auch keinen Geldpreis für Güter höherer Ordnung und für die Arbeitsleistung kennen. In ihr müßte daher das Mittel der rationellen Betriebsführung, die Wirtschaftsrechnung, fehlen. Denn die Wirtschaftsrechnung kann ohne einen gemeinsamen Nenner, auf den alle verschiedenartigen Güter und Dienstleistungen zurückgeführt werden, nicht bestehen.
LI, S. 63

ꕤ

Die Geldrechnung hat ihre Grenzen. Das Geld ist kein Maßstab des Wertes, auch kein Maßstab des Preises. Der Wert wird ja nicht in Geld gemessen. Auch die Preise werden nicht in Geld gemessen, sie bestehen in Geld. Das Geld ist als wirtschaftliches Gut nicht »wertstabil«, wie man bei seiner Verwendung als standard of deferred payments naiv anzunehmen pflegt. Das zwischen den Gütern und dem Gelde bestehende Austauschverhältnis ist beständigen, wenn auch in der Regel nicht allzu heftigen Schwankungen, die nicht nur von seiten der übrigen wirtschaftlichen Güter, sondern auch von seiten des Geldes herrühren, unterworfen. Das stört freilich die Wertrechnung am allerwenigsten, die ja im Hinblick auf die nie rastenden Veränderungen der übrigen wirtschaftlichen Bedingungen nur kurze Zeiträume ins Auge zu fassen pflegt, Zeiträume, in denen wenigstens das »gute« Geld in der Regel nur kleineren Schwankungen der Austauschverhältnisse von seiner Seite her zu unterliegen pflegt. Die Unzulänglichkeit der Geldrechnung des Wertes stammt zum Hauptteil nicht daher, daß in einem allgemein gebräuchlichen Tauschmittel, im Geld, gerechnet wird, sondern daher, daß es überhaupt der Tauschwert ist, der der Rechnung zugrunde gelegt wird, und nicht der subjektive Gebrauchswert. So können in die Rechnung alle jene wertbestimmenden Momente nicht eingehen, die außerhalb des Tausch-

verkehres stehen. {...} Die Schönheit einer Gegend oder eines Gebäudes, die Gesundheit von Menschen, die Ehre Einzelner oder ganzer Völker, sind, wenn sie von den Menschen als bedeutungsvoll erkannt werden, auch dann, wenn sie nicht im Verkehr substituierbar erscheinen und daher in kein Tauschverhältnis eingehen, ebenso Motive des rationalen Handelns wie die im gewöhnlichen Sinne des Wortes wirtschaftlichen. Daß die Geldrechnung sie nicht erfassen kann, ist in ihrem Wesen gelegen, kann aber die Bedeutung der Geldrechnung für unser wirtschaftliches Tun und Lassen nicht herabmindern. Denn alle jene ideellen Güter sind Güter erster Ordnung, sie können von unserem Werturteil unmittelbar erfaßt werden, und es macht daher keine Schwierigkeiten, sie zu berücksichtigen, auch wenn sie außerhalb der Geldrechnung bleiben müssen. Daß die Geldrechnung sie nicht berücksichtigt, macht ihre Beachtung im Leben nicht schwieriger. Wenn wir genau wissen, wie teuer uns die Schönheit, die Gesundheit, die Ehre, der Stolz zu stehen kommen, kann uns nichts hindern, sie entsprechend zu berücksichtigen.
GW, S. 94 f.

ꕤ

Das nationalökonomische Problem, das der Sozialismus bietet, ist das Problem der Wirtschaftsrechnung. Rechnen und Berechnen im menschlichen Handeln sind an die Marktwirtschaft und den Geldgebrauch geknüpft. Ohne Sondereigentum an den Produktionsmitteln kann es weder Markt noch in Geld bestehende Marktpreise der wirtschaftlichen Güter aller Güterordnungen und der Dienstleistungen geben. Eine sozialistische Gemeinwirtschaft könnte im Handeln nicht rechnen. Die Rechnungen, die ihre Ingenieure, Konstrukteure und Chemiker anstellen könnten, könnten dem Handeln nicht nutzbar gemacht werden, weil keine Möglichkeit bestünde, zwischen ihnen und den Wertungen der Genüsse und der Genußgüter eine geistige Verbindung herzustellen. Man kann die sozialistische Utopie daher nicht widerspruchslos bis zu Ende denken. Ein sozialistisches Gemeinwesen, die Planwirtschaft, müßte planlos drauflosarbeiten. Der Leiter der sozialistischen Gemeinwirtschaft würde hilf- und ratlos allen Aufgaben des Wirtschaftens gegenüberstehen. Sozialismus ist das Gegenteil von Rationalität, ist Unwirtschaftlichkeit und Chaos.
NÖ, S. 634 f.

Geldwertstabilität

Die Wirtschaftsrechnung ist unabhängig von allem, was mit der Vorstellung wertstabilen Geldes zusammenhängt. Daß es Geld mit unveränderlicher Kaufkraft nicht gibt und nicht geben kann und daß es nicht möglich ist, ein Geld zu schaffen, bei dem das zwischen dem Gelde und den übrigen wirtschaftlichen Gütern bestehende Austauschverhältnis von seiten des Geldes her keinen Veränderungen unterliegt, ist der Wirtschaftsrechnung notwendig und kann nicht weggedacht werden. Nicht die Wirtschaftsrechnung verlangt »stabiles« Geld, sondern Bestrebungen, die mit der Wirtschaftsrechnung nichts zu tun haben. Was die Wirtschaftsrechnung benötigt, ist ein Geld, dessen Dienst nicht durch Eingriffe der Wirtschaftspolitik unterbunden wird. Durch Maßnahmen, die auf Steigerung der den Staatskassen zur Verfügung stehenden Mittel oder auf die Senkung des Zinssatzes unter den Stand, der sich auf dem unbehinderten Markte bildet, hinzielen, wird das Geldwesen in Unordnung gebracht und damit auch die Geldrechnung gestört. Doch die Forderung, die Regierung möge weder selbst durch Inflation das Geldwesen stören, noch Einrichtungen fördern, die es den Banken ermöglichen oder erleichtern, Inflation durch die Ausgabe von zusätzlichen Umlaufsmitteln zu treiben, ist keineswegs den Bestrebungen gleichzuhalten, wertstabiles Geld zu schaffen.
NÖ, S. 213

ꟹ

Gewiss, die Goldwährung ist nicht wertstabil. Doch Wertstabilität und Kaufkraftfestigkeit sind Unbegriffe. In einer sich verändernden Welt, das heißt in einer lebenden Welt, kann es keine Festigkeit der Kaufkraft und keine Wertstabilität geben. Daß die Kaufkraft des Geldes schwankt, ist für ein Geld eines nicht starren Systems der Marktbeziehungen notwendig; in einem erstarrten System, das dem Gedankenbild der gleichmäßigen Wirtschaft entspräche, wäre aber für Geld überhaupt kein Raum.
NÖ, S. 430

ꟹ

Der letzte Grund des Strebens nach »Wertstabilität« des Geldes liegt in dem Wunsch, ein Mittel zu schaffen, um Kapitalsbesitz aus dem zeitlich Vergänglichen in die Ewigkeit zu versetzen. Die Lösung des Problems der Wertstabilität könnte aber nur gelingen, wenn man aus der Wirtschaft alle Bewegung und Veränderung ausschaltet. Denn es genügt nicht,

die Beständigkeit des Austauschverhältnisses zwischen dem Geld und dem Durchschnitt der Warenpreise zu sichern; man müßte auch alle zwischen den Waren untereinander bestehenden Austauschverhältnisse festlegen können.
SG, S. 318

ꝏ

In ihrem naiven Glauben an die Wertstabilität des Geldes befindet sich die Rechtsordnung in voller Übereinstimmung mit der öffentlichen Meinung. Wenn zwischen der Auffassung der Rechtsordnung und dem Rechtsgefühle der Bevölkerung irgendwelche Verschiedenheiten auftauchen, dann kann die Reaktion dagegen nicht ausbleiben. Es wird eine Bewegung ausgelöst, die sich gegen die als ungerecht empfundene Gesetzesbestimmung richtet. Solche Kämpfe pflegen stets mit einem Erfolge des Rechtsbewußtseins über das Gesetz zu enden; die Anschauung der herrschenden Kreise des Volkes weiß sich schließlich den Eingang in das Recht zu erzwingen. {...} Auch die öffentliche Meinung zweifelt eben nicht im Geringsten an der »Wertbeständigkeit« des Geldes, wie man denn auch im Gelde die längste Zeit hindurch den Maßstab des Wertes zu erblicken vermeinte. Und so fällt es beim Abschluß von Kreditverträgen, bei denen die künftige Leistung in Geld zu entrichten ist, keinem Kontrahenten ein, auf die künftigen Bewegungen der Kaufkraft des Geldes Rücksicht zu nehmen.
TU, S. 181 f.

ꝏ

Das Ideal eines Geldes von unveränderlichem inneren Wert verlangt Eingriffe einer ordnenden Hand in die Gestaltung des Geldwertes. Und zwar fortgesetzte Eingriffe. Hier ergeben sich aber sofort die schwersten Bedenken {...}, da über die quantitative Bedeutung von bestimmten Maßregeln zur Beeinflussung des Geldwertes keinerlei brauchbare Kenntnisse vorliegen. Noch schwerer ins Gewicht aber fällt der Umstand, daß wir überhaupt nicht imstande sind, genau festzustellen, ob und wie große Veränderungen im äußeren Tauschwert, geschweige denn im inneren Tauschwert des Geldes vor sich gegangen sind. Die Bemühungen, den inneren Tauschwert des Geldes konstant zu erhalten, müssen also schon daran scheitern, daß über Ziel und Weg dichtes Dunkel lagert, das die Strahlen menschlicher Erkenntnis niemals zu durchdringen imstande sein werden.
TU, S. 222

Die Goldwährung ist freilich nicht »wertstabil«. Doch »Wertstabilität« ist eine unklare und verschwommene Vorstellung. Nur eine im strengsten Sinne des Begriffes stationäre Volkswirtschaft, in der alles morgen und übermorgen ganz genau so bleibt, wie es gestern und vorgestern war, würde unveränderliche Preise und damit kaufkraftfestes Geld haben. Die Leistung der Goldwährung besteht darin, daß sie die Gestaltung der Kaufkraft der Geldeinheit in höherem Maße von der Einwirkung von Faktoren, die von seiten des Geldes her wirken, befreit, als es irgendeine andere denkbare und verwirklichbare Geldverfassung tun könnte.
GG

Gemeinnutz

Der Etatismus spricht immerfort vom Gemeinnutz, der den schmutzigen Eigennutz verdrängen soll. Doch was ist gemeinnützig? Die Antwort, die die Praxis des Etatismus darauf erteilt, lautet einfach genug: Gemeinnützig ist das, was der Regierung, d. i. den Männern die gerade über den Gewaltapparat verfügen, als gemeinnützig erscheint; gemeinnützig ist, was den Regierungsmännern ermöglicht, sich am Ruder zu behaupten. Wer der Regierung folgt, wird durch Privilegien belohnt; wer der Regierung gleichgültig ist oder mißfällt, wird durch Ausnahmegesetze benachteiligt.
NS, S. 92

Gesellschaft

Wenn die Frage auftaucht, ob man Leute, die durch ihr Handeln den Fortbestand der Gesellschaft gefährden, zwingen soll, sich so zu verhalten, daß sie die Gesellschaft nicht schädigen, dann stehen ganz andere Gesichtspunkte zur Erörterung. Der Trinker und der Morphinist schädigen durch ihr Verhalten nur sich; derjenige, der die moralischen Regeln für menschliches Zusammenleben verletzt, schädigt nicht nur sich, sondern alle. Würden die Menschen, die den Fortbestand der gesellschaftlichen Zusammenarbeit wünschen und sich darnach verhalten, darauf verzichten müssen, solchen Gesellschaftsschädlingen gegenüber Gewalt und Zwang zur Anwendung zu bringen, um sie davon abzuhalten, die Gesellschaftsordnung zu untergraben, dann würde jedes gesellschaftliche Zusammenleben unmöglich werden. Eine kleine Anzahl unsozialer Individuen, d. h. Menschen, die nicht geneigt oder imstande sind, die vorläufigen

Opfer, die die Gesellschaft von ihnen fordert, zu bringen, könnten alle Gesellschaft unmöglich machen. Ohne Zwang- und Gewaltanwendung gegen die Gesellschaftsfeinde müßte gesellschaftliches Zusammenleben unmöglich werden. Die gesellschaftliche Einrichtung, die durch Anwendung von Zwang und Gewalt die gesellschaftsschädlichen Leute dazu bringt, sich an die Regeln des gesellschaftlichen Zusammenlebens zu halten, nennen wir Staat, die Regeln, nach denen dabei vorgegangen wird, Recht und die Organe, die die Handhabung des Zwangsapparates besorgen, Regierung.
LI, S. 31 f.

Gesellschaftliches Zusammenleben und Zusammenwirken von Menschen ist daher nur im staatlichen Verbande denkbar, d. h. nur in einem Verbande, der über einen Zwangsapparat zur Unterdrückung gesellschaftsstörenden Handelns von Einzelnen oder von Gruppen verfügt.
NÖ, S. 119 f.

Die Gesellschaft ist das Erzeugnis menschlichen Handelns. Menschliches Handeln wird von den Ideologien bestimmt. Mithin ist Gesellschaft ein Produkt der Ideologie, und nicht die Ideologie ein Produkt der Gesellschaft. Gewiß, auch das menschliche Denken und die menschlichen Ideen sind nicht das Werk Einzelner; auch das Denken führt zu Ergebnissen nur durch Zusammenarbeit und Zusammenwirken der Denkenden. Kein Einzelner wäre imstande, im Denken weiter zu kommen, müsste er von Anfang an alles allein leisten. Nur weil er auf den Schultern ungezählter Geschlechter steht, die vor ihm gedacht haben, die das Werkzeug des Denkens, die Sprachbegriffe, geformt und die Fragen gestellt haben, kann er im Denken über erste Ansätze hinausgelangen. Wenn wir sagen, die Gesellschaft sei ein Erzeugnis der Ideologie, so heißt das, daß die jeweilige Ordnung des gesellschaftlichen Zusammenwirkens zuerst erdacht werden muss, um dann ausgeführt zu werden, wie das Werkzeug, dessen sich der Arbeiter bedient, zuerst erdacht und dann ausgeführt wird. Dieses vorangehende Ausdenken bedeutet nicht etwa das Ausdenken eines vollständigen Planes zur Ordnung der gesellschaftlichen Verhältnisse, wie es Utopisten machen, die Zukunftsgesellschaften konstruieren. Was vorher ausgedacht sein muss, ehe es ausgeführt wird, ist nicht das

Zusammenwirken alles Handelns zum Ganzen des Gesellschaftsbaus, sondern das Handeln des Einzelnen oder der bereits gesellschaftlich verbundenen Gruppe den anderen Einzelnen oder Gruppen gegenüber. Bevor ein Mann einem andern beispringt, um ihm einen Baum fällen zu helfen, muss er diese Mitarbeit in Gedanken geplant haben. Bevor ein Tauschakt vor sich geht, müssen die beiden Teile das Tauschen gedacht und entworfen haben. Daß aus ihrem Zusammenwirken und Tauschen ein gesellschaftliches Gebilde erwächst, muss ihnen dabei durchaus nicht bewusst werden. Das gesellschaftliche Gebilde ist, wie Carl Menger[36] treffend sagt, das »unreflektierte Ergebnis, die unbeabsichtigte Resultante spezifisch individueller Bestrebungen der Mitglieder einer Gesellschaft«[37]. Der Einzelne plant und vollführt nicht ein Handeln, das, seiner Absicht nach, ein gesellschaftliches Gebilde begründen soll; aus seinem Handeln und dem entsprechenden Handeln anderer Einzelner geht das gesellschaftliche Gebilde hervor.
NÖ, S. 166 f.

36 Carl Menger von Wolfensgrün (* 1840 in Neu-Sandez; † 1921 in Wien). Österreichischer Ökonom.

37 »Vgl. Menger, Untersuchungen über die Methode der Sozialwissenschaften, Leipzig 1883, S. 178.«

Gesellschaft ist Vereinigung des Handelns, ist Zusammenwirken und Zusammenhandeln von Menschen. Gesellschaft ist somit das Ergebnis bewussten Verhaltens. Das bedeutet nicht etwa, daß die Einzelnen sich durch Verträge, die die Gründung der Gesellschaft zum Zwecke hatten, wechselseitig gebunden hätten. Das Handeln, dessen Wirken die Gesellschaft gebildet hat und täglich bildet, ist auf nichts anderes gerichtet als auf Zusammenhandeln und Zusammenwirken mit anderen zur Erreichung bestimmter einzelner Zwecke. Die Gesamtheit dieser Kooperation, die an die Stelle der – immerhin denkbaren – Vereinzelung der Einzelnen das gemeinsame Wirken treten lässt, nennen wir die Gesellschaft. Gesellschaft ist Arbeitsteilung und Arbeitsvereinigung. Als Handelnder gehört der Mensch der Gesellschaft an. Der Einzelne wird schon in eine Welt hineingeboren, die gesellschaftlich geformt ist. In diesem Sinne mag man den im übrigen entweder nichtssagenden oder unsinnigen Ausdruck, daß die Gesellschaft (logisch oder historisch) vor dem Einzelnen war, hinnehmen. Der Einzelne lebt und handelt in der Gesellschaft. Doch anderseits ist die Gesellschaft nichts anderes als Vereinigung der Ein-

zelnen zur Gemeinschaft des Handelns. Die Gesellschaft ist nirgends als in dem Handeln der Einzelnen. Es ist ein Wahn, sie außerhalb der Einzelnen zu suchen. Von einer gesonderten Existenz der Gesellschaft, von ihrem Leben, von ihrer Seele, von ihrem Handeln zu sprechen, ist metaphorische Redeweise, die Gefahren birgt.
NÖ, S. 115

Die menschliche Gesellschaft ist nicht durch den Abschluss des Gesellschaftsvertrags von Menschen, die bis dahin gesellschaftslos gelebt haben, errichtet worden. Doch jede Anerkennung eines de facto bestehenden Zustandes, jedes sich Abfinden mit den augenblicklich bestehenden Eigentumsverhältnissen, jeder – wenn auch nur faktische – Verzicht auf Störung fremden Besitzes durch Gewaltgebrauch stellt eben ein sich Vertragen und in diesem Sinne einen Vertrag dar. Durch solches sich Vertragen ist neben die Gewalt ein zweites Verfahren für zwischenmenschliche Beziehungen, der Vertrag, gestellt worden. Die Auseinandersetzung über die Größe des Anteils, der dem Einzelnen aus dem knappen Vorrat zukommt, den die Natur den Menschen gestiftet hat, konnte nun auch ohne Blutvergießen erfolgen. Recht und Frieden hielten ihren Einzug in die Welt. Nie hätte die friedliche Zusammenarbeit der Menschen anders beginnen können als durch die Hinnahme der bestehenden Eigentumsverhältnisse. Hätte man es sich zur Aufgabe machen wollen, zuerst eine rechtmäßige Verteilung des Eigentums durch gewaltsame Enteignung der gerade im Besitz befindlichen Eigentümer vorzunehmen, dann hätte man die Kämpfe und die Herrschaft des Gewaltprinzips verewigt und die Befriedung unmöglich gemacht. Der gesellschaftliche Frieden kann nicht anders beginnen als durch ein Sichvertragen und Anerkennen der bestehenden Verhältnisse als rechtmäßig und durch die Annahme des Grundsatzes, daß künftige Veränderungen nur friedlich durch Verträge erfolgen dürfen. Auch die politische Befriedung kann nicht anders eingeleitet werden als durch Anerkennung des bestehenden Staatensystems und der Grenzen jedes einzelnen Staates und durch die Annahme von Grundsätzen, nach denen künftige Grenzberichtigungen friedlich zu erfolgen haben. Wollte man versuchen, zunächst die »richtigen« Grenzen zu setzen, so käme man nicht zum ewigen Frieden, sondern zum ewigen Krieg.
NÖ, S. 622 f.

ꟃ

Wir können fünf Systeme der Organisation der Gesellschaft unterscheiden: das System des Sondereigentums an den Produktionsmitteln, das wir in seiner entwickelten Form als Kapitalismus bezeichnen, das System des Sondereigentums an den Produktionsmitteln mit periodischer Einziehung allen Güterbesitzes und darauf folgender Neuverteilung, das System des Syndikalismus, das System des Gemeineigentums an den Produktionsmitteln, das unter dem Namen Sozialismus oder Kommunismus bekannt ist, und schließlich das System des Interventionismus.
LI, S. 53

ꟃ

Die menschliche Gesellschaft ist die Vereinigung der Menschen zu gemeinsamem Handeln. Gemeinsames nach dem Grundsatz der Arbeitsteilung gerichtetes Handeln hat nämlich gegenüber dem isolierten Handeln einzelner Menschen den Vorzug höherer Ergiebigkeit. Wenn eine Anzahl Menschen nach dem Grundsatz der Arbeitsteilung gemeinschaftlich ihr Handeln einrichten, dann erzeugen sie unter im übrigen gleichen Verhältnissen nicht nur soviel, als die Summe dessen ausmachen würde, was sie einzeln handelnd erzeugt hätten, sondern bedeutend mehr. Auf dieser höheren Ergiebigkeit der arbeitsteilig verrichteten Arbeit beruht die ganze menschliche Gesittung. Durch die Arbeitsteilung unterscheidet sich der Mensch von den Tieren. Die Arbeitsteilung hat den schwachen, in physischer Kraft den meisten Tieren gegenüber zurückstehenden Menschen zum Beherrscher der Erde und zum Schöpfer der Wunderwerke der Technik gemacht. Ohne Arbeitsteilung wären wir heute in keiner Beziehung weiter als unsere Vorfahren vor tausend oder zehntausend Jahren. Die menschliche Arbeit für sich allein ist nicht imstande, unser Wohlbefinden zu mehren. Sie muß, um fruchtbar zu werden, auf die von der Natur zur Verfügung gestellte Erde und die Stoffe und Kräfte der Erde angewendet werden. Der Boden und alle Stoffe und Kräfte, die er birgt und trägt, und die menschliche Arbeit sind die beiden Produktionsfaktoren, aus deren sinnvollem Zusammenwirken alle die Brauchbarkeiten hervorgehen, die der Befriedigung unserer äußeren Bedürfnisse dienen.
LI, S. 16

ꟃ

Moral ist die Rücksichtnahme auf die gesellschaftliche Notwendigkeit, die von jedem einzelnen Mitglied der Gesellschaft verlangt werden muß. Ein isoliert lebender Mensch hat keine moralischen Regeln zu befolgen. Er kann, was ihm Nutzen bringt, ruhig tun, ohne darauf achten zu müssen, ob er nicht damit andere schädigt. Doch der in der Gesellschaft lebende Mensch muß bei all seinem Tun und Lassen nicht nur auf seinen unmittelbaren Nutzen Rücksicht nehmen, sondern auch auf die Notwendigkeit, in jeder Handlung die Gesellschaft als solche zu bejahen. Denn das Leben des einzelnen in der Gesellschaft ist nur durch die Gesellschaft möglich, und jeder einzelne würde auf das schwerste geschädigt werden, wenn die gesellschaftliche Organisation des Lebens und der Produktion in die Brüche gehen würde. Indem die Gesellschaft vom einzelnen fordert, daß er in all seinem Tun und Lassen auf sie Rücksicht nehme, daß er also auf eine Handlung verzichten soll, die ihm zwar Nutzen bringt, aber das gesellschaftliche Leben schädigen würde, verlangt sie nicht, daß er fremden Interessen ein Opfer bringe. Denn das Opfer, das sie ihm auferlegt, ist nur ein vorläufiges Opfer, die Hingabe eines unmittelbaren kleineren Vorteiles, um dafür einen weitaus größeren mittelbaren Vorteil einzutauschen. Der Fortbestand der Gesellschaft als Vereinigung der Menschen zur gemeinsamen Arbeit und Lebensführung liegt im Interesse jedes einzelnen; wer einen augenblicklichen Vorteil aufopfert, um den Fortbestand der Gesellschaft nicht zu gefährden, der opfert einen kleineren Vorteil einem größeren.
LI, S. 29 f.

Menschen arbeiten miteinander zusammen. Die Gesamtheit zwischenmenschlicher Beziehungen, die durch eine solche Kooperation erzeugt wird, nennen wir Gesellschaft. Gesellschaft ist keine Entität an sich. Sie ist ein Aspekt des menschlichen Handelns. Sie existiert oder lebt nicht außerhalb des Verhaltens von Menschen. Sie ist eine Richtung menschlichen Handelns. Wenn Individuen denken und handeln, begründen sie einen Komplex von Beziehungen und Tatbeständen, die soziale Beziehungen und Tatbestände genannt werden. {...} Es ist offensichtlich, daß niemand jemals die Gesellschaft als eine Ganzheit beobachtet hat. Was beobachtet werden kann, sind immer Handlungen von Individuen. Bei der Interpretation der unterschiedlichen Aspekte der Handlungen der Individuen, entwi-

ckeln die Theoretiker das Konzept der Gesellschaft. Es kann keine Rede sein von einem Verständnis »der Eigenschaften der Teile aus den Eigenschaften der Ganzheiten«[38]. Es gibt keine Eigenschaften der Gesellschaft, die nicht im Verhalten ihrer Glieder entdeckt werden könnten.
TG, S. 260 ff.

Gesellschaft ist erst dort vorhanden, wo ein Wollen zum Mitwollen, ein Handeln zum Mithandeln wird. In Gemeinschaft Zielen zuzustreben, die man allein überhaupt nicht oder jedenfalls nicht in gleich wirksamer Weise erreichen könnte, kooperieren, das ist Gesellschaft.[39] Darum ist Gesellschaft nicht Zweck, sondern Mittel, Mittel jedes einzelnen Genossen zur Erreichung seiner eigenen Ziele. Daß Gesellschaft überhaupt möglich ist, ist nur darauf zurückzuführen, daß der Wille des einen und der des anderen sich in gemeinsamem Streben finden, so daß aus der Willensgemeinschaft die Arbeitsgemeinschaft entspringt. Weil ich das, was ich will, nur erreichen kann, wenn mein Genosse das erreicht, was er will, wird mir sein Wollen und Handeln zum Mittel, mein eigenes Ziel zu erreichen. Weil notwendigerweise mein Wollen auch sein Wollen mit einschließt, kann es gar nicht meine Absicht sein, seinen Willen zu brechen. Das ist die Grundtatsache, auf der sich alles gesellschaftliche Leben aufbaut.
GW, S. 267 f.

38 »K. Koffka: »Gestalt« Encyclopaedia of the Social Sciences, 6, 645.«

39 »Daher ist auch die Auffassung Guyaus, die das Gesellschaftliche unmittelbar aus der Zweigeschlechtigkeit ableitet, abzulehnen. Vgl. Guyau, Sittlichkeit ohne Pflicht, übers. v. Schwarz, Leipzig 1909, S. 113f.«

Gewalt

Alles Recht führt auf tatsächliche Gewalt zurück, alles Eigentum war ursprünglich Aneignung oder Raub; das kann man den von naturrechtlichen Erwägungen ausgehenden Gegnern des Eigentums ruhig zugestehen. Nur freilich ist damit noch nicht das mindeste zum Beweise der Notwendigkeit, Zweckmäßigkeit oder sittlichen Rechtfertigung seiner Beseitigung gesagt. Das natürliche Eigentum hat mit Anerkennung durch die Mitmenschen des Eigentümers nicht zu rechnen. Es wird so lange faktisch geduldet, als die Kraft fehlt, es umzustoßen; es besteht nicht länger als bis sich ein Gewaltigerer findet, der es an sich reißt. Durch Eigenmächtigkeit entstanden, muß es jeden Augenblick die stärkere Macht fürchten. Das ist

der Zustand, den die naturrechtliche Doktrin als den Krieg aller gegen alle bezeichnet hat. Er wird beendet durch die Anerkennung des tatsächlichen Verhältnisses als eines, das wert ist, erhalten zu werden. Aus Gewalt wird Recht.
GW, S. 16 f.

Die gewaltsame Unterdrückung ist immer das Eingeständnis der Unfähigkeit, mit den besseren, weil allein den Enderfolg versprechenden Waffen des Geistes anzutreten.
LI, S. 45

Was die Gewalt an die Zivilisation beigesteuert hat, das ist weiter nichts als der – gewiss unumgängliche – Dienst, den sie den friedliebenden Menschen bei ihrem Bemühen leistet, allfällige Friedensbrecher an ihrem Vorhaben zu hindern.
WS, S. 14

Gewinn

Gewinne oder Verluste sind die Folge des Umstandes, daß die Anpassung der Produktion an die neue Lage sich nicht mit einem Schlage im ganzen Marktsystem vollzieht. Die Unternehmer, die die Veränderung richtig vorausgesehen und danach gehandelt haben, erzielen Überschüsse, weil sie einerseits höhere Preise für das Produkt erlösen und andererseits Produktionsmittel noch zu den der früheren Lage entsprechenden niedrigeren Preisen einkaufen können. Im Fortgang der Ereignisse versiegen beide Quellen ihres Gewinns. Die Vermehrung der Erzeugung des gewinnbringenden Artikels senkt seinen Preis, und gleichzeitig steigen die Preise der komplementären Produktionsmittel. Würden keine weiteren Veränderungen auftreten, dann würde sich stationäres Gleichgewicht einstellen, bei dem es weder Gewinne noch Verluste gibt. Auf dem Markte besteht die Tendenz, Gewinne und Verluste zum Verschwinden zu bringen. Gewinn und Verlust sind ständige Erscheinungen nur, weil es immer wieder Veränderung in den wirtschaftlichen Daten gibt und die gleichmäßige Wirtschaft nichts als ein Gedankenbild ist, dem das wirkliche Leben nie entspricht. Gewinn und Verlust sind gewissermaßen Belohnung und Strafe, die die Verbraucher für schnellere oder langsamere Befriedigung ihrer Wünsche ausmessen.
MA, S. 134 f.

Die Veränderungen der Daten, deren Auftreten bewirkt, daß die Wirtschaft nicht gleichmäßige Wirtschaft werden kann, und daß Unternehmergewinne und Unternehmerverluste entstehen, bedeuten für einen Teil der Wirte Vorteil, für einen andern Teil Schaden.[40] Man hat daraus den Satz abgeleitet: Des Einen Vorteil ist des Andern Schaden. Das ist insoferne richtig, als in der stationären Wirtschaft die Summe der Unternehmergewinne der Summe der Unternehmerverluste gleichkommt; es ist auch richtig in Bezug auf die Wirkung von Kaufkraftveränderungen, die von der Geldseite her ausgelöst werden. Es ist unrichtig, wenn man damit ausdrücken wollte, daß auch sonst der Schaden des Einen Quelle des Vorteils wäre, der dem Andern zukommt. Nicht das Unheil, das einen Mitbürger trifft, wird für andere zur Quelle von Gewinn, sondern daß sie dieses Unheil mildern oder beheben. Die Seuche bringt dem Erkrankten Schaden, nicht der Arzt, der ihn von der Krankheit befreit. Der Gewinn des Arztes ist nicht durch die Seuche geschaffen worden, sondern dadurch, daß er sie zu bekämpfen weiß und bekämpft. Quelle der Unternehmergewinne ist immer die Voraussicht, die es ermöglicht, Mitmenschen zu helfen, die weniger zweckmäßig für die Zukunft vorgesorgt haben. Wenn die Dinge sich anders gestalten, als die Masse der Menschen erwartet hat, dann ist es für die, die durch das Eingetretene überrascht wurden, kein Nachteil, sondern ein Vorteil, daß andere Wirte das, was nun gekommen ist, besser vorausgesehen haben als sie selbst, so daß sie nun für den neuen Bedarf vorsorgen können. Mitunter kommen die äußeren Ereignisse, die Nachfrage und Angebot umgestalten, so unerwartet, daß man sagen darf, das hätte kein vernünftiger Mensch voraussehen können. Man mag dann den Gewinn derer, die von der Veränderung Vorteil haben, als unberechtigt ansehen und mag ihn ihnen besonders neiden. Doch das ändert nichts an der Interessenlage. Es ist für den Kranken offenbar noch immer vorteilhafter, daß ein Arzt ihn um teures Geld heilt, als daß er ohne ärztliche Hilfe bleibt. Wäre dem anders, dann würde er nicht ärztliche Hilfe in Anspruch nehmen. {...} Die Bedienung der Interessen jedes Gliedes der Marktwirtschaft wird gerade dadurch sichergestellt, daß dem Unternehmer, der die künftige Marktlage besser als andere vorauszusehen wusste,

40 »Über die Rolle, die dieser Satz im merkantilistischen Denken spielte, vgl. Oncken, Geschichte der Nationalökonomie, I. Teil, Leipzig 1902, S. 152 f.«

Unternehmergewinn zufällt. Dieses System, das den Erfolg belohnt und den Mißerfolg straft, bewirkt die denkbar beste Versorgung des Marktes. Würden die Unternehmergewinne zu Gunsten derer, die durch die Veränderung leiden, beschränkt werden, dann würde man die Anpassung der Versorgung an die wechselnden Verhältnisse nicht verbessern, sondern verschlechtern. Der Widerstreit der Interessen, der zwischen Käufer und Verkäufer besteht, wird dadurch behoben, daß der Kaufabschluss immer für beide Teile vorteilhaft ist. Selbst wenn man mit Verlust verkauft, ist man noch immer besser daran, als wenn man überhaupt nicht oder nur zu noch ungünstigeren Bedingungen verkaufen könnte. Daß Einer Verluste erleidet, hat er seinem Mangel an Voraussicht zuzuschreiben; der Verkauf begrenzt seinen Verlust, auch wenn er zu noch so ungünstigen Bedingungen erfolgt. Wenn der Verkäufer den Verkauf nicht als das unter den gegebenen Umständen für ihn vorteilhafteste Handeln ansehen würde, würde er nicht verkaufen. Der Satz, daß des Einen Vorteil des Andern Schaden sei, ist richtig für Kriegführen und Beutemachen. Was der Räuber mir abgenommen hat, ist sein Vorteil und mein Schaden. Doch Krieg und Handel sind verschiedene Dinge. {...} Wenn der Bäcker dem Zahnarzt Brot liefert und der Zahnarzt des Bäckers Zahnschmerzen beseitigt, wird weder der Bäcker noch der Zahnarzt geschädigt. Es ist unzulässig, diesen Austausch von Diensten der Plünderung des Bäckerladens durch bewaffnete Räuber gleichzusetzen. NÖ, S. 605 ff.

ꙮ

Die Quelle, aus der Gewinn und Verlust des Unternehmers stammen, ist die Ungewissheit über die künftige Gestaltung der Nachfrage und des Angebots. Jede Produktion erfordert Zeit, und wenn die Verhältnisse auf dem Markte sich im Ablaufe dieser Zeit in einer Weise ändern, die nicht alle Unternehmer vorausgesehen haben, dann gibt es Gewinne und Verluste. Wenn alle Unternehmer die künftige Gestaltung des Marktes richtig vorausgesehen und demgemäss ihre Produktion eingestellt haben, kann es weder Unternehmergewinn noch Unternehmerverlust geben. Dann haben sie im Augenblicke, in dem sie sich in das Unternehmen einließen, für die Produktionsmittel schon jene Preise bezahlen müssen, die den künftigen Preisen der Produkte entsprechen; die Preise, zu denen sie die Produkte verkaufen, decken gerade die Kosten. Der Unterneh-

mer erzielt nur dann Unternehmergewinn, wenn er die künftige Marktgestaltung richtiger beurteilt hat als die übrigen Unternehmer; dann nämlich erlöst er einen Überschuss über die Produktionskosten, weil er die Produktionsmittel zu Preisen eingekauft hat, die hinter den Preisen zurückgeblieben sind, die der künftigen Marktlage entsprochen hätten. In der gleichmäßigen Wirtschaft, in der unserer Annahme gemäss keine Änderungen der wirtschaftlichen Daten eintreten, ist für Unternehmergewinne und Unternehmerverluste kein Raum.
NÖ, S. 268 f.

Das »Kaufmännische« ist nämlich keineswegs, wie Deumer[41], darin der herrschenden Auffassung folgend, anzunehmen scheint, eine Organisationsform, die man dem staatlichen Betrieb ohne weiteres aufpfropfen könnte, um ihn so zu entbureaukratisieren. Das, was man als das »Kaufmännische« zu bezeichnen pflegt, ist eben das Wesen der auf nichts anderes als auf höchste Rentabilität eingestellten privaten Unternehmung, und das, was man als das »Bureaukratische« zu bezeichnen pflegt, ist das Wesen des auf »nationalwirtschaftliche« Ziele eingestellten öffentlichen Betriebes. Man kann einen Staatsbetrieb niemals »kommerzialisieren«, auch wenn man noch so viele Äußerlichkeiten der privaten Unternehmung auf ihn überträgt. Der Unternehmer arbeitet unter eigener Verantwortung. Erzeugt er nicht das, was die Verbraucher am dringendsten zu benötigen glauben, in wirtschaftlicher Weise, d. h. mit dem geringsten Aufwand von Kosten (Kapital und Arbeit), dann erleidet er Verluste, die schließlich dazu führen, daß sein Vermögen und damit die Befugnis, über die Verwendung von Produktionsmitteln zu entscheiden, in die Hände tüchtigerer Männer übergeht. In der kapitalistischen Gesellschaftsordnung sind die Produktionsmittel immer auf dem Wege zum besten Wirt, d. h. zu demjenigen, der die Begabung besitzt, sie zur Befriedigung der Bedürfnisse der Verbraucher am zweckmäßigsten zu verwenden. Der öffentliche Betrieb aber wird von Männern verwaltet, die Erfolg oder Mißerfolg ihrer Gebarung nicht selbst tragen. Das gelte, meint man, doch auch von den leitenden Angestellten großer Unternehmungen privatwirtschaftlicher Natur. Diese müßten daher ebenso

41 Robert Deumer (* 1882 in Leipzig; † 1956 in Karlstein). Jurist und späterer Reichsbankdirektor.

»bureaukratisch« geführt werden wie die Unternehmungen des Staates und der Gemeinden. Doch wer so argumentiert, beachtet eben nicht die grundsätzliche Verschiedenheit, die zwischen öffentlichem Betrieb und Privatbetrieb besteht. Im Privatunternehmen, das nur auf Rentabilität hinarbeitet, wird jede Abteilung und jeder Geschäftszweig durch die Buchführung und durch die auf denselben Grundlagen ruhende Kalkulation kontrolliert. Abteilungen und Geschäftszweige, die nicht rentabel sind, werden umgestaltet oder aufgelassen; Angestellte und Direktoren, die den an ihre Betätigung gestellten Anforderungen nicht entsprechen – d. h. die ihnen anvertrauten Geschäfte nicht mit dem erwarteten Erfolg durchführen –, werden entfernt. Über alle Teile des Betriebes regiert die nüchterne, alles in Heller und Pfennig nachrechnende Buchführung. Die Geldrechnung und nichts als die Geldrechnung entscheidet. Alles, was unternommen wird, strebt auf höchste Rentabilität hin. Der einzige Auftrag, der den Leitern der Unternehmungen von den Eigentümern (d. h. bei Aktiengesellschaften von den Aktionären) erteilt wird und den diese an ihre Gehilfen weitergeben, lautet: Erzielet Überschüsse!
KI, S. 142 f.

ꟸ

In der ökonomischen Sphäre ist das Recht, Eigentum zu erwerben und zu besitzen, kein Vorrecht. Es ist das Prinzip, welches die beste Befriedigung von Konsumentenwünschen gewährleistet. Wer immer auch ein Vermögen verdienen, erwerben und behalten möchte, muß den Konsumenten dienen. Der Gewinntrieb ist das Mittel, um der Öffentlichkeit den Vorrang einzuräumen. Je besser es jemandem gelingt, die Konsumenten zu versorgen, desto größer werden seine Einnahmen. Es ist jedermanns Vorteil, daß derjenige Unternehmer, der gute Schuhe zu den geringsten Kosten produziert, reich wird; die meisten Menschen würden einen Verlust erleiden, wenn ein Gesetz sein Recht, reicher zu werden, einschränkte. Solch ein Gesetz würde lediglich seine weniger effizienten Konkurrenten begünstigen. Es würde die Schuhpreise nicht senken, sondern steigen lassen. Gewinn ist die Belohnung für die beste Erfüllung von Pflichten, die freiwillig übernommen wurden. Er ist das Instrument, welches die Massen zu Herrschern macht. Der gewöhnliche Mensch ist der Kunde, für den die Industriekapitäne und all ihre Gehilfen arbeiten.
BK, S. 95 f.

ꙮ

Es ist aber nicht das eingesetzte Kapital, das Gewinn und Verlust schafft. Das Kapital bringt keinen Gewinn hervor, wie Marx[42] dachte. Die Kapitalgüter als solche sind tote Dinge, die von selbst nichts zustande bringen. Wenn sie einer guten Idee folgend eingesetzt werden, wird Gewinn erzeugt. Wenn sie einer schlechten Idee folgend eingesetzt werden, wird kein Gewinn erzeugt, beziehungsweise Verluste. Es ist die unternehmerische Entscheidung, die entweder Gewinn oder Verlust hervorbringt. Es sind geistige Akte, der Verstand des Unternehmers, von denen Gewinne ursprünglich herstammen. Gewinn ist ein Produkt des Geistes, der erfolgreichen Vorausschau der zukünftigen Marktlage. Es ist ein geistiges und intellektuelles Phänomen.
PF, S. 120

ꙮ

Diejenigen, die nach Gewinn streben, lauern immer auf eine Gelegenheit. Sobald sie entdeckt haben, daß die Relationen der Preise der Produktionsfaktoren zu den vorausgesehenen Produktpreisen anscheinend eine solche Gelegenheit bieten, greifen sie zu. Wenn ihre Einschätzung aller erforderlichen Elemente richtig war, machen sie Gewinn. Aber sofort beginnt eine Tendenz zum Verschwinden solcher Gewinne zu wirken. Die boomende Branche, d. h. die Branche, in der die Gewinne hoch sind, zieht andere Unternehmer an. Die boomende Branche tendiert dazu, zu expandieren, bis der Wettbewerb die Gewinne verschwinden lässt. Gewinne sind ein permanentes Phänomen nur, weil sich die Marktbedingungen und die Produktionsmethoden immer ändern. Das Gleichgewichtsstadium kann niemals erreicht werden, weil in den menschlichen Lebensbedingungen nichts anderes gleichbleibend ist als der Wandel. Wer immer Gewinne erzielen will, muss immer auf der Lauer nach neuen Gelegenheiten sein.
MP, S. 13 f.

Gleichheit

Nun steht aber nichts auf so schwachen Füßen wie die Behauptung von der angeblichen Gleichheit alles dessen, was Menschenantlitz trägt. Die Menschen sind durchaus ungleich. Selbst zwischen Geschwistern bestehen die größten Verschiedenheiten der körperlichen und geistigen Eigenschaften. Die Natur wiederholt

42 Karl Marx (* 1818 in Trier; † 1883 in London)

sich nicht in ihren Schöpfungen, sie erzeugt keine Dutzendware, sie hat keine Typenfabrikation. Der Mensch, der aus ihrer Werkstatt hervorgeht, trägt den Stempel des Individuellen, des Einzigartigen, des Nichtwiederkehrenden an sich. Die Menschen sind nicht gleich, und die Forderung gleicher Behandlung durch die Gesetze kann keineswegs etwa damit begründet werden, daß Gleichen auch die gleiche Behandlung gebühre.
LI, S. 25

Auch das Gleichheitsideal ist ursprünglich als naturrechtliche Forderung aufgestellt worden. Man hat versucht, es mit religiösen, physiologischen und philosophischen Erwägungen zu rechtfertigen. Doch alle diese Begründungen erweisen sich als unstichhaltig. Es steht ja gerade fest, daß die Menschen von Natur aus verschieden veranlagt sind. Man kann mithin die Forderung, daß alle gleich behandelt werden sollen, nicht darauf stützen, daß alle gleich seien. Nirgends erweist sich die naturrechtliche Begründung fadenscheiniger als gerade beim Gleichheitsprinzip.
GW, S. 53

Die naturrechtliche Lehre, die zu den Erklärungen der Menschenrechte[43] im 18. Jahrhundert führte, enthielt nicht die offensichtlich trügerische Behauptung, alle Menschen seien biologisch gleich. Sie verkündete vielmehr, daß alle Menschen mit gleichen Rechten geboren werden und daß diese Gleichheit nicht durch irgend ein von Menschen gemachtes Gesetz aufgehoben werden kann, daß sie unveräußerlich oder – genauer – unverlierbar ist. Nur die Todfeinde individueller Freiheit und Selbstbestimmung, die Vorkämpfer des Totalitarismus, leiteten das Prinzip der Gleichheit vor dem Gesetz von einer behaupteten psychischen und physischen Gleichheit aller Menschen ab.
GU, S. 597

43 Am 26. August 1789 durch die französische Nationalversammlung verkündet.

Glück

Im strengen Sinne des Begriffs strebt der handelnde Mensch nur ein Endziel an, einen Zustand zu erreichen, der ihm besser gefällt als die Alternativen. Philosophen und Ökonomen beschreiben diese unleugbare Tatsache, indem sie erklären, daß der Mensch vorzieht, was ihn glücklicher macht gegenüber dem, was ihn unglücklicher macht, daß er nach Glück strebt.[44] Glück – im rein formalen Sinn, in dem ethische Theorien den Begriff verwenden – ist das einzige Endziel und alle anderen gesuchten Dinge und Situationen sind bloße Mittel zur Verwirklichung des höchsten Endziels. Es ist jedoch bequem, eine weniger genaue Ausdrucksweise zu verwenden, meistens den Namen eines Endziels für all diese Mittel zu verwenden, die geeignet sind die Zufriedenheit direkt und sofort herzustellen.

TG, S. 70

Wenn ein Mensch seine Mitbürger dazu zwingt, sich seinen eigenen Wertmaßstäben zu unterwerfen, macht er sie keineswegs glücklicher. Sie alleine können entscheiden, was sie glücklich macht und was sie mögen. Man vermehrt nicht das Glück eines Menschen, der einer Aufführung von *Das Küssen macht so gut wie kein Geräusch*[45] beiwohnen möchte, indem man ihn in eine Aufführung von Hamlet hineinzwingt. Man mag seinen armseligen Geschmack belächeln. Aber er allein ist das Maß aller Dinge hinsichtlich seiner eigenen Befriedigung. Der diktatorische Ernährungsexperte will seine Mitbürger in Übereinstimmung mit seinen eigenen Vorstellungen über vollkommene Ernährung füttern. Er will mit Menschen umgehen wie der Viehzüchter mit seinen Kühen. Er bemerkt nicht, daß Ernährung kein Zweck an sich ist, sondern das Mittel zum Erreichen anderer Zwe-

44 »Es ist nicht nötig, erneut die Argumente, die seit mehr als zweitausend Jahren gegen die Grundsätze des Eudämonismus, Hedonismus und Utilitarismus vorgebracht werden, zu entkräften. Für die Ausführung des formalen und subjektiven Charakters der Konzepte »Freude« und »Schmerz« wie sie im Kontext dieser Lehren verwendet werden, vergleiche Mises: Human Action, New Haven, Yale University Press, 1949, S. 14–15, und Ludwig Feuerbach: Eudämonismus, in Sämtliche Werke, hrsg. Bolin and Jodl, Stuttgart, 1907, 10, 230–293. Natürlich wiederholen die, welche kein »Glück« erkennen, das uns vom Orgasmus, Alkohol und so weiter gegeben wird, die alten Irrtümer und Entstellungen.«

45 Hierbei handelt es sich um ein Lied aus der Operette »Madame Pompadour« von Leo Fall aus dem Jahr 1922.

cke. Der Bauer füttert seine Kuh nicht, um sie glücklich zu machen, sondern um Zwecke zu erreichen, denen die gut gefütterte Kuh dient. Es gibt verschiedene Arten, Kühe zu füttern. Welche von ihnen er wählt, hängt davon ab, ob er soviel Milch wie möglich oder soviel Fleisch wie möglich oder etwas anderes erhalten will.
BK, S. 97 f.

Goldwährung

Das Gold ist kein ideales Geld. Auch die Goldwährung ist, so wie alles Menschliche, nicht frei von Mängeln aber es gibt unter den gegenwärtigen Verhältnissen heute und in absehbarer Zeit keine andere Möglichkeit, um das Geldwesen unabhängig zu gestalten von den wechselnden Einflüssen politischer Machtverhältnisse, Parteien und Regierungsmaßnahmen.
WP, S. 275

Vor die Wahl gestellt zwischen dem Verzicht auf eine populäre Ausgabe und der Einführung einer unpopulären Steuer, zieht der durchschnittliche Politiker »ein wenig Inflation« vor. Was der geordnete demokratische Staat braucht, ist Goldwährung der Bamberger[46] Art, nicht etwa Goldkernwährung. Goldmünzen müssen im Verkehr umlaufen. Dann wird jeder Versuch einer Inflation die Wirkung des Greshamschen Gesetzes[47] auslösen, Gold wird sofort aus dem Verkehr verschwinden, und die Menge wird wissen und verstehen, was vorgeht. Der große Betrug, der Inflation ermöglicht, wird rasch aufgedeckt werden. Demokratie und Parlamentarismus können auf die Dauer nicht ohne Goldwährung auskommen. Hemmungsloser Inflationismus führt nicht nur zum Zusammenbruch des Geldwesens. Er erzeugt auch die schwerste Krise aller volkstümlichen Regierungsformen.
ZD, S. 15

Die Bedeutung der Goldwährung für den Binnenverkehr liegt darin, daß sie die Gestaltung der Kaufkraft der Geldeinheit von den wechselnden geldwertpolitischen Auffassungen der Regierungen und der politischen Parteien unabhängig macht.

---

46 Ludwig Bamberger (* 1823 in Mainz; † 1899 in Berlin). Mitgründer der Deutschen Bank und Reichstagsabgeordneter.

47 Nach Sir Thomas Gresham (* 1519 in London; † 1579 ebenda) benanntes Gesetz nach dem unterwertiges Geld das werthaltige Geld aus dem Umlauf verdrängt.

Die Bindung des Geldwertes an den Goldwert richtet einen Damm auf gegen alle Bestrebungen, einzelne Schichten der Bevölkerung durch währungspolitische Maßnahmen auf Kosten der übrigen Schichten zu begünstigen. Im Verkehr zwischen den Staaten schaltet die Goldwährung die Störungen aus, welche die Valutaschwankungen für den Güteraustausch und für die Kapitalsbewegung von Land zu Land mit sich bringen. Sie legt die Valuten- und Devisenkurse innerhalb sehr enger Grenzen fest, so daß kein Raum bleibt für die alle kaufmännischen Berechnungen über den Haufen werfenden Export- und Importprämien, die aus den Schwankungen dieser Kurse entstehen. Die Goldwährung ist freilich nicht »wertstabil«. Doch »Wertstabilität« ist eine unklare und verschwommene Vorstellung. Nur eine im strengsten Sinne des Begriffes stationäre Volkswirtschaft, in der alles morgen und übermorgen ganz genau so bleibt, wie es gestern und vorgestern war, würde unveränderliche Preise und damit kaufkraftfestes Geld haben. Die Leistung der Goldwährung besteht darin, daß sie die Gestaltung der Kaufkraft der Geldeinheit in höherem Maße von der Einwirkung von Faktoren, die von seiten des Geldes her wirken, befreit, als es irgendeine andere denkbare und verwirklichbare Geldverfassung tun könnte.

GG

Weder das Gold noch irgendein andrer Gegenstand haben »an sich« Wert. Der Wert des Goldes ist so wie der einer jeden andern Ware von dem Nutzen abhängig, den der Gebrauch des Goldes gewährt. Würde heute die Verwendung des Goldes für den Gelddienst eingeschränkt oder ganz aufgehoben werden, dann würde ein sehr beträchtlicher Preisfall des Goldes gegenüber den Waren eintreten, so ähnlich, wie in den siebziger Jahren des 19. Jahrhunderts der Silberpreis beträchtlich gesunken ist, weil die Silberwährung in einer Reihe der wichtigsten Staaten beseitigt wurde[48] und Silber fortan nur noch für die Herstellung von Scheidemünzen Verwendung fand. Der Besitz eines Goldstückes sichert mithin nicht gegen Verluste, die aus einer Demonetisierung des Goldmetalles entstehen würden. Die industriellen

48 In den USA und im Deutschen Kaiserreich 1873, in den Ländern der Lateinischen Münzunion (Frankreich, Belgien, Italien, Schweiz, Spanien, Griechenland, Rumänien, Österreich-Ungarn, Bulgarien, Serbien, Montenegro, Venezuela) 1874.

Verwendungsmöglichkeiten, die für das Gold bestehen, würden für sich allein nach Fortfall der Verwendung im Gelddienste dem Golde nur einen weit geringeren Wert verleihen, als es heute hat. Die Überlegenheit, die der Goldwährung gegenüber andern Geldsystemen, etwa gegenüber einem System eines Staatspapiergeldes, zukommt, beruht mithin nicht darauf, daß das Gold »an sich« einen Wert darstellt, wogegen das Staatspapiergeld ihn nur durch seine Verwendung als Geld erhält. Der Vorzug der Goldwährung ist vielmehr darin zu suchen, daß Vermehrung und Verminderung der Menge des Goldes und damit seine Preisgestaltung von politischen Einflüssen unabhängig sind.
DG

ჯ

Die Verwendung des Sachgeldes hat ja gerade den Zweck, politische Einflüsse von der Mitwirkung bei der Geldwertgestaltung auszuschließen. Das Gold ist nicht um seines Glanzes oder um anderer physikalischer und chemischer Eigenschaften willen Währungsgeld, sondern weil Vermehrung und Verminderung seiner Menge von den Befehlen der politischen Mächte unabhängig sind. Es ist die entscheidende Funktion der Goldwährung, daß sie die Geldmengenveränderungen unter das Gesetz der Rentabilität der Goldgewinnung stellt.
SP, S. 16

ჯ

Man hat an der Goldwährung manches auszusetzen gewusst; man hat ihr den Vorwurf gemacht, daß sie nicht vollkommen sei. Doch niemand weiß anzugeben, wie man an Stelle der Goldwährung Vollkommeneres und Besseres setzen könnte. Gewiß, die Goldwährung ist nicht wertstabil. Doch Wertstabilität und Kaufkraftfestigkeit sind Unbegriffe. In einer sich verändernden Welt, das heißt in einer lebenden Welt, kann es keine Festigkeit der Kaufkraft und keine Wertstabilität geben. Daß die Kaufkraft des Geldes schwankt, ist für ein Geld eines nicht starren Systems der Marktbeziehungen notwendig; in einem erstarrten System, das dem Gedankenbild der gleichmäßigen Wirtschaft entspräche, wäre aber für Geld überhaupt kein Raum. Die Goldwährung macht die Gestaltung der Kaufkraft von dem Einfluß der Politik und der schwankenden wirtschaftspolitischen Anschauungen wechselnder Majoritäten unabhängig. Das ist ihr Vorzug.
NÖ, S. 430 f.

Grenznutzen

In der kapitalistischen Wirtschaft sind Kapital und Arbeit so lange in Bewegung, bis überall das gleiche Grenznutzenniveau erreicht ist. Der Ruhezustand ist erreicht, wenn Kapital und Arbeit in allen Verwendungen die gleiche Grenzproduktivität aufweisen.
GW, S. 203

℘

Praxeologisch betrachtet ist das Gesetz vom Sinken des Grenznutzens nichts anderes als die Umkehrung des Satzes, daß das Wichtigere dem Minderwichtigen vorgezogen wird. Wächst der verfügbare Vorrat von n-1 Einheiten auf n Einheiten, dann kann durch den Zuwachs nur ein Unbefriedigtsein abgestellt werden, das weniger lästig empfunden wird als das Unbefriedigtsein, das unter den mit Hilfe des Vorrates von n-1 Einheiten abgestellten am wenigsten lästig empfunden wird.
NÖ, S. 94 f.

℘

Nicht die Bedeutung, die der ganzen Gütergattung, sondern die Bedeutung, die dem Teil, über den gerade verfügt wird, zukommt, bestimmt die Wertschätzung. Nicht der Wert der Gütergattung, sondern der der konkreten Teilquantitäten allein wirkt auf die Preisbildung. Da wir jedem einzelnen Teile aus einem gegebenen Vorrat nur die Bedeutung beilegen, die die durch ihn bewirkte Bedürfnisbefriedigung hat, bei jeder einzelnen Bedürfnisgattung aber die Dringlichkeit der weiteren Befriedigung mit dem Fortschreiten der Sättigung abnimmt, schätzen wir jede konkrete Teilquantität nach der Wichtigkeit der letzten, das heißt minderwichtigen der konkreten Bedürfnisregungen ein, die mit dem zur Verfügung stehenden Vorrat noch befriedigt werden kann (Grenznutzen).
KM

Greshamsches Gesetz

Nehmen wir nun an, daß die Geldsurrogate, die im Lande verwendet werden, aufhören Geldsurrogate zu sein. Die Bank, die sie ausgegeben hat, stellt ihre jederzeitige Einlösung gegen Geld ein; sie sind jetzt Forderungen mit hinausgeschobener Fälligkeit gegen einen Schuldner, der seine Verpflichtung nicht pünktlich erfüllt und dessen Zahlungsfähigkeit und Zahlungswilligkeit daher bezweifelt werden muss. Geldsurrogate können sie darum nicht länger sein. Doch es

kann recht gut geschehen, daß sie als Kreditgeld weiter Tauschmitteldienst versehen. Sie werden nicht mehr dem Gelde gleichgewertet, sie erhalten Disagio gegenüber dem Sachgeld, mit dem sie früher gleichgewertet wurden. Bei dieser Lage der Dinge pflegt nun in der Regel die Regierung einzugreifen. Sie erlässt eine Verfügung, die jeden Gläubiger verpflichtet, das vom Verkehr als minderwertig erachtete Kreditgeld zu seinem vollen Nennwerte vom Schuldner entgegenzunehmen,[49] und sie verbietet, das Sachgeld dem Kreditgeld gegenüber als höherwertig zu behandeln. Sie greift damit in die Preisbildung des Marktes durch eine Preistaxe ein; sie befiehlt, daß Sachgeld und Kreditgeld, die die Marktparteien verschieden bewerten und behandeln, gleichbewertet und gleichbehandelt werden. Das Ergebnis entspricht nicht der Absicht, die die Regierung erreichen wollte. Es gelingt ihr nicht, den Markt dazu zu bringen, die beiden Geldsorten gleichzubewerten. Da man das Sachgeld in den Austauschoperationen nicht höher veranschlagen darf als das Kreditgeld, trachtet man darnach, sich bei den Umsätzen nur des Kreditgelds zu bedienen. Das Sachgeld wird zurückgehalten oder ins Ausland verkauft. Es verschwindet aus dem Verkehr. Das Greshamsche Gesetz[50] sagt: Schlechtes Geld verdrängt das gute. Das Abströmen des Sachgeldes ins Ausland ist mithin nicht die Folge einer ungünstigen Gestaltung der Zahlungsbilanz, sondern das – von der Regierung nicht beabsichtigte – Ergebnis eines Regierungseingriffs in die Preisbildung des Marktes.
NÖ, S. 408 f.

Das Wesentliche, von dem es handelt, ist nicht das »Verschwinden« des »guten« Geldes, sondern das, daß Zahlungen, die nach Wahl des Schuldners mit gleicher Rechtswirkung in »gutem« oder in »schlechtem« Gelde geleistet werden können, in dem durch die Obrigkeit zu niedrig bewerteten Geld geleistet werden.
GN, S. 83

49 »Die Annahmepflicht zum vollen Nennwert ist für die Geldsurrogate vielfach schon lange vor Einstellung der Einlösung ausgesprochen worden. Solange die Geldsurrogate vom Markte nicht weniger hoch gewertet wurden als das Geld, war die Maßnahme bedeutungslos. Sie erhält ihre Tragweite erst durch die Entstehung eines Preisunterschiedes zwischen dem Sachgeld und dem Kreditgeld.«

50 Nach Sir Thomas Gresham (* 1519 in London; † 1579 ebenda) benanntes Gesetz.

Es tritt jene Folge der gesetzlichen Gleichstellung wertungleicher Geldstücke ein, die das Greshamsche Gesetz beschreibt. Bei allen Schuldzahlungen u. dgl. wird nur jenes Geld verwendet, welches vom Gesetze höher bewertet wurde als vom Markte; hat das Gesetz zufällig die augenblickliche Marktrelation zum Pari gewählt, dann kommt es dazu erst ein wenig später, nämlich bei der nächsten Veränderung der Preise. Ausbleiben kann diese Wirkung nicht, sobald zwischen der gesetzlichen und der marktüblichen Relation der Geldarten eine Verschiedenheit eintritt. Aus der Parallelwährung wird daher nicht, wie der Gesetzgeber es beabsichtigt haben möchte, eine Doppelwährung, sondern eine Alternativwährung. Damit war für den Augenblick wenigstens eine Wahl zwischen den beiden Geldarten getroffen worden. Nicht der Staat hatte sie vorgenommen, im Gegenteil, dieser hatte ja eine Entscheidung zugunsten des einen Metalles gar nicht beabsichtigt, hatte vielmehr gewünscht, beide nebeneinander im Verkehre als Geld verwendet zu sehen. Die staatliche Norm, welche die wechselseitige Vertretbarkeit der Metalle Gold und Silber aussprach und dabei der Marktrelation gegenüber das eine überwertete, das andere unterwertete, hatte die Verwendbarkeit der beiden für den Gelddienst differenziert. Die Folge davon war das Verschwinden des einen Metalls, das Vordringen des anderen. Das Eingreifen des Staates als Gesetzgeber und Richter hatte zu einem völligen Mißerfolg geführt; in eklatanter Weise hatte es sich gezeigt, daß nicht der Staat, sondern nur die Gesamtheit der am Tauschverkehre beteiligten Individuen ein Gut zum allgemein gebräuchlichen Tauschmittel, zum Gelde, machen können.
TU, S. 51

Grundbesitz

Das Bedürfnis nach einem »wertstabilen« Träger von Kaufkraft entstand aus dem Bestreben, Vermögen und Einkommen den Einflüssen des Marktes zu entziehen und so auf »ewige« Zeiten zu erhalten. Die naturalwirtschaftliche Denkungsart dachte, solchen der Zeitlichkeit entrückten Reichtum im Grund und Boden zu finden. Acker werde immer Acker bleiben, Bodenfrucht immer begehrt werden; Grundbesitz sei darum ein beständiges Einkommen versprechender Besitz. Wir haben es heute, im Zeitalter kapitalistisch, d. h. rationell betriebener Landwirtschaft leicht, das Irrige solcher Auffassung aufzudecken. Wohl könnte man als autark auf

seiner Scholle sitzender Wirt, von allen ringsum sich vollziehenden Veränderungen unberührt, »ewig« wirtschaften. Aber für einen in die arbeitsteilende Gesellschaft verflochtenen Betrieb liegt die Sache anders. Kapital und Arbeit dürfen nur auf die besten Grundstücke verwendet werden. Die schlechteren zu bebauen bringt keinen Reinertrag. Auch Grundstücke können wertlos werden oder im Werte beträchtlich sinken, wenn besserer Boden in entsprechender Menge erschlossen wurde.
SG, S. 317

ꝏ

Es gibt so wenig eine ewige Kapitalsanlage wie es eine sichere gibt. Jede Kapitalsanlage ist ein spekulatives Wagnis, dessen Erfolg im vorhinein nicht mit Bestimmtheit abzusehen ist. Nicht einmal die Vorstellung »ewigen und sicheren« Kapitalsertrages hätte entstehen können, wenn man die Begriffe über Kapitalsanlage stets aus der Sphäre des Kapitals und der Unternehmung hergenommen hätte. Die Ewigkeits- und Sicherheitsvorstellungen kommen von der auf Grundeigentum sichergestellten Rente und von der ihr verwandten Staatsrente her. Es entspricht ganz den tatsächlichen Verhältnissen, wenn das Recht als mündelsichere Anlage nur die anerkennt, die in Grundbesitz besteht oder in Geldrente, die auf Grundbesitz sichergestellt oder vom Staat und anderen Körperschaften des öffentlichen Rechts geleistet wird. Im kapitalistischen Unternehmen gibt es kein sicheres Einkommen und keine Sicherheit des Vermögens. {...} Wenn nun aber Kapitalien nicht von selbst anwachsen, wenn zu ihrer bloßen Erhaltung, geschweige denn zu ihrer Fruchtbarmachung und Mehrung beständiges Eingreifen erfolgreicher Spekulation erforderlich ist, dann kann von einer Tendenz der Vermögen, immer mehr und mehr anzuwachsen, nicht die Rede sein. Vermögen können überhaupt nicht wachsen, sie werden gemehrt. Dazu bedarf es aber erfolgreicher Unternehmertätigkeit. Nur solange die Wirkungen einer erfolgreichen glücklichen Anlage anhalten, wird das Kapital reproduziert, trägt es Früchte, mehrt es sich. Je schneller sich die Bedingungen der Wirtschaft ändern, desto kürzer ist die Dauer ihrer Güte. Zu neuen Anlagen, zu Umstellungen der Produktion, zu Neuerungen bedarf es aber immer wieder jener Fähigkeiten und Begabungen, die nur wenigen eigen sind. Vererben sie sich ausnahmsweise von Geschlecht zu Geschlecht, dann gelingt es den Nachkommen, das von ihren Voreltern überkommene Vermögen zu erhalten, vielleicht sogar, trotz der Erbteilung, noch zu mehren. Entsprechen, was wohl die Regel sein wird, die Nachkommen nicht den Anforderungen, die das Leben an einen Unternehmer stellt, dann schwindet der ererbte Wohlstand schnell. Wenn reich gewordene Unternehmer ihren Reichtum in der Familie verewigen wollen, dann flüchten sie in den Grundbesitz. Die Nachkommen der Fugger[51] und der Welser[52] leben noch heute in beträchtlichem Wohlstand, ja Reichtum; doch sie haben schon längst aufgehört, Kaufleute zu sein, und haben ihr Vermögen in Landbesitz umgewandelt. Sie wurden deutsche Adelsgeschlechter, die sich in keiner Weise von anderen süddeutschen Adelsgeschlechtern unterscheiden. Die gleiche Entwicklung haben in allen Ländern zahlreiche Kaufmannsgeschlechter genommen; reich geworden im Handel und im Gewerbe, haben sie aufgehört, Händler und Unternehmer zu sein, und wurden Grundbesitzer, nicht um das Vermögen zu mehren und immer größeren Reichtum anzuhäufen, sondern um es zu erhalten und auf Kinder und Kindeskinder zu vererben. Die Familien, die es anders gehalten haben, sind bald im Dunkel der Armut verschwunden. Es gibt nur ganz wenige Bankiersfamilien, deren Geschäft seit hundert Jahren oder mehr besteht; sieht man aber genauer zu, so findet man, daß auch bei diesen die geschäftliche Tätigkeit sich im allgemeinen auf die Verwaltung von in Grundbesitz und in Bergbau festgelegten Vermögen beschränkt. Alte Vermögen, die in dem Sinne werbend wären, daß sie sich immerfort vergrößern, gibt es nicht.

GW, S. 349 ff.

Handeln, menschliches

Jedes Handeln, auch das des isoliert gedachten Einzelnen oder das des ausnahmsweise in Vereinzelung handelnden Gesellschaftsmenschen, ist ein Tauschen. Man tauscht durch das Handeln einen weniger befriedigenden Zustand gegen einen besser befriedigenden ein. Dieses Tauschen des isoliert Handelnden wollen wir inneren Tausch nennen. In der Tauschgesellschaft wird das gesellschaftliche Zusammenwirken der handelnden Menschen zum Tausch zwischen Menschen, zu einem Geben an Menschen und zu einem Empfan-

51 Aus Augsburg stammendes Kaufmannsgeschlecht aus dem 14. Jhd. Im 16. Jhd. eine der mächtigsten Familien in Europa.

52 Ebenfalls aus Augsburg stammende Patrizierfamilie aus dem 13. Jhd.

gen von Menschen. Man gibt, um zu empfangen; man leistet anderen, damit sie ihrerseits wieder eine Gegenleistung vollbringen. Diesen Tausch zwischen Menschen wollen wir den zwischenmenschlichen (interpersonellen oder gesellschaftlichen) Tausch nennen. Die Tauschbeziehung ist die gesellschaftliche Grundbeziehung zwischen den Einzelnen in der Tauschgesellschaft. Der zwischenmenschliche Austausch von Gütern und Dienstleistungen schlingt um die Menschen das Band, das sie zur Gesellschaft zusammenschließt.
NÖ, S. 180

ꟗ

Jedes Handeln ist eine durch den Menschen hervorgerufene Veränderung. Wir pflegen eine solche provozierte Veränderung Tausch oder ein Tauschen zu nennen. Ein weniger befriedigender Zustand wird mit einem mehr befriedigenden Zustand vertauscht. Das Wenigerbefriedigende wird hingegeben, um ein Mehrbefriedigendes zu empfangen. Das, was hingegeben wird, ist der Preis, der für die Erreichung des Zweckes gezahlt wird. Die Bedeutung oder Wertung des gezahlten Preises nennen wir die durch die Erreichung des Zweckes aufgelaufenen Kosten. {...} Allgemeinste Voraussetzung des Handelns ist doch die dem Menschen gebotene Möglichkeit, durch bewusstes Verhalten einen Zustand von Unbefriedigtsein in einen Zustand von geringerem Unbefriedigtsein (höherem Befriedigtsein) zu verwandeln. Würde der Zustand, den das Handeln herbeiführen soll, nicht als befriedigender erscheinen als der Zustand, der bestehen würde, wenn nicht gehandelt worden wäre, dann wäre Handeln sinn- und zwecklos, dann würde nicht gehandelt werden. Wie auch immer der Mensch sich verhalten würde, er könnte an seiner Lage nichts bessern. Es würde keinen Nutzen geben: Nutzen nennen wir doch den abhängigen Zuwachs an Befriedigung (an Lust) oder die abhängige Abnahme des Unbefriedigtsein (der Unlust). Wenn überhaupt gehandelt werden soll, muss der Zustand, den das Handeln herbeiführen soll, befriedigender erscheinen als der Zustand, der ohne das Handeln bestehen würde.
NÖ, S. 75/90

ꟗ

Wer den stationären Zustand der Wirtschaft anpreist, vergißt, daß dem denkenden Menschen der Wunsch nach Verbesserung seiner materiellen Lage innewohnt. Diesen Drang kann man nicht ausrotten; er

ist die Triebkraft alles menschlichen Handelns. Versperrt man den Weg, auf dem er sich zum Wohle der Gesellschaft durch Ausgestaltung der Bedürfnisdeckung zu betätigen vermag, dann bleibt ihm nur ein Feld übrig: durch Vergewaltigung und Beraubung der Mitmenschen sich zu bereichern und andere ärmer zu machen. Es ist wahr, alles Streben und Jagen nach Erhöhung des Wohlstandes macht die Menschen nicht glücklicher. Doch es ist des Menschen Natur, immerfort nach Verbesserung seiner materiellen Lage zu streben. Wird ihm die Befriedigung dieses Strebens verwehrt, so wird er stumpf und vertiert. Die Masse hat für die Ermahnung zur Genügsamkeit kein Ohr; es mag sein, daß auch die Weltweisen, die diesen Mahnruf erheben, sich einer schweren Selbsttäuschung hingeben. Wenn man den Leuten sagt, ihre Väter hätten es viel schlechter gehabt, dann antworten sie, sie wüßten nicht, warum sie es nicht noch besser haben sollten. Ob es nun gut sein mag oder böse, ob es die Billigung des Sittenrichters findet oder nicht, fest steht, daß die Menschen stets nach Verbesserung ihrer Lage streben und streben werden. Es ist das Schicksal des Menschen, dem er sich nicht entziehen kann. Die Rast- und Ruhelosigkeit des modernen Menschen ist Regsamkeit des Geistes, der Nerven und der Sinne. Man kann ihn ebensowenig zur Gelassenheit vergangener Perioden der Menschheitsgeschichte zurückführen wie man einem Manne die Unbefangenheit der Kinderjahre geben kann.
LI, S. 165 f.

Die fundamentale These des Rationalismus ist unanfechtbar. Der Mensch ist ein rationales Wesen; das heißt, seine Handlungen sind durch den Verstand geleitet. Die Aussage: Der Mensch handelt, ist gleichbedeutend mit der Aussage: Der Mensch ist bestrebt, Lebensbedingungen, die ihm weniger passen, durch Lebensbedingungen, die ihm besser passen, zu ersetzen. Um dies zu erreichen, muss er geeignete Mittel anwenden. Sein Verstand erlaubt es ihm, herauszufinden, welches ein geeignetes Mittel für die Erreichung seiner gewählten Ziele ist und was nicht.
TG, S. 275

Handeln bedingt notwendigerweise den Verzicht auf etwas, dem ein niedrigerer Wert beigelegt wird, um etwas zu erreichen oder zu erhalten, dem ein höherer Wert

beigelegt wird. So muss, zum Beispiel, auf eine bestimmte Menge an Muße verzichtet werden, um das Ergebnis einer bestimmten Menge an Arbeit ernten zu können. Der Verzicht auf Muße ist das Mittel, um ein höher geschätztes Ding oder einen höher geschätzten Zustand zu erreichen.
TG, S. 77

ฆ

Menschen reagieren auf bestimmte Impulse in verschiedener Weise, und der gleiche Mensch kann zu verschiedenen Zeitpunkten auf eine Weise reagieren, die sich von früherem oder späterem Verhalten unterscheidet. Es ist unmöglich, Menschen in Klassen zu gruppieren, deren Angehörigen immer in der gleichen Weise reagieren. {...} Nichtmenschliche Wesen reagieren regelmäßigen Mustern entsprechend; der Mensch wählt. Der Mensch wählt Endziele und dann die Mittel, sie zu erreichen. Die Wahlakte sind bestimmt durch Gedanken und Ideen, über die wenigstens für die jetzige Zeit die Naturwissenschaften uns keinerlei Informationen verschaffen können. In der mathematischen Behandlung der Physik ergibt die Unterscheidung zwischen Konstanten und Variablen einen Sinn; sie ist in jedem Fall von technischer Berechnung wesentlich. In der Ökonomie gibt es keine konstanten Verhältnisse zwischen verschiedenen Größen. Folglich sind alle erfassbaren Daten veränderlich oder, was dem gleichkommt, historische Daten. Die mathematischen Ökonomen wiederholen ständig, daß die Mühsal der mathematischen Ökonomie in der großen Zahl von Variablen besteht. Die Wahrheit ist, daß es nur Variablen gibt und keine Konstanten. Es ist sinnlos über Variablen zu sprechen, wenn es keine Invariablen gibt.
TG, S. 64/69

ฆ

Handeln ist bewusstes Verhalten. Wir können auch sagen: Handeln ist Wollen, das sich in Tat und Wirken umsetzt und damit verwirklicht, ist ziel- und zweckbewusstes Sichbenehmen, ist sinnhafte Antwort des Subjekts – der menschlichen Persönlichkeit – auf die Gegebenheit der Welt und des Lebens. {...} Handeln ist nicht etwa einfaches Vorziehen und Bevorzugen. Vorziehen und Bevorzugen übt der Mensch auch dort, wo zwei Dinge, die er seinem Einfluß entzogen glaubt, unentrinnbar sind. So kann man Sonnenschein dem Regen vorziehen und hoffen, daß die Sonne erscheinen möge.[53] Wer nur wünscht und hofft, greift in das Getriebe der Welt und in die Gestaltung seines Lebens nicht selbsttätig ein. Anders der Handelnde. Er wählt und entscheidet. Von zwei unvereinbaren Dingen nimmt er das eine und lässt sich das andere entgehen. Jedes Handeln ist daher zugleich ein Nehmen und ein Verzichten. Das Aussprechen von Wünschen und Hoffnungen, die Ankündigung geplanten Handelns und die Fassung von Entschlüssen, zu deren Durchführung man nicht schreitet, sind zwar Handeln, insoweit durch sie selbst ein Zweck verwirklicht werden soll; sie sind jedoch von dem Handeln, das sie ankündigen, empfehlen oder verwerfen, verschieden. Handeln ist ein Verhalten; der ganze Mensch muss die entsprechende Haltung einnehmen. Das Verhalten und nicht die unausgeführte Absicht über ein Verhalten ist das, worauf es ankommt. Man muss aber anderseits wieder das Handeln von dem Einsatz von Arbeit unterscheiden. Das Handeln setzt Mittel für die Erreichung von Zwecken ein. Zu diesen Mitteln wird meist auch die Aufwendung eigener Arbeit gehören. Doch das ist durchaus nicht immer der Fall. Unter bestimmten Bedingungen genügt das Wort. Wer dem Wagenlenker das Ziel angibt, wer Befehle und Weisungen erteilt, handelt auch ohne die geringste Aufwendung eigener Arbeit. Sprechen und Schweigen, ja mitunter schon Lächeln oder Ernstbewahren können Handeln sein. Verzehren und genießen sind ebenso Handeln wie die Enthaltung von Verzehr und Genuss, die sich dem Handelnden bieten. Auch das Nichtstun und das Nichtarbeiten, auch das Unterlassen und das Dulden sind Handeln. NÖ, S. 11 ff.

53 »Vgl. Franz Brentano, Vom Ursprung sittlicher Erkenntnis. 2. Auflage, Leipzig 1921, S. 94. Anm. 29.«

Denn vom Handeln kann man nur sprechen, wenn man vom Einzelnen ausgeht, wenn man das Rationale ins Auge faßt und wenn man erkennt, daß das Ziel des Handelns Behebung eines Unbefriedigtseins ist. Und wenn man Gesellschaft erklären will, ohne auf das Handeln der Menschen einzugehen, bleibt eben nur der Ausweg, Gesellschaft als den Ausfluß geheimnisvoll wirkender Kräfte anzusehen: Gesellschaft ist dann Wirkung des Vergesellschaftungstriebs, ist »innere Gemeinschaft«, ist wurzelhaft, wesenhaft, ist nicht von dieser Welt. GN, S. 55

ꟿ

Wenn wir rationales Handeln vom irrationalen unterscheiden wollten, so würden wir uns nicht nur zum Richter über die Wertsetzungen unserer Mitmenschen aufwerfen, sondern auch, unser eigenes Wissen zum objektiv richtigen Wissen verabsolutierend, uns den Standpunkt anmaßen, den nur ein allwissendes Wesen einzunehmen vermag. Die Behauptung, daß es irrationales Handeln gebe, läuft immer auf ein Werten fremder Zwecksetzungen hinaus. Wer meint, das Irrationale spiele eine Rolle im menschlichen Handeln, sagt nur, daß seine Mitmenschen nicht so handeln, wie er es für richtig hält. {...} Handeln ist ex definitione immer rational.
GN, S. 32 f.

ꟿ

{...} alles Handeln ist Wirtschaften mit den Mitteln, die zur Verwirklichung erreichbarer Ziele zu Gebote stehen. Das Grundgesetz des Handelns ist das wirtschaftliche Prinzip; unter seiner Herrschaft steht alles Handeln. Wer die Möglichkeit nationalökonomischer Wissenschaft leugnen will, muß damit beginnen, dem wirtschaftlichen Prinzip seine Stellung als allgemeingültige Aussage über das Wesen alles Handelns streitig zu machen. Das aber kann nur tun, wer das Prinzip ganz und gar mißverstanden hat.
GN, S. 77

ꟿ

Zufriedenheit oder Befriedigtsein nennen wir den Zustand eines Menschen, der nicht zum Handeln führen kann und führt. Der Handelnde sucht einen Zustand, der ohne sein Dazutun gegeben ist, durch einen anderen Zustand zu verdrängen. In seinem Denken sieht er einen Zustand, der ihm mehr zusagt als der gegebene, und sein Handeln ist darauf gerichtet, diesen gewünschten Zustand zu verwirklichen. Antrieb des Handelns ist das Unbefriedigtsein. Ein zufriedenes Wesen würde nicht handeln; es würde nur einfach dahinleben. Doch damit gehandelt werde, muss zum Unbefriedigtsein und zum Wissen von einem Zustand, der besser befriedigen würde, noch ein Weiteres hinzutreten: die Meinung, daß man fähig sei, durch sein Verhalten das Unbefriedigtsein zu beheben oder doch wenigstens zu mildern. Wo diese Meinung fehlt, wird nicht gehandelt. Dem Unabwendbaren und Unentrinnbaren muss sich der Mensch fügen. Er muss das Schicksal über sich ergehen lassen. Allgemeinste Bedingungen des Handelns sind mithin:

Unzufriedenheit mit dem gegebenen Zustand[54] und die Annahme der Möglichkeit der Behebung oder Milderung dieser Unzufriedenheit durch das eigene Verhalten. Der Mensch ist das irdische Wesen, das unter diesen Bedingungen lebt; er ist nicht nur homo sapiens, sondern auch homo agens, das handelnde Wesen.
NÖ, S. 30 f.

Die Lehre vom menschlichen Handeln hat den Menschen nicht zu sagen, welche Ziele sie sich setzen und wie sie werten sollen. Sie ist eine Lehre von den Mitteln zur Erreichung von Zielen, nicht eine Lehre von der richtigen Zielwahl. Die letzten Entscheidungen, die Wertungen und Zielsetzungen, liegen jenseits des Bereichs der Wissenschaft. Die Wissenschaft sagt nicht, wie man handeln soll; sie zeigt nur, wie man handeln müsste, wenn man die Ziele, die man sich gesetzt hat, erreichen will.
NÖ, S. 8

Jeder einzelne Mensch ist von dem Verhalten seiner Mitmenschen abhängig; ihre Handlungen wirken auf ihn in mannigfacher Weise zurück. Muß er es sich gefallen lassen, daß sie so handeln, als ob er nicht auch ein Mensch mit eigenem Wollen wäre, daß sie in ihrem Handeln unbekümmert über sein Wollen hinwegschreiten, dann fühlt er sich in einseitiger Abhängigkeit von ihnen, dann sagt er, er sei unfrei. Er muß sich, wenn er schwächer ist, dem Zwang fügen. In der gesellschaftlichen Vereinigung des Handelns zu gemeinsamer Arbeit wird die einseitige Abhängigkeit zu einer wechselweisen. Indem jeder sein Leben so einrichtet, daß sein Handeln ein Stück gesellschaftlichen Handelns wird, ist er genötigt, es dem Wollen der Mitmenschen anzupassen. So ist jeder vom anderen nicht stärker abhängig als der andere von ihm selbst. Das ist es, was man unter äußerer Freiheit zu verstehen pflegt. Sie ist die Einfügung des Einzelnen in den Rahmen der gesellschaftlichen Notwendigkeit, auf der einen Seite Begrenzung der eigenen Handlungsfreiheit in

54 »Man beachte, daß die Unzufriedenheit auch in der Befürchtung liegen kann, man werde später einmal unbefriedigt sein, oder auch in dem Unbehagen, das das schon eingetretene oder für die Zukunft erwartete Unbefriedigtsein anderer Menschen, die dem Handelnden lieb sind, erweckt. Die Kritik, die am ›egoistischen‹ Ausgangspunkt der Nationalökonomie geübt wurde, ist daher verfehlt.«

Beziehung auf die übrigen, auf der anderen Seite Begrenzung der Handlungsfreiheit aller übrigen in Beziehung auf ihn. Ein Beispiel mag dies anschaulich machen. Der Arbeitgeber hat in der kapitalistischen Gesellschaft scheinbar große Macht über den Arbeitnehmer. Es hängt von ihm ab, ob er einen Mann als Arbeiter einstellt, wie er ihn verwendet und entlohnt, und ob er ihn entläßt. Doch diese Freiheit des einen und die ihr entsprechende Unfreiheit des anderen sind nur scheinbar. Das Verhalten des Arbeitgebers gegenüber dem Arbeitnehmer steht im Rahmen gesellschaftlicher Auswirkung. Wenn er den Arbeiter anders behandelt als ihm nach der gesellschaftlichen Wertung seiner Leistung zukommt, dann erwachsen daraus Folgen, die er selbst zu tragen hat. Er kann wohl den Arbeiter willkürlich schlechter behandeln, doch für die Kosten seiner Laune muß er selbst aufkommen. Der Arbeiter ist mithin von ihm nicht anders abhängig als jedermann im Rechtsstaat von seinem Nachbar abhängt, der ihm auch nach freiem Belieben die Fenster einwerfen oder einen Körperschaden zufügen darf, wenn er die Folgen, die ihm selbst daraus erwachsen, auf sich nimmt. {...} Soweit die vollkommene Rechenbarkeit des Handelns durch das Mittel der genauen Geldrechnung reicht, ist für Willkür kein Platz. Wenn man sich in den üblichen Klagen über die Härte eines alles nach Heller und Pfennig berechnenden Zeitalters ergeht, übersieht man in der Regel, daß gerade in dieser Bindung des Handelns an die in Geld errechnete Rentabilität die wirksamste Begrenzung der Willkür der Mitmenschen liegt, die im gesellschaftlichen Verband erreichbar ist. Gerade sie macht den Unternehmer, den Kapitalisten, den Grundbesitzer und den Arbeiter, kurz alle, die für fremden Bedarf tätig sind, auf der einen Seite und die Verbraucher auf der anderen Seite in ihrem Tun und Lassen von den Bedingungen des gesellschaftlichen Zusammenwirkens abhängig. Nur ein völliges Verkennen dieser Wechselseitigkeit der Bindung konnte zum Aufwerfen der Frage führen, ob der Schuldner vom Gläubiger abhänge oder dieser von jenem. In Wahrheit sind sie wechselseitig in Abhängigkeit, und nicht anders steht es zwischen Käufer und Verkäufer und zwischen Arbeitgeber und Arbeitnehmer.
GW, S. 169 ff.

ꝏ

Das subjektive Werturteil, der Angelpunkt alles wirtschaftlichen Tun und Lassens der Menschen, mißt nicht die Bedeutung der Objekte des

Wirtschaftens; es bringt sie in eine Rangordnung, es skaliert sie. Auf den Wertskalen der Individuen baut sich der wirtschaftliche Verkehr auf. Ein Tausch kommt dann zustande, wenn zwei Gütereinheiten auf den Wertskalen zweier Individuen eine verschiedene Rangordnung einnehmen. Auf dem Markte werden so lange Tauschakte vorgenommen, bis keine Möglichkeit mehr vorhanden ist, daß zwei Individuen durch wechselseitige Hingabe von Gütern solche Güter eintauschen, welche auf ihrer Wertskala den fortgegebenen im Range voranstehen.
TU, S. 11

Wirtschaft ist rationales Handeln, und ihr Gebiet reicht so weit, als rational gehandelt wird, weil Allbefriedigung nicht möglich ist. Sie ist zunächst Wertung der Ziele und wird dann zur Wertung der Mittel, die zu diesen Zielen führen. Alles Wirtschaften ist somit durchaus von der Zielsetzung abhängig; die Ziele beherrschen die Wirtschaft, von ihnen empfängt sie erst ihren Sinn.
GW, S. 104

Doch die Natur kennt und gewährt überhaupt keine Rechte, und gerade der Umstand, daß sie die Unterhaltsmittel gegenüber einem praktisch unbegrenzten Bedarf nur kärglich spendet, ist es, der den Menschen zum Wirtschaften nötigt. Aus der Wirtschaft aber entspringt erst die gesellschaftliche Zusammenarbeit; zu ihrer Entstehung führt die Erkenntnis, daß sie die Produktivität erhöht und die Versorgung verbessert.
GW, S. 37

Der Mensch ist, weil er ein denkendes Lebewesen ist, auch ein handelndes Geschöpf. Denken und Handeln sind nicht zu trennen; menschenähnliche Geschöpfe, die nicht denken und handeln, wären keine Menschen.
NÖ, S. 14

Der Mensch handelt überhaupt nur, weil er nicht voll befriedigt ist. Stünde er stets im Vollgenusse höchsten Glücks, dann wäre er wunschlos, willenlos, tatenlos. Im Schlaraffenland wird nicht gehandelt. Nur der Mangel, das Unbefriedigtsein, löst das Handeln aus. Handeln ist zielstrebiges Wirken nach außen. Sein letztes Ziel ist immer Beseitigung eines als mißlich erkannten Zustan-

des, Behebung eines Mangels, Befriedigung, Steigerung des Glücksgefühls. Stünden dem handelnden Menschen alle äußeren Hilfsquellen in so reichem Maße zur Verfügung, daß er durch sein Handeln volle und höchste Befriedigung zu erlangen imstande wäre, dann könnte er mit ihnen achtlos umgehen. Nur sein persönliches Wirken, den Einsatz seiner eigenen Kräfte und seiner dahinfließenden Lebenszeit, hätte er, weil in einem gegenüber der Fülle der Bedürfnisse nur begrenzten Maße verfügbar, so zu verwenden, daß der größtmögliche Erfolg erzielt wird; nur mit der Arbeit und mit der Zeit, nicht auch mit den Sachgütern würde er dann wirtschaften. Da aber auch die Sachgüter im Verhältnis zum Bedarf knapp sind, werden auch sie in der Weise verwendet, daß zunächst die dringen deren Bedürfnisse vor den minder dringenden befriedigt werden, und daß für jeden Erfolg die geringste Menge davon aufgebraucht wird. Das Gebiet des rationalen Handelns und das der Wirtschaft fallen zusammen; alles rationale Handeln ist Wirtschaften, alles Wirtschaften ist rationales Handeln. {...} Alles menschliche Handeln erscheint, sofern es rational ist, als ein Vertauschen eines Zustandes mit einem anderen. Die zur Verfügung stehenden Gegenstände des Handelns – die wirtschaftlichen Güter und die eigene Arbeit und Zeit – werden in die Verwendung gebracht, die den höchsten unter den gegebenen Verhältnissen erreichbaren Grad von Wohlfahrt verbürgt. Auf die Befriedigung weniger dringender Bedürfnisse wird verzichtet, um dringendere zu befriedigen. Das ist das Um und Auf der Wirtschaft. Sie ist die Durchführung von Tauschoperationen.
GW, S. 90 ff.

ꕤ

Handeln ist absichtsvolles Verhalten. Es ist nicht einfach verhalten, sondern Verhalten, das durch Werturteile hervorgebracht wird, nach bestimmten Zielen strebt und von Ideen geleitet ist, die die Eignung oder Nichteignung bestimmter Mittel betreffen. Es ist unmöglich, sich mit ihm ohne die Kategorien Kausalität und Finalität zu befassen. Es ist bewusstes Verhalten. Es ist Wählen. Es ist Wollen; es ist ein Ausdruck des Willens.
UF, S. 34

Heldenmut

Wenn ein friedliebendes Volk von einem kriegslustigen Gegner angegriffen wird, dann muß es sich zur Wehr setzen und alles tun, den

Ansturm der Feinde abzuwehren. Wenn in einem solchen Kriege von denen, die um ihre Freiheit und um ihr Leben kämpfen, Heldentaten vollbracht werden, so sind sie lobenswert, und mit Recht preist man die Mannhaftigkeit und Tapferkeit solcher Kämpfer. Hier sind Kühnheit, Unerschrockenheit, Todesverachtung lobenswert, weil sie im Dienste eines guten Zweckes stehen. Aber man hat den Fehler begangen, diese soldatischen Tugenden als absolute Tugenden hinzustellen, als Eigenschaften, die an und für sich gut sind, ohne Rücksicht auf den Zweck, in dessen Dienst sie stehen. Teilt man diese Meinung, so muß man folgerichtig auch die Kühnheit, Unerschrockenheit und Todesverachtung des Räubers als edle Tugend anerkennen. Doch in Wahrheit gibt es nichts, was an und für sich gut oder böse ist; gut und böse werden menschliche Handlungen immer nur durch den Zweck, dem sie dienen, und die Folgen, die sie nach sich ziehen. Auch Leonidas[55] wäre nicht der Anerkennung wert, die wir ihm zollen, wäre er nicht als Verteidiger seiner Heimat gefallen, sondern als Führer einer Angriffsarmee, die ein friedliches Volk seiner Freiheit und seines Besitzes berauben wollte.
LI, S. 22

Herrschaft

Wer die Macht nützt, um im Staate zu führen, übt Herrschaft. Herrschaft ist die Ausübung der Macht im politischen Verbande, im Staate. Herrschaft ist immer auf Macht, d. i. auf der Kraft, fremdes Handeln zu bestimmen, begründet. {...} Alle Herrschaft, die Dauer haben soll, muss daher ideologisch fundiert sein. Das »reale« Element, die »realen Mächte«, die Herrschaft begründen und zur Ausübung von Gewalt gegenüber widerstrebenden Schwächeren befähigen, sind in letzter Linie stets geistiger Natur. Herrscher, die das verkannt, auf die vermeintliche Unwiderstehlichkeit ihrer Waffen gepocht und den Geist und die Ideen verachtet haben, sind schließlich dem Ansturm ihrer Gegner erlegen. {...} Auch Minderheiten können durch überlegene Kriegskunst über die Überzahl Siege davontragen und damit ihre Herrschaft über die Mehrheit aufrichten. Doch solche Herrschaft kann nicht von Dauer sein. Wenn es den Siegern nicht gelingt, ihre

55 Leonidas I. (* unbekannt; † 480 v. Chr. bei den Thermopylen). Von 490 bis 480 v. Chr. König von Sparta. Wehrte der Sage nach unter Einsatz seines eigenen Lebens mit 300 spartanischen Kämpfern ein zahlenmäßig überlegendes persisches Heer ab.

Gewaltherrschaft durch nachträgliche Bezwingung des Geistes der Unterworfenen in Machtherrschaft zu verwandeln, dann werden sie in neuen Kämpfen erliegen. Alle siegreichen Minderheiten, die dauernde Herrschaft über die vorerst nur durch die Waffen bezwungenen Mehrheiten aufgerichtet haben, haben nur durch den Geist ihrer Herrschaft Bestand geben können. Sie haben ihre Stellung in den Augen der Besiegten nachträglich entweder dadurch legitimiert, daß sie sie den Ideologien der Besiegten angepasst haben, oder dadurch, daß sie die Ideologien der Besiegten umzugestalten wussten. Wo weder das eine noch das andere gelungen ist, haben die besiegten Vielen den siegreichen Wenigen die Herrschaft bald wieder entrissen, mitunter durch gewaltsame Auflehnung, öfter durch das stille, doch erfolgreiche Wirken des Geistes.
NÖ, S. 167 ff.

Man bedient sich des Ausdrucks Herrschaft nicht selten im bildlichen Sinne zur Kennzeichnung bestimmter Lagen in der Marktwirtschaft, wie man es überhaupt liebt, die Ausdrucksweise der militärischen und politischen Kämpfe für die Darstellung der Marktverhältnisse zu verwenden. Man spricht von der Eroberung eines Marktes wie von einer kriegerischen Eroberung, man spricht von Angriff und Vorstoß, von Sieg und Niederlage. Die modernen totalitären Staaten sehen überall Fronten und Schlachten: Arbeitsfronten, Arbeitsschlachten, Getreideschlachten. Die großen Unternehmer pflegt man Herrscher zu nennen; man kennt Beherrscher des Schweinemarktes, Kanonenkönige, Weizenkönige und Konservenkönige. Gegen den Gebrauch von Metaphern kann man mit logischen Argumenten nicht ankämpfen. Wer sich einer Metapher bedient, weiß ohnehin, daß seine Ausdrucksweise nur bildlich ist und logischer Kritik nicht standhält. Doch jede bildliche Ausdrucksweise trägt den Keim der Konfusion in sich. Aus dem Vergleich wird nur zu leicht Gleichsetzung. Dann muss man Widerspruch erheben. In der absoluten Monarchie herrscht der König, in der parlamentarischen Monarchie das von der Parlamentsmehrheit gestützte Kabinett. Der Herrscher oder das herrschende Kollegium verfügt über den Gewalt- und Unterdrückungsapparat des Staates. Die Beherrschten müssen sich diesem Zwangsapparat beugen und den Weisungen seiner Träger gehorchen, wenn sie nicht die Macht haben, sich erfolgreich aufzulehnen. Die Macht, die

die anerkannte Ideologie den Herrschern verleiht, befähigt sie, zu befehlen und ihren Befehlen Achtung zu erzwingen. Die »Herrschaft« der Unternehmer und Kapitalisten in der Marktwirtschaft ist anderer Art. Der Schokoladekönig befiehlt nicht und hat keinen Zwangsapparat zur Verfügung, um etwaigen Anordnungen Nachdruck zu verleihen. Er erzeugt Schokolade besser und billiger als andere es können, er versorgt die Verbraucher besser und billiger als andere. Er mag ein Schloß bewohnen, das einst für einen Herrscher gebaut worden war; er mag in Prunkentfaltung es einem kleinen Potentaten gleichtun. Doch er bleibt darum doch der Diener der Verbraucher, dessen Reichtum davon abhängt, daß er die Verbraucher, die nicht seine Untertanen, sondern seine Kunden sind, so gut und so billig als möglich bedient. Nichts bindet die Kunden an ihn, sie können ihm jederzeit ihre Kundschaft entziehen. Der Eisenbahnkönig verliert sein »Reich«, wenn die Menschen Kraftwagen oder Flugzeug vorziehen. Die Unternehmer und Kapitalisten herrschen nicht über die Verbraucher, sie bedienen sie. Sie herrschen auch nicht über die Arbeiter; sie kaufen die Arbeit zu dem Preise, den die Verbraucher ihnen in den Preisen der Produkte zu vergüten bereit sind. Sie herrschen auch nicht im Staate. Die Kulturstaaten Europas und Amerikas wurden lange Zeit hindurch von Regierungen beherrscht, die der Entfaltung der Marktwirtschaft keine besonderen Hindernisse in den Weg gelegt haben. Heute werden auch diese Staaten von Parteien beherrscht die sich bestreben, den Gang der Marktwirtschaft durch Eingriffe zu lenken, die Gewinne der Unternehmer zu kürzen oder ganz einzuziehen und den Kapitalisten die Verfügung über das Kapital zu nehmen.
NÖ, S. 171 f.

௵

Eine dauerhafte Regierungsmacht kann nur eine Gruppe aufrichten, die auf die Zustimmung der Beherrschten rechnen kann. Wer die Welt nach seinem Sinne regiert sehen will, muß trachten, die Herrschaft über die Geister zu erlangen. Es ist unmöglich, die Menschen gegen ihren Willen auf die Dauer einem System untertan zu machen, das sie ablehnen. Wer es mit Gewalt versucht, wird schließlich scheitern und durch die Kämpfe, die sein Beginnen hervorruft, mehr Unheil stiften, als eine noch so schlechte Regierung, die sich auf die Zustimmung der Regierten stützt, anrichten kann. Man kann die Menschen

nicht gegen ihren Willen glücklich machen.
LI, S. 41

ꝏ

Die Machttheoretiker und Machtpolitiker hätten sich jener berühmten Ausführungen Humes[56] erinnern sollen, daß alle Herrschaft auf der Macht über die Geister beruht; jede Regierung ist immer nur Minderheit und kann die Mehrheit nur beherrschen, weil diese entweder von dem guten Rechte der Herrscher überzeugt ist oder die Herrschaft im eigenen Interesse für erwünscht hält.
NW, S. 85 f.

ꝏ

Daß der Sozialismus ohne weiteres durchführbar wäre, wenn ein allwissender und allmächtiger Gott persönlich niedersteigen wollte, um die Regierung der menschlichen Angelegenheiten in die Hand zu nehmen, ist nicht zu bestreiten. Solange man aber darauf nicht mit Bestimmtheit rechnen kann, ist nicht zu erwarten, daß die Menschen einem aus ihrer Mitte freiwillig eine solche Stellung einzuräumen bereit wären. Daß die Menschen ihre eigenen Gedanken und ihren eigenen Willen haben, das ist eine jener Grundtatsachen alles gesellschaftlichen Zusammenlebens, mit denen auch der Sozialreformer rechnen muß. Es ist nicht anzunehmen, daß die Menschen sich auf einmal freiwillig und auf alle Zeiten zum willenlosen Werkzeug eines aus ihrer Mitte, und wäre es auch der Weiseste und Beste, machen wollten.
GW, S. 184

Historismus

Es kam den Historisten niemals in den Sinn, daß man für jeden Erfolg einen Preis bezahlen muss. Die Menschen bezahlen den Preis, wenn sie glauben, daß die mit dem erworbenen Gegenstand verbundenen Vorzüge die Nachteile überwiegen, die ihnen aus dem Verzicht auf etwas anderes erwachsen. Bei diesem Thema übernahmen die Historisten die Illusionen der romantischen Poesie. Sie verliert Tränen über die Verunstaltung der Natur durch die Zivilisation. Wie schön wären die unberührten jungfräulichen Wälder, die Wasserfälle, die einsamen Küsten, bevor die Habgier bereicherungssüchtiger Leute ihre Schönheit zerstörte! Die romantischen Historisten übergehen stillschweigend die Tatsache, daß die Forste geschlagen wurden, um kul-

56 David Hume (* 1711 in Edinburgh; † 1776 ebenda). Schottischer Philosoph und Ökonom.

turfähiges Land zu gewinnen und die Wasserfälle genutzt, um Kraft und Licht zu produzieren. Zweifellos war Coney Island[57] in den Tagen der Indianer idyllischer als heute. Aber in seinem jetzigen Zustand ermöglicht es Millionen New Yorkern, sich zu erfrischen, was sie sonst nicht könnten. Über die Erhabenheit der unberührten Natur zu sprechen ist eitel, wenn nicht bedacht wird, was der Mensch für die »Schändung« der Natur erhalten hat. Die Wunder der Erde waren gewiss prächtig, als die Besucher noch selten ihren Fuß auf sie setzten. Kommerziell organisierter Tourismus machte sie den Vielen zugänglich. Ein Mensch der denkt »Wie schade nicht allein auf diesem Gipfel zu sein! Eindringlinge verderben mein Vergnügen«, übersieht, daß er selbst vermutlich nicht auf diesem Fleck wäre, wenn die Geschäftswelt nicht alle Hilfsmittel dafür bereit gestellt hätte. Die Technik der Kapitalismusanklage durch die Historisten ist in der Tat einfach. Sie nimmt alle seine Leistungen für selbstverständlich, aber klagt ihn für das Verschwinden einiger Freuden an, die mit ihm unvereinbar sind und für einige Unvollkommenheiten, die seine Produkte noch verunstalten. Sie vergessen, daß die Menschheit einen Preis für ihre Erfolge bezahlen musste – einen Preis, den sie gern bezahlt hat, weil die Leute glauben, daß der Gewinn, beispielsweise die Verlängerung der durchschnittlichen Lebensdauer, wünschenswerter sei.
TG, S. 233

57 Halbinsel in New York City.

HOMO OECONOMICUS

Man muss Begreifen und Verstehen, praxeologische Begriffsbildung und Typenbildung der historischen Wissenschaften streng auseinanderhalten. Es war ein verhängnisvoller Irrtum, die praxeologischen Sätze als Aussagen über das Verhalten eines Idealtypus, des vielberufenen homo oeconomicus aufzufassen. Nach dieser Auffassung hat es die Nationalökonomie nur mit einem Teile – mit einer Seite – des menschlichen Verhaltens, nämlich mit dem ökonomischen Verhalten zu tun. Sie betrachte den Menschen so, als ob er sich nur von wirtschaftlichen Beweggründen leiten ließe, und berücksichtige nicht, daß ihn auch noch andere Beweggründe, z. B. solche moralischer Natur, leiten. {...} Die moderne Nationalökonomie, deren Auftreten mit der Überwindung der Schwierigkeiten, die die scheinbare Antinomie der Werterscheinung bot, anhebt geht nicht von dem Handeln des Geschäftsmannes oder eines fiktiven

homo oeconomicus aus, sondern von dem jedermanns. Sie umfaßt alles Handeln, mag es egoistisch oder altruistisch sein, mag es nach Idealem oder nach Gemeinem streben. Sie begreift in derselben Weise das Handeln des Sparsamen, Berechnenden, Vorausschauenden wie das des Verschwenders, des Leichtsinnigen und des nur auf das Heute Bedachten. Sie begreift alles menschliche Handeln, nicht nur das eines bestimmten menschlichen Typus.
NÖ, S. 58 ff.

ꙮ

Man pflegt zu behaupten, daß die Nationalökonomie ihrer Lehre von der Marktwirtschaft die – der Wirklichkeit nicht entsprechende – Annahme zugrundelegen, daß jeder Wirt darauf bedacht sei, aus seinem Handeln den höchsten erzielbaren Gewinn zu ziehen. Die Nationalökonomie konstruiere willkürlich das Bild eines Menschen, der mit seinem nackten Egoismus und nüchternen Rationalismus vielleicht mitunter in den Börsensälen anzutreffen sei, der aber dem leibhaftigen Menschen, dem wir im Leben sonst begegnen, sicher durchaus unähnlich sei. Es sei falsch zu glauben, daß die Schlüsse, die man aus der Betrachtung dieses homo oeconomicus ableitet, über die wirklichen Menschen und über die wirkliche Wirtschaft irgend etwas Richtiges aussagen.
NÖ, S. 231

ꙮ

Wir konstruieren keinen homo oeconomicus und keine Idealmenschen, sondern wir nehmen den Menschen so, wie er ist. Dieser Mensch verfügt nur über unzureichende Einsicht und nur über beschränktes Wissen, er irrt, er kann leicht getäuscht werden, er weiß nicht immer, was ihm frommen würde, er ist ungeduldig, nervös, eitel, launenhaft, wetterwendisch. Doch dieser Mensch wertet, seine Wertungen entscheiden auf dem Markte, und aus seinen Handlungen gehen die Marktpreise hervor.
NÖ, S. 290 f.

ꙮ

Das wichtigste Datum sind die Menschen mit allen ihren menschlichen Eigenschaften, mit ihrem Wollen und Wünschen, mit ihren Fähigkeiten, mit ihren seelischen und körperlichen Gaben, mit ihrem Irren und mit ihren Schwächen. Die moderne Theorie kennt keine Idealmenschen und keine vollkommene Wesen, sie kennt we-

der einen homo oeconomicus, noch einen homme moyen[58], sondern nur Menschen, die menschlich handeln. Der Mensch ist in jedem Augenblick seines Daseins und Handelns ein Produkt der Vergangenheit. Sein Wesen ist durch all das bestimmt, was er von seinen Vorfahren ererbt hat und was die Umwelt aus diesem Erbgut gemacht hat. Sein Körper ist der Niederschlag einer in unausdenkbare Fernen zurückreichenden Entwicklung; die Ideen, die ihn erfüllen, sind von der Menschheit in Jahrtausenden gebildet worden. Wie Art und Dosierung dieser Einflüsse bei jedem Einzelnen verschieden ist, so ist auch ihre Wirkung. Aus der Schmiede der Natur und der Geschichte gehen nicht Stücke hervor, die einander gleichen wie die Erzeugnisse einer fabriksmäßigen Serienproduktion, sondern einzigartige Individuen.
NÖ, S. 592 f.

58 Von dem belgischen Statistiker Lambert Adolphe Jacques Quetelet (* 1796 in Gent; † 1874 in Brüssel) eingeführter Begriff für den »mittleren Menschen«.

Imperialismus

Die imperialistische Theorie macht sich ihre Aufgabe sehr leicht, wenn sie sich darauf beschränkt, den Nachweis zu erbringen, daß zwischen den Nationen Gegensätze bestehen. Um die Richtigkeit ihrer Ausführungen zu beweisen, hätte sie auch dartun müssen, daß innerhalb der Nationen Interessensolidarität besteht. Die nationalistisch-imperialistische Lehre ist als Reaktion gegen den ökumenischen Solidarismus der Freihandelsdoktrin aufgetreten. Die Geistesverfassung, in der sie die Menschen vorfand, war die kosmopolitische Idee des Weltbürgertums und der Völkerverbrüderung. So dachte sie, daß es genügen könnte, den Nachweis zu führen, daß zwischen den einzelnen Nationen Gegensätze der Interessen bestehen, und übersah ganz, daß alle jene Argumente, mit denen sie die Unverträglichkeit der nationalen Interessen dartun will, mit derselben Berechtigung auch die Unverträglichkeit der regionalen und schließlich auch der persönlichen Interessen der Einzelnen beweisen könnten. Wenn es dem Deutschen schädlich sein soll, englisches Tuch und russisches Getreide zu konsumieren, so muß wohl auch dem Berliner der Genuß von bayrischem Bier und Pfälzer Wein Schaden brin-

gen. Wenn es nicht gut tut, die Arbeitsteilung über die Grenzen des Staates oder des Volksgebietes hinausgreifen zu lassen, dann wird es wohl überhaupt am Ende das Richtigste sein, zur Selbstgenügsamkeit der geschlossenen Hauswirtschaft zurückzukehren. Das Schlagwort: Fort mit den fremden Waren! führt, genau genommen, schließlich zur Aufhebung aller Arbeitsteilung. Denn das Prinzip, das die internationale Arbeitsteilung als vorteilhaft erscheinen läßt, ist kein anderes als das, das die Arbeitsteilung überhaupt empfiehlt. Es ist kein Zufall, daß gerade das deutsche Volk unter allen Völkern am wenigsten Sinn für nationalen Zusammenhalt hat, und daß es unter allen Völkern Europas am spätesten Verständnis für die politische Einigung zu einem alle Volksgenossen umfassenden Staatswesen gezeigt hat. Die Idee der nationalen Einigung ist ein Kind des Liberalismus, des Freihandels und des laissez faire. Das deutsche Volk, das sich, gerade aus dem Umstande heraus, daß es infolge seiner Siedlungsverhältnisse am frühesten die Nachteile der nationalen Vergewaltigung in den gemischt-sprachigen Gebieten kennengelernt hat, dem Liberalismus gegenüber am ablehnendsten verhalten hat, hatte nicht die geistigen Mittel zur Hand, um den Regionalismus und die Sonderbestrebungen einzelner Gruppen zu überwinden. Und es ist wiederum kein Zufall, daß das Gefühl der nationalen Zusammengehörigkeit bei keinem zweiten Volke stärker entwickelt ist als bei den Angelsachsen, dem klassischen Volke des Liberalismus. Es ist ein verhängnisvoller Irrwahn der Imperialisten, wenn sie glauben, durch die Abweisung des Kosmopolitismus den Zusammenhalt der Volksgenossen zu kräftigen. Sie übersehen, daß das antisoziale Grundelement ihrer Lehre, folgerichtig angewendet, zur Zerreißung jeder gesellschaftlichen Gemeinschaft führen muß.
GW, S. 294 f.

Inflation

Die Ausdrücke Inflation und Deflation bezeichnen nicht praxeologische Begriffe. Sie sind aus der Vorstellung heraus gebildet worden, daß es »normales« Geld gebe, dem man Neutralität zuschreiben darf. Als Inflation und Deflation wollte man dann das »abnormale«, das »schlechte« Geldwesen bezeichnen, bei dem Kaufkraftänderungen von der Geldseite her auftreten. Man kann die Ausdrücke Inflation und Deflation zur Erleichterung der Darstellung in wirtschaftsgeschichtlichen und wirtschaftspolitischen Erörterungen ohne Bedenken ver-

wenden, wenn man damit von der Geldseite her wirkende starke Veränderungen der Kaufkraft bezeichnen will.
NÖ, S. 389

Sie verleitet jedermann zur Aufzehrung seines Vermögens; sie hemmt das Sparen und damit die Neubildung von Kapital. Sie fördert die konfiskatorische Steuerpolitik. Die durch die Geldentwertung ausgelösten Erhöhungen des Geldausdruckes der Sachwerte und ihre Rückwirkung auf die buchmäßige Berechnung der Kapitalsveränderungen werden, vom Steuerrecht als Einkommens- und Vermögensvermehrung angesehen, zu einem neuen Rechtstitel für die Einziehung eines Teiles des Vermögens der Eigentümer. Der Hinweis auf die hohen Scheingewinne, die man den Unternehmern nachzuweisen vermag, wenn man für die Rechnung von der Annahme der Wertbeständigkeit des Geldes ausgeht, bildet ein ganz vortreffliches Mittel zur Entfachung der Volksleidenschaften. Damit vermag man unschwer alle Unternehmertätigkeit als »Schieberei«, als Schwindel und Schmarotzertum, hinzustellen. Und wenn dann schließlich das Geldwesen durch die hemmungslose, lawinenartig anschwellende Neuausgabe von Noten ganz zusammenbricht, dann bietet das Chaos die günstigste Gelegenheit, um das Werk der Zerstörung zu vollenden. Die destruktionistische Politik des Interventionismus und Sozialismus hat die Welt in schwere Not gestürzt. Ratlos stehen die Politiker der Krise gegenüber, die sie heraufbeschworen haben. Und sie wissen keinen anderen Ausweg zu empfehlen als neue Inflation oder, wie man in der jüngsten Zeit zu sagen pflegt, Re-Deflation. Die Wirtschaft soll »angekurbelt« werden durch neue zusätzliche Bankkredite (d. h. durch zusätzliche Zirkulationskredite), wie die Gemäßigten wollen, oder durch Ausgabe von neuen Staatsnoten, wie die Unentwegten wünschen. Doch die Vermehrung der Menge des Geldes und der Umlaufsmittel wird die Welt nicht reicher machen und das nicht wieder aufbauen, was der Destruktionismus niedergerissen hat. Ausdehnung des Zirkulationskredits führt zwar zunächst zum Aufschwung, zur Konjunktur; doch diese Konjunktur muß notwendigerweise früher oder später zusammenbrechen und in neue Depression einmünden. Durch Kunstgriffe der Bank- und Währungspolitik kann man nur vorübergehende Scheinbesserung erzielen, die dann

zu umso schwererer Katastrophe führen muß. Denn der Schaden, der durch die Anwendung solcher Mittel dem Volkswohlstand zugefügt wird, ist um so größer, je länger es gelungen ist, die Scheinblüte durch fortschreitende Schaffung zusätzlichen Kredits vorzutäuschen.
GW, S. 461 f.

Wollte man alle Staatsausgaben aus Steuereingängen bestreiten, müßte man auch die Empfänger der Staatswohltaten besteuern. Das Prinzip des Wohltaten spendenden Staates ist unvereinbar mit dem Prinzip des von Steuererträgen erhaltenen Staates. Der Wohlfahrtsstaat kann ohne schrankenlosen Inflationismus nicht bestehen. Das ist der Sinn der leidenschaftlichen Propaganda für schlechtes Geld. {...} Vor die Wahl gestellt zwischen dem Verzicht auf eine populäre Ausgabe und der Einführung einer unpopulären Steuer, zieht der durchschnittliche Politiker »ein wenig Inflation« vor. Was der geordnete demokratische Staat braucht, ist Goldwährung der Bamberger[59] Art, nicht etwa Goldkernwährung. Goldmünzen müssen im Verkehr umlaufen. Dann wird jeder Versuch einer Inflation die Wirkung des Greshamschen Gesetzes[60] auslösen, Gold wird sofort aus dem Verkehr verschwinden, und die Menge wird wissen und verstehen, was vorgeht. Der große Betrug, der Inflation ermöglicht, wird rasch aufgedeckt werden. Demokratie und Parlamentarismus können auf die Dauer nicht ohne Goldwährung auskommen. Hemmungsloser Inflationismus führt nicht nur zum Zusammenbruch des Geldwesens. Er erzeugt auch die schwerste Krise aller volkstümlichen Regierungsformen.
ZD, S. 14 f.

Würden die im Gefolge der Inflation einhergehenden Preissteigerungen sich gleichzeitig und allen Waren und Dienstleistungen gegenüber gleichmäßig vollziehen, so würden sie – abgesehen von der Benachteiligung der Gläubiger und der Begünstigung der Schuldner – keine weiteren sozialen Verschiebungen mit sich bringen. Da aber, wie die nationalökonomische Theorie un-

59 Ludwig Bamberger (* 1823 in Mainz; † 1899 in Berlin). Mitgründer der Deutschen Bank und Reichstagsabgeordneter.

60 Nach Sir Thomas Gresham (* 1519 in London; † 1579 ebenda) benanntes Gesetz nach dem unterwertiges Geld das werthaltige Geld aus dem Umlauf verdrängt.

widerlegbar nachgewiesen hat, notwendigerweise die Preissteigerungen nicht zur gleichen Zeit in der ganzen Volkswirtschaft und nicht allen Waren und Dienstleistungen gegenüber in dem gleichen Ausmaße auftreten, lösen sie besonders soziale Begleiterscheinungen aus. Die Schichten, die jene Waren und Dienste zu Markte bringen, deren Preise schon am Beginn des Prozesses der Kaufkraftveränderung hinaufgehen, gewinnen. Denn sie verkaufen eine Zeitlang schon zu den erhöhten Preisen, während sie die Waren und Dienste ihres eigenen Bedarfes noch zu den niedrigeren Preisen einkaufen, die der Kaufkraftgestaltung vor der Inflation entsprochen haben. Kommt die Inflation einmal zum Stillstand, dann gleichen sich schließlich auch die Preise der verschiedenen Waren und die Löhne wieder bis zu einem gewissen Grade an. Doch die im Zuge des Inflationsprozesses erzielten Gewinne und erlittenen Verluste werden nicht wieder ausgeglichen. Es ist zu verstehen, daß einzelne Schichten vom Standpunkte ihrer Sonderinteressen aus Inflation fordern.
GG

Die Inflation ist in Wahrheit die Ultima ratio aller Gewaltregierungen, welche die Freiheit des Wirtschaftslebens unterdrücken wollen.
AG

Kein Volk, auch nicht das ärmste, muß auf geordnete Währungsverhältnisse verzichten. Nicht die Armut des einzelnen und der Gesamtheit, nicht die Verschuldung an das Ausland, nicht die Ungunst der Produktionsbedingungen treibt die Valutakurse in die Höhe, sondern die Inflation. Darum sind auch alle Mittel, die zur Bekämpfung der Devisenhausse angewendet werden, wirkungslos. Wenn die Inflation fortgeht, bleiben sie ohne Erfolg; wenn es keine Inflation gibt, sind sie überflüssig.
SP, S. 24

Man meint, daß durch Inflation die Überhöhung der Löhne am einfachsten behoben werden könnte. Dieses Argument zeigt, wie änsgtlich unsere Nationalökonomen darauf bedacht sind, nur ja nicht den Gewerkschaften zu mißfallen. Obwohl sie nicht umhin können, einzusehen, daß die Löhne überhöht sind und ermäßigt werden müssen,

wagen sie es nicht, offen zu fordern, daß diese Überhöhung ein Ende gemacht werde; sie schlagen vielmehr vor, die Gewerkschaften gewissermaßen zu überlisten. In der kommenden Inflation soll der Nominallohn nicht geändert werden, was einer Ermäßigung des Reallohnes gleichkommen würde. Dabei wird ohne weiteres angenommen, daß die Gewerkschaften in der kommenden Hausse keine weiteren Lohnforderungen stellen werden, daß sie vielmehr ruhig dem Rückgang des Reallohnes zusehen werden. Selbst wenn man diese ganz unberechtigt optimistische Erwartung für richtig halten würde, so wäre damit noch nichts erreicht. Eine durch bankpolitische Maßnahmen herbeigeführte Hausse muß schließlich wieder zur Krise und zur Depression führen, so daß man auf diesem Wege das Problem der Lohnsenkung nur vertagen, aber nicht beheben könnte.
UW, S. 31

℘

Die Vorliebe für inflationistische Politik beruht zum Teil auf dem tiefeingewurzelten Hass gegen die Gläubiger. Inflationspolitik wird als Waffe im Kampfe der Schuldner um Befreiung von den übernommenen Verpflichtungen betrachtet. Weil sie die Schuldner auf Kosten der Gläubiger begünstigt, wird sie als gerecht und als wohltätig für die Massen angesehen.
NÖ, S. 424

℘

Die Inflation kann nur solange fortgehen, als die Meinung besteht, daß sie doch einmal aufhören werde. Hat aber die Bevölkerung die Überzeugung gewonnen, daß die Inflation nicht mehr zum Stillstand kommen wird, dann wendet sie sich von dem Gebrauche dieses Geldes ab, flüchtet zu den »Sachwerten«, zum ausländischen Geld, zum Edelmetall und zum Tauschhandel.
GK, S. 52

℘

In allen großen Kriegen wurde die Geldrechnung durch Inflation erschüttert. Früher war es die Münzverschlechterung, heute ist es die Papiergeldinflation. Die wirtschaftliche Gebarung der Kriegführenden wird dadurch irre geleitet, die wahren Folgen des Krieges ihren Blicken entzogen. Man kann ohne Übertreibung sagen, daß die Inflation ein unentbehrliches geistiges Mittel des Militarismus ist. Ohne sie würde die Rückwirkung des Krieges auf den Wohlstand viel schneller und eindringlicher offenbar werden,

würde die Kriegsmüdigkeit viel früher eintreten.
NW, S. 133

ȣ

In der theoretischen Untersuchung kann man mit dem Ausdruck Inflation vernünftigerweise nur einen Sinn verbinden: Eine Vermehrung der Geldmenge (im weiteren Sinne des Wortes, so daß auch die Umlaufsmittel darin eingeschlossen erscheinen), der keine entsprechende Steigerung des Geldbedarfs (im weiteren Sinne des Wortes) gegenübersteht, so daß ein Sinken des inneren objektiven Tauschwertes des Geldes eintreten muß.
TU, S. 224

ȣ

Inflationismus ist die Geldwertpolitik, die die Vermehrung der Geldmenge anstrebt.
TU, S. 203

ȣ

Das letzte Wort des Destruktionismus ist die Inflation. Die Bolschewiken haben in der unübertrefflichen Weise, in der sie es verstehen, ihr Ressentiment zu rationalisieren und ihre Niederlagen in Siege umzudeuten, den Versuch gemacht, ihre Finanzpolitik als Bemühen hinzustellen, den Kapitalismus durch Vernichtung der Einrichtung des Geldes abzuschaffen. Doch Inflation zerstört zwar den Kapitalismus, doch sie hebt das Sondereigentum nicht auf. Sie bringt große Vermögens- und Einkommensverschiebungen mit sich, sie kann den ganzen feingegliederten Apparat der arbeitsteiligen Produktion zerschlagen, sie kann, wenn es nicht gelingt, den Gebrauch des metallischen Sachgeldes oder zumindest Tauschhandel aufrechtzuhalten, den Rückfall in tauschlose Wirtschaft herbeiführen. Sie kann jedoch nichts aufbauen, auch nicht eine sozialistische Gesellschaftsordnung. Indem die Inflation die Grundlage der Wertrechnung, die Möglichkeit, mit einem mindestens für kurze Zeiträume im Werte nicht allzu stark schwankenden allgemeinen Nenner der Preise zu rechnen, zerstört, erschüttert sie die Geldrechnung und damit das wichtigste denktechnische Hilfsmittel der Wirtschaft. Solange sie sich noch in gewissen Grenzen hält, ist sie eine vortreffliche psychologische Stütze einer vom Verzehren des Kapitals lebenden Wirtschaftspolitik. Bei der üblichen und allein möglichen Art der kapitalistischen Buchführung täuscht sie günstige Ergebnisse vor, wo Verluste vorliegen. Indem die Abschreibungen

des stehenden Kapitals zu klein angesetzt werden, weil man von der Nominalsumme des seinerzeitigen Anschaffungswertes ausgeht, und die scheinbaren Werterhöhungen, die sich am umlaufenden Kapital ergeben, so gebucht werden, als ob sie wirkliche Werterhöhungen wären, werden Gewinne ausgewiesen, wo eine Rechnung in einer stabilen Währung Verluste aufweisen würde. Damit gelingt es zwar nicht, die Folgen übler etatistischer Politik, von Krieg und Revolution zu beseitigen, wohl aber sie dem Auge der großen Menge zu entziehen. Man spricht von Gewinnen, man glaubt in einer Zeit wirtschaftlichen Aufschwunges zu leben, man preist am Ende gar die weise Politik, die alle reicher zu machen scheint. Wenn aber die Inflation ein gewisses Maß überschreitet, dann ändert sich das Bild. Sie fördert dann die Destruktion nicht nur mittelbar, indem sie die Folgen destruktionistischer Politik verhüllt; sie wird selbst zu einem der wichtigsten Werkzeuge des Destruktionismus.
GW, S. 460 f.

&

Wir sahen, daß eine Regierung sich immer dann genötigt sieht, zu inflationistischen Maßnahmen zu greifen, wenn sie den Weg der Anleihebegebung nicht zu betreten vermag und den der Besteuerung nicht zu betreten wagt, weil sie fürchten muß, die Zustimmung zu dem von ihr befolgten System zu verlieren, wenn sich seine finanziellen und allgemein wirtschaftlichen Folgen allzu schnell klar enthüllen. So wird die Inflation zu dem wichtigsten psychologischen Hilfsmittel einer Wirtschaftspolitik, die ihre Folgen zu verschleiern sucht. Man kann sie in diesem Sinne als ein Werkzeug antidemokratischer Politik bezeichnen, da sie durch Irreführung der öffentlichen Meinung einem Regierungssystem, das bei offener Darlegung der Dinge keine Aussicht auf die Billigung durch das Volk hätte, den Fortbestand ermöglicht.
SP, S. 32

Intellektualismus

Der Gedanke des Sozialismus ist zwar in seiner Auswirkung auch nur Zerstörung, doch er ist immerhin ein Gedanke; er mußte ersonnen werden, und das konnte nur das Werk einzelner Denker sein. Wie jeder andere große Gedanke ist er in die Massen nur durch die Vermittlung der geistigen Mittelschichte gedrungen. Nicht das Volk, nicht die Massen wurden zuerst sozialistisch – sie sind eigentlich auch heute nicht sozialistisch, sondern

agrarsozialistisch und syndikalistisch – sondern die Intellektuellen. Sie und nicht die Massen sind die Träger des Sozialismus.[61] Auch die Macht des Sozialismus ist wie jede Macht geistiger Art, und ihre Stütze findet sie in Ideen; Ideen aber gehen immer von den geistigen Führern aus und werden von ihnen in das Volk getragen. Wenn die Intelligenz sich vom Sozialismus abwenden würde, dann wäre es um die Macht des Sozialismus geschehen.
GW, S. 472

ꕤ

Im Kontext der marxistischen Lehre ist die Überlegenheit des Sozialismus durch die Tatsache bewiesen, daß die Proletarier nach dem Sozialismus streben. Was die Philosophen, die Utopisten denken, zählt nicht. Worauf es ankommt, sind die Ideen der Proletarier, der Klasse, der die Geschichte die Aufgabe anvertraut hat, die Zukunft zu formen. In Wahrheit entsprang das Konzept des Sozialismus nicht aus »proletarischem Geist«. Kein Proletarier oder Sohn eines Proletariers trug irgendeine substanzielle Idee zur sozialistischen Ideologie bei. Die intellektuellen Väter des Sozialismus waren Mitglieder der Intelligenz, Nachkommen der »Bourgeoisie«. Marx[62] selbst war der Sohn eines gutverdienenden Anwalts[63]. Er besuchte ein deutsches Gymnasium, die Schule, die alle Marxisten und andere Sozialisten als Hauptsprößling des bürgerlichen Erziehungssystems verleumden, und seine Familie unterstützte ihn durch all die Jahre seines Studiums; er ergriff keine Universitätslaufbahn. Er heiratete die Tochter eines Mitglieds des deutschen Adels[64]; sein Schwager war Preußischer Innenminister und als solcher der Kopf der preußischen Polizei[65]. In seinem Haushalt diente die Magd, Helene Demuth[66], die nie heiratete und dem Marxschen Haushalt bei allen Wohnortwechseln folgte, das perfekte Modell eines ausgebeuteten

61 »Das gilt natürlich auch vom deutschen Volke; nahezu die ganze Intelligenz des deutschen Volkes ist sozialistisch: die nationalen Kreise staatssozialistisch oder, wie man heute zu sagen pflegt, nationalsozialistisch, die katholischen kirchensozialistisch, die anderen sozialdemokratisch oder bolschewistisch.«

62 Karl Marx (* 1818 in Trier; † 1883 in London).

63 Heinrich Marx (urspr. Heschel Marx Levi Mordechai) (1777 in Saarlouis; † 1838 in Trier). Ab 1831 Justizrat.

64 Johanna Bertha Julie Jenny Marx, geborene von Westphalen (* 1814 in Salzwedel; † 1881 in London).

65 Ferdinand Otto Wilhelm Henning von Westphalen (* 1799 in Lübeck; † 1876 in Berlin) war preußischer Innenminister von 1850–1858.

66 * 1820 in St. Wendel; † 1890 in London

Sklaven, dessen Enttäuschung und verkrüppeltes Sexualleben häufig im Deutschen Sozialroman dargestellt wurde. Friedrich Engels[67] war der Sohn eines reichen Fabrikbesitzers[68] und selbst Fabrikbesitzer; er weigerte sich seine Mätresse Mary[69] zu heiraten, weil sie ungebildet und von »niedriger« Abstammung war;[70] er genoß Vergnügungen des britischen Adels wie die Reiterjagd. Die Arbeiter begeisterten sich nie für den Sozialismus. Sie unterstützten die Gewerkschaftsbewegung, die für höhere Löhne kämpfte, die Marx als nutzlos verachtete.[71] Sie forderten alle jene Regierungseingriffe in die Unternehmen, die Marx als kleinbürgerlichen Unsinn kennzeichnete. Sie stemmten sich gegen technologische Verbesserungen, in früheren Tagen durch Maschinenzerstörung, später durch Gewerkschaftsdruck und Zwang um Vergünstigungen. Der Syndikalismus – Besetzung von Betrieben durch die in ihm beschäftigten Arbeiter – ist ein Programm, das die Arbeiter spontan entwickelten. Aber der Sozialismus wurde durch Intellektuelle mit bürgerlichem Hintergrund zu den Massen gebracht. Während Ladies und Gentlemen in modischer Abendkleidung miteinander in luxuriösen Londoner Häusern und Landsitzen der spätviktorianischen »Gesellschaft« schmausten und schlürften, heckten sie Pläne aus, um das britische Proletariat zum sozialistischen Glauben zu bekehren.
TG, S. 155 f.

ɛɔ

Der Sozialismus kommt aus den Kreisen der Intellektuellen her; an seiner Wiege stehen Dichter und Denker, Schriftsteller und Literaten. Er verleugnet nicht seine Herkunft aus jenen Schichten, die sich schon berufsmäßig mit Idealen zu befassen haben. Er ist ein Ideal der Wirtschaftslosen. Daher ist nicht weiter auffällig, daß in seinem Gefolge Schriftsteller und Literaten jeder Art immer zahlreich vertreten waren, und daß er in Beamtenkreisen immer auf grundsätzliche Zustimmung rechnen konnte.
NW, S. 159

67 * 1820 in Barmen; † 1895 in London
68 Friedrich Engels (* 1796 in Barmen; † 1860 in Barmen). Baumwollfabrikant.
69 Mary Burns (* 1823 ; † 1863).
70 »Nach dem Tod von Mary, nahm Engels ihre Schwester Lizzy {eig. Lizzie} zur Mätresse. Er heiratete sie auf ihrem Sterbebett {1878}»um ihr eine letzte Freude zu machen«. Gustav Meyer: Frederick Engels, Den Haag, Martinus Nijhoff, 1934, 2, 329.«
71 Marx: Lohn, Preis und Profit, hrsg. E. Marx Aveling, Chicago, Charles H. Kerr & Co. Cooperative, S. 125–126.

Der Hauptfehler {...} ist der Glaube, daß die zerstörerischen Ideen und Politiken unserer Zeit den Proletariern entsprangen und eine »Revolte der Massen« sind. Tatsächlich folgen die Massen den Führern, eben deshalb, weil sie nicht kreativ sind und keine eigenen Philosophien entwickeln. Die Ideologien, die all dieses Unheil und diese Katastrophen unseres Jahrhunderts erzeugt haben, sind keine Errungenschaften des Mobs. Sie wurden von den Lehrstühlen der Universitäten und von den Kanzeln verkündet, sie wurden durch die Presse verbreitet, durch Romane und Theaterstücke und durch die Filme und das Radio. Die Intellektuellen überzeugten die Massen vom Sozialismus und Interventionismus. Diese Ideologien verdanken die Macht, die sie heute haben, dem Tatbestand, daß alle Kommunikationsmittel zu ihren Unterstützern übergelaufen sind und fast alle Dissidenten praktisch zum Schweigen gebracht wurden. Um die Flut umzukehren, ist es nötig, die Denkweise der Intellektuellen zu verändern. Dann werden die Massen ihnen folgen.
PF, S. 181

Interventionismus

Der Interventionismus kann nicht als eine Wirtschaftsordnung betrachtet werden, welche auf die Dauer zu bestehen vermag. Er ist eine Methode zur ratenweisen Verwirklichung des Sozialismus. Die Produktion kann entweder durch die Wünsche der Verbraucher gelenkt werden, wie sie in deren Kaufen oder Nichtkaufen zum Ausdruck kommen, oder aber durch den Staat, den gesellschaftlichen Zwangsapparat. Irgendein konkreter Produktionsfaktor, z. B. ein Block Stahl, kann entweder gemäß den Befehlen der Verbraucher oder gemäß den Befehlen der Bürokratie verwendet werden. Eine Zwischenlösung gibt es nicht. Was Optimisten als eine Wiederbelebung des Liberalismus ansehen, ist lediglich eine Verlangsamung des Marsches zum Sozialismus.
IN, S. 602

Das Mittel, mit dem der Interventionismus arbeitet, sind »Eingriffe« in das Wirtschaftsleben. Unter solchen Eingriffen verstehen wir einen von einer gesellschaftlichen Gewalt (also in der Regel vom Staate) ausgehenden isolierten Befehl, der die Eigentümer der Produktionsmittel

und die Unternehmer zwingt, die Produktionsmittel anders zu verwenden, als sie es sonst tun würden. »Isolierter Befehl« bedeutet, daß der Befehl nicht Teil eines Systems von Befehlen bildet, das die ganze Produktion und Verteilung regelt und damit das Sondereigentum an den Produktionsmitteln beseitigt und an seine Stelle das Gemeineigentum an den Produktionsmitteln, den Sozialismus, setzt. Die Befehle, die wir im Auge haben, mögen sich noch so sehr häufen; solange sie nicht planmäßig darauf ausgehen, das Ganze der Wirtschaft zu lenken und an Stelle des Gewinnstrebens der Individuen allgemein den Gehorsam zur Triebfeder des Handelns zu machen, sind sie als isolierte Befehle anzusehen. {...} Die Eingriffe können zweierlei Art sein: sie können entweder produktionspolitische Eingriffe sein, d. h. Befehle, die die Produktion unmittelbar hemmen oder erschweren, oder preispolitische Eingriffe, die darauf hinauslaufen, Preise von Gütern und Dienstleistungen anders festzusetzen, als der unbehinderte Markt sie bilden würde.
DW, S. 569

ꝏ

Das System der gehemmten Marktwirtschaft oder des Interventionismus ist vom Sozialismus gerade dadurch verschieden, daß es immer noch Marktwirtschaft ist. Die Obrigkeit sucht den Markt durch Eingriffe ihres Gewaltapparates zu beeinflussen, sie will ihn aber nicht ganz ausschalten. Sie will, daß Produktion und Verbrauch sich anders gestalten, als der unbehinderte Marktverkehr es bewirkt, und sie will dieses Ziel dadurch erreichen, daß sie in das Getriebe des Marktes Anordnungen hineinsetzt, Befehle und Verbote, zu deren Durchsetzung sie den Gewalt- und Zwangsapparat bereit hält. Doch es sind isolierte Eingriffe; sie fügen sich nicht zu einem vollständig geschlossenen System zusammen, das alle Preise, Löhne und Zinssätze regelt und damit die Leitung der Produktion und des Verbrauches in die Hand der Obrigkeit gibt. Der Dualismus von Markt und Obrigkeit besteht auch im System des gehemmten Marktverkehres. Zum Unterschied vom System der reinen Marktwirtschaft beschränkt sich jedoch die Obrigkeit nicht darauf, den Marktverkehr vor Störungen zu bewahren. Sie selbst greift durch isolierte Eingriffe in das Getriebe des Marktes ein, sie befiehlt und verbietet. Der Eingriff ist eine von der den gesellschaftlichen Gewalt- und Unterdrückungsapparat handhabenden Obrigkeit ausgehende Weisung, die die Unternehmer und die Eigentümer der Produkti-

onsmittel zwingt, über die Produktionsmittel anders zu verfügen als sie es – unter dem Druck des Marktes – sonst tun würden. Die Weisung kann Befehl oder Verbot sein. Befehl und Verbot müssen nicht gerade auch der Form nach von der Obrigkeit ausgehen. Es kommt vor, daß Befehl und Verbot von anderer Seite herkommen und daß diese andere Seite auch den Gewaltapparat zur Bekräftigung ihrer Anordnungen beistellt. Wenn die Obrigkeit dieses Vorgehen duldet oder geradezu unterstützt, dann liegen die Dinge nicht anders, als ob sie selbst die Weisung erteilt hätte. Wenn sie es nicht dulden will und ihren Gewaltapparat dagegen aufbietet, aber damit nicht durchdringt, dann ist das ein Anzeichen dafür, daß sich neben ihr eine andere Obrigkeit eingerichtet hat.
NÖ, S. 648 f.

Ein lediglich nach privatwirtschaftlichen Gesichtspunkten geführtes, d. h. auf höchste Rentabilität hinarbeitendes Privatunternehmen kann, auch wenn es noch so groß ist, niemals bureaukratisch werden. Das strenge Festhalten am Rentabilitätsprinzip ermöglicht es auch dem größten Betrieb, für jeden Geschäftsvorfall und für die Tätigkeit jeder Abteilung die Bedeutung für den Gesamterfolg mit voller Schärfe zu ermitteln. Solange die Unternehmungen nur auf den Gewinn sehen, bleiben sie von allen Schäden der Bureaukratisierung bewahrt. Die Bureaukratisierung von im Sondereigentum stehenden Unternehmungen, die wir heute allenthalben feststellen können, kommt lediglich daher, daß der Interventionismus ihnen für die Betriebsführung Gesichtspunkte aufdrängt, die ihnen, wären sie in ihren Entschließungen unabhängig, fern liegen würden. Wenn ein Unternehmen Rücksicht nehmen muß auf politische Vorurteile und Empfindlichkeiten aller Art, weil es sonst durch die Staatsorgane in jeder Hinsicht schikaniert werden könnte, dann verliert es schnell den sicheren Boden der Rentabilitätsrechnung.
LI, S. 91 f.

Unter dem Einfluß des Interventionismus haben sich die Parlamente zu Privilegienmärkten entwickelt. Die parlamentarische Korruption ist eine unvermeidliche Begleiterscheinung des Interventionismus.
NS, S. 93

Der Interventionismus wird zu einem Wettlauf der einzelnen Interessenten und Interessengruppen um Privilegien. Die Regierung wird zu einem Weihnachtsmann, der Geschenke verteilt. Doch die Beschenkten müssen die Gaben, die sie empfangen, doppelt bezahlen. Dem Staate stehen keine anderen Mittel zum Schenken zur Verfügung als solche, die er dem Einkommen und dem Vermögen der Untertanen entnimmt. Es ist nur eine Täuschung, wenn man von manchen Eingriffen annimmt, daß sie nur das Ausland belasten. Wenn man durch protektionistische Maßnahmen die Einfuhr herabdrückt, drückt man auch in demselben Ausmaß die Ausfuhr herab. Beide, Inland und Ausland, werden dabei durch die Verschiebung der Erzeugung von günstigeren auf ungünstigere Standorte geschädigt. Wenn man inländische Schuldner von der Verpflichtung, Schulden an Ausländer zu verzinsen und zu tilgen, ganz oder teilweise enthebt, schädigt man für die Zukunft den Kredit des Landes. Wenn man die Einwanderung ausländischer Arbeiter erschwert oder hindert, macht man es unmöglich, die inländischen Produktionsmöglichkeiten in dem Maße auszunützen, in dem man sie bei Freizügigkeit der Arbeiter ausnützen könnte.
WI, S. 93

Der Eingriff ist ein von einer gesellschaftlichen Gewalt ausgehender isolierter Befehl, der die Eigentümer der Produktionsmittel und die Unternehmer zwingt, die Produktionsmittel anders zu verwenden, als sie es sonst tun würden.
KI, S. 5

Man kann also die Sache drehen und wenden, wie man will, es kann nicht gelingen, eine Organisation ausfindig zu machen, die den öffentlichen Betrieb vor dem Erstarren im bureaukratischen Formalismus bewahren könnte. Darüber darf man sich nicht mit der Feststellung beruhigen, daß in den letzten Jahrzehnten auch viele große Aktiengesellschaften »bureaukratisiert« wurden. Diese Bureaukratisierung ist nicht, wie ganz verkehrt behauptet wird, eine Folge ihres großen Umfangs. Auch der größte Betrieb bleibt, solange er nur auf Rentabilität eingestellt ist, gegen alle Gefahren des Bureaukratismus gefeit. Nur wenn andere Gesichtspunkte als das Streben, Gewinne zu erzielen, den Unternehmungen aufgezwungen werden, verlieren sie die wesentlichen Eigenschaften der kapitalistischen Unternehmung. Die

heute herrschende etatistische und interventionistische Politik war es, die die großen Unternehmungen genötigt hat, sich in immer steigendem Maße zu bureaukratisieren. Sie waren z. B. genötigt, an ihre Spitze nicht tüchtige Geschäftsmänner, sondern Herren mit guten Beziehungen zu maßgebenden Kreisen zu stellen, sie mußten unrentable Geschäfte eingehen, um einflußreichen Politikern und Parteien oder der Regierung gefällig zu sein, sie mußten Betriebe, die sie aufzulassen wünschten, fortführen und Unternehmungen und Betriebe, die sie nicht benötigten, übernehmen. Politik und Geschäfte sind nicht nur, was man gewöhnlich allein zu beachten pflegt, zum Schaden der Politik, sondern noch mehr zu dem der Geschäfte verquickt worden. Die tausend Rücksichten auf allerlei der Unternehmung an sich fremde Dinge, die viele Großbetriebe heute nehmen müssen, haben in sie den Keim des Bureaukratismus hineingetragen.
KI, S. 144 f.

Die Steuerpolitik wird zum bevorzugten Mittel des Interventionismus. Steuergesetze werden nicht mehr ausschließlich oder vorwiegend zum Zwecke der Erhöhung der Staatseinkünfte erlassen; sie sollen neben dem fiskalischen Erfolg noch anderen Zielen dienen. Mitunter tritt der finanzpolitische Gesichtspunkt ganz in den Hintergrund; die Steuer hat nur anderweitige Aufgaben zu erfüllen. Es werden Steuern ausgeschrieben, die als Strafen für als schädlich angesehenes Handeln erscheinen; die Warenhaussteuer soll den Warenhäusern den Wettbewerb mit den kleinen Läden erschweren, die Börsenverkehrssteuern sollen die Spekulation hemmen. Die Abgaben werden so zahlreich und mannigfaltig, daß bei allen geschäftlichen Veränderungen in erster Reihe auf die steuerrechtlichen Folgen geachtet werden muß. Zahlreiche wirtschaftliche Möglichkeiten müssen brach liegen gelassen werden, weil ihre Ausnützung die Steuerbelastung so erhöhen würde, daß sie unrentabel werden müßten. So sind Errichtung, Betrieb, Verschmelzung und Auflösung von Aktiengesellschaften in vielen Staaten in solchem Maße durch hohe Abgaben erschwert, daß die Entwicklung des Aktienwesens in stärkster Weise gehemmt wurde. Nichts kann einen Demagogen heute volkstümlicher machen, als wenn er immer wieder scharfe Steuern gegen die Reichen fordert. Vermögensabgaben und hohe Einkommensteuern für die größeren

Einkommen sind bei den Massen, die sie nicht zu entrichten haben, ganz außerordentlich beliebt. Mit wahrer Wollust gehen dann die mit der Bemessung und Eintreibung betrauten Beamten daran, die Abgabepflichtigen zur Abstattung zu verhalten; unermüdlich sind sie darauf bedacht, durch Kunstgriffe der juristischen Auslegung den Umfang der Leistungspflicht zu erweitern. Die destruktionistische Steuerpolitik gipfelt in Vermögensabgaben. Vermögensteile werden enteignet, um aufgezehrt zu werden. Kapital wird in Gebrauchsgüter und Verbrauchsgüter umgewandelt. Hier ist die Wirkung nicht leicht zu verkennen. Doch die ganze volkstümliche Steuerpolitik unserer Tage führt zu demselben Erfolg. In der Rechtsform der Steuererhebung durchgeführte Vermögenseinziehungen sind kein Sozialismus und auch nicht das Mittel, um den Sozialismus herbeizuführen. Sie führen nicht zur Vergesellschaftung der Produktionsmittel zum Zwecke gemeinwirtschaftlicher Produktion, sondern zur Kapitalsaufzehrung.
GW, S. 458 f.

ꝏ

Die Systeme einer unbeeinflussten Marktwirtschaft und des Interventionismus unterscheiden sich vom Sozialismus durch den Tatbestand, daß es noch Marktwirtschaft ist. Die Behörden wollen den Markt durch Interventionen mit Zwang beeinflussen, aber sie wollen den Markt nicht überhaupt beseitigen. Sie wünschen sich, daß die Produktion und der Verbrauch sich in einer Weise entwickeln, die sich von der unterscheidet, die durch einen unbehinderten Markt vorgeschrieben werden würde, und sie wollen ihre Ziele dadurch erreichen, daß sie in die Mechanismen des Marktes Aufträge, Befehle und Verbote einspeisen, zu deren Erzwingung die Polizeimacht und der Zwangs- und Unterdrückungsapparat bereit stehen. Aber dies sind isolierte Interventionen; ihre Autoren versichern, daß sie nicht vorhaben, diese Maßnahmen zu einem vollständigen einheitlichen System zusammen zu führen, das alle Preise, Löhne und Zinssätze reguliert und das auf diese Weise die volle Kontrolle der Produktion und des Verbrauchs in die Hand der Behörden legt.
PF, S. 5

ꝏ

Der Interventionismus kann nicht als ein Wirtschaftssystem betrachtet werden, dem Dauerhaftigkeit bestimmt ist. Es ist eine Methode für die Umwandlung des Kapitalis-

mus in den Sozialismus durch eine Serie von aufeinanderfolgenden Schritten. Als solches ist er von den Bestrebungen der Kommunisten zu unterscheiden, den Sozialismus mit einem Schlag einzuführen. Der Unterschied bezieht sich nicht auf das Endziel der politischen Bewegung; er beruht hauptsächlich in der Taktik, zu der gegriffen wird, um das Ziel zu erreichen, nach dem beide Gruppen streben. {...} ist eine Methode zur Verwirklichung des Sozialismus auf Raten.
PF, S. 28/33

Kapital

Der Begriff des Kapitals entstammt der Kapitalrechnung, die immer Geldrechnung ist. Kapital ist daher zunächst Geldkapital: die in Geld ausgedrückte Summe des Wertes aller dem Erwerb gewidmeten Güter (einschließlich der dem Erwerbe dienenden Beträge an Geld). Als Geldkapital, als eine Geldsumme tritt Kapital in den Überlegungen der Handelnden auf; als Geldkapital erscheint es in der Wirtschaftsrechnung der kaufmännischen Bücher, Kalkulationen und Bilanzen. Es ist die wissenschaftliche Lehre der Nationalökonomie, die dem Begriffe des Geldkapitals einen zweiten Kapitalsbegriff gegenüberzustellen sucht, den des Realkapitals. Als Realkapital erscheinen alle jene Güter, die nicht für die Verzehrung in der Aufwandswirtschaft bestimmt sind, sondern der Verwendung in der Erwerbswirtschaft gewidmet wurden. Vom Gelde wird dabei abgesehen.
NÖ, S. 253 f.

Kapitalgüter sind die vermittelnden Faktoren zwischen den gegebenen Naturfaktoren und den Konsumgütern. Die Natur – gegebene Ressourcen und die menschliche Arbeit sind gegebene Naturfaktoren. Aber wenn sie produzieren sollen, müssen sie geleitet werden. Die hergestellten, vermittelnden Produktionsfaktoren – Kapitalgüter – sind nicht nur Werkzeuge; es sind auch alle anderen vermittelnden Güter, Halbfertigprodukte und Vorräte an Konsumgüter, die zur Versorgung derjenigen verwendet werden, die mit Hilfe der Kapitalgüter produzieren. {...} Das Konzept »Kapital« muss vom Konzept »Kapitalgüter« unterschieden werden. Es ist unmöglich, die Probleme der Kapitalgüter zu bedenken und zu behandeln, ohne die Konzepte, die wir in dem komplizierten modernen System der Kapitalberechnung entwickelt haben, einzubeziehen. Kapitalgüter sind etwas Materielles – etwas, das in den Ausdrücken

der Physik und Chemie beschrieben werden kann. Das Konzept »Kapital« bezieht sich auf die Bewertung einer Versorgung mit diesen Kapitalgütern in Geldausdrücken. Diese Bewertung von Kapitalgütern in Geldausdrücken kennzeichnet den Anfang einer Periode, die im menschlichen Bestreben nach Verbesserung der äußeren Lebensbedingungen der Menschheit neu und höher genannt werden kann. {...} »Kapital« ist die Summe der Preise, die auf dem Markt für ein bestimmtes Angebot von vorhandenen Kapitalgütern erzielt werden kann.
MU, S. 50 ff.

ℰ

Kapital wird angehäuft durch Sparsamkeit und Sparanlage und wird bewahrt durch Enthaltung von Verzehr und Verschwendung. Der Reichtum der Vermögenden einer Industriegesellschaft ist Ursache und Wirkung des Wohlstands der Massen. Auch diejenigen, die es nicht verdienen, werden durch ihn bereichert, nicht verarmt.
UF, S. 113

Kapitalismus

Das kapitalistische System ist das System einer arbeitteilenden, auf dem Sondereigentum an den Produktionsmitteln beruhenden Gesellschaftsordnung. In diesem System stehen die Produktionsmittel im Sondereigentum und werden von den Eigentümern – den Kapitalisten und Grundbesitzern – entweder selbst unmittelbar für die Produktion verwendet oder Unternehmern überlassen, die zum Teil mit eigenen, zum Teil mit fremden Mitteln die Produktion führen. Als Regulator der Produktion fungiert im kapitalistischen System der Markt. Die Preisbildung des Marktes entscheidet darüber, was, wie und in welchem Umfange produziert werden soll. Durch die Gestaltung der Warenpreise, Arbeitslöhne und Zinssätze bringt der Markt Nachfrage und Angebot zur Deckung, sorgt er dafür, daß jeder Produktionszweig so stark besetzt werde, als dem Umfang und der Intensität der wirksamen Nachfrage entspricht. So empfängt die kapitalistische Produktion ihren Sinn vom Markte aus. Wohl kann vorübergehend ein Missverhältnis zwischen Produktion und Bedarf eintreten, doch die Gestaltung der Marktpreise sorgt dafür, daß das Gleichgewicht in kurzer Zeit wieder hergestellt wird.
KK

ℰ

Im Kapitalismus ist der Kunde der Mann, um dessen Gunst die Lieferanten sich bewerben und zu dem sie nach dem Verkauf »Dankeschön« und »Bitte kommen Sie wieder« sagen. Im Sozialismus erhält der »Genosse«, was der »große Bruder« ihm zu geben beschließt, und er muß dankbar sein für alles, was er erhält.
GU, S. 603

Wer dem Kapitalismus vorwirft, daß er verschwende, weil es in belebten Geschäftsstraßen viele Krawattenläden und noch mehr Tabakläden gibt, sieht eben nicht, daß diese Verkaufsorganisation nur die letzte Auswirkung eines Produktionsapparates ist, der die höchste Ergiebigkeit der Arbeit verbürgt. Alle Fortschritte der Produktion sind nur erzielt worden, weil es diesem Apparat eigentümlich ist, immer Fortschritte zu machen. Nur weil alle Unternehmer beständig im Wettbewerb stehen und schonungslos ausgemerzt werden, wenn sie nicht in der rentabelsten Weise erzeugen, wird immerfort an der Verbesserung und Ausgestaltung der Produktionsmethoden gearbeitet. Würde dieser Anreiz fortfallen, dann gebe es in der Erzeugung keinen Fortschritt mehr und in der Durchführung der überkommenen Methoden keine Wirtschaftlichkeit. Es ist daher ganz verkehrt, die Frage zu stellen, wieviel man ersparen könnte, wenn die Spesen der Kundenwerbung fortfallen würden. Man muß fragen, wieviel erzeugt werden könnte, wenn der Wettbewerb der Erzeuger fortfiele. Die Antwort auf diese Frage kann nicht zweifelhaft sein. Die Menschen können nur verzehren, wenn sie arbeiten, und nur soviel verzehren, als ihre Arbeit hervorgebracht hat. Es ist nun das charakteristische Merkmal der kapitalistischen Gesellschaftsordnung, daß sie diesen Antrieb zur Arbeit auf jedes einzelne Glied in der Gesellschaft überträgt, jeden einzelnen zur höchsten Arbeitsleistung anspannt und so Höchstergebnisse erzielt. {...} Dasjenige, was an der kapitalistischen Gesellschaftsordnung immerfort getadelt wird, ist der Umstand, daß die Eigentümer der Produktionsmittel eine Vorzugstellung einnehmen. Sie können leben, ohne zu arbeiten. Wenn man die Gesellschaftsordnung vom individualistischen Standpunkt betrachtet, dann muß man darin einen schweren Mangel des Systems erblicken. Warum soll der eine es besser haben als der andere? Wer aber die Dinge nicht vom Standpunkt der einzelnen Personen betrachtet, sondern vom Standpunkt der Gesamtheit, der findet, daß die Besitzenden

ihre angenehme Stellung nur unter der Bedingung bewahren können, daß sie einen der Gesellschaft unentbehrlichen Dienst leisten. Der Eigentümer kann seine bevorzugte Stellung nur dadurch erhalten, daß er die Produktionsmittel in die gesellschaftlich wichtigste Verwendung überführt. Tut er das nicht – legt er seinen Besitz schlecht an – dann erleidet er Verluste und wird bald, wenn er nicht noch rechtzeitig umkehren und einlenken kann, aus seiner Vorzugstellung rücksichtslos verdrängt. Er hört auf Eigentümer zu sein, und andere, die dafür besser geeignet sind, treten an seine Stelle. Die Verfügung über die Produktionsmittel haben in der kapitalistischen Gesellschaftsordnung immer diejenigen, die dafür am besten geeignet sind, und sie müssen, ob sie wollen oder nicht, stets darauf bedacht sein, die Produktionsmittel so zu verwenden, daß sie den höchsten Ertrag bringen.
LI, S. 58 f.

❧

Es ist mithin nichts als ein Schlagwort, das auf die Urteilslosigkeit der Denkunfähigen berechnet ist, wenn man behauptet, für den Kapitalismus einzutreten sei allein die Sache der Unternehmer und Kapitalisten, deren den Interessen der übrigen Schichten entgegenstehende Sonderinteressen durch die kapitalistische Ordnung gefördert werden. Die »Besitzenden« haben keinen anderen Grund, für die Einrichtung des Sondereigentums an den Produktionsmitteln einzutreten als die »Besitzlosen«. Wenn ihre unmittelbaren Sonderinteressen in Frage kommen, dann sind sie nichts weniger als liberal. Die Vorstellung, als könnten die Besitzenden, wenn nur der Kapitalismus erhalten bleibt, ewig im Besitze verbleiben, entstammt einer Verkennung des Wesens der kapitalistischen Wirtschaft, in der das Eigentum stets auf dem Wege vom weniger tüchtigen zum tüchtigeren Geschäftsmann ist. In der kapitalistischen Gesellschaft kann Vermögen nur erhalten werden, wenn man es durch geschickte Anlage immer wieder von neuem erwirbt. Die sich schon im Besitze befinden, die Reichen, haben keinen besonderen Grund, die Aufrechthaltung des Zustandes der uneingeschränkten Konkurrenz aller zu wünschen; sie haben – besonders wenn sie nicht die ersten Erwerber des Reichtums, sondern Erben sind – vom Wettbewerb mehr zu fürchten als zu hoffen. Sie sind am Interventionismus besonders interessiert, der immer im Sinne einer Erhaltung der unter den Besitzenden gerade bestehenden Ver-

teilung der Güter wirkt, aber nicht am Liberalismus, in dessen System es keinen Platz gibt für Rücksichtnahme auf das Hergebrachte und auf seinen Träger, den alten Reichtum. Der Unternehmer kann nur gedeihen, wenn er das ausführt, was die Verbraucher verlangen.
LI, S. 162

Wie immer die gesellschaftliche Wirtschaft organisiert sein mag, sie muß immer den Menschen hindern, sich völlig frei, d. h. ohne auf die Existenz anderer Rücksicht zu nehmen, auszuleben. Die Alternative zur Hegemonie des Marktes im Kapitalismus ist nicht etwa absolute Freiheit, sondern bedingungslose Unterwerfung aller unter die Kommandogewalt des sozialistischen Staates.
VW, S. 3

Kapitalismus ist im wesentlichen Massenproduktion, um den Massenbedarf zu decken. Aber Marx[72] arbeitete immer mit dem irreführenden Konzept, daß die Arbeiter einzig für den Nutzen einer Oberschicht von Parasiten schuften. Er sah nicht, daß die Arbeiter den bei weitem größeren Teil aller ausgestoßenen Konsumgüter selbst konsumieren. Die Millionäre konsumieren einen fast vernachlässigbar kleinen Teil dessen, was was Nationalprodukt genannt wird. Die Großkonzerne aller Branchen versorgen direkt oder indirekt den Bedarf des einfachen Mannes. Die Luxusindustrie entwickelt nie mehr als kleine oder mittlere Unternehmensgrößen. Die Entwicklung des Großkonzerns ist an sich der Beweis, daß die Massen und nicht die wohlhabendsten Geschäftsleute die Hauptkonsumenten sind. Diejenigen, die sich mit dem Phänomen des Großkonzerns unter der Rubrik »Konzentration der ökonomischen Macht« beschäftigen, erkennen nicht, daß das zahlende Publikum mit der wirtschaftlicher Macht versehen ist, von deren Gunst das Wohlergehen der Fabriken abhängt. In seiner Eigenschaft als Käufer ist der Lohnabhängige der Kunde, der »immer recht« hat.
TG, S. 153 f.

Kein Romantiker hat die Großartigkeit der kapitalistischen Kultur gesehen. Man stelle doch z. B. einmal die Leistungen des Christentums denen der »Krämermoral« gegen-

72 Karl Marx (* 1818 in Trier; † 1883 in London).

über. Das Christentum hat sich mit Sklaverei und Vielweiberei ruhig abgefunden, es hat den Krieg geradezu kanonisiert, es hat im Namen des Herrn Ketzer verbrannt und Länder verwüstet. Die viel gescholtene Krämermoral hat die persönliche Unfreiheit abgeschafft, sie hat das Weib zur gleichberechtigten Gefährtin des Mannes gemacht, sie hat die Gleichheit vor dem Gesetz und die Freiheit des Denkens und der Meinungsäußerung verkündet, sie hat dem Krieg den Krieg erklärt, sie hat die Folter beseitigt und die Grausamkeit der Strafen gemildert. Welche Kulturmacht kann sich ähnlicher Leistungen rühmen? Die bürgerliche Kultur hat einen Wohlstand geschaffen und verbreitet, an dem gemessen die Lebensführung aller Königshöfe der Vorzeit ärmlich erscheint. Vor Ausbruch des Weltkrieges war es selbst den wenigerbegünstigten Schichten der städtischen Bevölkerung möglich, sich nicht nur anständig zu kleiden und zu verpflegen, sondern auch echte Kunst zu genießen und selbst Reisen in ferne Länder zu unternehmen. Doch die Romantiker sahen immer nur die, denen es noch nicht gut ging, weil die bürgerliche Kultur noch nicht genug Reichtum geschaffen hatte, um alle wohlhabend zu machen; nie haben sie auf jene gesehen, die schon wohlhabend geworden waren.[73] Sie haben immer nur den Schmutz und das Elend erblickt, die der kapitalistischen Kultur noch als Erbe der Vorzeit anhafteten, nie die Werte, die sie selbst geschaffen hatte.
GW, S. 409 f.

Der Kapitalismus kennt keine Gnade und keine Ungnade, er unterscheidet nicht mehr gestrenge Herren und gehorsame Knechte; alle Beziehungen sind sachlich und unpersönlich, sind rechenbar und vertretbar. Mit der Rechenhaftigkeit der kapitalistischen Geldwirtschaft steigt die Freiheit aus dem Reich der Träume in das der Wirklichkeit herunter. Der von den reinwirtschaftlichen Beziehungen an Freiheit gewöhnte Mensch will auch im übrigen Leben Freiheit. Daher geht Hand in Hand mit der Entwicklung des Kapitalismus das Bestreben, im Staate alle Willkür und alle persönliche Abhängigkeit auszuschalten. {...} Man pflegt das Problem der äußeren Freiheit in der

73 Die englische Wirtschaftsgeschichte hat die Legende, die dem Aufkommen der Fabriksindustrie die Verschlechterung der Lage der Arbeiterschichten zur Last legte, zerstört. Vgl. Hutt, The Factory System of the Early 19th Century (Economica, Vol. VI, 1926), S. 78 ff.; Clapham, An Economic History of Modern Britain, Sec. Edition, Cambridge 1930, S. 548 ff.

Weise zu fassen, daß man dabei an größere oder geringere Abhängigkeit des Einzelnen von der Gesellschaft denkt. Doch die politische Freiheit ist noch nicht das Ganze der Freiheit. Um frei in seinem Handeln zu sein, genügt es nicht, daß man alles das, was andere nicht schädigt, tun darf, ohne von der Regierung oder von der formlos arbeitenden Repressionskraft der Sitte gehindert zu werden. Man muß auch darüber hinaus in der Lage sein, handeln zu können, ohne im voraus nicht absehbare gesellschaftliche Folgen der Handlung befürchten zu müssen. Und diese Freiheit verbürgt nur der Kapitalismus mit seiner nüchternen Zurückführung aller Wechselbeziehungen auf das kalte, von allem Persönlichen losgelöste Tauschprinzip des do ut des[74].
GW, S. 171 f.

In der kapitalistischen Wirtschaft sind Kapital und Arbeit so lange in Bewegung, bis überall das gleiche Grenznutzenniveau erreicht ist. Der Ruhezustand ist erreicht, wenn Kapital und Arbeit in allen Verwendungen die gleiche Grenzproduktivität aufweisen.
GW, S. 203

74 Ich gebe, damit du gibst.

Der moderne Mensch hat die Möglichkeit vor Augen, durch Arbeit und Unternehmungen reich zu werden. In der mehr gebundenen Wirtschaft der Vergangenheit war das nicht in dem gleichen Maße möglich. Man war reich oder arm von Geburt aus und blieb es sein Leben lang, wenn man nicht durch unerwartete Zufälle, die durch eigene Arbeit oder Unternehmung nicht herbeigeführt oder nicht abgewendet werden konnten, eine Änderung seiner Lage erfuhr. Darum gab es Reiche, die auf den Höhen des Lebens wandelten, und Arme, die in der Tiefe blieben. In der kapitalistischen Wirtschaft ist dies anders. Der Reiche kann leichter arm, der Arme leichter reich werden. Und weil jedem Einzelnen die Entscheidung über sein und der Seinen Schicksal gewissermaßen in die Hand gelegt ist, strebt er, so hoch als möglich hinaufzukommen. Man kann nie genug reich sein, weil kein Reichtum in der kapitalistischen Gesellschaftsordnung ewigen Bestand hat. Dem Grundherrn der Vergangenheit konnte niemand etwas anhaben. Wenn er schlechter produzierte, dann hatte er weniger zu verzehren; doch solange er sich nicht verschuldete, blieb er in seinem Besitz. Der Kapitalist, der sein Kapital ausleiht, und der Unternehmer, der selbst

produziert, müssen auf dem Markte die Probe bestehen. Wer seine Kapitalien ungünstig placiert, wer zu teuer produziert, geht zugrunde. Beschauliche Ruheposten gibt es hier nicht. Auch im Grundbesitz angelegte Vermögen können heute nicht mehr den Einwirkungen des Marktes entzogen werden; auch die Landwirtschaft produziert heute kapitalistisch. Heute heißt es erwerben oder arm werden.
GW, S. 407 f.

Wenn der Kapitalismus die wirtschaftliche Lage aller bessert, dann ist es nebensächlich, daß nicht alle in dem gleichen Maße durch ihn gehoben werden. Eine Gesellschaftsordnung ist darum noch nicht schlecht, weil sie dem einen mehr nützt als dem anderen. Wenn es mir immer besser geht, was kann es mir schaden, wenn es anderen noch besser geht als mir? Muß man die kapitalistische Gesellschaftsordnung, die allen immer bessere Bedürfnisbefriedigung bringt, zerstören, weil einige reich und manche sehr reich werden?
GW, S. 352

Es gibt nur ein einziges Mittel, die materiellen Bedingungen der Menschheit zu verbessern: Das Wachstum des angesammelten Kapitals muß das Wachstum der Bevölkerung übersteigen. Je höher der Betrag des investierten Kapitals auf den einzelnen Arbeiter gerechnet ist, desto mehr und bessere Güter können produziert und konsumiert werden. Dies ist, was der Kapitalismus, das so oft beschimpfte Profitsystem, bewirkt hat und täglich von neuem bewirkt.
WA, S. 13

Das Preis- und Marktsystem des Kapitalismus ist eine Gesellschaft, in der Verdienste und Leistungen den Erfolg oder das Versagen eines Menschen bestimmen. {...} Die Kluft zwischen dem, was ein Mensch darstellt und erreicht, und was er von seinen eigenen Fähigkeiten und Leistungen denkt, wird mitleidlos enthüllt. Wunschträume von einer »gerechten« Welt, die ihn nach seinem »wirklichen Wert« behandeln würde, sind die Zufluchtsstätte derjenigen, die unter einem Mangel an Selbsterkenntnis leiden.
WA, S. 21 ff.

Der Kapitalismus kennt den Begriff des Standes und des Standesgemäßen nicht; in ihm lebt jeder nach seinem Einkommen.
GW, S. 84

ꕤ

{...} die kapitalistischen Länder gaben den »rückständigen« Ländern sehr wertvolle Geräte und Maschinen als Geschenk und die »rückständigen« Länder enteigneten sie einfach. Diese Länder verstanden nicht, was Kapitalismus bedeutet. Sie dachten, daß die Maschinen und Krankenhäuser Kapitalismus wären. Aber Kapitalismus ist die Denkweise, aus der die Institutionen erwuchsen, die es dem Kapital ermöglichten sich im Westen zu entwickeln und dann all diese Dinge zu bauen. Man kann sagen, daß der Westen seine Produktionsmethoden aus Kapital entwickelt hat, das hausgemacht ist. Kapitalismus sind keine Dinge; es ist eine Denkweise. {...} Ich will noch einmal hervorheben, daß der Kapitalismus, die moderne Maschinenproduktion und so weiter, nicht etwas Materielles ist! Die Werkzeuge und die Maschinen sind die materiellen Ergebnisse, die durch eine gewisse geistige Einstellung erzeugt werden, durch eine gewisse Ideologie. Der Kapitalismus oder die modernen Verhältnisse, der moderne Lebensstandard, sind nicht einfach die Folgen der Technologie. Sie sind die Folgen gewisser Ideen über die Gesellschaftsordnung und über die Zusammenarbeit der Menschen in Arbeitsteilung und mit privatem Eigentum an den Produktionsmitteln. Diese Ideen müssen diese »rückständigen« Länder übernehmen, wenn sie die Verhältnisse verändern wollen.
MU, S. 98 f.

Kartell

Die weitaus überwiegende Zahl aller Kartelle und Trusts hätte nicht errichtet werden können, wenn nicht die Regierungen durch protektionistische Maßnahmen die Voraussetzungen ihrer Bildung geschaffen hätten. Die Monopole der verarbeitenden Gewerbe und des Handels verdanken ihre Entstehung nicht einer der kapitalistischen Wirtschaft immanenten Tendenz, sondern der gegen den Kapitalismus gerichteten Interventionspolitik der Regierungen.
GW, S. 360

ꕤ

In vielen Fällen greifen aber die Regierungen aus politischen Gründen ein; sie suchen zu verhindern, daß die Betriebe, die die ungünstigsten Produktionsbedingungen haben, stillgelegt werden; eine Betriebseinschränkung aller Betriebe scheint ihnen das kleinere Übel darzustellen.[75] Doch ob nun das Nichtausscheiden der unter den ungünstigsten Verhältnissen arbeitenden Betriebe diesen oder jenen Ursachen zuzuschreiben ist, sein Ergebnis ist immer das, das die Verkäufer als ungesunde Überproduktion bezeichnen und das sie durch Regelung der Produktion vermittels Eindämmung der übermäßigen Konkurrenz und Erzielung von Preisen, die sie als »vernünftige« und »angemessene« ansehen, zu beseitigen wünschen. Die Eigentümer der Betriebe schließen sich, sei es durch ausdrückliche oder stillschweigende Vereinbarung, sei es unter dem Zwange eines von der Regierung ausgehenden Befehls, zu einem Kartell zusammen und suchen die Preisbildung durch Verminderung der auf den Markt gelangenden Produktmenge zu beeinflussen. Die Besonderheit des Falles, der hier Ausgangspunkt der Kartellbildung ist, liegt darin, daß auf dem Markte Preise verlangt und bezahlt werden, auf deren längeren Bestand nicht zu rechnen ist. Denn nahezu alle Betriebe arbeiten mit Verlust. Auch Betriebe, die im Einblick auf ihre günstigeren Produktionsbedingungen befriedigend arbeiten könnten, wenn die schlechtesten Betriebe ihre Produktion eingestellt hätten, erzielen nur Verluste. Auf die Dauer können aber Betriebe nicht mit Verlust arbeiten. Nach einer längeren oder kürzeren Übergangszeit werden die unter den ungünstigeren Bedingungen arbeitenden Betriebe doch stillgelegt werden müssen, und der Wettbewerbspreis wird durch die Kosten des Grenzbetriebs bestimmt werden. Doch das ist es gerade, was die Regierung verhindern wollte. Sie will die Verhältnisse in diesem Industriezweig durch ein Kartell sanieren, das den Preis auf »vernünftige« Höhe bringen soll. Als »vernünftig« oder »angemessen« kann aber nur ein Preis erscheinen, der über dem Preis liegt, der sich als Wettbewerbspreis ohne Eingriff des Staates zu Gunsten der schwächeren Betriebe herausgebildet hätte. Denn nur ein solcher Preis kann diesen teurer arbeitenden Betrieben die Fortführung ermöglichen. Diese Kartellbildung und die Aufrechthaltung von Monopolpreisen, werden dadurch

75 »Es muss das nicht gerade in der Weise geschehen, daß die Regierung die unter günstigeren Verhältnissen arbeitenden Betriebe an der vollständigen Ausnützung ihrer Überlegenheit hindert. Es genügt oft schon, daß diese Betriebe sich selbst derartige Beschränkungen auferlegen, da sie fürchten müssen, sonst durch die Eingriffe der Regierung noch schärfer behindert zu werden.«

möglich, daß eine neue Konkurrenz nicht auftreten kann. Solange die Marktlage sich nicht derart verändert hat, daß ein neuerrichteter Betrieb rentabel arbeiten könnte, wäre es von vornherein aussichtslos, an die Gründung neuer Betriebsanlagen zu schreiten. Auch wenn der Kartellpreis eine Höhe erreicht oder überschritten hat, die einem neuen Betrieb Rentabilität gehen könnte, wenn er Wettbewerbspreis wäre, hätte ein neuer Betrieb nur dann Aussicht auf Rentabilität, wenn ihm von den schon bestehenden Betrieben eine Kartellquote eingeräumt wird. Wollen die alten Betriebe die Produktionseinschränkung und Gewinnschmälerung, die damit verbunden wären, nicht auf sich nehmen, dann bleibt dem neuen Betrieb nur die Aussicht auf eine Marktlage, die ihm Verluste bringen wird.
NÖ, S. 329 f.

Katallaktik

Die subjektivistische Lehre führt die Austauschverhältnisse des Marktes auf die subjektive Wertung der wirtschaftlichen Güter durch die Mitglieder der Tauschgesellschaft zurück. Das Handeln dieser Subjekte, daß sie eine bestimmte Menge des Gutes A einer bestimmten Menge des Gutes B im Tausche vorziehen und so fort, ist die letzte für die Katallaktik[76] relevante Ursache der Austauschverhältnisse des Marktes. Aus welchen Gründen sie gerade so und nicht anders handeln, warum also jemand in einem gegebenen Augenblick Brot kauft und nicht Milch, ist für die Gestaltung der Marktpreise gleichgültig; entscheidend ist allein, daß die Marktparteien bereit sind, diesen Preis für Brot und jenen Preis für Milch zu bezahlen oder zu empfangen. Daß die einzelnen Individuen als Nachfragende in einem bestimmten Zeitpunkt die Güter gerade so und nicht anders werten, ist das Ergebnis des Wirkens der ihr Leben bestimmenden naturgegebenen und sozialen Kräfte. Die Aufspürung dieser Determinanten ist Aufgabe anderer Wissenschaften, nicht die der Nationalökonomie. Die Nationalökonomie, die Wissenschaft der Katallaktik, fragt nicht danach und kann von ihrem Standpunkte aus danach nicht fragen. Psychologie, Physiologie und Kulturgeschichte und manche andere Disziplin mögen es sich zur Aufgabe stellen, zu ergründen, warum die Menschen gerne Alkohol zu sich nehmen; für die Katallaktik ist das eine allein von Bedeutung, daß eine Nachfrage

76 Ist die Lehre von der Wirkung menschlicher Interaktionen auf Märkten und deren Auswirkungen auf die Austauschrelationen der Güter.

nach alkoholischen Getränken in bestimmtem Umfang und in bestimmter Stärke besteht. Kants[77] Werke mag der eine aus Wissensdurst, der andere aus Snobismus kaufen; für den Markt ist der Beweggrund des Handelns der Käufer gleichgültig; allein das, daß sie einen bestimmten Betrag aufzuwenden bereit sind, entscheidet.
GN, S. 156 f.

ꙮ

Für die Katallaktik gibt es nur die Tatsache, daß Alkohol begehrt wird; wer den Preis des Branntweins zu erklären hat, den kümmert es nicht, ob es »rationell« oder sittlich ist, Branntwein zu trinken. Ich mag über Kinodramen denken wie ich will; als Katallaktiker habe ich die Gestaltung der Marktpreise für Filme, Darsteller und Theatersitze zu erklären, nicht über Filme zu Gericht zu sitzen. Ob die Verbraucher irren oder nicht, ob sie edel, großmütig, sittlich, weise, vaterlandsliebend, kirchengläubig sind oder nicht, prüft die Katallaktik nicht, sie kümmert sich nicht um die Beweggründe der Handelnden, sondern nur darum, wie sie handeln.
GN, S. 90 f.

ꙮ

Die Katallaktik hat zu zeigen, wie aus dem Handeln der Menschen die Preise hervorgehen. Sie darf vom Handeln nicht absehen und darf sich nicht damit begnügen, darzustellen, wie aus einem mathematisch bestimmten Zustand ein anderer mathematisch bestimmter Zustand durch mathematisch erfassbare Veränderungen wird.
NÖ, S. 319

ꙮ

Die Lehre von der Geldrechnung ist kein Teil der Theorie des indirekten Tausches; sie ist ein Stück der allgemeinen Katallaktik.
NÖ, S. 356

ꙮ

Die Katallaktik zeigt uns, wie aus der jeweiligen Marktlage die Austauschverhältnisse hervorgehen, wie jede Veränderung der Marktlage zu entsprechenden Verschiebungen der Austauschverhältnisse führt und wie der der Marktlage gemäße Stand der Preise, Löhne und Zinssätze, der seinerseits wieder die Unternehmergewinne bestimmt, sich zu erhalten sucht. Man hat die Gesetze der Katallaktik nicht im mindesten erschüttert, geschweige denn widerlegt, wenn

77 Immanuel Kant (* 1724 in Königsberg; † 1804 ebendort).

man ausführt, die Marktlage werde durch Machtfaktoren bestimmt. Der Hinweis auf solche Machtfaktoren enthebt nicht der Verpflichtung, die Bildung der Austauschverhältnisse durch eine katallaktische Theorie zu erklären. {...} Die Lehren der Katallaktik beziehen sich nicht auf eine Geschichtsepoche, sondern auf alles Handeln, das durch die beiden Bedingungen Sondereigentum an den Produktionsmitteln und Arbeitsteilung gekennzeichnet ist. Wo immer und zu welcher Zeit immer in einer Gesellschaft, in der Sondereigentum an den Produktionsmitteln besteht, nicht nur für den eigenen Bedarf erzeugt wird und vom Einzelnen nicht nur das verzehrt wird, was er in seinem eigenen Haushalt erzeugt hat, wird so gehandelt, wie es die Katallaktik darstellt.
NÖ, S. 590 ff.

Kaufkraft

Die Wahl des als Tauschmittel zu verwendenden Gutes ist nie gleichgültig; sie entscheidet über die von der Geldseite ausgehenden Veränderungen der Kaufkraft. Da das Geld weder neutral noch wertstabil sein kann, gibt es da nur zwei Möglichkeiten: entweder man lässt den Markt – die auf dem Markte tauschenden Wirte – die Entscheidung treffen; auf diese Weise sind nach langem Ausleseverfahren schließlich die beiden Edelmetalle Gold und Silber in die Geldstellung eingerückt. Oder aber man sucht durch staatliche Maßnahmen die Entscheidung der Marktparteien zu einer bestimmten Wahl zu lenken, wie es seit zweihundert Jahren alle Staaten versucht haben. Das aber bedeutet staatliche Währungspolitik, die immer nur hier begünstigen, dort benachteiligen, nie aber alle oder das allgemeine Beste fördern kann.
NÖ, S. 382 f.

Die Nutzwirkung des Geldes liegt ausschließlich in seiner Kaufkraft. Da aber diese stets so hoch ist, daß Gesamtnachfrage und Gesamtangebot sich decken, steht die Volkswirtschaft stets im Genusse der höchsten durch das Geld für sie und ihre Glieder erzielbaren Nutzwirkung. Man kann die Welt, man kann eine isolierte Volkswirtschaft nicht dadurch reicher machen, daß man die Menge des Geldes vermehrt.
IG

Kaufkrafttheorie

Besonderen Beifall hat die »Kaufkrafttheorie« gefunden. Die Löhne müssen hochgehalten werden, d. h. auf einem höheren Stand als

jenem, der sich auf dem unbehinderten Markte bilden würde, damit die Produkte Käufer finden. Sinkt der Lohn auf den der Marktlage entsprechenden Stand und fällt damit die Kaufkraft jener Arbeiter, die nicht von der Arbeitslosigkeit betroffen waren, dann werden neue Absatzschwierigkeiten entstehen, die die Arbeitslosigkeit verschärfen. Manche wollen dabei zugeben, daß durch die Einstellung der Arbeitslosen die Summe des Einkommens und der Kaufkraft aller Arbeiter zusammengenommen unverändert bleiben oder selbst steigen könne, wenn der Marktlohn die Höhe der Arbeitslosenunterstützung entsprechend übersteigt. Doch da dann – durch die früher Arbeitslosen – auch mehr erzeugt werden wird, könne es nichtsdestoweniger zu Absatzstockung und damit wieder zu Arbeitslosigkeit kommen. Der Fehler dieser Gedankengänge ist offenkundig; es ist der Irrtum, der allen Unterkonsumtionstheorien zugrundeliegt. Das Gesamteinkommen und die Gesamtausgaben – für konsumtive und produktive Zwecke zusammengenommen – decken sich immer. Auch die naivste und unhaltbarste Ausbeutungstheorie kann niemals zu einer Erklärung der Absatzstockung gelangen. Die Ausbeuter müssen ihren »Mehrwert«, ihren »Ausbeutungsgewinn«, irgendwie verwenden. Sie können ihn nicht aus der Welt schaffen. Sie können entweder verzehren oder kapitalisieren; in jedem der beiden Fälle werden sie Käufer auf dem Markte. Eine andere Spielart der Kaufkraftlegende meint, man könnte durch Eingriffe in die Lohngestaltung das »arbeitslose« Einkommen der Unternehmer und Eigentümer zum Verschwinden bringen, wenn man die Unternehmer zwingt, alle Arbeiter zu beschäftigen und zu den Tarifsätzen zu entlohnen, und wenn zugleich die Preise der Produkte durch Preissatzung begrenzt werden. Daß das möglich ist, ist freilich nicht zu bestreiten. Doch eine andere Frage ist es, ob die Obrigkeit damit das erreichen kann, was sie anstrebt. Wenn man den Unternehmern und den Eigentümern der Produktionsmittel das Einkommen, das sie aus der Unternehmungstätigkeit und der Anlage ihres Kapitals in der Produktion beziehen könnten, nimmt, ihnen aber dabei die Verfügungsgewalt über die Produktionsmittel belässt, dann werden sie das Kapital aufzehren. Will die Obrigkeit das hintanhalten, dann bleibt ihr wieder nichts anderes übrig als entweder von ihren Eingriffen abzustehen oder durch Enteignung der Eigentümer die Marktwirtschaft in sozialistische Gemeinwirtschaft überzuleiten.
NÖ, S. 676 f.

Kollektivismus

Der kollektive Glaube ist notwendig exklusiv und totalitär. Er begehrt den ganzen Menschen und will ihn nicht mit anderen Kollektiven teilen. Es strebt danach, den exklusiven obersten Wertmaßstab nur eines Systems von Werten einzuführen. Es gibt natürlich nur einen Weg, die Werturteile eines einzigen absolut zu machen. Man muss alle diesbezüglich Andersdenkende unterwerfen. Dafür kämpfen alle Vertreter der verschiedenen kollektivistischen Lehren. Sie fordern den äußersten Gebrauch von Gewalt und mitleidsloser Vernichtung all jener, die sie als Ketzer verdammen. Der Kollektivismus ist eine Lehre des Krieges, der Intoleranz und der Verfolgung. Wenn irgendeine der kollektivistischen Glaubensgemeinschaften in ihrem Streben erfolgreich sein sollte, werden alle Menschen außer dem großen Diktator ihrer wesentlichen menschlichen Qualitäten beraubt. Sie werden zu bloßen seelenlosen Pfändern in der Hand eines Ungeheuers.
TG, S. 107 f.

ꕤ

Der Kollektivismus übernimmt sein Weltbild von uralten Auffassungen, die schon dem Götterglauben der Primitiven vertraut waren und in allen Götterlehren wiederkehren: Der Mensch hat einem Gesetz, das von höheren Mächten erlassen wurde, und der Obrigkeit, die diese Mächte zur Vollziehung des Gesetzes eingesetzt haben, zu gehorchen. Die durch dieses Gesetz geschaffene Ordnung ist die menschliche Gesellschaft, die somit Gotteswerk und nicht Menschenwerk ist. Ohne das Eingreifen der Gottheit, das den irrenden Menschen das Gesetz brachte, gäbe es keine Gesellschaft.
NÖ, S. 116 f.

ꕤ

Der Kollektivismus ist eben nicht aus wissenschaftlicher Notwendigkeit, sondern allein aus den Bedürfnissen der Politik zu erklären. {...} Daß der Kollektivismus nichts anderes sei als »Bemäntelung der Tyrannei« hat schon Lessing[78] ausgesprochen.[79] Bestünde der Gegensatz von Allgemeininteresse des Ganzen und Sonderinteressen der Einzelnen, so wie die kollektivistische Lehre es behauptet, dann wäre überhaupt gesellschaftliches Zusammenwirken der Menschen unmöglich. Der natürliche Zustand des Verkehrs zwi-

78 Gotthold Ephraim Lessing (* 1729 in Kamenz; † 1781 in Braunschweig).

79 »In »Ernst und Falk, Gespräche für Freimaurer« (Werke, Stuttgart 1873, V. Bd., S. 80).«

schen den Menschen wäre der des Krieges aller gegen alle. Frieden und Sichvertragen könnte es nicht geben, nur vorübergehende Waffenruhe, die nicht länger währen könnte als die Erschöpfung eines oder aller Teile, durch die sie entstanden. Der Einzelne wäre zumindest potentiell immer in Auflehnung gegen das Ganze und gegen alle, nicht anders wie er sich im ständigen Kampfe gegen Raubtiere und Bazillen befindet. Die kollektivistische Geschichtsauffassung, die durchaus asozial ist, kann sich daher die Entstehung der gesellschaftlichen Verbände nicht anders vorstellen denn als Ergebnis des Eingreifens eines Weltbildners {...} So wird der Wille des Einzelnen gebrochen. Das Individuum, das sich selbst leben will, wird durch die Statthalter Gottes auf Erden zur Befolgung des Sittengesetzes gezwungen, das im Interesse des Ganzen und seiner künftigen Entwicklung von ihm das Opfer seines Wohlseins heischt. Die Wissenschaft von der Gesellschaft beginnt damit, daß sie diesen Dualismus überwindet. Da sie innerhalb der Gesellschaft Verträglichkeit der Interessen der einzelnen Individuen untereinander sieht und keinen Gegensatz zwischen der Gesamtheit und dem Einzelnen findet, vermag sie den Bestand der Gesellschaft zu verstehen, ohne erst Götter und Helden zur Hilfe zu rufen. Der Demiurg[80], der den Einzelnen wider seinen Willen in das Kollektivum hineinzwingt, wird entbehrlich, sobald man erkannt hat, daß die gesellschaftliche Bindung dem Einzelnen mehr gibt, als sie ihm nimmt. Die Entwicklung zu engeren Formen der Vergesellschaftung wird auch ohne die Annahme eines »verborgenen Planes der Natur« verständlich, wenn man begriffen hat, daß jeder neue Schritt auf diesem Wege schon denen, die ihn machen, nützt, nicht erst ihren entfernten Urenkeln.
GW, S. 42 f.

ꝏ

Das Hauptkennzeichen des Kollektivismus ist, daß er den individuellen Willen und die moralische Selbst-Bestimmung nicht achtet. Im Licht seiner Philosophie ist das Individuum in ein Kollektiv hineingeboren, und es ist »natürlich« und schicklich für ihn, sich als Mitglied dieses Kollektivs, zu verhalten, wie es erwartet wird. Von wem erwartet? Natürlich von jenen Individuen, denen durch die Erlasse einer mysteriösen Agentur die Aufgabe der Bestimmung des kollektiven Willens

80 Griechisch für »Handwerker«. D. ist in philosophischen und theologischen Lehren der Antike die Bezeichnung für den Schöpfergott.

und der Leitung der Handlungen des Kollektivs übertragen wurde.
UF, S. 106 f.

Kolonialpolitik

Die Ideen und Absichten, die die Kolonialpolitik der europäischen Mächte seit dem Zeitalter der großen Entdeckungen geleitet haben, stehen im schroffsten Gegensatz zu allen Grundsätzen des Liberalismus. Der leitende Gesichtspunkt der Kolonialpolitik war die Ausnützung der Übermacht der weißen Rasse über die Angehörigen anderer Rassen. Die Europäer zogen, ausgerüstet mit allen Waffen und Hilfsmitteln, die ihnen die europäische Kultur zur Verfügung stellte, aus, um schwächere Völker zu unterwerfen, ihres Eigentums zu berauben und zu versklaven. Man hat die wahren Motive der Kolonialpolitik mit dem Vorwand zu beschönigen und zu verschleiern gesucht, man wünsche nichts anderes, als die wilden Völker der Segnungen der europäischen Kultur teilhaftig werden zu lassen. Gesetzt den Fall, dies wäre die wahre Absicht der in fernen Erdteilen erobernden Regierungen gewesen, so könnte der Liberale darin doch keine ausreichende Begründung der Nützlichkeit und Ersprießlichkeit dieser Art von Kolonisation erblicken. Wenn die europäische Zivilisation wirklich, wie wir glauben, höher steht als die Zivilisation der primitiven Völkerschaften Afrikas und als die in ihrer Art hoch zu wertende Zivilisation Asiens, so müßte sich doch wohl ihre Überlegenheit vor allem schon darin bewähren können, daß sie jene Völker freiwillig zu ihrer Annahme veranlaßt. Könnte es ein ärgeres Armutszeugnis für die europäische Zivilisation geben, als daß man sie nicht anders zu verbreiten vermag als durch Feuer und Schwert?
LI, S. 110

Kommunismus

Der Ausdruck »Kommunismus« besagt nichts anderes als »Sozialismus«. Der Gebrauch der beiden Wörter hat in den letzten Jahrzehnten wiederholt die Bedeutung gewechselt, doch immer waren es nur Fragen der Taktik, die Sozialisten und Kommunisten schieden. Beide streben Vergesellschaftung der Produktionsmittel an.
GW, S. 30

Die Sowjetregierung hat verkündet, daß sie ein großes Investitionsprogramm, den Fünfjahrplan, durchzuführen beabsichtige, und die Leichtgläubigkeit, mit der in der ganzen

Welt alles hingenommen wird, was die Bolschewiken verbreiten, läßt viele schon behaupten, daß in Rußland Kapital gebildet werde. Der Fünfjahrplan ist ein Plan zur Durchführung jener wirtschaftlichen Maßnahmen, die ein offener Krieg der Bolschewiken gegen alle übrigen Staaten erfordert. Die Bolschewiken empfinden es als unerträglich, daß sie heute noch nicht genug autark sind, um die versteckten Feindseligkeiten in offene zu verwandeln. Sie wollen daher aufrüsten. Sie errichten Anlagen, um sich in der Versorgung mit Waffen, Kriegsmaterial und den allernotwendigsten Industrieartikeln vom Ausland unabhängig zu machen. Die Mittel dazu liefern ihnen die Kredite der europäischen und amerikanischen Industrieunternehmungen.[81] Es ist sehr bezeichnend für die probolschewistische Verblendung, daß Regierungen, die finanziell so schwach sind wie die des Deutschen Reiches oder Österreichs, für solche Kredite die Haftung übernommen haben. Die Kapitalbildung in Rußland vollzieht sich mithin in der Weise, daß die Ausländer an Rußland Kredite gewähren, die die Russen nie zurückzahlen wollen. Zur Aufhebung des Sondereigentums, die den Kern ihres Programms bildet, gehört doch wohl auch das Unwirksamwerden der Schuldverträge. Die Kapitalbildung vollzieht sich mithin nicht durch Sparen im Sowjetgebiet, sondern durch Sparen im kapitalistischen Land. Daß die Russen darben, beweist noch nicht, daß sie sparen und Kapital bilden; sie darben, weil die sozialistische Produktion unergiebig ist. Der russische Kommunismus bildet nicht Kapital; er hat einen großen Teil des in der vorbolschewistischen Zeit in Rußland gebildeten Kapitals aufgezehrt und konfisziert weiter Kapital, das andere in kapitalistischer Wirtschaft gebildet haben.
GW, S. 180 f.

ဢ

Sozialismus und Kommunismus ist jene Organisation der Gesellschaft, bei der das Eigentum – die Verfügungsgewalt über alle Produk-

81 In der Tat rüstete die Rote Armee unter Stalins Führung in den frühen 1930er Jahren in ungeheurem Maße auf. Sie wuchs von 631.000 Soldaten im Jahr 1930 auf 1.033.570 im Jahr 1934 an; die Zahl der Flugzeuge stieg von 1149 auf 4.354, die der Panzer von 92 im Jahr 1928 auf 7.574 im Jahr 1934. Nach 1934 setzte die UdSSR die massive Aufrüstung fort. 1939 bestand die Rote Armee aus 1.931.962 Soldaten, sie verfügte über 10.362 Flugzeuge und 21.110 Panzer. Siehe Musial, Bogdan. Stalins Angriffspläne für den Westen vom 14. März 2008. http://www.welt.de/politik/article1799869/Stalins-Angriffsplaene-fuer-den-Westen.html (aufgerufen am 30.10.2015).

tionsmittel – der Gesellschaft, das ist dem Staat als dem gesellschaftlichen Zwangsapparat, zusteht. Es ist für die Beurteilung des Sozialismus gleichgültig, in welcher Weise die Verteilung der Sozialdividende vor sich geht, ob sie gleichmäßig erfolgt oder nach irgendwelchen anderen Grundsätzen. Auch das ist nicht entscheidend, ob der Sozialismus durch eine formelle Übertragung des Eigentums aller Produktionsmittel an den gesellschaftlichen Zwangsapparat, den Staat, ins Werk gesetzt wird oder ob das Eigentum dem Namen nach den Eigentümern belassen wird und die Sozialisierung darin liegt, daß alle »Eigentümer« über die in ihren Händen befindlichen Produktionsmittel nur gemäß den ihnen vom Staate erteilten Weisungen zu verfügen berechtigt sind. Wenn die Regierung entscheidet, was und wie erzeugt werden soll, und an wen und zu welchem »Preis« veräußert werden soll, dann besteht nur noch dem Namen nach Sondereigentum; in Wahrheit ist alles Eigentum bereits vergesellschaftet, denn die Triebfeder des wirtschaftlichen Handelns ist nicht mehr das Gewinnstreben der Unternehmer und Eigentümer, sondern die Notwendigkeit, eine auferlegte Pflicht zu erfüllen und Befehlen zu gehorchen.

LI, S. 55 f.

Konjunktur

Als Abstieg der Konjunktur bezeichnet man die Wiederanpassung der Produktion an die durch den Stand der verfügbaren Produktionsmittel und die Wertungen der Verbraucher gegebene Marktlage. Diese Ausdrucksweise und die lauten Klagen, die diesen Prozess zu begleiten pflegen, geben ein falsches Bild. Der Abstieg der Konjunktur ist fortschreitende Annäherung der Produktion an einen Zustand, in dem sie den Bedürfnissen der Verbraucher so gut, als es die Verhältnisse gestatten, und jedenfalls besser entspricht als auf dem Scheitelpunkt der Konjunktur, an dem der Abstieg beginnt. Der Aufstieg war Kapitalfehlleitung und daher Kapitalverminderung und wirtschaftlicher Rückschritt, der Abstieg ist wirtschaftlicher Fortschritt in dem Sinne, daß er die vorhandenen Produktionsmittel den Verwendungen zuführt, in denen sie dem Verbrauch die besten Dienste zu leisten vermögen. Wer über die Vorgänge auf dem Markte und die Produktionsverschiebungen, die der Abstieg bringt, klagt, klagt darüber, daß ihm Illusionen genommen werden und daß er nun die Dinge so sehen muss, wie sie sind. Der Abstieg vernichtet nicht Werte, er wertet nur illusionsfrei und nüchtern. Was man als die

Übel des Konjunkturniedergangs ansieht, ist das Gewahrwerden der Folgen des durch die Kreditausweitung vorgetäuschten Aufstiegs. {...} Man pflegt bei der Befürwortung der Redeflationspolitik folgendermaßen zu argumentieren: Hier sind Werke und Anlagen, deren Erzeugungsfähigkeit nicht oder nur zum Teil ausgenützt wird, Warenvorräte, die keine Käufer, und Arbeiter, die keine Arbeit finden können; dort wieder sind Verbraucher, die gewiss bereit wären, mehr zu verzehren. Das, woran es fehlt, sei allein der Kredit. Zusätzliche Kreditmittel würden den Unternehmern die Möglichkeit bieten, zu produzieren. Die Arbeitslosen würden Beschäftigung finden und könnten als Käufer der Produkte auftreten. Der Gedankengang ist außerordentlich bestechend, er ist aber dennoch falsch. Wenn Waren keine Käufer und Arbeiter keine Arbeit finden, dann kann das nur einen Grund haben: die geforderten Preise und Löhne sind zu hoch. Wer seine Ware oder Arbeit verkaufen will, muss seine Ansprüche so lange ermäßigen, bis er einen Abnehmer gefunden hat. Das ist das Gesetz des Marktes; das ist das Mittel, durch das der Markt die Produktion in die Bahnen lenkt, auf denen sie den Bedürfnissen der Verbraucher am besten zu dienen vermag. Die Kapitalfehlleitung des Aufschwungs hat bewirkt, daß Anlagen errichtet wurden, deren Errichtung Vernachlässigung dringlicheren Bedarfs zur Folge hatte. Der Überinvestition in einer Anzahl von Produktionszweigen steht Unterinvestition in anderen Produktionszweigen und Betrieben gegenüber. Um diese Disproportionalität zu beheben, muss Kapital neu gebildet und den Verwendungen zugeführt werden, wo es die dringlichsten Bedürfnisse zu befriedigen vermag. {...} Aus dem Zusammenbruch des Konjunkturaufstiegs führt nur ein Weg zurück in die Wirtschaft, die durch fortschreitende Kapitalbildung steigende Wohlfahrt schafft: man muss durch Einsatz neu zu bildenden Kapitals das Verhältnis in der Kapitalausstattung der einzelnen Produktionszweige herstellen, das der auf dem Markte aufscheinenden Nachfrage der Verbraucher entspricht. Man muss durch Sparen die Mittel beschaffen, um die Lücken in der Kapitalausstattung der im Aufstieg vernachlässigten Produktionszweige auszufüllen. Die Löhne müssen sinken, die Massen müssen ihren Verbrauch einschränken, bis das durch Fehlleitung verschwendete Kapital wieder ersetzt wurde.
NÖ, S. 523–526

Kosmopolitismus

Das Ziel der inneren Politik des Liberalismus ist auch das seiner auswärtigen Politik: Frieden. So wie im Innern der Staaten so strebt der Liberalismus auch im Verkehr zwischen den Staaten friedliches Zusammenwirken an. Der Ausgangspunkt des liberalen Denkens ist die Erkenntnis des Wertes und der Wichtigkeit menschlicher Kooperation, und alles, was der Liberalismus plant und ins Werk setzen will, dient der Erhaltung des gegenwärtig erreichten Standes und dem weiteren Ausbau der wechselseitigen Kooperation der Menschen. Als letztes Ideal schwebt dabei immer der Gedanken einer vollständigen Kooperation der ganzen Menschheit vor, die sich friedlich und ohne Reibungen abwickelt. Das Denken des Liberalen hat immer das Ganze der Menschheit im Auge und nicht nur Teile, es haftet nicht an engen Gruppen, es endet nicht an den Grenzen des Dorfes, der Landschaft, des Staates und des Erdteils. Es ist ein kosmopolitisches, ein ökumenisches Denken, ein Denken, das alle Menschen und die ganze Erde umspannt. Der Liberalismus ist in diesem Sinne Humanismus, der Liberale Weltbürger, Kosmopolit. Kosmopolitismus ist heute, da die antiliberalen Ideen die Welt beherrschen, in den Augen der Massen ein Vorwurf. Es gibt in Deutschland übereifrige Patrioten, die es den großen deutschen Dichtern, besonders Goethe[82], nicht verzeihen können, daß ihr Denken und Fühlen nicht national beschränkt, sondern kosmopolitisch gerichtet war. Man meint, daß zwischen den Interessen der Nation und jenen der Menschheit ein unüberbrückbarer Gegensatz bestehe, und daß derjenige, der sein Sinnen und Trachten auf das Wohl der Menschheit als Ganzes richtet, notwendigerweise die Interessen seines eigenen Volkes hintansetzt. Nichts ist verkehrter als diese Auffassung. So wenig wie derjenige, der auf das Wohl des ganzen deutschen Volkes hinarbeitet, damit die Interessen seiner engeren Heimat schädigt, so wenig schädigt ein Deutscher, der auf das Wohl der ganzen Menschheit hinarbeitet, seine Volksgenossen, d. s. die Mitmenschen, die ihm durch Sprache und Nachbarschaft und vielfach auch durch Abstammung und geistige Gemeinschaft näherstehen, in ihren besonderen Interessen. Denn so wie der einzelne daran interessiert ist, daß das engere Gemeinwesen, in dem er lebt, blühe und gedeihe, so ist er auch in demselben Maße

82 Johann Wolfgang von Goethe (* 1749 in Frankfurt am Main; † 1832 in Weimar).

an dem Gedeihen der ganzen Welt interessiert.
LI, S. 93 f.

Kredit

Die Kreditgeschäfte zerfallen in zwei große Gruppen, deren strenge Scheidung den Ausgangspunkt für jede Theorie des Kredites und vor allem auch für jede Untersuchung des Verhältnisses zwischen Geld und Kredit und der Einwirkungen des Kredites auf die Geldpreise der Sachgüter bilden muß. Auf der einen Seite stehen diejenigen Kreditgeschäfte, für die charakteristisch ist, daß sie jenem Teil, dessen Leistung in der Zeit vorausgeht, ein Opfer auferlegen: den Verzicht auf die sofortige Erlangung der Verfügungsgewalt über das eingetauschte Gut, oder, wenn man diese Fassung vorzieht, den Verzicht der Verfügungsgewalt über das fortgegebene Gut bis zum Erhalt des dagegen eingetauschten. Diesem Opfer steht ein entsprechender Gewinn des anderen Kontrahenten gegenüber: der Vorteil, die Verfügung über das im Tausche erworbene Gut früher zu erhalten, beziehungsweise mit der eigenen Leistung zuwarten zu dürfen. Beide Teile ziehen die Vorteile und Nachteile, die sich aus der Zeitdifferenz zwischen ihren Erfüllungsleistungen ergeben, bei der Wertkalkulation in Betracht. In der Austauschrelation des Geschäftsabschlusses kommt auch die Bedeutung des Zeitmomentes für die Wertschätzung der Individuen zum Ausdruck. Die zweite Gruppe von Kreditgeschäften ist dadurch charakterisiert, daß hier dem Gewinne desjenigen, dem früher geleistet wird, kein Opfer dessen gegenübersteht, der früher leistet. Die Zeitdifferenz zwischen Leistung und Gegenleistung, die das Wesen auch dieser Art von Geschäften ausmacht, beeinflußt mithin bloß das Wertkalkül des einen Teiles, während der andere Kontrahent sie als bedeutungslos ansehen darf. Das erscheint im ersten Augenblicke rätselhaft, unerklärlich und manche ökonomische Theorie ist an dieser Klippe zerschellt; doch fällt die Erläuterung nicht schwer, wenn man die Besonderheit der in dem Verkehrsakte ausgetauschten Güter in Betracht zieht. Bei der ersten Art von Kreditgeschäften werden Sachgüter, Produktivgüter oder Genußgüter, hingegeben, über die zu verfügen Lust, die zu entbehren Unlust erweckt, Güter, die in ihren Nutzwirkungen wieder nur durch Güter ähnlicher Beschaffenheit, niemals aber durch bloße Forderungsrechte ersetzt werden können. In den Kreditgeschäften der zweiten Gruppe wird von demjenigen,

der Kredit gewährt, auf den Besitz einer Geldsumme zeitweilig Verzicht geleistet; dieser Verzicht legt ihm unter gewissen Voraussetzungen, die hier verwirklicht werden, keine Schmälerung seiner Wohlfahrtsempfindungen auf. Wird dem Gläubiger die Möglichkeit geboten, die Darlehen durch die Ausgabe von jederzeit fälligen Schuldforderungen zu erteilen, dann ist für ihn mit der Kreditgewährung kein wirtschaftliches Opfer verbunden. Er könnte den Kredit in dieser Form, wenn wir von den technischen Kosten absehen, die etwa durch die Notenausgabe und dergleichen erwachsen, unentgeltlich erteilen. Ob er sofort in Geld bezahlt wird oder zunächst nur Forderungen erhält, welche erst später fällig werden, bleibt für ihn gleichgültig. Es dürfte sich empfehlen, für die beiden Gruppen von Kreditgeschäften besondere Bezeichnungen zu wählen, um jede Verwirrung der Begriffe zu vermeiden. Wir schlagen für die erste Gruppe die Bezeichnung Sachkredit, für die zweite die Bezeichnung Zirkulationskredit vor.
TU, S. 267 f.

Der Grundirrtum der Banking-Schule liegt in dem Verkennen des Wesens der Umlaufsmittelausgabe. Wenn die Bank einen Wechsel diskontiert oder sonst ein Darlehen gewährt, dann tauscht sie ein Zukunftsgut für ein Gegenwartsgut ein. Da die Emissionsstelle die gegenwärtigen Güter, die sie im Tausche hingibt, die Umlaufsmittel, gewissermaßen aus dem nichts schafft, könnte von einer natürlichen Begrenzung ihrer Menge nur dann gesprochen werden, wenn die Menge der künftigen Güter, die bereits jetzt auf dem Darlehensmarkte zum Austausche gegen gegenwärtige Güter gelangen, fest begrenzt wäre. Das ist aber keineswegs der Fall. Durch äußere Umstände ist zwar die Menge der künftigen Güter beschränkt, nicht aber die der künftigen Güter, die bereits jetzt auf dem Markte in Geldform angeboten werden. Die Emittenten der Umlaufsmittel sind in der Lage, durch Herabsetzen der von ihnen verlangten Zinsenvergütung unter den natürlichen Kapitalzins, d. h. unter jene Zinsrate, welche durch Angebot und Nachfrage festgestellt werden würde, falls die Realkapitalien ohne Vermittlung des Geldes in natura dargeliehen wurden, die Nachfrage nach Umlaufsmitteln zu steigern, wogegen diese umgekehrt vollkommen aufhören müßte, sobald der Bankzinsfuß über den natürlichen Kapitalzins hinaus gesteigert werden würde. Die Nachfrage

nach Geld und Geldsurrogaten, die auf dem Darlehensmarkte auftritt, ist in letzter Linie Nachfrage nach Kapitalgütern, beziehungsweise, wenn es sich um Konsumtivkredite handelt, nach Genußgütern. Wer »Geld« zu leihen sucht, benötigt dieses ausschließlich zur Beschaffung anderer wirtschaftlicher Güter. Auch wenn er nur seinen Kassenbestand ergänzen will, hat dies keinen anderen Zweck, als sich die Möglichkeit zu verschaffen, im gegebenen Augenblick andere Güter einzutauschen. Nicht anders ist es, wenn er das Geld zur Leistung fälliger Zahlungen benötigt; in diesem Falle ist es eben der Zahlungsempfänger, der mit dem erhaltenen Gelde andere wirtschaftliche Güter einzukaufen beabsichtigt.
TU, S. 311 f.

Krieg

Doch schon in ferner Urzeit, lange bevor die geschichtliche Überlieferung einsetzt, hat sich ein Verfahren ausgebildet, das selbst im Krieg manche gesellschaftliche Beziehungen, die vor dem feindlichen Zusammenstoss bestanden hatten, fortbestehen ließ, oder beim Zusammenstoss von Gruppen, zwischen denen früher noch keinerlei Beziehungen bestanden hatten, dem Gedanken Rechnung trug, daß zwischen Menschen über die augenblickliche Feindschaft hinweg eine Kooperation möglich sei. Der Krieg wurde zur Schädigung des Gegners geführt, doch man führte ihn nicht mehr im strengsten Sinne des Wortes schonungslos und rücksichtslos. Man begann gewisse Grenzen zu achten, die im Kampfe gegen Menschen – anders als im Kampfe gegen wilde Bestien – nicht überschritten werden sollten. Über die Todfeindschaft und die Raserei der Vernichtung und Zerstörung hinaus begann ein gesellschaftliches Element Geltung zu beanspruchen. Es bildete sich die Auffassung heraus, daß in jedem Menschen und in jeder Menschengruppe potentiell ein Genosse einer möglichen Zusammenarbeit zu suchen sei und daß man auf diesen Umstand auch im Kampfe Rücksicht zu nehmen habe. Als man erkannt hatte, daß es vorteilhafter sei, die Besiegten zu versklaven statt sie zu töten, zog der Gedanke der Kooperation in die Kriegsgesinnung ein. Die Versklavung ist schon ein erster Schritt auf dem Wege, der zu gesellschaftlicher Zusammenarbeit führt. {...} Die Kriegshandlungen selbst sind nicht nur asozial, sie sind antisozial. Es ist eine wenig empfehlenswerte Redeweise, den Begriff des Gesellschaftlichen so zu fassen, daß auch die Handlungen, die auf Vernich-

tung des Lebens von Menschen und auf Unwirksammachung ihres Handelns gerichtet sind, als soziale Beziehungen aufzufassen sind[83]. Wenn zwischen Menschen oder Menschengruppen keine anderen Beziehungen bestehen als Handeln, das die andere Seite zu schädigen sucht, ist überhaupt keine gesellschaftliche Bindung gegeben.
NÖ, S. 139 f.

Doch vom Beutemachen kann man nur leben, solange noch Beute zu machen ist. Die »Helden« können nur schmarotzen, wenn es genug »Händler« zu plündern gibt. Daß es Produzenten gibt, ist eine Bedingung für das Bestehen des Gemeinwesens der Räuber, doch die Produzenten könnten auch leben, wenn es keine Räuber geben würde. Der Eroberer und Kriegsherr muss daher darauf bedacht sein, daß der »Nährstand« nicht verkümmere. Er verbirgt dieses Zugeständnis der Schwäche durch die Redensart, daß seine Waffen den Bürger beschützen.
NÖ, S. 592

83 »So geht die ›Beziehungslehre‹ Wieses vor. Vgl. Wiese, Allgemeine Soziologie, I. Teil, München 1924, S. 10 ff.«

Die liberale Kritik der Kriegstheorie unterscheidet sich aber grundsätzlich von der der Philanthropen; sie geht davon aus, daß nicht der Krieg, sondern der Frieden der Vater aller Dinge ist. Das, was die Menschheit allein vorwärts bringt und sie vom Tier unterscheidet, ist die gesellschaftliche Kooperation. Die Arbeit allein ist es, die aufbaut, reich macht und damit die äußeren Grundlagen für inneres Gedeihen des Menschen legt. Der Krieg zerstört nur, er kann nie aufbauen. Den Krieg, den Mord, die Zerstörung und Vernichtung haben wir mit den reißenden Tieren des Waldes gemein, die aufbauende Arbeit ist unsere menschliche Eigenart. Der Liberale verabscheut den Krieg nicht wie der Philanthrop, obwohl er nützliche Folgen haben soll, sondern weil er nur schädliche Folgen hat. Der philanthropische Friedensfreund tritt an den Mächtigen heran und sagt ihm: »Führe keinen Krieg, wenn du auch Aussicht hast, durch einen Sieg deine eigene Wohlfahrt zu fördern. Sei edel und großmütig und verzichte auf den dir winkenden Sieg, wenn es dir auch ein Opfer, den Entgang eines Gewinnes bedeutet.« Der Liberale denkt anders. Er ist der Überzeugung, daß der siegreiche Krieg auch für den Sieger ein Übel ist, daß

Frieden immer noch besser ist als Sieg. Er verlangt vom Starken keine Opfer, sondern nur das, daß er sein wahres Interesse erfasse und verstehen lerne, daß der Frieden auch für ihn, den Starken, ebenso vorteilhaft ist wie für den Schwächeren.
LI, S. 21

Das entscheidende unwiderlegbare Argument gegen den Krieg holt der Liberalismus aus der Tatsache der internationalen Arbeitsteilung. Die Arbeitsteilung überschreitet schon lange die Grenzen der politischen Gemeinschaft. Kein Kulturvolk befriedigt heute seine Bedürfnisse selbstgenügsam unmittelbar durch eigene Produktion. Alle Völker sind darauf angewiesen, Waren aus dem Ausland zu beziehen und durch die Ausfuhr von eigenen Erzeugnissen zu bezahlen. Die Unterbindung des internationalen Warenaustausches würde die Menschheit kulturell schwer schädigen, würde den Wohlstand, ja die Existenzgrundlage von Millionen und Millionen Menschen untergraben. In einem Zeitalter, in dem die Völker wechselseitig auf die Erzeugnisse ausländischer Produktion angewiesen sind, können Kriege nicht mehr geführt werden. Da ein Krieg, den ein in die internationale Arbeitsteilung verflochtenes Volk führt, durch Unterbindung der Zufuhren entschieden werden kann, muß eine Politik, die auf die Möglichkeit eines Krieges Rücksicht nehmen will, darauf bedacht sein, die nationale Wirtschaft selbstgenügsam zu machen, d. h. sie muß schon im Frieden dahin streben, daß die internationale Arbeitsteilung an den Grenzen des eigenen Staates Halt macht.
LI, S. 95

Wenn man die Meinung ausspricht, daß Geschichte nicht von den die Güter erzeugenden und tauschenden Bürgern gemacht werde, sondern von den blutvergießenden Kriegern, so hat man darauf hinzuweisen, daß die Eroberer nur von dem leben können, was die Arbeit derer, die sie ausplündern, geschaffen hat, und daß die Kultur, die uns umgibt, nicht das Werk der Räuber, sondern das der Bürger ist. Die großen Eroberer- und Räubervölker sind untergegangen und vom Schauplatz der Geschichte verschwunden. Daß Hunnen und Tataren, Vandalen und Wikinger, Normannen und Conquistadoren eine große Rolle in der Geschichte gespielt haben und daß die Welt heute ein anderes Aussehen hätte, wenn sie nicht durch Jahrtausende

und Jahrhunderte von Raubzügen und Kriegsfahrten hindurchgegangen wäre, wird niemand bestreiten. Doch das, was stehen geblieben ist und das Wesen unserer Kultur ausmacht, ist nicht das Erbe, das die Krieger hinterlassen haben.
NÖ, S. 590 f.

ꕥ

Wenn man der Anschauung ist, daß es zwischen den einzelnen Schichten der Gesellschaft unversöhnliche Klassengegensätze gibt, die nicht anders als durch den gewaltsamen Sieg der einen Klasse über die andere entschieden werden können, wenn man glaubt, daß zwischen den einzelnen Völkern kein anderer Verkehr möglich sei als solcher, bei dem der eine gewinnt, was der andere verliert, dann freilich muß man zugestehen, daß Revolutionen im Inneren und Kriege im Äußeren nicht zu vermeiden seien. Der marxistische Sozialist verwirft den äußeren Krieg, weil er nicht im fremden Volke, sondern in den besitzenden Klassen des eigenen Volkes den Feind sieht. Der nationalistische Imperialist verwirft die Revolution, weil er von der Interessensolidarität aller Schichten des Volkes im Kampfe gegen den auswärtigen Feind überzeugt ist. Beide sind keine grundsätzlichen Gegner des bewaffneten Eingreifens, keine grundsätzlichen Gegner des Blutvergießens wie die Liberalen, die nur den Verteidigungskrieg billigen. Nichts steht daher den marxistischen Sozialisten so schlecht an, als sich über den Krieg, nichts den Chauvinisten so schlecht an, als sich über die Revolution aus philantropischen Erwägungen wegen des dabei unschuldig vergossenen Blutes zu ereifern.
NW, S. 70 f.

ꕥ

Der Vorschlag Kants[84], die Aufnahme von Staatsschulden für die Zwecke der Kriegführung zu untersagen,[85] ist recht naiv, und es wäre noch naiver, in dieses Verbot auch die Ausgabe von Kreditgeld einzubeziehen. Den Krieg kann nur der liberale Gedanke bekämpfen, der in jedem Krieg nichts sieht als Zerstörung und Vernichtung, der nie einen Krieg herbeiführen will, weil er auch den Sieg für den Sieger als schädlich ansieht. Soweit der Liberalismus herrscht, wird es nie Krieg geben. Wo aber andere Anschauungen über Nutzen und Schaden der Kriegführung bestehen, kann man

84 Immanuel Kant (* 1724 in Königsberg; † 1804 ebenda).
85 »Vgl. Kant, Zum ewigen Frieden (Werke, Insel Ausgabe, V. Bd.) S. 661 f.«

das Kriegführen nicht durch listig ersonnene Vorschriften unmöglich machen. Wenn man den Krieg als nützlich erachtet, dann wird man sich durch Gesetze, die das Geldwesen des Landes regeln, nicht abhalten lassen, Krieg zu führen. Dann wird jeder Krieg am ersten Tage alle Gesetze hinwegfegen, die ihm im Wege stehen, wie 1914 alle kriegführenden Staaten ihre ganze Währungsgesetzgebung umgestellt haben, ohne daß sich auch nur ein Wort des Widerspruches hervorgewagt hätte.
TU, S. 404 f.

ɛ

Krieg kann vom Liberalismus nur als Abwehr und Verteidigung gebilligt werden. Im übrigen sieht er im Kampf nur das antisoziale Prinzip der Vernichtung und Zerstörung gesellschaftlicher Kooperation.
GW, S. 291

ɛ

Der totale Krieg drängt nicht etwa zum Interventionismus, sondern zum Sozialismus. Er nimmt den einzelnen Eingriffen in das Getriebe der Marktwirtschaft nicht ihre Zweckwidrigkeit. Gerade weil diese Eingriffe sich vom Standpunkt der militärischen Befehlshaber, die sie unmittelbar oder mittelbar anordnen, als sinnwidrig erweisen, muss man ihnen weitere folgen lassen, bis man schließlich den Kriegssozialismus erreicht. Der totale Krieg ist mit der ungehemmten Marktwirtschaft unverträglich, die gehemmte Marktwirtschaft ist sinn- und zweckwidrig, so bleibt nur die Planwirtschaft des Sozialismus übrig. Doch auch der totale Krieg vermag dem sozialistischen Wirtschaftssystem nicht Wirkungsmöglichkeit zu geben; jeder Schritt, der zu ihm hinführt, schwächt das Kriegspotential.
NÖ, S. 737

Kriegskonjunktur

Mit der Kriegskonjunktur verhält es sich so ähnlich wie mit der Konjunktur, die ein Erdbeben oder eine Seuche mit sich bringen. Das Erdbeben bedeutet guten Geschäftsgang für die Bauhandwerker, und die Cholera fördert guten Geschäftsgang der Ärzte, der Apotheker und der Leichenbestatter. Darum hat aber noch niemand versucht, Erdbeben und Cholera als der Allgemeinheit nützliche Anreger der Produktivkräfte zu feiern. {...} Die Rüstungsindustrie hat jedoch so wenig den Militarismus und den Imperialismus erzeugt, wie etwa die Branntweinbrennereien die Trunksucht oder der Verlagsbuchhandel die

Schundliteratur. Nicht das Angebot an Waffen hat die Nachfrage hervorgerufen, sondern umgekehrt. An sich sind die Rüstungsindustriellen nicht blutgierig; sie würden ebenso gern durch die Erzeugung anderer Gebrauchsgegenstände verdienen. Sie erzeugen Kanonen und Gewehre, weil danach Nachfrage besteht; sie würden ebenso gern Friedensartikel erzeugen, wenn man damit ein besseres Geschäft machen könnte. Die Erkenntnis dieses Zusammenhanges der Dinge hätte sich bald verbreiten müssen, und man hätte schnell erkannt, daß die Kriegskonjunktur nur einem kleinen Teile der Bevölkerung zugute kam, daß aber die Volkswirtschaft als Ganzes von Tag zu Tag ärmer wurde, wenn nicht die Inflation einen Schleier um alle diese Vorgänge gezogen hätte, den zu durchdringen das durch den Etatismus jeder nationalökonomischen Besinnung entwöhnte Denken nicht imstande war.
NW, S. 126 f.

Kultur

Die den Literaten und Artisten eigene Überschätzung ihres Getändels, die scharf von der Bescheidenheit absticht, mit der der echte Künstler sein Werk beurteilt, meint, es käme nicht so sehr darauf an, daß die wirtschaftliche Entwicklung fortgehe, wenn nur die innere Kultur vertieft werde. Doch alle innere Kultur bedarf äußerer Mittel zu ihrer Verwirklichung, und diese äußeren Mittel sind nur durch wirtschaftliche Arbeit zu erlangen. Rückgang der Produktivität der Arbeit durch Rückbildung der gesellschaftlichen Kooperation zieht auch den Verfall der inneren Kultur nach sich.
GW, S. 281

Man hat der nationalökonomischen Lehre vom Boden und von der Gestaltung der Bodenpreise entgegengehalten, daß sie die Dinge mit den Augen des wurzellosen Spekulanten sehe, für den sich alle ewigen Werte in Geld und Geldrechnung auflösen. Der Boden sei unendlich mehr als bloß Produktionsmittel. Er sei der unerschöpfbare Urquell unseres Lebens und unserer besten Kräfte. Die Landwirtschaft sei nicht einfach ein Produktionszweig neben anderen Produktionszweigen; sie sei die natürliche und dem Menschen allein angemessene Betätigung. Man dürfe sie nicht im Hinblick auf einen Reinertrag betrachten, den man aus dem Boden herausholen will, sondern als natürliche und gesunde Lebensweise. Aus dem Acker sprieße nicht nur die Bodenfrucht, die den Leib nährt; ihm entstammen auch die sittlichen und geistigen Elemente, die das Wesen echter Kultur ausmachen. Die Stadt, das Gewerbe und der Handel seien Verfallserscheinungen; sie zehren auf und verderben, was der Landmann immer wieder neu schafft. Vor mehreren tausend Jahren, als Stämme von Jägern und Fischern zur Bodenbestellung übergingen und das Nomadentum gegen feste Wohnsitze vertauschten, kannte man noch keine romantische Schwärmerei. Doch hätte es damals schon Romantiker gegeben, sie hätten das Lob des Jagdlebens gesungen und die Landwirtschaft als Verfallserscheinung zu brandmarken gesucht. Sie hätten die ethischen Werte des edlen Weidwerks gepriesen und den Ackerbau geschmäht, weil er Schlechtigkeit der Gesinnung und Knechtesgeist züchte, und sie hätten dem Landmann vorgeworfen, daß er den Boden, den die Gottheit den Menschen zur Ausübung der Jagd geschenkt habe, entweihe und zum Produktionsmittel erniedrige. Als es noch keine Romantik gab, hat kein Mensch im Boden etwas anderes sehen wollen als ein Mittel menschlicher Wohlfahrt. Die Kulthandlungen und Riten, die den Boden betrafen, waren auf kein anderes Ziel gerichtet als auf die Sicherung und Erhöhung der Fruchtbarkeit des Bodens und der Ergiebigkeit der Bodenbestellung. Das magische Denken wollte überall das Wirken von Gottheiten und Dämonen entdecken. Wenn man diesen übermenschlichen Wesen, die man sich doch recht menschlich dachte, opferte und spendete, wenn man sie anflehte und um ihre Gunst buhlte, tat man es nicht um ideeller Werte willen. Man erblickte im magischen Ritus einfach das richtige Mittel, um reiche Ernte zu erzielen. Man suchte nicht etwa die unio mystica[86] mit den dunklen Urgewalten und Urkräften des Bodens; man suchte besseren Ertrag der Feldarbeit zu erreichen. Erst romantische Schwärmer haben in den Mythen und Märchen, im Ritual und im Brauchtum der Urzeit der Kulturvölker und der primitiven Völkerschaften unserer Zeit anderes sehen wollen. Der Bauer schwärmt nicht von dem Boden und von geheimnisvollen Kräften, die ihm entströmen. Ihm ist der Boden Quelle der Wohlfahrt und nicht Gegenstand der Gefühlsduselei. Sein Bodenhunger ist Streben nach mehr Gewinn und mehr Reichtum. Die Landwirte kaufen Boden und verkaufen Boden, sie belasten ihr Bodeneigentum mit Hypotheken, sie verkaufen die Bodenfrüchte und sind sehr ungehalten, wenn die Preise

86 mystische Hochzeit

nicht so hoch hinaufgehen, wie sie es wünschen. Liebe zur Natur und Sinn für die Schönheit der Landschaft waren dem Landvolke fremd; die Bürger der Städte haben beides aufs Land hinausgetragen. Die Städter waren es, die den Boden nicht im Hinblick auf seine Ertragsfähigkeit für Jagd und Holzgewinnung, für Ackerbau und Viehzucht, sondern als Natur zu werten begannen. Jahrtausendelang galten die Gletscher und Felsen den Gebirgsbewohnern bloß als unproduktives Land. Erst als die Städter die Gipfel zu erklimmen begannen, erst als die Touristik Geld in die Gebirgstäler brachte, entdeckten die Gebirgsbewohner ihre Liebe zur Natur. Die Bahnbrecher der Touristik und des Skilaufs wurden von den Gebirgsbauern, Jägern und Hirten als wunderliche Menschen bestaunt, ehe sie herausfanden, daß man aus dieser Wunderlichkeit Vorteil ziehen kann. Nicht Hirten, sondern raffinierte Städter haben die bukolische Dichtung[87] geschaffen. Daphnis und Chloe[88] sind Gebilde bodenferner Phantasie. Bodenfern ist auch der moderne politische Mythus vom Boden. Er ist nicht dem Moos des Waldes und der Ackerkrume entsprossen, sondern dem Asphalt der Großstädte und dem Parkett der Salons. Der Bauer bedient sich seiner, weil er ihm als brauchbares Mittel zur Erlangung politischer Vorrechte erscheint, die den Geldertrag der Landwirtschaft und den Geldpreis des Bodens steigern können.

NÖ, S. 584 f.

Laissez-faire

Laissez-faire bedeutet nicht: Lassen wir die Mißstände wie sie sind. Es bedeutet: Lassen wir die Konsumenten, d. h. das Volk entscheiden – durch ihre Käufe und ihre Kaufenthaltungen –, was hergestellt wird und von wem. Die Alternative zu Laissez-faire besteht darin, diese Entscheidungen einer paternalen Regierung anzuvertrauen. Da gibt es keinen mittleren Weg. Entweder sind die Konsumenten das Oberhaupt oder die Regierung.

OH, S. 2

Liberalismus

Daß der Liberalismus mit den Parteien der Sonderinteressen nicht in eine Reihe treten kann, ohne sein Wesen zu verleugnen, ist mithin leicht zu verstehen. Er ist von Grund

87 Aus dem Griechischen für »Rinderhirte«. Steht für die Dichtkunst der Hirten im Allgemeinen.

88 Daphnis und Chloe ist ein Liebesroman des griechischen Dichters Longos von Lesbos. Geschrieben hat er ihn vermutlich im 3. Jahrhundert.

aus ganz etwas anderes als sie alle. Sie gehen auf Kampf aus und preisen die Gewalt; er aber will Frieden und Herrschaft des Geistes. Darum stehen alle Parteien, so uneinig sie auch sonst sein mögen, in einer Kampffront gegen den Liberalismus. Die Gegner des Liberalismus haben ihn als die Partei der Sonderinteressen der Kapitalisten bezeichnet. Das ist für ihre Denkungsart bezeichnend. Sie können eine politische Ideologie gar nicht anders verstehen denn als Vertretung bestimmter, dem Allgemeininteresse entgegenstehender Sonderrechte. Man kann den Liberalismus schon darum nicht als eine Partei der Sonderinteressen, der Sonderrechte und der Privilegien ansehen, weil das Sondereigentum an den Produktionsmitteln kein Privileg zugunsten der Eigentümer ist, sondern eine Einrichtung im Interesse der Gesellschaft, mithin eine allen zugute kommende Einrichtung.
LI, S. 159 f.

ᘓ

Nicht aus »Staatsfeindschaft«, nicht auf ein Naturrecht pochend, sondern aus nüchterner Erkenntnis des Sachverhaltes bekämpft der Liberalismus die obrigkeitlichen Eingriffe. Er lehnt die unmittelbare Betätigung des Staates und der Gemeinden auf wirtschaftlichem Gebiete ab, weil er der Überzeugung ist, daß die private Unternehmungstätigkeit zu höherer Ergiebigkeit der Produktion, d. h. zu besserer Versorgung der Konsumenten führt, und er lehnt die Staatseingriffe in die Verfügungen der Unternehmer ab, weil er der Meinung ist, daß sie den Zweck, den die Obrigkeit mit ihrer Setzung verfolgen will, nicht erreichen können.
DW, S. 571

ᘓ

Eine liberale Bewegung darf niemals vergessen, daß gesundes Geld eines der Grundprinzipien des Liberalismus alter wie neuer Prägung ist. {...} Das Lebensmark einer liberalen Verfassung ist die Unabhängigkeit der richterlichen Gewalt, die den Einzelmenschen und sein Eigentum gegen jeden schützt, welcher sie verletzt, sei er König oder gemeiner Räuber.
IN, S. 604 f.

ᘓ

Der Liberalismus verwirft den Angriffskrieg nicht aus philantropischen Erwägungen heraus, sondern vom Nützlichkeitsstandpunkt. Er lehnt den Angriffskrieg ab, weil er den Sieg für schädlich erachtet, und will keine Eroberungen, weil er in ihnen ein untaugliches Mittel zur

Erreichung der von ihm angestrebten letzten Zwecke erblickt. Nicht durch Krieg und Sieg, sondern nur durch Arbeit kann ein Volk die Vorbedingungen für das Wohlergehen, der Volksgenossen schaffen. {...} Das Schwert erweist sich auf die Dauer nicht als das geeignetste Mittel, um einem Volk Ausbreitung zu verschaffen. Das ist die »Ohnmacht des Sieges«, von der Hegel[89] spricht.[90]
NW, S. 71

ᘓ

Der Liberalismus ist sich darüber ganz klar, daß ohne Zwanganwendung der Bestand der Gesellschaft gefährdet wäre, und daß hinter den Regeln, deren Befolgung notwendig ist, um die friedliche menschliche Kooperation zu sichern, die Androhung der Gewalt stehen muß, soll nicht jeder einzelne imstande sein, den ganzen Gesellschaftsbau zu zerstören. Man muß in der Lage sein, den, der das Leben, die Gesundheit oder persönliche Freiheit anderer Menschen oder das Sondereigentum nicht achten will, mit Gewalt dazu zu bringen, sich in die Regeln des gesellschaftlichen Zusammenlebens zu fügen. Das sind die Aufgaben, die die liberale Lehre dem Staat zuweist: Schutz des Eigentums, der Freiheit und des Friedens.
LI, S. 33

ᘓ

Das Ziel der inneren Politik des Liberalismus ist auch das seiner auswärtigen Politik: Frieden. So wie im Innern der Staaten so strebt der Liberalismus auch im Verkehr zwischen den Staaten friedliches Zusammenwirken an. Der Ausgangspunkt des liberalen Denkens ist die Erkenntnis des Wertes und der Wichtigkeit menschlicher Kooperation, und alles, was der Liberalismus plant und ins Werk setzen will, dient der Erhaltung des gegenwärtig erreichten Standes und dem weiteren Ausbau der wechselseitigen Kooperation der Menschen. Als letztes Ideal schwebt dabei immer der Gedanken einer vollständigen Kooperation der ganzen Menschheit vor, die sich friedlich und ohne Reibungen abwickelt. Das Denken des Liberalen hat immer das Ganze der Menschheit im Auge und nicht nur Teile, es haftet nicht an engen Gruppen, es endet nicht an den Grenzen des Dorfes, der Landschaft, des Staates und des Erdteils. Es ist ein kosmopolitisches, ein ökumenisches Denken, ein Denken, das alle Menschen und die ganze Erde umspannt. Der

89 Georg Wilhelm Friedrich Hegel (*1770 in Stuttgart; † 1831 in Berlin).
90 Vgl. Hegel, Werke. 3. Aufl. Bd. IX. Berlin 1848. S. 540

Liberalismus ist in diesem Sinne Humanismus, der Liberale Weltbürger, Kosmopolit. Kosmopolitismus ist heute, da die antiliberalen Ideen die Welt beherrschen, in den Augen der Massen ein Vorwurf. Es gibt in Deutschland übereifrige Patrioten, die es den großen deutschen Dichtern, besonders Goethe[91], nicht verzeihen können, daß ihr Denken und Fühlen nicht national beschränkt, sondern kosmopolitisch gerichtet war. Man meint, daß zwischen den Interessen der Nation und jenen der Menschheit ein unüberbrückbarer Gegensatz bestehe, und daß derjenige, der sein Sinnen und Trachten auf das Wohl der Menschheit als Ganzes richtet, notwendigerweise die Interessen seines eigenen Volkes hintansetzt. Nichts ist verkehrter als diese Auffassung. So wenig wie derjenige, der auf das Wohl des ganzen deutschen Volkes hinarbeitet, damit die Interessen seiner engeren Heimat schädigt, so wenig schädigt ein Deutscher, der auf das Wohl der ganzen Menschheit hinarbeitet, seine Volksgenossen, d. s. die Mitmenschen, die ihm durch Sprache und Nachbarschaft und vielfach auch durch Abstammung und geistige Gemeinschaft näherstehen, in ihren besonderen Interessen. Denn so wie der einzelne daran interessiert ist, daß das engere Gemeinwesen, in dem er lebt, blühe und gedeihe, so ist er auch in demselben Maße an dem Gedeihen der ganzen Welt interessiert.
LI, S. 93 f.

91 Johann Wolfgang von Goethe (* 1749 in Frankfurt am Main; † 1832 in Weimar).

ꘐ

Liberal sein, heißt eben, erkannt zu haben, daß ein einer kleinen Schichte zum Nachteil der anderen eingeräumtes Sonderprivileg nicht auf die Dauer ohne Kampf (Bürgerkrieg!) erhalten bleiben kann, daß man aber andererseits nicht die Mehrheit privilegieren könne, da die Privilegien sich dann in ihrem Wert für die Begünstigten wechselseitig aufheben und nur den Erfolg haben, daß die Ergiebigkeit der gesellschaftlichen Arbeit herabgesetzt wird.
LI, S. 163

ꘐ

Weit verbreitet ist die Meinung, der Liberalismus unterscheide sich von anderen politischen Richtungen dadurch, daß er die Interessen eines Teiles der Gesellschaft – der Besitzenden, der Kapitalisten, der Unternehmer – über die Interessen der anderen Schichten stelle und vertrete. Diese Behauptung ist ganz

und gar verkehrt. Der Liberalismus hat immer das Wohl des Ganzen, nie das irgendwelcher Sondergruppen im Auge gehabt. Das wollte die berühmte Formel der englischen Utilitarier: »Das größte Glück der größten Zahl« in einer allerdings nicht sehr geschickten Weise ausdrücken. Geschichtlich war der Liberalismus die erste politische Richtung, die dem Wohle aller, nicht dem besonderer Schichten dienen wollte. Vom Sozialismus, der ebenfalls vorgibt, das Wohl aller anzustreben, unterscheidet sich der Liberalismus nicht durch das Ziel, dem er zustrebt, sondern durch die Mittel, die er wählt, um dieses letzte Ziel zu erreichen.
LI, S. 6 f.

Der Liberalismus, der ganz auf die Wissenschaft gegründet ist, und dessen Politik nichts anderes darstellt als die Anwendung der Ergebnisse der Wissenschaft, muß sich davor hüten, unwissenschaftliche Werturteile zu verwenden. Die Werturteile stehen außerhalb der Wissenschaft und sind immer rein subjektiv.
LI, S. 134

Es war im liberalen Sinne folgerichtig, die politische Einigung und Befriedung der Menschheit nicht durch die Schaffung eines neuen Zwangsapparates anzustreben, sondern durch eine Wandlung des Denkens und der Gesinnung. Nicht von außen sollte den Menschen der Frieden durch Zwang und Waffengewalt aufgedrängt werden; sie sollten friedlich werden durch die Erkenntnis, daß sie ihre menschlichen Ziele nur auf friedlichem Wege erreichen können. Wenn alle Völker, von liberalen Ideen durchdrungen, liberale Politik machen, werden sie in Frieden leben und friedlich kooperieren, auch wenn dem äußeren Anschein nach die Souveränität der Staaten unberührt bleibt und die Empfindlichkeiten und Eitelkeiten der Fürsten und Minister geschont werden. Wie im englischen Staatswesen die Formen des königlichen Absolutismus sich als verträglich mit demokratischer Parlamentsherrschaft erwiesen haben, so würden auch die Formen einzelstaatlicher Souveränität der politischen Einigung der Welt nicht im Wege stehen. Der Liberalismus erkannte klar, daß die politische Organisation der Welt nur auf Grundlage allgemeiner rückhaltloser Anerkennung der liberalen Ideen möglich ist. Weder der Gedanke, den Weltstaat durch Eroberung und Annexion aller Ein-

zelstaaten zu errichten, noch der eines Völkerbundes, der sich nicht auf liberale Ideologie stützen kann, können als liberal angesehen werden. Wenn aber überall auf Erden das Programm des Liberalismus durchgeführt wird, ist der Weltstaat auch ohne formelle Bindung, ohne Weltbürokratie und ohne Amtspaläste eine Realität.
NÖ, S 626 f.

Es ist falsch, die Stellung des Liberalismus zum Staat dahin zu umschreiben, daß der Liberalismus das Gebiet staatlicher Betätigungsmöglichkeiten einschränken will und daß er Tätigkeit des Staates in bezug auf das Wirtschaftsleben grundsätzlich verabscheue. Von all dem ist keine Rede. Die Stellung des Liberalismus zum Problem der staatlichen Aufgaben ergibt sich daraus, daß er für das Sondereigentum an den Produktionsmitteln eintritt. Wenn man das Sondereigentum an den Produktionsmitteln will, so kann man natürlich nicht wollen, daß Gemeineigentum an den Produktionsmitteln besteht, d. h. daß die Regierung und nicht die einzelnen Eigentümer über die Produktionsmittel verfügen. In der Forderung des Sondereigentums an den Produktionsmitteln liegt daher schon eine ganz scharfe Umschreibung der Aufgaben, die dem Staat zugewiesen werden. {...} Der Grund der Ablehnung einer weiteren Betätigung des Staates ist eben nur der, daß damit das Sondereigentum an den Produktionsmitteln faktisch beseitigt würde. Im Sondereigentum aber erblickt der Liberale das zweckmäßigste Prinzip der Organisation des gesellschaftlichen Zusammenlebens.
LI, S. 34

Für keine der Einrichtungen, die der Wirtschaftspolitik von heute das Gepräge geben, ist der Liberalismus verantwortlich zu machen. Er war gegen die Verstaatlichung und Verstadtlichung von Unternehmungen, die sich nun als eine Katastrophe für den öffentlichen Haushalt und als ein Quell schmutziger Korruption erweisen, er war gegen die Versagung des Schubes der Arbeitswilligen und gegen die Auslieferung der Staatsmacht an die Gewerkschaften, gegen die Arbeitslosenunterstützung, die die Arbeitslosigkeit zu einer Dauer- und Massenerscheinung macht, gegen die Sozialversicherung, die die Versicherten zu Querulanten, Simulanten und Neurasthenikern macht, gegen die Zölle (und damit implicite gegen

Kartelle), gegen die Beschränkung der Freizügigkeit, gegen die Übersteuerung und gegen die Inflation, gegen die Rüstungen, gegen Kolonialerwerb, gegen die Unterdrückung anderssprachiger Völker, gegen Imperialismus und gegen Krieg. Er hat hartnäckigen Widerstand gegen die Politik der Kapitalaufzehrung geleistet. Und nicht der Liberalismus hat die bewaffneten Parteitruppen geschaffen, die nur auf die günstige Gelegenheit warten, den Bürgerkrieg zu beginnen.
LV, S. 26

Der Liberalismus geht davon aus, daß auf die Dauer die Regierungsgewalt nur mit Zustimmung und daher nur im Sinne der öffentlichen Meinung geführt werden kann. Wenn sich die Regierung in Widerspruch setzt mit den Auffassungen, die die Mehrzahl der von ihrem Zwangsapparat Beherrschten als richtig anerkennt, wird sie schließlich der Mehrheit weichen müssen; als Minderheit wird sie im äußersten Falle von der Übermacht der Mehrzahl gewaltsam niedergekämpft und beseitigt werden. Um Bürgerkriege zu vermeiden und den Frieden innerhalb der Staaten dauernd zu erhalten, fordert der Liberalismus daher demokratische Verfassung. Der Staat soll so eingerichtet sein, daß man die Übereinstimmung zwischen dem Willen der Regierenden und dem der Regierten auf friedlichem Wege erzielen kann. Gewaltanwendung zur Unterdrückung normwidrigen Verhaltens lässt der Liberalismus nur gegen Minderheiten zu, die sich gegen das Gesetz auflehnen. Will die Minderheit ihre Auffassung zur herrschenden machen, so muss sie sich bemühen, die Mehrheit durch geistige Mittel zu bekehren. Der liberale Staat geht nicht darauf aus, die übrigen Staaten zur Anerkennung seiner Auffassung gewaltsam zu zwingen. Seine Hochschätzung des Friedens lässt ihn sowohl für die Ordnung im Innern als auch für die Beziehungen der Staaten untereinander eine Verfassung suchen, die gewaltsame Zusammenstösse auszuschließen vermag. Das Mehrheitsprinzip des Liberalismus bedeutet nicht etwa, daß die Minderwertigen, die die Masse bilden, die Höherwertigen, die immer in der Minderzahl sind, vergewaltigen sollen. Auch der Liberalismus sieht in der Regierung durch die Besten und Tüchtigsten das Ideal. Doch er meint, daß die Eignung eines Mannes oder einer Anzahl von Männern zur Erfüllung der Obliegenheiten der Regierung sich besser dadurch erweist, daß es ihnen gelingt, ihre

Mitbürger von ihrer Befähigung zur Ausübung dieser Ämter zu überzeugen, so daß sie ihnen freiwillig die Besorgung der Regierungsgeschäfte übertragen, als dadurch, daß sie die übrigen durch Gewalt zur Anerkennung ihrer Ansprüche zwingen.
NÖ, S. 120 f.

Der Liberalismus ist keine abgeschlossene Lehre, er ist kein starres Dogma; er ist das Gegenteil von all dem: er ist die Anwendung der Lehren der Wissenschaft auf das gesellschaftliche Leben der Menschen. {...} Der Liberalismus ist eine Lehre, die ganz und gar auf das Verhalten der Menschen in dieser Welt gerichtet ist. Er hat in letzter Linie nichts anderes im Auge als die Förderung der äußeren, der materiellen Wohlfahrt der Menschen und kümmert sich unmittelbar nicht um ihre inneren, um ihre seelischen und metaphysischen Bedürfnisse. Er verspricht den Menschen auch nicht Glück und Zufriedenheit, sondern nichts anderes als möglichst reichliche Befriedigung aller jener Wünsche, die durch Bereitstellung von Dingen der Außenwelt befriedigt werden können. Diese rein äußerliche und materialistische Einstellung auf Irdisches und Vergängliches ist dem Liberalismus vielfach zum Vorwurf gemacht worden. Das Leben des Menschen, meint man, gehe nicht in Essen und Trinken auf. Es gebe höhere und wichtigere Bedürfnisse als Speise und Trank, Wohnung und Kleidung. Auch der größte irdische Reichtum könne dem Menschen kein Glück geben, lasse sein Inneres, seine Seele, unbefriedigt und leer. Es sei der schwerste Fehler des Liberalismus gewesen, daß er dem tieferen und edleren Streben des Menschen nichts zu bieten gewußt habe. Doch die Kritiker, die so sprechen, zeigen damit nur, daß sie von diesem Höheren und Edleren eine sehr unvollkommene und sehr materialistische Vorstellung haben. Mit den Mitteln, die der menschlichen Politik zur Verfügung stehen, kann man wohl die Menschen reich oder arm machen, aber man kann nie dazu gelangen, sie glücklich zu machen und ihr innerstes und tiefstes Sehnen zu befriedigen. Da versagen alle äußeren Hilfsmittel. Alles, was die Politik machen kann, ist, die äußeren Ursachen von Schmerz und Leid beheben; sie kann ein System fördern, das die Hungernden sättigt, die Nackten kleidet und die Obdachlosen behaust. Aber Glück und Zufriedenheit hängen nicht an Nahrung, Kleidung und Wohnung, sondern vor allem an dem, was der Mensch in seinem Innern

hegt. Nicht aus Geringschätzung der seelischen Güter richtet der Liberalismus sein Augenmerk ausschließlich auf das Materielle, sondern weil er der Überzeugung ist, daß das Höchste und Tiefste im Menschen durch äußere Regelung nicht berührt werden können. Er sucht nur äußeren Wohlstand zu schaffen, weil er weiß, daß der innere, der seelische Reichtum dem Menschen nicht von außen kommen kann, sondern nur aus der eigenen Brust. Er will nichts anderes schaffen als die äußeren Vorbedingungen für die Entfaltung des inneren Lebens. Und es kann kein Zweifel darüber bestehen, daß der in verhältnismäßigem Wohlstand lebende Bürger des 20. Jahrhunderts leichter seine seelischen Bedürfnisse befriedigen kann als etwa der Bürger des 10. Jahrhunderts, den die Sorge um notdürftige Fristung des Daseins und die Gefahren, die ihm von Feinden drohten, nicht zur Ruhe kommen ließen.
LI, S. 3 f.

Der Grundgedanke des Liberalismus und der Demokratie ist die Harmonie der Interessen aller Teile eines Volkes und dann die Harmonie der Interessen aller Völker.
NW, S. 35

Der Liberalismus kennt keine Eroberungen, keine Annexionen; so wie er dem Staat überhaupt gleichgültig gegenübersteht, so ist ihm auch das Problem der Staatsgröße unwichtig. Er zwingt niemand wider seinen Willen in das Staatsgefüge hinein. Wer auswandern will, wird nicht zurückgehalten. Wenn ein Teil des Staatsvolkes aus dem Verband auszuscheiden wünscht, der Liberalismus hindert ihn nicht daran. Kolonien, die sich selbständig machen wollen, mögen es nur tun. Die Nation als organisches Gebilde kann durch staatliche Veränderungen weder vergrößert noch verkleinert werden, die Welt als Ganzes dadurch weder gewinnen noch verlieren.
NW, S. 31 f.

Der Liberalismus ist keine Religion, keine Weltanschauung und keine Partei der Sonderinteressen. Er ist keine Religion, weil er weder Glauben noch Hingabe fordert, weil nichts Mystisches um ihn webt und weil er keine Dogmen hat; er ist keine Weltanschauung, weil er nicht den Kosmos erklären will und weil er uns nichts sagt und nichts sagen will über Sinn und Zweck des Menschendaseins; er ist keine Partei der

Interessen, weil er keinem einzelnen und keiner Gruppe irgendeinen Sondervorteil verspricht, verschaffen will oder verschafft. Er ist ganz etwas anderes. Er ist Ideologie, Lehre von dem Zusammenhang der gesellschaftlichen Dinge und zugleich Anwendung dieser Lehre auf das Verhalten der Menschen in gesellschaftlichen Dingen. Er verspricht nichts, was über das hinausgeht, was in der Gesellschaft und durch die Gesellschaft geleistet werden kann. Er will den Menschen nur eines geben: friedliche, ungestörte Entwicklung des materiellen Wohlstandes für alle, um so von ihnen die äußeren Ursachen von Schmerz und Leid fernzuhalten, soweit das überhaupt in der Macht gesellschaftlicher Einrichtungen steht. Leid zu mindern, Freude zu mehren, das ist sein Ziel. Keine Sekte und keine politische Partei haben geglaubt, darauf verzichten zu können, ihre Sache durch den Appell an die Sinne der Menschen zu vertreten. Rhetorisches Wortgepränge, Musik und Gesang erklingen, Fahnen flattern, Blumen und Farben dienen als Symbole und die Führer suchen die Gefolgschaft an ihre eigene Person zu binden. Der Liberalismus tut da nicht mit. Er hat keine Parteiblume und keine Parteifarbe, kein Parteilied und keine Parteigötzen, keine Symbole und keine Schlagworte; er hat die Sache und die Argumente. Die müssen ihn zum Siege führen.
LI, S. 168

ꟙ

Alle antiliberalen Sozialtheorien mußten notwendigerweise Bruchstücke bleiben oder zu den absurdesten Schlüssen gelangen. Wenn sie dem Liberalismus vorwerfen, daß er nur auf Irdisches Bedacht nehme, daß er über dem Streben des Alltags die Sorge um höhere Güter vernachlässige, dann rennen sie offene Türen ein. Denn der Liberalismus hat sich nie als mehr geben wollen denn als eine Philosophie des irdischen Lebens; was er lehrt, ist nur auf irdisches Tun und Lassen abgestellt; er hat nie beansprucht, das Letzte und Geheimste des Menschen auszuschöpfen. Die antiliberalen Lehren versprechen alles, sie wollen Glück und Seelenfrieden bringen, als ob dies von außen in die Menschen hineingetragen werden könnte. Nur das eine steht fest, daß ihr Gesellschaftsideal die Versorgung mit äußeren Gütern ganz bedeutend verschlechtert; über den Wert dessen, was sie als Ersatz dafür bringen, sind die Meinungen mindestens geteilt.[92] Die Kritiker des li-

92 Vgl. Wiese, Der Liberalismus in Vergangenheit und Zukunft, Berlin 1917, S. 58 ff.

beralen Gesellschaftsideals werfen sich schließlich darauf, den Liberalismus mit seinen eigenen Waffen zu schlagen. Sie wollen aufzeigen, daß er nur den Interessen einzelner Schichten dienen wolle und diene; der Friede, den er bereiten will, sei nur einem engen Kreise günstig, schädige aber alle anderen. Auch die im Rechtsstaate realisierte Gesellschaftsordnung beruhe auf Gewalt. Die freien Verträge, auf die sie sich zu stützen vorgeben, seien in Wahrheit nur Gewaltfriedenssatzungen, die von Siegern den Besiegten auferlegt wurden und nur solange gelten, als die Machtverhältnisse Bestand haben, aus denen sie hervorgegangen sind. Alles Eigentum sei durch Gewalt begründet und werde nur durch Gewalt aufrechterhalten. Der freie Arbeiter der liberalen Gesellschaft sei nichts anderes als der Unfreie der Feudalzeit; der Unternehmer beute ihn nicht weniger aus als ein Grundherr seine Grundholden, ein Plantagenbesitzer seine Sklaven. Daß solche und ähnliche Einwendungen gemacht und geglaubt werden konnten, zeigt den Niedergang des Verständnisses für die liberalen Lehren.
GW, S. 23

Denn der Liberalismus tritt nicht aus Rücksicht auf die Sonderinteressen der Eigentümer für das Sondereigentum an den Produktionsmitteln ein, sondern weil er von einer auf dem Sondereigentum beruhenden Wirtschaftsverfassung eine bessere Versorgung erwartet. In der liberalen Wirtschaftsverfassung werde mehr erzeugt, als in der sozialistischen; dieser Überschuß kommt nicht nur den Besitzenden zugute, so daß die Bekämpfung der sozialistischen Irrlehren nicht etwa ein Sonderinteresse der Reichen sei; auch der Ärmste würde durch den Sozialismus geschädigt werden. Man mag sich zu dieser Behauptung wie immer stellen, keineswegs ist es gestattet, dem Liberalismus zu unterstellen, er wäre eine Politik, die nur auf die Wahrung von Sonderinteressen einer engen Schicht bedacht sei. Sozialismus und Liberalismus unterscheiden sich nicht durch das Ziel, das sie anstreben, sondern durch die Mittel, die sie anwenden wollen, um das Ziel zu erreichen.
GW, S. 32

Erst der Liberalismus erkannte die gesellschaftliche Funktion des Sondereigentums an den Produktionsmitteln. Es bringt die Güter in die Verfügungsgewalt derjenigen, die

sie am besten zu verwenden wissen, es leitet sie in die Hand des besten Wirts. Daher ist nichts dem Wesen des Eigentums abträglicher als Besitzprivilegien und Produzentenschutz. Gebundenheit des Eigentums in jeder Gestalt, Bannrechte und andere Vorrechte der Erzeuger sind Einrichtungen, die geeignet sind, die gesellschaftliche Funktion des Eigentums zu hemmen. Sie werden vom Liberalismus mit derselben Entschiedenheit bekämpft, mit der er gegen jede Art von Unfreiheit des Arbeiters auftritt.
GW, S. 282

ℵ

Im Wesen der kapitalistischen Gesellschaftsordnung liegt es, daß Kapital stets neu gebildet wird. Je größer der Kapitalfonds wird, desto höher steigt die Grenzproduktivität der Arbeit, desto höher wird daher absolut und relativ der Arbeitslohn. Die fortschreitende Kapitalbildung ist der einzige Weg, um jene Gütermenge zu mehren, die die Gesellschaft jährlich ohne Schmälerung der künftigen Produktionserträge verbrauchen kann, und zugleich der einzige Weg, um den Verbrauch des Arbeiters dauernd und ohne Schaden für die kommenden Arbeitergeschlechter zu erhöhen. Darum hat der Liberalismus als das einzige Mittel zur dauernden Hebung der Lage der breiten Schichten das Fortschreiten der Kapitalbildung bezeichnet. Der Weg, den Sozialismus und Destruktionismus gehen wollen, ist ein anderer: Sie wollen Kapital aufzehren, um die Gegenwart reich zu machen auf Kosten der Zukunft. Die Politik des Liberalismus gleicht dem Vorgehen des sorgsamen Hausvaters, der für sich und seine Nachkommen sammelt und baut. Die Politik des Destruktionismus gleicht dem Vorgehen eines Verschwenders, der unbekümmert um das Morgen das Ererbte verjubelt.
GW, S. 425

ℵ

Der Liberalismus hat alle Kunstgriffe der Politik ängstlich gemieden. Er erwartete alles von der inneren Stärke und der Überzeugungskraft seiner Ideen und verschmähte alle anderen Mittel des politischen Kampfes. Er hat nie Taktik betrieben, sich nie zur Demagogie erniedrigt. Der Altliberalismus war durch und durch ehrlich und prinzipienfest; »doktrinär« nannten das seine Gegner. Die alten liberalen Grundsätze müssen heute einer gründlichen Überprüfung unterzogen werden. Die Wissenschaft hat

in den letzten hundert Jahren eine vollständige Umwälzung erfahren; die allgemein soziologischen und die nationalökonomischen Grundlagen der Lehre müssen nun anders gelegt werden. In vielen Fragen hat der Liberalismus nicht folgerichtig bis zum Ende gedacht; auch sonst ist manches nachzuholen. Doch die politische Kampfesweise des Liberalismus kann sich nicht ändern. Der Liberalismus, dem alles gesellschaftliche Zusammenwirken als Ausfluß der vernunftgemäß erkannten Nützlichkeit und alle Macht als auf der öffentlichen Meinung beruhend erscheint, kann nichts unternehmen, was die freie Entscheidung der denkenden Menschen behindern könnte. Er weiß, daß Fortschritt des gesellschaftlichen Lebens zu engerer Verknüpfung nur durch die Erkenntnis seiner Ersprießlichkeit erreicht werden kann, daß kein Gott und kein geheimnisvoll wirkendes Schicksal die gesellschaftliche Zukunft des Menschengeschlechtes bestimmen kann, sondern nur der Mensch selbst. Wenn Völker blind dem Untergang entgegengehen, dann muß man versuchen, sie aufzuklären. Wenn sie aber nicht hören, sei es weil sie taub sind, sei es weil die Stimme der Warner zu schwach ist, kann man sie auch nicht durch taktische und demagogische Kunstgriffe auf den rechten Weg bringen. Mit Demagogie kann man die Gesellschaft vielleicht zerstören, doch gewiß nicht aufbauen.
GW, S. 429

ꝏ

Der Liberalismus ist vom Anarchismus radikal verschieden und hat mit den phantastischen Ideen der Anarchisten nichts zu schaffen. Man muß das besonders hervorheben, weil die etatistische Polemik mitunter Verwandtschaft zwischen Anarchismus und Liberalismus aufzeigen wollte. Der Liberalismus ist nicht so töricht, den Staat abschaffen zu wollen. Er will den Staat stark, damit er die gesellschaftliche Ordnung, die er für die einzige mögliche Ordnung friedlicher gesellschaftlicher Kooperationen hält, die auf dem Sondereigentum an den Produktionsmitteln beruhende Wirtschaftsverfassung, schütze und ungestört wirken lasse. Nach liberaler Auffassung hat der Staat Leben, Gesundheit, Freiheit und Eigentum der Staatsbürger gegen gewaltsame oder heimtückische Angriffe zu schützen.
NS, S. 71 f.

Luxus

Haben die oberen Schichten einmal eine bestimmte Lebensgewohnheit angenommen, dann empfängt die Produktion die Anregung, durch Verbesserungen des Verfahrens es dahin zu bringen, daß auch die ärmeren Schichten sich bald in die Möglichkeit versetzt sehen, es den reicheren nachzutun. Das ist die fortschrittfördernde Funktion des Luxus. Die Neuheit »ist die Laune einer Elite, bevor sie ein Bedürfnis des Publikums wird und zum Notwendigen gehört. Denn der Luxus von heute ist das Bedürfnis von morgen«.[93] Der Luxus ist der Bahnbrecher des Fortschrittes, indem er die latenten Bedürfnisse entwickelt und die Leute unzufrieden macht. Die Sittenprediger, die den Luxus verdammen, gelangen denn auch, wenn sie nur halbwegs folgerichtig denken, schließlich dazu, die verhältnismäßige Bedürfnislosigkeit des im Walde frei schweifenden Wildes als das Ideal sittlicher Lebensführung hinzustellen.
GW, S. 178

93 Vgl. Tarde, Die sozialen Gesetze, Deutsch von Hammer, Leipzig 1908, S. 99; vgl. dazu die zahlreichen Beispiele bei Roscher, Ansichten der Volkswirtschaft vom geschichtlichen Standpunkt, 3. Aufl., Leipzig 1878, I. Bd., S. 112 ff.

Über den Luxus ist sehr viel Törichtes gesagt und geschrieben worden. Gegen den Luxusverbrauch ist eingewendet worden, daß es ungerecht sei, daß die einen Überfluß genießen sollen, wenn die anderen dabei darben. Dieses Argument scheint etwas für sich zu haben. Doch es scheint nur so. Denn wenn es sich herausstellen sollte, daß dem Luxus eine Funktion im Dienste des gesellschaftlichen Zusammenlebens der Menschen zukommt, dann wird es ganz hinfällig. {...} Würden die Reichen keinen Luxus treiben, sagt man, so hätten die Armen kein Einkommen. Das ist geradezu dumm. Denn gebe es keinen Luxus, dann würden eben Kapital und Arbeit, die sonst zur Erzeugung von Luxusgütern Verwendung finden, andere Güter erzeugen, Massenverbrauchsartikel, notwendige Artikel anstatt der »überflüssigen«. Um sich von der gesellschaftlichen Bedeutung des Luxus eine richtige Vorstellung zu machen, muß man zunächst erkennen, daß der Begriff des Luxus ein durchaus relativer ist. Luxus ist eine Lebensweise, die sich von der der großen Masse abhebt. Die Vorstellung von dem, was Luxus ist, ist daher durchaus an die Zeit gebunden. Vieles von dem, was uns heute als notwendig erscheint, erschien

einst als Luxus. Als im Mittelalter eine vornehme Byzantinerin, die einen venetianischen Dogen[94] geheiratet hatte, sich beim Speisen anstatt der Finger eines goldenen Instrumentes bediente, das man als Vorläufer unserer Gabel bezeichnen kann, da hielten die Venetianer dies für einen gottlosen Luxus, daß sie es nur gerecht fanden, als die Dame von einer fürchterlichen Krankheit befallen wurde; das müsse, meinten sie, die gerechte Strafe Gottes für solche naturwidrige Ausschweifung sein. Vor zwei oder drei Menschenaltern galt selbst in England ein Badezimmer im Hause als Luxus; heute hat es in England wohl jedes Haus eines besseren Arbeiters. Vor 35 Jahren gab es noch keinen Kraftwagen; vor 20 Jahren war der Besitz eines solchen Wagens ein Zeichen besonders luxuriöser Lebensführung; heute hat in den Vereinigten Staaten auch der Arbeiter seinen Fordwagen. So ist nämlich der Gang der Wirtschaftsgeschichte: Der Luxus von heute ist das Bedürfnis von morgen. Aller Fortschritt tritt zuerst als Luxus der wenigen Reichen ins Leben, um dann nach einiger Zeit das selbstverständliche notwendige Bedürfnis aller zu werden. Der Luxus gibt dem Konsum und der Industrie die Anregungen, Neues zu erfinden und einzuführen. Er ist eine der dynamischen Einrichtungen unseres Wirtschaftslebens. Nur ihm verdanken wir den Fortschritt und die Neuerungen, die schrittweise Hebung des Lebensstandes aller Kreise der Bevölkerung. Der reiche Müßiggänger, der sein Leben ohne Arbeit nur genießend verbringt, ist wohl den meisten von uns keine sympathische Erscheinung. Doch auch er erfüllt eine Funktion im Leben des gesellschaftlichen Organismus. Sein Luxus wirkt beispielgebend; er weckt bei der Menge neue Bedürfnisse und gibt der Industrie die Anregung, diese Bedürfnisse der Menge zu befriedigen. Es gab eine Zeit, da konnten nur reiche Leute sich den Luxus leisten, fremde Länder zu besuchen. Schiller[95] hat die Schweizer Berge, die er im Tell besungen hat, nie gesehen, trotzdem sie seiner schwäbischen Heimat benachbart sind. Goethe[96] hat weder Paris, noch Wien, noch London je besucht. Heute aber reisen Hunderttausende, und bald werden Millionen reisen.
LI, S. 28 f.

94 D. war der Titel eines gewählten Oberhauptes in den italienischen Republiken des Mittelalters und der frühen Neuzeit.

95 Johann Christoph Friedrich von Schiller (* 1759 in Marbach; † 1805 in Weimar).

96 Johann Wolfgang von Goethe (* 1749 in Frankfurt am Main; † 1832 in Weimar).

Macht

Menschliche Macht ist die Fähigkeit, fremdes Handeln zu bestimmen. Alle Macht beruht auf Ideologie. Wer mächtig ist, ist es durch eine Ideologie; er ist mächtig, weil sein Anspruch, zu befehlen, durch eine Ideologie gerechtfertigt wird, die Menschen als gültig und richtig anerkennen.
NÖ, S. 588

Vergegenständlichen oder vermenschlichen wir den Begriff der Ideologie, dann können wir davon sprechen, daß die Ideologien Macht über Menschen haben. Macht ist die Fähigkeit, das Handeln von Menschen zu bestimmen.[97] In der Regel wird man nur von Menschen oder Menschengruppen sagen, daß sie Macht haben oder mächtig sind. Dann lautet die Begriffsbestimmung des Ausdruckes Macht: Macht ist die Fähigkeit, fremdes Handeln (das Handeln anderer) zu bestimmen. Wer mächtig ist, ist es durch eine Ideologie. Nur Ideologien können einen Menschen befähigen, fremdes Handeln zu bestimmen. Man kann Führer werden, wenn man sich auf eine Ideologie zu stützen vermag, die Mitmenschen gefügig macht. Macht ist sohin ein Geistiges, kein Körperliches. Die Macht des Königs ruht in der monarchistischen Ideologie, die die Untertanen als gültig anerkennen. Wer die Macht nützt, um im Staate zu führen, übt Herrschaft. Herrschaft ist die Ausübung der Macht im politischen Verbande, im Staate. Herrschaft ist immer auf Macht, d. i. auf der Kraft, fremdes Handeln zu bestimmen, begründet. Man kann Herrschaft wohl auch auf Gewalt begründen, d. h. auf dem Bestreben, fremdes Handeln durch körperliche Überwindung oder durch die Bereitschaft, etwaigen Widerstand durch körperliche Überwindung niederzuringen, gegen den Willen der Beherrschten zu bestimmen. Doch auch Gewaltherrschaft ist ohne Macht, die Geister gefügig formt, nicht denkbar. Wer Gewalt im politischen Verbande anwenden oder zur Verwendung bereit halten will, muss sich auf das freiwillige Mitwirken von Menschen stützen können. Er muss, in einem Verbande Machtherrschaft ausüben, um in der Unterstützung durch diesen Verband die Mittel zu finden, die ihn zur Vergewaltigung anderer Menschen in einem größeren Verbande befähigen. Der Einzelne kann, allein auf sich gestellt,

97 »Wir haben dabei allein den praxeologischen Begriff Macht im Auge, der vom naturwissenschaftlich-technologischen Begriff Macht zu unterscheiden ist.«

nie Gewaltherrschaft ausüben.[98] Der Tyrann muss über eine Gefolgschaft oder Garde verfügen, die kraft einer Ideologie seinem Befehle freiwillig folgt. Ihr freiwilliger Gehorsam bietet ihm den Gewaltapparat, dessen er zur Unterdrückung der anderen bedarf. Ob es ihm gelingen mag, mit Hilfe dieses Gewaltapparats seine Herrschaft dauernd aufrechtzuerhalten, hängt von dem zahlenmäßigen Verhältnis der beiden Gruppen ab, derer, die sich ihm freiwillig zur Verfügung stellen, und derer, die er vergewaltigt. Auf die Dauer kann eine Minderheit die Mehrheit nicht vergewaltigen. Die Unterdrückten werden aufstehen und das Joch abschütteln. Alle Herrschaft, die Dauer haben soll, muss daher ideologisch fundiert sein. Das »reale« Element, die »realen Mächte«, die Herrschaft begründen und zur Ausübung von Gewalt gegenüber widerstrebenden Schwächeren befähigen, sind in letzter Linie stets geistiger Natur. Herrscher, die das verkannt, auf die vermeintliche Unwiderstehlichkeit ihrer Waffen gepocht und den Geist und die Ideen verachtet haben, sind schließlich dem Ansturm ihrer Gegner erlegen. NÖ, S. 167 f.

98 »Ein Strolch kann einen schwächeren Einzelnen vergewaltigen. Doch das hat mit dem Leben im gesellschaftlichen Verband nichts zu tun; es ist ein vereinzelter antisozialer Akt.«

Marktwirtschaft

Die Bedienung der Interessen jedes Gliedes der Marktwirtschaft wird gerade dadurch sichergestellt, daß dem Unternehmer, der die künftige Marktlage besser als andere vorauszusehen wusste, Unternehmergewinn zufällt. Dieses System, das den Erfolg belohnt und den Misserfolg straft, bewirkt die denkbar beste Versorgung des Marktes. Würden die Unternehmergewinne zu Gunsten derer, die durch die Veränderung leiden, beschränkt werden, dann würde man die Anpassung der Versorgung an die wechselnden Verhältnisse nicht verbessern, sondern verschlechtern. Der Widerstreit der Interessen, der zwischen Käufer und Verkäufer besteht, wird dadurch behoben, daß der Kaufabschluss immer für beide Teile vorteilhaft ist. Selbst wenn man mit Verlust verkauft, ist man noch immer besser daran, als wenn man überhaupt nicht oder nur zu noch ungünstigeren Bedingungen verkaufen könnte. Daß Einer Verluste erleidet, hat er seinem Mangel an Voraussicht zuzuschreiben; der Verkauf begrenzt seinen Verlust, auch wenn er zu noch so ungünstigen Bedingungen erfolgt. Wenn der Verkäufer den Verkauf nicht als das unter den gegebenen Umständen für ihn vorteilhafteste Handeln an-

sehen würde, würde er nicht verkaufen. Der Satz, daß des Einen Vorteil des Andern Schaden sei, ist richtig für Kriegführen und Beutemachen. Was der Räuber mir abgenommen hat, ist sein Vorteil und mein Schaden. Doch Krieg und Handel sind verschiedene Dinge.
NÖ, S. 607

Man hat dem Markte den demokratischen Charakter absprechen wollen, weil doch dem Reichen mehr Geld – Stimmzettel – zur Verfügung stehen als dem Minderbemittelten. Doch Reichtum kann in der kapitalistischen Wirtschaftsordnung nur durch Dienste, die den Verbrauchern durch die ihren Bedürfnissen am besten entsprechende Verwendung der Produktionsmittel geleistet wurden, erworben und bewahrt werden. Darin besteht ja gerade das Demokratische der Marktwirtschaft, daß in ihr die Unternehmer und Kapitalisten durchaus von dem gewöhnlich als eigennützig bezeichneten Verhalten der Verbraucher abhängen.
EM, S. 727

»Markt« nennt die Nationalökonomie den Prozeß, durch den in der auf dem Sondereigentum an den Produktionsmitteln beruhenden arbeitsteiligen Wirtschaft (Marktwirtschaft) die Erzeugung in die Wege gelenkt wird, auf denen sie der Befriedigung der dringendsten Bedürfnisse der Verbraucher am besten dient. {...} Die Freiheit, die der Markt dem einzelnen gewährt, mag von metaphysischen Gedankengängen aus angezweifelt werden. Sie verkörpert jedoch auf dem Gebiete der Bedarfsdeckung das Freiheitsideal, das das Wesen der Kultur des Westens ausmacht und sie grundsätzlich vom orientalischen Lebensstil unterscheidet. In diesem Sinne ist der letztlich durch die Verbraucher beherrschte Markt ein wesentliches Element der modernen gesellschaftlichen Ordnung und Kultur.
MA, S. 131 f.

Die Marktwirtschaft ist friedliches Zusammenwirken von Menschen. Sie wird gesprengt, wenn die Bürger zu Kriegern werden und, statt Waren und Dienste zu tauschen, einander bekriegen. Die Ausbildung der internationalen Arbeitsteilung erfolgte in der Erwartung, daß Kriege hinfort unterbleiben werden. Der liberalen Ideologie erschien das einfach selbstverständlich. In ihren Au-

gen war die menschliche Geschichte ein Fortschreiten von Militarismus zu Industrialismus. Fürsten, meinte sie, wollen Kriege führen, um ihren Herrschaftsbereich auszudehnen; Soldaten wollen durch Beute reich werden. Die Bürger aber fragen nicht darnach, wo die politischen Grenzen verlaufen. Sie können durch Kriege nichts gewinnen; die Kosten der Kriegführung erscheinen ihnen als unnützer Aufwand. Die Verdrängung des fürstlichen Absolutismus durch Demokratie und Selbstbestimmungsrecht der Völker werde daher für alle Zeiten den Frieden sichern.
NÖ, S. 723

Die Marktwirtschaft ist durch zwei Elemente gekennzeichnet: Es besteht Sondereigentum an den Produktionsmitteln und Arbeitsteilung. Jeder handelt für sich, doch jedermanns Handeln ist mittelbar auch auf die Erfüllung der Zwecke der anderen Handelnden gerichtet. Jedes Handeln wird dadurch zu einem Mithandeln, jedermann dient handelnd seinen mithandelnden Genossen. Jeder gibt, um zu empfangen; jeder dient um bedient und bedankt zu werden. Jeder ist Zweck und Mittel zugleich: Zweck sich selbst und Mittel allen anderen zur Erreichung ihrer Zwecke. Die Steuerung dieses Körpers erfolgt durch den Markt. Der Markt weist dem Handeln der Einzelnen die Wege und lenkt es dorthin, wo es den Zwecken seiner Mitbürger am nützlichsten werden kann. Das marxistische Schlagwort von der »Anarchie der Produktion« erinnert daran, daß in der Marktwirtschaft kein Zwingherr waltet, der jedem Einzelnen eine Aufgabe zuteilt, und über ihre Ausführung wacht. Jeder ist frei, niemand hat einen Herrn über sich. Doch wenn auch frei, dient jeder allen. Auch ohne daß man ihn zwingt, muss jeder seine Aufgabe erfüllen. Der Markt lenkt, der Markt bringt in das Getriebe Sinn und Ordnung.
NÖ, S. 250 f.

Alle Produktion muß sich nach den Wünschen der Verbraucher richten. Entspricht sie nicht den Anforderungen, die der Konsument stellt, dann wird sie unrentabel. Es ist also dafür gesorgt, daß die Erzeuger sich nach dem Willen der Verbraucher richten, und daß die Produktionsmittel aus der Hand jener, die nicht gewillt oder befähigt sind, das zu leisten, was die Verbraucher von ihnen fordern, in die Hände jener übergehen, die besser imstande sind, die Erzeugung zu leiten. Der Herr der Produktion

ist der Konsument. Die Volkswirtschaft ist, unter diesem Gesichtswinkel betrachtet, eine Demokratie, in der jeder Pfennig einen Stimmzettel darstellt. Sie ist eine Demokratie mit jederzeit widerruflichem imperativem Mandat der Beauftragten. Sie ist eine Verbraucherdemokratie. Die Produzenten als solche haben selbst keine Möglichkeit, der Produktion die Richtung zu weisen. Das gilt in gleicher Weise vom Unternehmer wie vom Arbeiter; beide müssen in letzter Linie die Wünsche der Konsumenten befolgen. Das könnte auch gar nicht anders sein. In der Produktion können nur entweder die Konsumenten oder die Produzenten den Ton angeben. Daß es jene tun, ist nur selbstverständlich. Denn nicht um der Produktion willen wird produziert, sondern für den Konsum. Als Produzent ist der Volksgenosse in der arbeitteilenden Wirtschaft selbst Beauftragter der Gesamtheit und hat als solcher zu gehorchen. Anzuschaffen hat er nur als Konsument.
GW, S. 412

In der Struktur einer Marktwirtschaft, die nicht durch die Praktiken von Regierungen und Politikern sabotiert wird, gibt es keine vornehmen Herren und Junker, die die Bevölkerung in Unterwerfung halten, indem sie Tribute und Abgaben einsammeln, und die fröhlich schmausen, während die Leibeigenen sich mit Brosamen begnügen müssen. In dem »Profitsystem« können nur diejenigen gedeihen, denen es gelungen ist, die Bedürfnisse der Menschen auf die bestmögliche und billigste Weise zu befriedigen. Reichtum kann nur durch Zufriedenstellung der Verbraucher erworben werden. Die Kapitalisten verlieren ihr Kapital, sobald sie versäumen, es in denjenigen Produktionszweigen zu investieren, in welchen sie die allgemeine Nachfrage am besten befriedigen können. In einem täglich sich wiederholenden Volksentscheid, in welchem jeder Pfennig mit dem Wahlrecht verbunden ist, bestimmen die Verbraucher, wer die Fabrikanlagen, Läden und Landgüter besitzen und verwalten soll. Die Kontrolle der materiellen Produktionsmittel ist eine soziale Funktion, die der Bestätigung oder dem Widerruf des souveränen Verbrauchers unterworfen ist. Dies ist es, was die moderne Auffassung von Freiheit bedeutet. Jeder erwachsene Mensch ist frei, sein Leben nach seinen eigenen Plänen zu formen. Er wird nicht gezwungen, nach den Wünschen einer planenden Autorität zu leben, die ihren

Einheitsplan durch die Polizei, das heißt durch Zwang und Zwangsherrschaft durchsetzt. Was die Freiheit des Individuums beschränkt, ist nicht die Gewalttätigkeit oder die Gefahr der Gewalttätigkeit von seiten anderer Menschen, sondern die physiologische Struktur seines Körpers und die unausweichbare, naturgegebene Knappheit der Produktionsfaktoren. Es ist offensichtlich, daß die Verfügungsfreiheit des Menschen, sein Schicksal zu formen, niemals Grenzen, die durch die sogenannten Naturgesetze gezogen sind, überschreiten kann.
WA, S. 10 f.

ꝏ

Freiheit in der Gesellschaft heißt, daß ein Mensch ebenso sehr von anderen abhängig ist, wie diese von ihm. In der freien Marktwirtschaft dient jeder seinen Mitbürgern und diese wiederum dienen ihm.
WI, S. 43

ꝏ

In der auf dem Sondereigentum an den Produktionsmitteln beruhenden Gesellschaftsordnung wird die Produktion durch den Markt gelenkt. Unternehmer und Eigentümer von Produktionsmitteln müssen trachten, die Produktion so zu führen, daß sie den Begehr der Verbraucher so gut und so billig befriedigen, wie es der Stand der Technik, der Umfang der zur Verfügung stehenden sachlichen Produktionsmittel und Qualität und Zahl der vorhandenen Arbeitskräfte gestatten. Sind sie dieser Aufgabe nicht gewachsen, produzieren sie zu teuer oder zu schlecht oder nicht das, was auf dem Markte von den Verbrauchern am dringendsten nachgefragt wird, dann erleiden sie Verluste und müssen, wenn sie nicht rechtzeitig umlenken, aus der Unternehmer- und Eigentümerstellung ausscheiden. Andere, die die Verbraucher besser zu befriedigen wissen, treten an ihre Stelle. Die Verbraucher bestimmen durch die Preise, die sie zahlen und durch die Menge, die sie kaufen, die Qualität und die Menge der Produktion. Sie bestimmen unmittelbar die Preise der gebrauchs- und verbrauchsreifen Güter und damit mittelbar die Preise aller für die Produktion erforderlichen Sachgüter und die Löhne aller in der Produktion tätigen Arbeiter. Die Verbraucher weisen der Produktion die Richtung. In der Marktwirtschaft dient jeder den anderen und jeder wird von den anderen bedient. Sie ist ein Austausch von Gütern und Diensten, ein wechselseitiges Geben und Empfangen.
NS, S. 73

Marx, Karl

Der unbefangene Beobachter sieht das Werk von Karl Marx[99] mit anderen Augen als die verzückten Schwärmer, die in Marx eine der Heldengestalten der Weltgeschichte bewundern und ihn unter die großen Nationalökonomen und Soziologen, ja selbst unter die hervorragenden Philosophen reihen. Als Nationalökonom war Marx ein durchaus unorigineller Nachfahre der klassischen Nationalökonomie, dem die Fähigkeit mangelte, das nationalökonomisch Wesentliche an den Problemen politisch unbefangen zu betrachten, und der alle Zusammenhänge durch die Brille des Agitators sah, dem die Wirkung auf die Volksmasse stets das Wichtigste bleibt; auch hierin war er übrigens nicht selbständig, denn die englischen sozialistischen Verteidiger des Rechtes auf den vollen Arbeitsertrag, die mit ihren Flugschriften im dritten und vierten Jahrzehnt des neunzehnten Jahrhunderts dem Chartismus[100] den Weg bereiteten, hatten alles Wesentliche schon vorweggenommen. Überdies widerfuhr ihm das Mißgeschick, daß er von der grundstürzenden Umwälzung der Nationalökonomie, die sich in den Jahren, da er sein System ausarbeitete, anbahnte und bald nach dem Erscheinen des ersten Bandes des »Kapital«[101] der Öffentlichkeit kund wurde, nichts ahnte, so daß die späteren Bände des »Kapital«[102] schon bei ihrem Erscheinen außer allem Zusammenhang mit der modernen Wissenschaft waren. {...} Als Soziologe und Geschichtsphilosoph war Marx nie etwas anderes als ein geschickter Agitator, der für die Tagesbedürfnisse seiner Partei schreibt. Die materialistische Geschichtsauffassung ist wissenschaftlich wertlos; Marx hat sie übrigens nie geistig durchgearbeitet und sie in mehreren, miteinander unvereinbaren Fassungen vorgetragen. Der philosophische Standpunkt von Marx war der der Hegelschen Schule. {...} Als wissenschaftlicher Schriftsteller war Marx trocken, pedantisch und schwerfällig. Die Gabe, sich verständlich auszudrücken, war ihm versagt geblieben. Nur in seinen politischen Schriften weiß er durch blendende Antithesen und durch die Herausarbeitung von Sentenzen, die sich dem Ohre leicht einprägen und durch Wortgepränge über die Inhaltslosigkeit hinwegtäuschen, bedeutende Wirkungen zu

99 Karl Marx (* 1818 in Trier; † 1883 in London).

100 englische Arbeiterbewegung am Anfang des 19. Jhd.

101 1867 erschienen

102 1885 erschien Band 2 und 1894 Band 3

erzielen. In der Polemik scheut er nicht davor zurück, die Worte des Gegners zu entstellen. Statt zu widerlegen, pflegt er zu schimpfen.[103] {...} Eigenart und geschichtliche Bedeutung von Marx liegen ausschließlich auf dem Gebiete der politischen Technik. Er erkennt die ungeheure Macht, die in der modernen Gesellschaft zu erringen ist, wenn es gelingt, die großen Massen der in den Fabriken zusammengedrängten Arbeiter zu einem politischen Faktor zu machen, und sucht und findet die Schlagwörter, die diese Haufen zu einheitlichem Vorgehen zu verbinden imstande sind. Er gibt die Losung aus, die diese Leute, denen politische Interessen ferne lagen, zum Ansturm gegen das Sondereigentum aufpeitscht. Er verkündet eine Heilslehre, die ihr Ressentiment rationalisiert und ihre Neid- und Racheinstinkte zu weltgeschichtlicher Sendung verklärt. Er stählt ihr Selbstbewußtsein, indem er sie als die Träger der Zukunft des Menschengeschlechts begrüßt.
GW, S. 426 f.

103 »Vgl. z. B. im »Kapital« die Ausführungen über Bentham: »der hausbackenste Gemeinplatz«, »reproduzierte nur geistlos«, »Schund«, »Genie in der bürgerlichen Dummheit« (a. a. o., I. Bd., S. 573); über Malthus: »ein schülerhaft oberflächliches und pfäffisch verdeklamiertes Plagiat« (a. a. o., I. Bd., S. 580).«

Marxismus

Wenn Wissenschaft und logisches Denken gegen den Sozialismus zeugten, so mußte man ein System finden, das gegen die unliebsame Kritik der Wissenschaft und der Logik zu sichern versprach. Das ist die Aufgabe, die der Marxismus zu erfüllen unternahm. Drei Mittel dienen ihm dazu. Er bestreitet der Logik die allgemein für alle Menschen und Zeiten geltende Verbindlichkeit. Das Denken sei von dem Klassensein der Denker abhängig, es sei ein »ideologischer Überbau« ihrer Klasseninteressen. Jenes Denken, das die sozialistische Idee widerlegt hat, wird als »bürgerliches« Denken und als Apologetik des Kapitalismus »enthüllt«. Der dialektische Prozeß führe, lehrt der Marxismus weiter, mit Notwendigkeit zum Sozialismus hin; Ziel und Ende aller Geschichte sei die Vergesellschaftung der Produktionsmittel durch die Expropriation der Expropriateure als Negation der Negation. Sich mit der Einrichtung des mit unentrinnbarer Notwendigkeit kommenden sozialistischen Landes der Verheißung zu befassen, wie es die Utopisten getan hatten, sei, wird endlich behauptet, unzulässig. Der Wissenschaft gezieme es vielmehr, in Erkenntnis der Unentrinnbarkeit des Sozialismus auf alle Untersu-

chungen über sein Wesen zu verzichten.
GW, S. IV

ஐ

Er lehrt uns eine vollkommene Vorherbestimmtheit und zielt doch darauf, die Leute mit revolutionärem Geist zu entflammen. Was ist der Nutzen revolutionären Handelns, wenn Geschehnisse unausweichlich auf ihren vorgeschriebenen Plan hinauslaufen müssen, was immer die Menschen auch tun mögen? Warum sind die Marxisten so eifrig bemüht, sozialistische Parteien zu organisieren und die Abläufe der Marktwirtschaft zu sabotieren, wenn der Sozialismus in jedem Fall »mit der Unerbittlichkeit eines Naturgesetzes« kommen muss? Es ist eine wirklich lahme Entschuldigung zu erklären, daß die Aufgabe einer sozialistischen Partei nicht darin besteht, den Sozialismus herbeizuführen, sondern nur bei seiner Geburt Hebammendienste zu leisten. Auch die Geburtshilfe lässt den Gang der Geschehnisse von dem abweichen, den er ohne Einmischung nehmen würden. Andernfalls würden Schwangere sie nicht in Anspruch nehmen. Schließt doch die wesentliche Lehre des des marxistischen dialektischen Materialismus die Annahme aus, daß irgendeine politische oder ideologische Tatsache den Gang der geschichtlichen Geschehnisse beeinflussen könnte, da die letzteren wesentlich durch die Entwicklung der materiellen Produktivkräfte bestimmt sind. Was den Sozialismus hervorbringt ist das »Wirken der kapitalistischen Produktion innewohnenden Gesetze selbst«[104]. Ideen, politische Parteien und revolutionäre Handlungen sind nur überbaulich; sie können den Marsch der Geschichte weder hemmen noch beschleunigen. Der Sozialismus wird kommen, wenn die materiellen Bedingungen seines Erscheinens im Schoß der kapitalistischen Gesellschaft gereift sind, weder früher noch später. Wenn Marx logisch konsequent geblieben wäre, hätte er sich auf keine politische Aktivität eingelassen.[105] Er hätte ruhig auf den Tag gewartet, an dem »die Sterbeglocke des kapitalistischen Privateigentums läutet«.[106]
TG, S. 123

104 »Marx: Das Kapital, 7. Aufl., Hamburg, 1914, 1, 728.«
105 »Auch hätte er nicht die oft zitierte elfte Feuerbachthese geschrieben: »Die Philosophen haben die Welt nur verschieden interpretiert, es kommt drauf an sie zu verändern.« Nur die materiellen Produktivkräfte, nicht die Philosophen, können die Welt ändern, folgt man den Lehren des Dialektischen Materialismus.«
106 »Marx: Das Kapital, wie oben zitiert.«

Die öffentliche Meinung, im Bannkreis des Marxismus, betrachtet »Größe« als eines der übelsten Laster von Unternehmen und duldet stillschweigend alle Pläne, Großunternehmen durch Regierungsmaßnahmen zu drosseln oder zu schaden. Sie erkennen nicht die Tatsache, daß es einzig die Unternehmensgröße ist, welche es möglich macht, die Massen mit allen Produkten zu versorgen, auf die der heutige Amerikaner nicht verzichten will. Luxusgüter für wenige können in kleinen Geschäften hergestellt werden. Luxusgüter für die Vielen erfordern Großunternehmen. Jene Politiker, Professoren und Gewerkschaftsbosse, die Großunternehmen verfluchen, kämpfen für einen niedrigeren Lebensstandard. Sie befördern sicherlich nicht die Interessen des Proletariats. Sie sind, vom Gesichtspunkt der Marxschen Lehre, letztlich Feinde des Fortschritts und der Verbesserung der Lebensbedingungen der Arbeiter.
TG, S. 176

Der Kern des Marxismus ist die Lehre von der Identität der Interessen aller Proletarier. Der Arbeiter steht aber als Einzelner tagtäglich in scharfem Konkurrenzkampf mit seinen Arbeitsgenossen und mit jenen, die seinen Arbeitsplatz an seiner Stelle einzunehmen bereit wären; mit seinen Fachgenossen zusammen steht er wieder in Wettbewerb mit den Arbeitern anderer Arbeitszweige und mit den Verzehrern der Produkte, an deren Erzeugung er mitwirkt. Ihn dazu zu bringen, daß er allen diesen Tatsachen und Erfahrungen zum Trotz sein Heil in der Vereinigung mit den anderen Arbeitern suche, konnte nur durch die Aufstachelung seiner Leidenschaften geschehen. Das war nicht allzu schwer; das Böse in der menschlichen Seele zu wecken, ist immer lohnend. Doch Marx hat mehr getan: er hat das Ressentiment des gemeinen Mannes mit dem Nimbus der Wissenschaft geschmückt und es damit auch den geistig und ethisch Höherstehenden anziehend gemacht. Alle übrigen sozialistischen Richtungen haben das alles von Marx übernommen und nur für ihre besonderen Bedürfnisse ein wenig umgestaltet. Marx war – das muß immer wieder hervorgehoben werden – ein genialer Meister der demagogischen Technik. Er fand den geschichtlichen Augenblick für eine Zusammenfassung der Massen zu einer einheitlichen politischen Aktion geeignet und war sofort bereit,

sich an die Spitze dieser Bewegung zu stellen. Alle Politik war ihm nur Fortsetzung des Krieges mit anderen Mitteln; seine politische Kunst war immer politische Taktik.
GW, S. 427 f.

ꝏ

Der Sozialismus hat die Zerstörung der Gesellschaft nicht bewußt gewollt. Er dachte eine höhere Gesellschaftsform zu schaffen. Doch weil sozialistische Gesellschaft nicht möglich ist, muß jeder Schritt, der sie herbeiführen will, gesellschaftsvernichtend wirken. Daß jede sozialistische Politik notwendig in Destruktionismus umschlagen muß, tritt am klarsten in der Geschichte des marxistischen Sozialismus zutage. Der Marxismus hatte den Kapitalismus als unvermeidliche Vorstufe des Sozialismus bezeichnet und erwartete das Kommen der neuen Gesellschaft nur als Folge der Reife des Kapitalismus. Stellt man sich auf den Boden dieses Teiles der Lehre von Marx – neben dem er freilich noch ganz andere, schlechterdings unvereinbare Theorien vorgetragen hat – dann erscheint die Politik aller sich auf Marx berufenden Parteien durchaus unmarxistisch. Die Marxisten hätten alles bekämpfen müssen, was die Entwicklung des Kapitalismus irgendwie behindern könnte. Sie hätten gegen die Gewerkschaften und ihre Kampfesweise, gegen Arbeiterschutzgesetze, gegen die Sozialversicherung, gegen Besitzsteuern auftreten müssen; sie hätten die börsenfeindliche Gesetzgebung, die Preistaxen, die kartell- und trustfeindliche Politik, sie hätten den Inflationismus bekämpfen müssen.
GW, S. 462

Massenpsychologie

Diese pessimistische Auffassung geht jedoch in der Beurteilung des Einflusses, den vernünftige und ruhige Überlegung auf die Massen auszuüben vermag, durchaus fehl; sie überschätzt auch ganz außerordentlich die Bedeutung, die den Massen und mithin auch den massenpsychologischen Elementen bei der Bildung und Gestaltung der herrschenden Ideen einer Zeit zukommt. Die Massen denken nicht; das ist richtig. Doch gerade darum folgen sie jenen nach, die denken. Die geistige Führung der Menschheit haben die ganz wenigen, die selbst denken; sie wirken zunächst auf den Kreis derer ein, die das von anderen Gedachte zu fassen und zu begreifen fähig sind; auf dem Wege über diese Mittler gelangen die Ideen in die Massen hinaus und verdichten sich dort zur Zeit-

meinung. {...} Die Massenpsyche hat aus sich selbst heraus nie etwas anderes hervorgebracht als das Massenverbrechen, als Verwüstung und Vernichtung[107].
GW, S. 472

ေ

Es gibt keine Massenpsyche und keinen Massengeist, sondern nur Ideen und Handlungen, die gedacht und ausgeführt werden von den vielen, die die Meinungen der Bahnbrecher und Führer unterstützen und deren Verhalten nachahmen. Auch Rotten und Mengen handeln unter der Leitung von Rädelsführern. Die gewöhnlichen Menschen, die die Massen bilden, zeichnen sich durch das Fehlen von Initiative aus. Sie sind nicht passiv, auch sie handeln, aber sie handeln nur auf Anstiftung der Mittäter. {...} Es ist kaum möglich, die Bedeutung von Geschichte und der Entwicklung der Zivilisation gründlicher misszuverstehen, als wenn man seine Aufmerksamkeit auf Massenphänomene konzentriert und individuelle Menschen und ihre Taten übersieht. Kein Massenphänomen kann angemessen abgehandelt werden, ohne die Ideen zu analysieren, die es beinhaltet. Und aus dem mythischen Geist der Massen entspringen keine neuen Ideen.
TG, S. 269 f.

Menschsein

Der Mensch ist, weil er ein denkendes Lebewesen ist, auch ein handelndes Geschöpf. Denken und Handeln sind nicht zu trennen; menschenähnliche Geschöpfe, die nicht denken und handeln, wären keine Menschen.
NÖ, S. 14

ေ

Es ist das Menschlichste am Menschen, daß ihn die Sehnsucht erfüllt, sich über das bloß Zoologische seiner Natur und seiner animalischen Triebe empor zu erheben. Millionen und Hunderte von Millionen Menschen suchen das Glück freilich nur im Materiellen und kennen keine anderen Genüsse als die, die durch äußere Mittel beschafft werden können. Den wahren Menschen befriedigt der äußere Wohlstand nicht; er strebt nach mehr und nach anderem. Er will über das hinaus, was wir mit allem Getier gemein haben, ein Höheres, ein wahrhaft Menschliches finden. Es war und ist ein tragisches Verhängnis, daß man dieses echt menschliche Streben nach

107 Vgl. Maciver, Community, London 1924, S. 79 f.

Zielen, die über das Wohlbefinden des Leibes hinausgehen, in einem Widerstreit zum Streben nach Befriedigung der animalischen Triebe sehen wollte. Der, dem gutes Essen, Trinken, Wohnen und dergleichen nicht das Um und Auf der Wunscherfüllung bedeutet, begann das Materielle zu verachten und zu hassen. Man will in der Bereicherung des äußeren Lebens ein Hindernis für die Entfaltung der menschlichen Persönlichkeit erblicken, und man will die Gesellschaftsordnung stürzen, um den Weg für ein Neues freizulegen, von dem man nur unklare und unzureichende Vorstellungen hat. Man spürt ein Unbehagen, das man durch Zertrümmerung der materiellen Kultur beheben will. Man verkennt dabei, daß dieses Sehnen nach Höherem und Besseren nur auftreten konnte, weil der Wohlstand die Muße gewährt, die es dem Geist gestattet, sich ihm hinzugeben. Das Materielle hindert nicht das Streben nach Ideellem; es schafft vielmehr die Bedingungen, unter denen dieses sich entfalten kann. Noch schwerer wiegt ein zweiter Irrtum. Man will die Menschen zwingen, ihre Zielsetzungen zu ändern, man will – welch ein Widerspruch – ihnen durch Organisation, d. i. durch Zwang, freiere Ausbildung der Persönlichkeit gewissermaßen aufdrängen. Man will sie gegen ihren Willen beglücken. Wer sein Leben dem Ideal eines höheren Menschentums gemäss einrichten will, hat seine Ziele entsprechend zu wählen. Nichts hindert in der Marktgesellschaft den Einzelnen, sein Streben weniger auf das, was den Sinnen behagt, und mehr auf das, was das Gemüt erhebt, zu richten. Niemand darf die Gesellschaftsordnung dafür verantwortlich machen, daß er dem Animalischen seiner Natur mehr Recht einräumt als dem Menschlichen. Es ist ein Wahn, zu glauben, daß man das, was man Materialismus nennt, anders überwinden könnte als dadurch, daß die Menschen lernen, ihre Ziele weniger materialistisch zu wählen.
NÖ, S. 742 f.

Der Mensch konnte nicht überleben als menschliches Wesen ohne Handarbeit. Jedoch, was ihn über tierische Lebewesen erhebt, sind nicht Handarbeit und die Ausführung von Routinearbeiten, sondern Nachdenken und Voraussicht, die für die Bedürfnisse der – immer unsicheren – Zukunft sorgen.
GU, S. 599

Deutsche Marxisten prägten das Wort: Wenn der Sozialismus wider die menschliche Natur ist, dann muß die menschliche Natur verändert werden. Sie bemerkten nicht, daß ein Mensch aufhört, ein Mensch zu sein, wenn seine Natur verändert wird. In einem allumfassenden, bürokratischen System würden weder die Bürokraten noch ihre Untertanen weiterhin Menschen bleiben.
BK, S. 108

Die meisten Menschen schätzen nicht, was sie besitzen und möglicherweise erwerben können; sie sehnen sich nach den für sie unerreichbaren Dingen. Es wäre nutzlos, diesen unersättlichen Appetit nach mehr und immer mehr Gütern zu bedauern. Diese Gier ist genau der Impuls, der den Menschen auf den Weg der wirtschaftlichen Verbesserung führt. Es ist keine Tugend, mit dem zufrieden zu sein, was man hat oder leicht erwerben kann und apathisch von irgendwelchen Versuchen, seine eigenen materiellen Verhältnisse zu verbessern, abzusehen. Eine solche Einstellung entspricht eher dem Verhalten von Tieren als dem Betragen von vernünftigen Menschen. Es ist eine der charakteristischen Eigenschaften des Menschen, unentwegt bemüht zu sein, seine Wohlfahrt durch zielbewußte Tätigkeit zu fördern.
WA, S. 12

Nun steht aber nichts auf so schwachen Füßen wie die Behauptung von der angeblichen Gleichheit alles dessen, was Menschenantlitz trägt. Die Menschen sind durchaus ungleich. Selbst zwischen Geschwistern bestehen die größten Verschiedenheiten der körperlichen und geistigen Eigenschaften. Die Natur wiederholt sich nicht in ihren Schöpfungen, sie erzeugt keine Dutzendware, sie hat keine Typenfabrikation. Der Mensch, der aus ihrer Werkstatt hervorgeht, trägt den Stempel des Individuellen, des Einzigartigen, des Nichtwiederkehrenden an sich. Die Menschen sind nicht gleich, und die Forderung gleicher Behandlung durch die Gesetze kann keineswegs etwa damit begründet werden, daß Gleichen auch die gleiche Behandlung gebühre.
LI, S. 25

Es ist wahr, alles Streben und Jagen nach Erhöhung des Wohlstandes macht die Menschen nicht glücklicher. Doch es ist des Menschen Natur, immerfort nach Verbesserung

seiner materiellen Lage zu streben. Wird ihm die Befriedigung dieses Strebens verwehrt, so wird er stumpf und vertiert. Die Masse hat für die Ermahnung zur Genügsamkeit kein Ohr; es mag sein, daß auch die Weltweisen, die diesen Mahnruf erheben, sich einer schweren Selbsttäuschung hingeben. {...} Ob es nun gut sein mag oder böse, ob es die Billigung des Sittenrichters findet oder nicht, fest steht, daß die Menschen stets nach Verbesserung ihrer Lage streben und streben werden. Es ist das Schicksal des Menschen, dem er sich nicht entziehen kann. Die Rast- und Ruhelosigkeit des modernen Menschen ist Regsamkeit des Geistes, der Nerven und der Sinne.
LI, S. 165 f.

Zoologisch gesehen ist der Mensch ein Tier. Es besteht aber ein grundlegender Unterschied zwischen den Bedingungen aller anderen Lebewesen und denen des Menschen. Jedes Lebewesen ist natürlicherweise der unerbittliche Feind jedes anderen Lebewesens, besonders der aller Exemplare seiner eigenen Art. Denn die Subsistenzmittel sind knapp. Sie erlaubt nicht allen Exemplaren zu überleben und ihre Existenz bis zu dem Punkt zu vollenden, an dem ihre eingeborene Vitalität voll ausgelebt ist. Dieser unversöhnliche Konflikt um die wesentlichen Interessen besteht vor allem unter allen Mitgliedern der gleichen Art, weil ihr Überleben von der gleichen Nahrung abhängt. Die Natur ist sozusagen »rot an Zähnen und Klauen«[108]. Auch der Mensch ist ein Tier. Er unterscheidet sich aber von allen anderen Tieren, da er kraft seines Verstandes das große kosmische Gesetz der höheren Produktivität der arbeitsteiligen Zusammenarbeit entdeckt hat. Der Mensch ist, wie Aristoteles formulierte {...}, das gesellschaftliche Tier, aber er ist »sozial« nicht wegen seiner tierischen Natur, sondern wegen seiner besonderen menschlichen Eigenschaften. Die Exemplare seiner eigenen zoologischen Art sind für das menschliche Individuum keine Todfeinde, die ihm in gnadenloser biologischer Konkurrenz entgegenstehen, sondern Kooperateure oder potenzielle Kooperateure im gemeinsamen Bemühen, die äußeren Bedingungen ihres eigenen Wohlergehens zu verbessern. Den Menschen trennt eine unüberbrückbare Kluft von allen solchen Wesen, denen es an der Fähigkeit mangelt, die Bedeutung der gesellschaftlichen Zusammenarbeit zu begreifen.
UF, S. 104 f.

108 Tennyson: In Memoriam, LVI, iv. 147

Mindestlohn

Der Mindestlohn z. B. führt zur Arbeitslosigkeit eines Teiles derer, die durch Lohnarbeit ihren Lebensunterhalt finden wollen. Will die Obrigkeit die Einschaltung der Arbeitslosen in den Wirtschaftsprozeß ohne Rückkehr zum Marktlohn bewirken, dann muß sie Maßnahmen ergreifen, die Schritt für Schritt endlich zur Verstaatlichung der Produktion führen. Es ist dabei ohne Belang, ob die Mindestlohnsatzung von der Regierung selbst verfügt wurde, oder von den Gewerkschaften, die unter Duldung der Regierung einen Zwangsapparat aufgebaut haben, der die Unternehmer verhindert, Arbeiter, die sich mit niedrigeren Löhnen begnügen wollen (Streikbrecher), zu beschäftigen.
NS, S. 88

Monopol

Monopol an sich ist ohne jede Bedeutung für die Preisgestaltung. Jeder Verleger einer unter Urheberrechtsschutz stehenden Druckschrift ist Monopolist. Ob es ihm überhaupt gelingen wird, Käufer zu finden, ist eine andere Sache. Nicht jeder Preis, zu dem ein Monopolgut verkauft wird, ist ein Monopolpreis. Was einen Monopolpreis als solchen charakterisiert und vom Preis des nicht monopolisierten Marktes unterscheidet, ist, daß er den Monopolisten von der unbedingten Abhängigkeit von den Wünschen der Verbraucher befreit und ihm die Freiheit gibt, sein eigenes Interesse über das des Publikums – der Verbraucher – zu stellen.
WM, S. 32

ஐ

Weltmonopole des Erdöls, des Quecksilbers, des Zinks, des Nickels u. a. Stoffe können durch Zusammenschluß der Besitzer der seltenen Fundstätten immerhin gebildet werden; die Geschichte der letzten Zeit bietet dafür Beispiele. Entsteht nun ein derartiges Monopol, dann tritt an Stelle des Konkurrenzpreises der höhere Monopolpreis. Das Einkommen der Besitzer der Bergwerke steigt, Produktion und Konsum ihres Erzeugnisses sinken. Eine Menge von Kapital und Arbeit, die sonst in diesem Zweige der Produktion tätig gewesen wäre, wird anderen Produktionen zugeführt. Betrachtet man die Wirkungen des Monopols vom Standpunkte der einzelnen Glieder der Weltwirtschaft, dann sieht man nur die Erhöhung des Einkommens der Monopolisten und die ihm gegenüberstehende Verringerung des Einkommens

aller übrigen Glieder. Betrachtet man sie jedoch vom Standpunkte der Weltwirtschaft und sub specie aeternitatis[109], dann entdeckt man, daß sie sparsamen Verbrauch der nicht ersetzbaren Naturschätze auslösen. Daß im Bergbau Monopolpreise mitunter an Stelle der Konkurrenzpreise treten, hat zur Folge, daß man mit den kostbaren Bodenschätzen sparsamer umgeht. Die Monopole drängen die Menschen dazu, sich weniger mit der Gewinnung von Bodenschätzen und mehr mit ihrer Verarbeitung zu befassen. Jeder Bergwerksbetrieb ist ein Aufzehren von nicht wiedererzeugbaren Teilen der den Menschen von der Natur mitgegebenen Ausstattung; je weniger die Menschen diesen Vorrat angreifen, desto besser sorgen sie für die Wirtschaft der kommenden Geschlechter. Wir erkennen nun, was es zu bedeuten hat, wenn man in dem Falle des Monopols einen Gegensatz zwischen volkswirtschaftlicher Produktivität und privatwirtschaftlicher Rentabilität erblickt. Es ist richtig, daß eine sozialistische Gemeinwirtschaft keine Veranlassung hätte, die Produktion bestimmter Artikel in der Weise einzuschränken, in der es die kapitalistische Gesellschaftsordnung unter dem Einfluß der Monopolbildung tut. Doch das würde eben nichts anderes bedeuten als das, daß sie mit den unersetzlichen Naturschätzen weniger sparsam umgehen würde als die kapitalistische Gesellschaft, daß sie die Zukunft der Gegenwart opfern würde.
GW, S. 361 f.

ℵ

Die Monopole, mit denen wir es hier allein zu tun haben, sind Monopole des Tauschverkehrs. Sie betreffen nur wirtschaftliche Güter, die, mögen sie noch so wichtig und unentbehrlich scheinen, doch nicht für sich allein über das menschliche Leben entscheiden. Wenn ein Gut, von dem jedermann, der das Leben bewahren will, eine bestimmte Mindestmenge besitzen muß, einem Monopol unterliegt, dann treten in der Tat alle jene Folgen ein, die die volkstümliche Monopoltheorie bei jedem Monopol als gegeben ansieht. Wir aber haben gerade davon nicht zu sprechen, weil dieser Fall, der ganz aus dem Rahmen der Wirtschaft und mithin auch der Preistheorie herausfällt – von dem Falle des Arbeiterausstandes in bestimmten Betrieben abgesehen – keine praktische Bedeutung hat. Man pflegt zwar bei der Besprechung der Wirkungen des Monopols mitunter

109 unter dem Gesichtspunkt der Ewigkeit

die lebenswichtigen und die nicht lebenswichtigen Güter zu sondern. Doch diese vermeintlich unentbehrlichen und lebenswichtigen Güter, um die es sich hier handelt, sind eben strenggenommen nicht lebenswichtig und unentbehrlich. Auf die Strenge des Begriffs der Unentbehrlichkeit kommt es aber hier, wo alles weitere auf ihm aufgebaut ist, vor allem an. In Wahrheit sind die Güter, mit denen wir es zu tun haben, Güter, die entbehrlich sind, sei es, weil man auf den Genuß, den sie gewähren, überhaupt verzichten kann, sei es, weil man sich ihn auch durch ein anderes Gut vermitteln kann. {...} Der Monopolbegriff, wie wir ihn in der Theorie des Monopolpreises allein ins Auge zu fassen haben und wie er allein für die praktische Verwertung zur Erkenntnis der volkswirtschaftlichen Zustände verwendbar ist, schließt eben die Unentbehrlichkeit, Einzigartigkeit und Nichtsurrogierbarkeit des Monopolgutes nicht ein. Er verlangt nur das Fehlen des Wettbewerbes auf der Angebotseite.
GW, S. 355 f.

Monopol an sich bedeutet noch nichts auf dem Markte. Vielen, die ein unanfechtbares gesetzliches Monopol im Sinne der Patent- oder der Urheberrechtsgesetze besitzen, gelingt es nicht, genug abzusetzen, um ihre Selbstkosten zu decken. Der spezifische Monopolgewinn ist von einer besonderen Gestaltung der Nachfrage abhängig. Wenn der Markt auf jede Erhöhung des Preises über den Preis, der sich auf dem nicht durch Monopolisten manipulierten Markte gebildet hat oder bilden würde, mit einer so starken Einschränkung der Nachfrage antwortet, daß der Gesamtverkaufsgewinn geschmälert wird, ist es für den Monopolisten unvorteilhaft, von seiner Monopolstellung Gebrauch zu machen. Dann kann es wohl Monopol geben, doch keinen vom Preis des nicht-monopolisierten Marktes verschiedenen Monopolpreis.
MO, S. 40

Monopolistische Verknappung des Handels erfordert, daß der Monopolist die Sicherheit hat, daß kein Wettbewerber seine Verknappung durch eine Ausdehnung seiner Verkäufe unterlaufen kann. Im Fall eines jeden Monopolpreises müssen wir in der Lage sein, die Frage zu beantworten: Was hält andere Leute davon ab, die monopolistische Verknappung zu unterlaufen? Die Antwort kann sein: das Gesetz (zum Beispiel im Fall eines Patents

oder eines Regierungsbeschlusses), ein Abkommen (beispielsweise im Fall eines Kartells), ihre geographische Unbeweglichkeit (beispielsweise bei sperrigen Gütern), die ausschließliche Eigentümerschaft eines erforderlichen Produktionsfaktors (beispielsweise im Fall eines natürlichen Rohstoffs), ein ausreichender Unterschied der Höhe der Produktionskosten {...} oder die erforderliche Zeit für die Beendigung des Produktionsprozesses {...}. Das ist es, was die Leute im Sinn haben, wenn sie ein Monopol definieren als einen Zustand, in dem ein Verkäufer oder eine Gruppe von Verkäufern als eine handelnde Einheit die Macht hat, das Angebot zu »kontrollieren«. Dieser Ausdruck »Kontrolle« wird unangemessen für die Beschreibung eines Monopols, wenn wir es in einer anderen Weise interpretieren müssen.
MP, S. 14 f.

ꕥ

Die Ersetzung des Wettbewerbspreises durch den Monopolpreis ist gleichbedeutend mit ernsthaften Einschränkungen der Funktion der charakteristischsten Prinzipien des Systems des freien Unternehmertums, d. h. der Oberherrschaft der Konsumenten. Es verringert den Ausstoß, obwohl solch eine Verringerung nicht den Wünschen des Publikums entspricht. Es sichert dem Monopolisten einen Extra-Gewinn, den er nicht aus der bestmöglichen Befriedigung der Bedürfnisse der Konsumenten erzielt. Wegen dieser Tatbestände können wir sagen, daß Monopolpreise im Rahmen einer Marktwirtschaft anormal sind. Insofern hat die öffentliche Meinung recht, Monopolpreise zu kritisieren. Aber die öffentliche Meinung irrt sich völlig damit, anzunehmen, daß hier in einer Marktwirtschaft, in der die Regierung nicht in die Wirtschaft ein- greift, eine Tendenz zur fortschreitenden Ersetzung der Wettbewerbspreise durch Monopolpreise bestünde. Eine solche Tendenz gibt es nicht. Die meisten Einführungen von Monopolpreisen sind entweder direkt oder indirekt von der Regierung gemacht worden. Ohne die Politik verschiedener Regierungen würden lokale Monopole existieren, aber nur in seltenen Fällen nationale und noch seltener internationale Monopole. Der Fall von Patent- und Urheberrechts-Gesetzen ist offensichtlich. Es besteht die klare Absicht dieser Gesetze, den Erfindern und Autoren die Chance zu geben, Monopolpreise zu erzielen. Ob das eine gute oder eine schlechte Politik ist, steht auf einem anderen Blatt. Aber es ist widersinnig, den Monopolpreis zu kritisieren und

nicht die Politik, die sein Auftreten möglich macht.
MP, S. 27

Nationaleinkommen

Der Ansatz des »Nationaleinkommens« ist ein vergeblicher Versuch, eine Rechtfertigung für die marxistische Idee zu liefern, daß im Kapitalismus Güter »gesellschaftlich« produziert werden und dann von Individuen »angeeignet« werden. Sie stellt die Dinge auf den Kopf. In Wirklichkeit sind die Produktionsprozesse Aktivitäten von Individuen, die miteinander zusammenarbeiten. Jeder einzelne Kooperateur erhält das, was seine Mitbürger – die untereinander als Käufer auf dem Markt konkurrieren – bereit sind für seine Leistungen zu bezahlen. Um des Arguments willen kann man zugeben, daß man das Resultat, das man erhält, wenn man alle bezahlten Preise für alle individuellen Beiträge addiert, Nationaleinkommen nennen kann. Es ist aber ein nutzloser Zeitvertreib, daraus zu schließen, daß diese Summe durch die »Nation« produziert wurde und – unter Vernachlässigung der Ungleichheit der verschiedenen individuellen Beiträge – die Ungleichheit in ihrer mutmaßlichen Verteilung zu beklagen. Es gibt überhaupt keinen nicht-politischen Grund, eine solche Aufsummierung aller Einkommen innerhalb einer »Nation« und nicht in einem breiteren oder engeren Kollektiv vorzunehmen.
UF, S. 86 f.

Nationalökonomie

Gegenstand der Nationalökonomie sind nicht Kartoffeln, Hemden und Rasierklingen, sondern menschliches Handeln. Handeln wird von Werturteilen geleitet. Das Werturteil mißt nicht, es skaliert. Es sagt nicht A ist gleich B. Es sagt: Ich ziehe A dem B vor. Nur aus solchem Vorziehen geht Handeln hervor. Wenn das Werturteil A als gleichwertig mit B erachtet, kommt es zu keinem Handeln. Produktion und Tausch sind nicht das Ergebnis von Wertgleichheit, sondern von Wertverschiedenheit. Es gibt daher im Gebiete des Handelns keine Maßeinheit und kein Messen. Preise werden nicht in Geld gemessen; sie bestehen in Geld. Sobald man in eine das Handeln betreffende Überlegung ein konkretes Datum, etwa den in Geld ausgedrückten Preis einer Ware, einführt, verläßt man das Gebiet der Nationalökonomie und begibt sich auf das Gebiet der Wirtschaftsgeschichte, sei es auch nur die Geschichte des jüngst verflossenen Augenblicks. Alles, was zahlenmäßig über Preise der

Zukunft ausgesagt werden kann, ist spekulativ. Man kann richtig oder falsch spekulieren. Man kann aber nie im voraus sicher sein, daß man richtig spekuliert.
BB, S. 663

Die Nationalökonomie ist, {...} eine exakte Wissenschaft von wirklichen Dingen. Sobald jedoch in die Überlegungen Preisangaben eingeführt werden, verliert der Gedankengang die Exaktheit und wird zu nationalökonomisch orientierter Geschichtsbetrachtung, zur Wirtschaftsgeschichte.
NÖ, S. 213

Die Nationalökonomie aber hat es mit den Preisen zu tun, die auf dem Markte wirklich gezahlt wurden, nicht mit dem, was hätte sein sollen. Sie ist die Lehre vom Handeln, nicht aber eine Lehre vom richtigen Handeln.
NÖ, S. 597

Die ältere Auffassung hat zwischen ökonomischem und nichtökonomischem Handeln unterschieden, sie hat von wirtschaftlichen und von nichtwirtschaftlichen Zielen und von wirtschaftlichem und von nichtwirtschaftlichem Verhalten gesprochen. Für die moderne Auffassung ist alles Handeln Wirtschaften; auch bei den Zielen macht sie keinen Unterschied, weil sie alle Ziele, auch die, welche die ältere Auffassung und die volkstümliche Ausdrucksweise {...} als nichtwirtschaftlich ansehen, als gleichberechtigt betrachtet und es nicht zulassen will, daß man in die Wissenschaft Wertungen einschmuggelt und etwa das Bestreben, »ideelle« Güter zu erlangen, irgendwie mit anderen Augen ansieht als das Streben nach »materiellen« Gütern. Daß vielfach ein Geldgewinn verschmäht oder eine Geldausgabe geleistet wird, um politische oder andere Ziele, die man gemeiniglich als nichtwirtschaftliche bezeichnet, zu erreichen, wird nicht nur nicht bestritten, sondern mit Nachdruck hervorgehoben.
GN, S. 58

Denn in der Tat stimmen die Menschen nahezu allgemein in der Zielwahl überein. Sie wollen gut leben, möglichst reichlich mit materiellen Gütern versorgt sein. Wohl verkünden manche Literaten aufdringlich, daß es höhere und wichtigere Ziele gebe als Wohlleben. Doch ihr eige-

nes Verhalten zeigt, daß sie keineswegs geneigt sind, den Grundsatz, zu dem sie sich in Worten bekennen, für ihre Person gelten zu lassen. Alle politischen Parteien versprechen ihren Anhängern, daß sie sie reicher machen wollen. Wer sagt, Kanonen sind wichtiger als Butter, will sagen, daß man heute darben müsse, um in dem Kriege zu siegen, der größeren Reichtum bringen soll. Alle Maßnahmen aller politischen Parteien sind darauf gerichtet, den Wohlstand ihrer Anhänger zu erhöhen. Alle politischen Konflikte des modernen Lebens entspringen dem Umstand, daß man durch Bekämpfung fremder Menschen und Menschengruppen die eigene Wohlfahrt zu steigern sucht. Die Militaristen wollen Kriege führen, um die Wohlfahrt ihrer Volksgenossen zu erhöhen, die Sozialisten erwarten vom Sozialismus eine Zukunft, in der »mit der allseitigen Entwicklung der Individuen auch die Produktionskräfte gewachsen sind, und alle Springquellen des genossenschaftlichen Reichtums voller fließen«[110], die Gewerkschaften wollen höhere Löhne für ihre Mitglieder, die Bauern wollen höhere Preise der Agrarprodukte, die Handwerker höheres Einkommen durch Schutz gegen die leistungsfähigeren Großbetriebe. Alle wollen reicher werden und glauben, daß der Weg, den sie gewählt haben, zum Ziele führt. Wenn die Nationalökonomie auch über die Ziele nichts zu sagen hat, so ist doch sie allein berufen, die Zweckmäßigkeit der gewählten Mittel zu prüfen. Soweit Politik Zielwahl ist, steht sie jenseits der nationalökonomischen Gedankengänge. Soweit Politik die Wahl der Mittel bestimmt, ist sie von der Nationalökonomie abhängig.
NÖ, S. 8 f.

In dem Kampf, der für und wider die Erhaltung der Marktwirtschaft geführt wird, hat die Nationalökonomie das entscheidende Wort. Denn hier wird nicht um Werte, sondern um Mittel zur Verwirklichung der Werte gestritten. Wer Planwirtschaft oder Interventionismus empfiehlt, hat nicht Werte im Auge, sondern Mittel. Das Ziel, höchste Ergiebigkeit der gesellschaftlichen Arbeit, ist allen wirtschaftspolitischen Parteien gemeinsam. Das, was die Parteien scheidet, ist die Wahl der Mittel, die zur Erreichung des Ziels eingesetzt werden sollen. Wenn die Sozialisten Sozialismus oder die Interventionisten Eingriffe der Obrigkeit in das Marktgetriebe empfehlen, gehen sie

110 »Vgl. Marx, Brief an Bracke vom 5. Mai 1875, (Ausgabe von Kreibich, Reichenberg 1920, S. 17.)«

von nationalökonomischen Gedankengängen aus. Sie glauben, daß die Marktwirtschaft das nicht zu leisten vermöge, was nach ihrer und aller anderen Menschen Auffassung ein Wirtschaftssystem leisten müsste, und daß das von ihnen empfohlene System besser geeignet oder allein geeignet sei, die angestrebten Ziele zu verwirklichen. Die Auseinandersetzung über die Probleme der Gesellschaftsordnung wurde und wird nie anders geführt als mit dem Gedankengut nationalökonomischer Theorien. Man kann Nationalökonomie um der reinen Erkenntnis willen betreiben und sich dabei um die Anwendung der nationalökonomischen Lehren nicht kümmern. Doch man kann die Politik von nationalökonomischen Erwägungen nicht loslösen. Politik ist heute untrennbar mit Praxeologie und in der Regel auch mit Nationalökonomie verbunden. Kein Urteil über politische Fragen ist heute denkbar, das nicht nationalökonomisch orientiert wäre. Jedes Denken, das politischen Entscheidungen zu Grunde liegt, ist praxeologisches und nationalökonomisches Denken.
NÖ, S. 743 f.

Neid

Zwei der besten Kenner der menschlichen Seele, Mandeville[111] und Hume[112], haben aber beobachtet, daß die Stärke des Neides von dem Abstande des Neiders zum Beneideten abhängt. Wenn der Abstand zu groß ist, dann entstehe kein Neid, weil man sich mit dem Bevorzugten überhaupt nicht vergleiche. Je geringer der Abstand, desto stärker der Neid. So ergibt sich, daß gerade aus dem Anwachsen der Ressentiment-Gefühle in den Massen auf die Verminderung der Einkommensunterschiede geschlossen werden kann. Die steigende »Begehrlichkeit« ist nicht, wie Kautsky[113] meint, ein Beweis für die relative Verelendung; sie zeigt im Gegenteil, daß der ökonomische Abstand zwischen den Schichten abnimmt.
GW, S. 354

Wenn der Kapitalismus die wirtschaftliche Lage aller bessert, dann ist es nebensächlich, daß nicht alle

111 Bernard Mandeville (* 1670 in Rotterdam; † 1733 in Hackney). Niederländischer Arzt und Sozialtheoretiker.
112 David Hume (* 1711 in Edinburgh; † 1776 ebenda). Schottischer Philosoph und Ökonom.
113 Karl Johann Kautsky (* 1854 in Prag; † 1938 in Amsterdam).

in dem gleichen Maße durch ihn gehoben werden. Eine Gesellschaftsordnung ist darum noch nicht schlecht, weil sie dem einen mehr nützt als dem anderen. Wenn es mir immer besser geht, was kann es mir schaden, wenn es anderen noch besser geht als mir? Muß man die kapitalistische Gesellschaftsordnung, die allen immer bessere Bedürfnisbefriedigung bringt, zerstören, weil einige reich und manche sehr reich werden?
GW, S. 352

Seither stützten Sozialisten ihre Hoffnungen nicht länger auf die Kraft ihrer Argumente, sondern auf das Ressentiment, den Neid und den Hass der Massen. Heute verlassen sich sogar die Jünger des »wissenschaftlichen« Sozialismus ausschließlich auf die emotionalen Faktoren. Die Grundlage des gegenwärtigen Sozialismus und Interventionismus sind Werturteile. Der Sozialismus wird als die einzige faire Spielart gesellschaftlicher Wirtschaftsordnung gepriesen. Alle Sozialisten, Marxisten und Nichtmarxisten, verteidigen den Sozialismus als das einzige System, das mit einer Skala von willkürlich eingeführten absoluten Werten zusammenstimmt. Diese Werte, behaupten sie, sind die einzigen Werte, die für alle anständigen Menschen gültig sind, unter ihnen vor allem die Arbeiter, die Mehrheit in einer modernen Industriegesellschaft. Sie werden als absolut angesehen, weil sie die Mehrheit unterstützen – und die Mehrheit hat immer recht.
TG, S. 111

Man muss nur hervorheben, daß das, was den Sozialismus und Kommunismus populär macht, nicht nur der illusorische Glaube ist, daß sie jedem riesigen Reichtum geben werden, sondern die nicht weniger illusorische Erwartung, daß niemand mehr als andere bekommen wird. Neid ist natürlich eines der tiefsten menschlichen Gefühle.
TG, S. 349

Vom Ressentiment, dem neidischen Übelwollen, ist nicht viel zu sagen. Ressentiment ist im Spiele, wenn man jemand ob seiner günstigeren Verhältnisse so sehr haßt, daß man bereit ist, selbst schwere Nachteile auf sich zu nehmen, wenn nur auch der Verhaßte dabei zu Schaden kommt. Gar manche, die den Kapitalismus bekämpfen, wissen sehr wohl, daß ihre Lage unter jedem an-

deren Wirtschaftssystem weniger günstig sein wird; sie treten aber in voller Erkenntnis dieses Umstandes für eine Reform, z. B. für den Sozialismus ein, weil sie hoffen, daß auch der von ihnen beneidete Reiche darunter leiden wird. Oft und oft kann man von Sozialisten die Äußerung hören, auch materielle Not werde in der sozialistischen Gesellschaft leichter zu tragen sein, weil man das Bewußtsein haben werde, niemand habe es besser.
LI, S. 12

Neoliberalismus

Dieser angebliche Neuliberalismus war tatsächlich nicht liberal. Seine Verfechter erstrebten nicht die freie Marktwirtschaft, sondern nur eine »Milderung« gewisser interventionistischer Maßnahmen. Sie waren eifrig darauf bedacht, zu versichern, daß sie keineswegs Laissez-faire-Kapitalismus, sondern nur einen vom Staat »vernünftig« geregelten Kapitalismus anstreben. Mit einem Wort: Sie waren Interventionisten; wie sie glaubten, gemäßigte Interventionisten. Sie kritisierten keineswegs das, was man die Doktrin des Interventionismus nennen mag. Sie empfahlen nur mehr Milde, d. h. weniger Folgerichtigkeit, in der Durchführung seines Programms. Die Progression in der Besteuerung der Einkommen und Verlassenschaften soll gemildert, doch keineswegs beseitigt werden. Manche – aber nicht alle – Gewaltmaßnahmen der Gewerkschaften sollen unterdrückt werden. Manche – aber nicht alle Privilegien, die den minder leistungsfähigen Unternehmer gegen den leistungsfähigeren schützen, sollen fallen. Schutzzölle und andere protektionistische Verfügungen sollen auf das »unbedingt notwendige« Maß zurückgeführt werden.
WL, S. 602

Österreichische Schule der Nationalökonomie

Wirtschaftspolitik ist auf die Erreichung bestimmter Ziele gerichtet. In deren Behandlung fragt die Ökonomie nicht nach dem Wert dieser Zwecke für die handelnden Menschen. Sie untersucht nur zwei Punkte: Erstens, ob die betreffende Politik geeignet ist, die Zwecke zu erreichen, die diejenigen, die sie vorschlagen und anwenden, erreichen wollen, oder nicht. Zweitens, ob diese Politik nicht vielleicht Wirkungen erzeugt, welche vom Gesichtspunkt derer, die sie vorschlagen und anwenden, unerwünscht sind.
TG, S. 81

Das, was die Österreichische Schule auszeichnet und ihren unvergänglichen Ruhm bilden wird, ist gerade, daß sie eine Lehre vom wirtschaftlichen Handeln und nicht eine Lehre vom wirtschaftlichen Gleichgewicht, vom Nichthandeln, ist. Auch die Österreichische Schule verwendet die Gedankenbilder des Ruhezustandes und des Gleichgewichts, ohne die nationalökonomisches Denken nicht auskommen kann. Doch sie ist sich stets des bloß instrumentalen Charakters dieser – und aller anderen – Gedankenbilder bewußt. Sie will die Preise erklären, die auf den Märkten wirklich gezahlt werden, und nicht bloß Preise, die unter gewissen, nie realisierbaren Bedingungen gezahlt werden würden. Sie lehnt die mathematische Methode nicht etwa aus Unkenntnis der Mathematik oder aus Abneigung gegen mathematische Exaktheit ab, sondern weil sie kein Gewicht auf die Detailausmalung des Zustandes eines hypothetischen statischen Gleichgewichts legt. Sie hat sich nie der verhängnisvollen Illusion hingegeben, daß Werte gemessen werden können. Sie hat nie verkannt, daß alle statistischen Daten lediglich der Wirtschaftsgeschichte angehören und mit Wirtschaftstheorie nichts zu tun haben.
ER, S. 21

Pazifismus

Aller Pazifismus, der nicht auf der Grundlage einer liberalen, auf dem Sondereigentum an den Produktionsmitteln aufgebauten Wirtschaftsverfassung aufgebaut ist, bleibt stets utopisch. Wer Frieden zwischen den Völkern will, muß den Staat und seinen Einfluß auf das Stärkste einzuschränken suchen.
NW, S. 77

Planwirtschaft

Allgemein ist die Klage, daß den Leitungen der gemeinwirtschaftlichen Unternehmungen die Initiative fehlt. Man glaubt, daß man dies durch Änderungen in der Organisation beheben könnte. Auch dies ist ein schwerer Irrtum. Man kann in einem gemeinwirtschaftlichen Betrieb die Führung nicht ganz in die Hand eines Mannes legen, weil man fürchten muß, daß er Fehler begehen wird, die der Gemeinschaft schweren Schaden zufügen werden. Macht man aber die entscheidenden Entschlüsse von Abstimmungen in Kollegien oder von der Zustimmung vorgesetzter Stellen abhängig, dann werden eben der Initiative der einzelnen Schranken gesetzt. Kollegien sind selten geneigt, kühne Neuerungen einzuführen. Das Fehlen freier Initiative im öffentlichen

Betrieb beruht nicht auf Mängeln der Organisation; es ist im Wesen dieses Betriebes begründet. Es geht nicht an, einem Beamten, und sei er noch so hoch gestellt, die freie Verfügung über Produktionsmittel zu übertragen, und zwar um so weniger, je stärker man ihn materiell am guten Ausgang seiner Tätigkeit interessiert. Denn für Verluste kann man den vermögenslosen Leiter praktisch immer nur in moralischer Weise zur Verantwortung ziehen. Der materiellen Gewinnchance stünden also lediglich moralische Verlustchancen gegenüber. Der Eigentümer hingegen trägt selbst Verantwortung, weil er den Schaden, der durch fehlgeschlagene Unternehmungen entsteht, in erster Reihe selbst zu spüren bekommt. Darin gerade liegt ja der charakteristische Unterschied zwischen liberaler und sozialistischer Produktionsweise.
WG, S. 113 f.

Eine Zeitlang mag immerhin die Erinnerung an die im Laufe der Jahrtausende freier Wirtschaft gesammelten Erfahrungen den vollen Verfall der Wirtschaftskunst aufzuhalten imstande sein. Die alten Verfahrensarten werden beibehalten werden, nicht weil sie rationell, sondern weil sie durch die Überlieferung geheiligt erscheinen. Sie werden mittlerweile unrationell geworden sein, weil sie den neuen Verhältnissen nicht mehr entsprechen. Sie werden durch die allgemeine Rückbildung des wirtschaftlichen Denkens Veränderungen erfahren, die sie unwirtschaftlich machen werden. Die Versorgung wird nicht mehr anarchisch vor sich gehen, das ist wahr. Über allen der Bedarfsdeckung dienenden Handlungen wird der Befehl einer obersten Stelle walten. Doch an Stelle der Wirtschaft der anarchischen Produktionsweise wird das sinnlose Gebaren eines vernunftlosen Apparates getreten sein. Die Räder werden sich drehen, doch sie werden leer laufen. {...} Sozialismus ist Aufhebung der Rationalität der Wirtschaft.
WG, S. 100/104

So fehlt den Marxisten jede Veranlassung, sich mit den Problemen der politischen Verfassung des sozialistischen Gemeinwesens zu beschäftigen. Sie sehen gar nicht, daß es hier Probleme gibt, die sich nicht einfach damit abtun lassen, daß man über sie schweigt. Auch in der sozialistischen Gesellschaftsordnung wird die Notwendigkeit, in Gemeinschaft zu handeln, die Frage auftauchen lassen, wie gemeinschaftlich gehan-

delt werden soll. Dann wird man darüber zu entscheiden haben, wie das, was man mit einer metaphorischen Redensart den Willen der Gesamtheit oder den Volkswillen zu nennen pflegt, zu bilden ist. Wenn man auch ganz davon absehen will, daß es keine Verwaltung von Sachen gibt, die nicht Verwaltung von Menschen, d. h. die Bestimmung des einen menschlichen Willens durch den anderen ist, und keine Leitung von Produktionsprozessen, die nicht Regierung über Personen, d. h. Motivation des einen menschlichen Willens durch den anderen wäre, so muß man doch fragen, wer die Sachen verwalten und die Produktionsprozesse leiten wird und welche Grundsätze dabei befolgt werden sollen. So haben wir wieder alle politischen Probleme der Organisation des rechtlich geregelten Zusammenlebens vor uns.
GW, S. 62

ꕤ

Das nationalökonomische Problem, das der Sozialismus bietet, ist das Problem der Wirtschaftsrechnung. Rechnen und Berechnen im menschlichen Handeln sind an die Marktwirtschaft und den Geldgebrauch geknüpft. Ohne Sondereigentum an den Produktionsmitteln kann es weder Markt noch in Geld bestehende Marktpreise der wirtschaftlichen Güter aller Güterordnungen und der Dienstleistungen geben. Eine sozialistische Gemeinwirtschaft könnte im Handeln nicht rechnen. Die Rechnungen, die ihre Ingenieure, Konstrukteure und Chemiker anstellen könnten, könnten dem Handeln nicht nutzbar gemacht werden, weil keine Möglichkeit bestünde, zwischen ihnen und den Wertungen der Genüsse und der Genußgüter eine geistige Verbindung herzustellen. Man kann die sozialistische Utopie daher nicht widerspruchslos bis zu Ende denken. Ein sozialistisches Gemeinwesen, die Planwirtschaft, müßte planlos drauflosarbeiten. Der Leiter der sozialistischen Gemeinwirtschaft würde hilf- und ratlos allen Aufgaben des Wirtschaftens gegenüberstehen. Sozialismus ist das Gegenteil von Rationalität, ist Unwirtschaftlichkeit und Chaos.
NÖ, S. 634 f.

ꕤ

{...} ist die Antithese zum freien Unternehmertum, zur Privatinitiative, zum Sondereigentum an den Produktionsmitteln, zur Marktwirtschaft und zum Preissystem. Planung und Kapitalismus sind gänzlich unverträglich. In einem System der Planung wird die Wirtschaft nach den Befehlen der Regie-

rung geleitet, nicht nach den Plänen der Kapitalisten und Unternehmer, die danach streben, von der besten Erfüllung der Wünsche der Konsumenten zu profitieren.
PF, S. 1

Praxeologie

Unsere Betrachtungen sind allein auf das Handeln gerichtet und nicht auf die seelischen Vorgänge, die zum Handeln führen. Das eben trennt die allgemeine Lehre vom Handeln, die Praxeologie, von der Psychologie. Gegenstand der Psychologie sind die Vorgänge in unserem Innern, die zu einem bestimmten Handeln führen oder führen können; Gegenstand unserer Wissenschaft ist das Handeln selbst. Damit ist auch unser Verhältnis zum psychoanalytischen Begriff des Unbewussten gegeben. Auch die Psychoanalyse ist Psychologie, und ihre Aufmerksamkeit gilt nicht dem Handeln, sondern dem, was im menschlichen Innern zum Handeln treibt. Das Unbewusste, von dem sie spricht, ist eine psychologische und keine praxeologische Kategorie. Ob der Beweggrund, der das Handeln auslöst, aus der bewussten Überlegung stammt oder aus dem Verdrängten und Unbewussten, das aus einer Versenkung heraus dem Handeln Ziele weist, die der bewussten Überlegung fremd sind, ändert nichts am Wesen des Handelns.
NÖ, S. 12

ஐ

Die Produktion ist ein geistiger Prozess, durch den der vernünftige Mensch sein Unbefriedigtsein so gut zu beheben versucht, als es die Bedingungen, die seinem Dasein gesetzt sind, zulassen. Nicht Materielles unterscheidet die Lage der Menschheit von heute von der ihrer Vorfahren, die vor fünftausend oder vor zwanzigtausend Jahren gelebt haben, sondern ein Geistiges. Die Produktion ist ein Umgestalten des Gegebenen nach den Weisungen der Vernunft. Diese Weisungen – die Rezepte, die Formeln, die Ideologien – sind das aktive Element in der Produktion; das Materielle – die ursprünglichen Produktionsfaktoren Natur und menschliche Arbeit – wird durch die Weisungen zum Mittel. Der Mensch produziert kraft seiner Vernunft; er setzt den Zweck und setzt die Mittel ein, um den Zweck zu erreichen. Man konnte das nicht ärger missdeuten als durch die landläufige Behauptung, die Nationalökonomie hätte es mit der materiellen Seite des Menschen zu tun. Das menschliche Handeln ist ein Geistiges. In diesem Sinne

ist die Praxeologie Geisteswissenschaft.
NÖ, S. 113 f.

ଌ

Der eigentliche Akt des Wertens ist ein thymologisches[114] Phänomen. Aber Praxeologie und Ökonomie behandeln keine thymologischen Aspekte des Wertens. Ihr Thema ist das Handeln im Rahmen der Wahlen, die der Handelnde getroffen hat. Die konkrete Wahl ist ein Auswuchs des Wertens. Aber die Praxeologie ist nicht berührt von den Geschehnissen, welche in der menschlichen Seele oder im Geist oder im Gehirn eine bestimmte Entscheidung zwischen einem A und einem B trifft. Sie nimmt es für gegeben, daß die Beschaffenheit der Welt dem Menschen die Wahl zwischen unvereinbaren Zielen auferlegt. Ihr Gegenstand ist nicht der Inhalt dieser Wahlakte, sondern was aus ihnen hervorgeht: die Handlung. Sie kümmert sich nicht darum, was ein Mensch wählt, sondern um die Tatsache, daß er wählt und handelt im Rahmen der Wahl, die er getroffen hat. Sie verhält sich zu den Faktoren, die die Wahl bestimmen, neutral und maßt sich nicht die Kompetenz an, die Werturteile zu überprüfen, zu ändern oder zu berichtigen an. Sie ist wertfrei. Warum ein Mensch Wasser wählt und ein anderer Mensch Wein, ist ein thymologisches (oder, in der traditionellen Terminologie, psychologisches) Problem. Aber es ist für die Praxeologie und die Ökonomie unerheblich. Der Hauptgegenstand der Praxeologie und eines Teils von ihr, der bis heute am besten entwickelte – die Ökonomie –, ist die Handlung als solche und sind nicht die Motive, die einen Menschen drängen, nach bestimmten Zielen zu suchen.
TG, S. 276 f.

ଌ

Die A-priori-Disziplin[115] des menschlichen Handelns, die Praxeologie, befasst sich nicht mit dem tatsächlichen Inhalt von Werturteilen; sie befasst sich nur mit dem Tatbestand, daß Menschen werten und dann ihren Wertungen entsprechend handeln.
TG, S. 309

114 Als Thymologie bezeichnet man die Lehre der Gemütszustände.

115 bezeichnet analytische Urteile ohne Rückgriff auf die Empirie

Preiskontrolle

Der preispolitische Eingriff legt das Getriebe des Marktes still, er zerstört den Markt. Er nimmt damit der Marktwirtschaft die Steuerung und macht sie sinnlos. Der Preisstand des Marktes ist dadurch ausgezeichnet, daß er Angebot und Nachfrage im Gleichgewicht hält. Nachfrage und Angebot decken sich nicht etwa nur im Gedankenbild der gleichmäßigen Wirtschaft. Der einfache Ruhezustand der elementaren Preislehre entspricht vollkommen dem, was täglich und stündlich auf dem Markte eintritt. Wenn die Obrigkeit den Preis anders festlegen will als der Markt, dann kann sich dieses Gleichgewicht nicht einstellen. Dann gibt es – beim Höchstpreis – Kauflustige, die nicht zum Zuge kommen, obwohl sie bereit sind, den von der Behörde festgesetzten Preis oder auch mehr zu zahlen. Dann gibt es – beim Mindestpreis – Verkauflustige, die keinen Käufer finden, obwohl sie bereit wären, zu dem von der Obrigkeit bestimmten oder zu einem niedrigeren Preise zu verkaufen. Der Preis kann nicht mehr die Verkauflustigen und Kauflustigen, die noch zum Zuge kommen, von denen sondern, die nicht mehr zum Zuge kommen. Ein anderes Ausleseprinzip muss nun Geltung finden. Es mögen die zum Zuge kommen, die zuerst am Platze waren, oder die, denen irgendwelche besondere Umstände (etwa persönliche Beziehungen) eine Vorzugsstellung einräumen. Es kann auch sein, daß die Obrigkeit die Verteilung selbst in die Hand nimmt. Jedenfalls ist der Markt nicht mehr imstande, die Aufteilung der verfügbaren Güterbestände auf den Verbrauch zu besorgen. Sollen nicht chaotische Zustände einreißen, soll nicht der Zufall oder die Faust über die Aufteilung entscheiden, dann muss die Obrigkeit durch Rationierung diese Aufgabe übernehmen. {...} Die Preistaxe führt zur Einschränkung der Erzeugung, weil sie es den Grenzproduzenten nicht länger erlaubt, ohne Verlust zu arbeiten. Die nicht spezifischen Produktionsmittel werden anderen Produktionszweigen zugeführt. Die absolut spezifischen Produktionsmittel, die unter dem Marktpreis so weit zur Produktion herangezogen wurden, als es die Möglichkeit der anderweitigen Verwendung der komplementären nichtspezifischen Produktionsmittel angezeigt erscheinen ließ, werden nun in geringerem Maße zur Produktion verwendet; ein Teil davon bleibt unbenutzt liegen. Wenn aber die Menge der absolut spezifischen Produktionsmittel so knapp ist, daß sie unter der Herrschaft des Marktprei-

ses der Produkte ganz ausgenützt werden, gibt es einen Spielraum für behördliche Eingriffe zur Senkung des Preises. Die Preisbegrenzung führt nicht zur Einschränkung der Produktion, solange sie die absolute Rente des Grenzproduzenten nicht ganz zum Verschwinden gebracht hat. Ein Eingriff, der diese Grenze nicht überschreitet, vermindert nicht das Angebot. Doch da er die Nachfrage erhöht, lässt er eine Unstimmigkeit zwischen Nachfrage und Angebot entstehen, die zum Chaos führen muss, wenn die Obrigkeit nicht selbst die Verfügung über die Zuweisung des Produkts an die Kauflustigen in die Hand nimmt.
NÖ, S. 672 ff.

Eine Regierung, die den Marktpreis ausschalten will, muß notwendigerweise auf den Weg der Beseitigung des Sondereigentums gedrängt werden; sie muß erkennen, daß es zwischen dem System des Sondereigentums an den Produktionsmitteln mit der freien Preisbildung und dem System des Gemeineigentums an den Produktionsmitteln, dem Sozialismus, keine Vermittlung gibt. Sie muß schrittweise zum Produktionszwang, zur allgemeinen Arbeitspflicht, zur Rationierung des Verbrauchs und schließlich zur behördlichen Leitung der gesamten Produktion und Verteilung gelangen.
TU, S. 232

Produktion

Die Produktion ist kein Schaffen, ist kein Hervorbringen von bisher nicht Dagewesenem. Sie ist Umformung des im Kosmos Gegebenen durch Kombination von Mitteln. Der Produzent ist kein Schöpfer und kein Erschaffer. Schöpferisch ist der Mensch nur im Denken und im Reich des Geistes. In der Welt der Erscheinungen ist er nur Umgestalter. Alles, was er da vollbringen kann, ist, die verfügbaren Mittel so zu verbinden, daß naturgesetzlich aus der Kombination das wird, was er anstrebt. {...} Die Produktion ist ein geistiger Prozess, durch den der vernünftige Mensch sein Unbefriedigtsein so gut zu beheben versucht, als es die Bedingungen, die seinem Dasein gesetzt sind, zulassen. Nicht Materielles unterscheidet die Lage der Menschheit von heute von der ihrer Vorfahren, die vor fünftausend oder vor zwanzigtausend Jahren gelebt haben, sondern ein Geistiges. Die Produktion ist ein Umgestalten des Gegebenen nach den Weisungen der Vernunft. Diese Weisungen – die Rezepte, die Formeln, die Ideologien – sind das aktive Element

in der Produktion; das Materielle – die ursprünglichen Produktionsfaktoren Natur und menschliche Arbeit – wird durch die Weisungen zum Mittel. Der Mensch produziert kraft seiner Vernunft; er setzt den Zweck und setzt die Mittel ein, um den Zweck zu erreichen. Man konnte das nicht ärger missdeuten als durch die landläufige Behauptung, die Nationalökonomie hätte es mit der materiellen Seite des Menschen zu tun. Das menschliche Handeln ist ein Geistiges. In diesem Sinne ist die Praxeologie Geisteswissenschaft.
NÖ, S. 111 ff.

ꕤ

Der Produktionsprozess ist Verwendung der Produktionsmittel im Hinblick auf künftigen Bedarf, er ist somit Spekulation auf die immer ungewisse Zukunft, er ist Bindung der verfügbaren Produktionsmittel an die erwartete Bedürfnisgestaltung. Was auch immer heute für künftigen Bedarf vorgekehrt werden mag, ist Spekulation und Einleitung eines Ablaufs, aus dem Unternehmergewinne oder Unternehmerverluste entstehen können. Die Produktion führt in die ungewisse Zukunft, jede Verfügung über die Verwendung von Produktionsmitteln ist Spekulation.
NÖ, S. 249

Rassismus

Der Rassenhass ist ebenso wie die mystischen Gemeinschaftsgefühle keine ursprüngliche, natürliche und den Menschen angeborene Erscheinung; er ist das Erzeugnis einer Ideologie. Doch selbst dann, wenn es einen Tatbestand gäbe, den man als ursprünglichen oder natürlichen Rassenhass zu bezeichnen hätte, würde das die gesellschaftliche Kooperation der Menschen nicht berühren und die Ricardosche[116] Vergesellschaftungstheorie nicht entkräften. Die gesellschaftliche Verbundenheit hat weder mit individueller Liebe noch mit einem allgemeinen Liebesgebot etwas zu schaffen. Nicht weil die Menschen einander lieben oder einander lieben sollten, kooperieren sie, sondern weil es im Interesse jedes Einzelnen liegt, sich die Vorteile der Arbeitsteilung zunutze zu machen. Selbst wenn es wahr wäre, daß die Natur zwischen den Rassen Hass wachsen ließ, so läge darin nichts, was die wechselseitigen Vorteile der Arbeitsteilung beeinträchtigen könnte. Nicht aus Liebe zu den Mitmenschen, sondern aus Liebe zu sich selbst zieht der in Gesellschaft

116 David Ricardo (* 1772 in London; † 1823 in Gatcombe Park). Britischer Wirtschaftswissenschaftler und führender Vertreter der klassischen Nationalökonomie.

lebende Mensch den Frieden und die einträchtige Zusammenarbeit dem unsozialen Gegeneinander vor.
NÖ, S. 138 f.

Die These, daß einige Rassen bei ihrem Streben, die Zivilisation zu entwickeln, erfolgreicher waren als andere, ist als Aussage über die geschichtliche Erfahrung unanfechtbar. Als Resümee dessen, was in der Vergangenheit geschehen ist, ist es ganz richtig zu behaupten, daß die moderne Zivilisation der Erfolg des weißen Mannes ist. Jedoch rechtfertigt die Feststellung dieses Tatbestandes weder einen Rassendünkel des weißen Mannes noch die politischen Lehren des Rassismus. Viele Menschen sind stolz auf die Tatsache, daß ihre Vorfahren oder ihre Verwandten große Dinge vollbracht haben. Es gibt einigen Menschen eine bestimmte Befriedigung zu wissen, daß sie zu einer Familie, einem Clan, einer Nation oder Rasse gehören, die sich in der Vergangenheit ausgezeichnet hat. Aber diese harmlose Eitelkeit schlägt leicht in die Verachtung jener um, die nicht zur selben ausgezeichneten Gruppe gehören, und in Bestrebungen, sie zu demütigen und zu kränken. Die Diplomaten, Soldaten, Bürokraten und Geschäftsleute der westlichen Nationen, die in ihren Kontakten mit den farbigen Rassen eine anmaßende Frechheit zur Schau gestellt haben, hatten überhaupt kein Anrecht darauf, mit den Taten der westlichen Zivilisation zu prahlen. Sie waren nicht die Macher dieser Kultur, die sie mit ihrem Benehmen bloßstellten. Ihre Anmaßung, die in solchen Schildern wie »Eingang verboten für Hunde und Eingeborene« Ausdruck fand, hat die Beziehungen zwischen den Rassen für kommende Zeiten vergiftet.
TG, S. 328

Recht

Alles Recht führt auf tatsächliche Gewalt zurück, alles Eigentum war ursprünglich Aneignung oder Raub; das kann man den von naturrechtlichen Erwägungen ausgehenden Gegnern des Eigentums ruhig zugestehen. Nur freilich ist damit noch nicht das mindeste zum Beweise der Notwendigkeit, Zweckmäßigkeit oder sittlichen Rechtfertigung seiner Beseitigung gesagt. Das natürliche Eigentum hat mit Anerkennung durch die Mitmenschen des Eigentümers nicht zu rechnen. Es wird so lange faktisch geduldet, als die Kraft fehlt, es umzustoßen; es besteht nicht länger als bis sich ein Gewaltigerer findet, der es an sich reißt. Durch Eigenmächtigkeit ent-

standen, muß es jeden Augenblick die stärkere Macht fürchten. Das ist der Zustand, den die naturrechtliche Doktrin als den Krieg aller gegen alle bezeichnet hat. Er wird beendet durch die Anerkennung des tatsächlichen Verhältnisses als eines, das wert ist, erhalten zu werden. Aus Gewalt wird Recht.
GW, S. 16 f.

Rechtsordnung

Wirtschaft verlangt Beständigkeit der Verhältnisse, weil sie weitausgreifendes, zeitraubendes Beginnen ist, das um so erfolgreicher ist, auf je größere Zeitspannen es eingestellt wird. Wirtschaft verlangt endlose Kontinuität, die ohne tiefsten Schaden nicht gestört werden kann. Das heißt: Wirtschaft fordert Frieden, Ausschluß von Gewalt. Frieden, sagt der Rationalist, ist der Sinn und der Zweck aller Rechtseinrichtungen; Frieden, sagen wir, ist ihre Wirkung, ist ihre Funktion.[117] Das Recht, sagt der Rationalist, ist aus Verträgen hervorgegangen; das Recht, sagen wir, ist ein Sichvertragen, ist Streitbeendung, Streitvermeiden. Gewalt und Recht, Krieg und Frieden, sind die beiden Pole der Form des gesellschaftlichen Lebens; sein Inhalt aber ist die Wirtschaft. Das Ziel aller Gewalt ist das Eigentum des anderen. Die Person, d. i. das Leben und die Gesundheit, ist nur soweit Gegenstand von Angriffen, als sie der Erlangung von Eigentum im Wege steht. {...} Es ist daher kein Zufall, daß das Recht gerade im Eigentumsschutz noch besonders deutlich den Charakter der Friedensbereitung erkennen läßt. In der zweifachen Ordnung des Schutzes, der dem Haben zuteil wird, in der Unterscheidung zwischen Eigentum und Besitz, tritt das Wesen des Rechts, Frieden, ja Frieden um jeden Preis zu schaffen, am klarsten zutage. {...} Man glaubt, das Eigentum, wie es in der gegebenen Eigentumsverteilung zutage tritt, damit bekämpfen zu können, daß man auf seinen unrechtmäßigen Ursprung aus eigenmächtiger Aneignung und gewalttätigem Raub hinweist. Alles Recht sei so nichts anderes als verjährtes Unrecht. {...} Und wenn wir auch vielleicht darauf verzichten müssen, die Frage zu beantworten, wie das Recht entstanden ist, so müssen wir uns doch darüber klar sein, daß es nicht rechtlich entstanden sein kann. Das Recht kann sich nicht aus sich selbst erzeugt haben. Der Ursprung des Rechts liegt jenseits der Rechtsordnung.

117 Vgl. J. St. Mill, Principles of Political Economy, Peoples Edition, London 1867, S. 124.

Wenn man dem Recht vorwirft, daß es nichts anderes sei als sanktioniertes Unrecht, so verkennt man, daß es anders gar nicht sein könnte, außer es wäre von allem Uranfang an dagewesen. Wenn es einmal entstanden sein soll, dann kann das, was damals Recht wurde, nicht schon früher Recht gewesen sein. Wer vom Rechte verlangt, daß es rechtlich entstanden sein soll, fordert Unmögliches. Er wendet einen Begriff, der nur innerhalb des Rechtssystems Geltung hat, auf einen Zustand an, der außerhalb des Systems steht. Wir, die wir nur die Wirkung des Rechts, die Friedensstiftung, sehen, müssen erkennen, daß es nicht anders ins Leben treten konnte als durch Anerkennung des Bestehenden, wie immer dieses auch entstanden sein mag. Jeder Versuch, es anders zu machen, hätte den Kampf erneuert und verewigt. Frieden kann nur werden, wenn man den augenblicklichen Zustand gegen gewaltsame Störung sichert und jede künftige Veränderung von der Zustimmung der Betroffenen abhängig macht. Das ist der wahre Sinn des Schutzes erworbener Rechte, der den Wesenskern aller Rechtsordnung ausmacht. {...} Daß das, was Recht wurde, früher Unrecht oder, genauer ausgedrückt, rechtlich indifferent gewesen ist, ist kein Mangel, der der Rechtsordnung anhaftet. Wer für sie eine juristische oder moralische Rechtfertigung sucht, mag ihn als solchen empfinden. Zur Begründung der Notwendigkeit oder Ersprießlichkeit einer Aufhebung oder Änderung der Eigentumsordnung kann aber diese Feststellung nichts beitragen.

GW, S. 19-22

Der tauschgesellschaftliche Verband ist Rechtsstaat, der herrschaftliche Verband ist Wohlfahrtsstaat. Recht ist die Umgrenzung der dem Handeln des Einzelnen in der Tauschgesellschaft eingeräumten Sphäre. Im herrschaftlichen Verband ist dem Handeln des Einzelnen kein anderer Spielraum offen als die Wahl zwischen Gehorsam und Auflehnung; hier gibt es kein Recht, nur eine Dienstordnung. Der Leiter erlässt die Befehle, denen der Versorgte gehorcht. Dieser hat kein Recht und keine Freiheit, es sei denn, man wolle in ressentimentvoller Verkehrung des üblichen Sprachgebrauches sagen, daß er das Recht und die Freiheit habe, den Befehlen zu gehorchen.

NÖ, S. 185

Regressionstheorem

Die Nachfrage nach einem Tauschmittel setzt sich mithin aus zwei Teilnachfragen zusammen: aus der Nachfrage derer, die das Tauschmittel als Tauschmittel begehren, und aus der Nachfrage jener, die es wegen seiner sonstigen Dienste begehren. (Beim modernen Edelmetallgeld spricht man da von der monetären und von der industriellen Nachfrage.) Der Tauschwert des Tauschmittels beruht auf beiden Nachfragen. Der Umfang jenes Teils der Nachfrage der auf dem Tauschmitteldienste beruht, ist nun von der Höhe des Tauschwerts selbst abhängig. Das ergibt eine Schwierigkeit, die es vielen Nationalökonomen unmöglich erscheinen lässt, diesen Gedankengang weiter zu verfolgen. Man könne doch, meinen sie, die Kaufkraft des Geldes nicht aus dem Umfang der Nachfrage und den Umfang der Nachfrage aus der Höhe der Kaufkraft erklären. Die Schwierigkeit ist aber nur scheinbar. Denn die Kaufkraft, die wir aus dem Umfange der Nachfrage erklären wollen, ist nicht die Kaufkraft, deren Höhe den Umfang der Nachfrage bestimmt. Wir haben die Bildung der Kaufkraft der allernächsten Zukunft, des nächsten Augenblicks zu begreifen, und wir ziehen zur Erklärung die Nachfrage heran, deren Bildung durch die Kaufkraft der jüngstverflossenen Vergangenheit, des eben verstrichenen Augenblicks, bestimmt wurde. Das sind zwei verschiedene Größen, und man kann der Erklärung, die auf diesem Wege vorgeht, nicht vorwerfen, daß sie sich im Zirkel bewege.[118] Das bedeute doch, meinen die Kritiker weiter, nichts anderes als Zurückschiebung des Problems. Denn nun bleibe noch die Kaufkraft von gestern zu erklären; wolle man diese in der gleichen Weise durch die von vorgestern erklären und so fort, so sei das ein regressus in infinitum[119], der von einer vollkommenen und logisch befriedigenden Erklärung weit entfernt wäre. Die Kritiker sehen nicht, daß der Regress nicht unendlich weiter geht. Er stößt nämlich an einen Punkt, wo die Erklärung abschließt

118 »Ich habe diese Ableitung der Geldwertgestaltung zuerst 1912 in der ersten Auflage meiner Theorie des Geldes und der Umlaufsmittel (a. a. O., 2. Aufl., S. 85 ff.) vorgetragen. Gegen meine Auffassung sind von mehreren Seiten Einwendungen erhoben worden. Manche davon, so vor allem die von B. M. Anderson in seinem zuerst 1917 veröffentlichten Buche vorgebrachten, müssen eingehend geprüft werden. (vgl. Anderson, The Value of Money, New York 1936, S. 100 ff.) Die Wichtigkeit des Problems lässt es angezeigt erscheinen, auch die Einwendungen von Ellis (German Monetary Theory, 1905–1933, Cambridge 1934, S. 77 ff.) nicht ohne Antwort zu lassen. Im Text werden alle vorgebrachten Kritiken dargelegt und widerlegt.«

119 Rückschreiten ins Unendliche

und keine Frage ungelöst lässt. Verfolgen wir die Kaufkraft des Geldes Schritt für Schritt zurück, so gelangen wir schließlich an den Punkt, an dem der Tauschmitteldienst beginnt. An diesem Punkt ist der Tauschwert von gestern ausschließlich durch eine Nachfrage bestimmt, die allein im Hinblick auf die anderweitigen – die industriellen – Verwendungsmöglichkeiten des den Tauschmitteldienst versehenden Gutes entfaltet wird.
NÖ, S. 368 f.

Romantik

Die romantische Auflehnung gegen Logik und Wissenschaft beschränkt sich nicht auf das Gebiet des Gesellschaftlichen und der Gesellschaftswissenschaft; sie ist Auflehnung gegen das Ganze unserer Kultur und Zivilisation. Abkehr vom Wissen und von der Technik, Rückkehr zum Glauben und zur Bukolik[120] des Mittelalters fordern sowohl Spann[121] als auch Sombart[122], und alle Deutsche, die nicht im Lager des Marxismus stehen, stimmen ihnen freudig zu. Die Marxisten aber sind eifrig dabei, ihren einst nüchternen »wissenschaftlichen« Sozialismus in einen den Massen mehr zusagenden romantischen und sentimentalen Sozialismus umzugestalten. Der Wissenschaft wird vorgeworfen, daß sie nur zum Verstande spreche, das Gemüt aber leer und unbefriedigt lasse. Sie sei hart und kalt, wo Wärme verlangt wird; sie gebe nur Lehren und Technik, wo Tröstung und Erhebung gesucht werden. Daß es nicht die Aufgabe der Wissenschaft sein kann, religiöse und metaphysische Bedürfnisse zu befriedigen, ist nicht zu bestreiten.
GN, S. 187

ℰ

Die Romantik ist ein Aufbäumen des Menschen gegen die Vernunft sowohl wie auch gegen die Bedingungen, die die Natur seinem Leben gesetzt hat. Der Romantiker träumt wachend; im Traum setzt er sich über die Gesetze des Denkens und über die Naturgesetze leicht hinweg. Der denkende und vernünftig handelnde Mensch sucht das Unlustgefühl, das aus der Nichtbefriedigung von Wünschen entsteht, durch Wirtschaften und Arbeit zu

120 Aus dem Griechischen für »Rinderhirte«. Steht für die Dichtkunst der Hirten im Allgemeinen.
121 Othmar Spann (* 1878 in Wien-Altmannsdorf; † 1950 in Neustift bei Schlaining). Nationalökonom und Soziologe. Geistiger Wegbereiter des Austrofaschismus.
122 Werner Sombart (* 1863 in Ermsleben; † 1941 in Berlin). Volkswirt.

überwinden; er schafft, um seine Lage zu verbessern. Der Romantiker ist zum Arbeiten zu schwach – neurasthenisch[123] –; er träumt von Erfolgen, die er einheimsen möchte, aber er tut nichts, um das Ziel zu erreichen. Er räumt die Hindernisse, die ihm im Wege stehen, nicht beiseite; er läßt sie nur in seinen Phantasien verschwinden. Weil die Wirklichkeit dem Wahngebilde, das er sich geschaffen hat, nicht entspricht, grollt er ihr. Er haßt die Arbeit, das Wirtschaften, die Vernunft. Der Romantiker nimmt alle Gaben der gesellschaftlichen Kultur als selbstverständlich hin und wünscht sich noch alles dazu, was, wie er glaubt, entfernte Zeiten und Länder an Schönem zu bieten hatten oder haben. Umgeben von den Bequemlichkeiten des europäischen Städterlebens sehnt er sich danach, indischer Radjah zu sein, Beduine, Korsar, Minnesänger. Doch er sieht immer nur das, was ihm am Leben jener angenehm scheint, nie das, was sie entbehren mußten und ihm selbst reichlich zuteil wird. Die Reiter sprengen auf feurigen Rossen über die weite Heide dahin, die Korsaren erbeuten schöne Frauen, die Ritter siegen über alle Gegner, singen und lieben. Die Gefahren ihres Daseins, die verhältnismäßige Ärmlichkeit der Umstände, unter denen sie lebten, die Plagen und Mühen ihrer Betätigung kommen der Phantasie nicht zum Bewußtsein; die Romantik sieht alles stets von einem rosigen Schimmer verklärt. Mit diesem geträumten Ideal vergleicht der Romantiker die Wirklichkeit, die ihm nun öde und schal erscheint. Da gibt es Widerstände zu überwinden, von denen die Träume nichts wissen, da gibt es andere Aufgaben als jene, von denen er phantasiert. Da sind keine schönen Frauen aus Räuberhänden zu befreien, keine verlorenen Schätze zu heben, keine Drachen zu besiegen. Da soll gearbeitet werden, rastlos und unverdrossen Tag für Tag, Jahr für Jahr. Da muß geackert und gesät werden, wenn man ernten will. Das alles will der Romantiker nicht kennen. Trotzig wie ein Kind setzt er sich dagegen zur Wehr. Er spottet und höhnt; er verachtet und verabscheut den Bürger. Die Ausbreitung des kapitalistischen Denkens macht die Geister der Romantik abhold. Die Ritter- und Seeräuberpoesie verfällt dem Fluch der Lächerlichkeit. Die Menschen bekommen Gelegenheit, das Leben von Beduinen, Maharadjahs, Korsaren und anderen Helden der romantischen Träume in der Nähe zu beobachten, und verlieren die Lust, sie zu beneiden. Man fängt an,

123 Nervenschwäche, psychische Störung

sich der Errungenschaften der kapitalistischen Gesellschaftsordnung zu freuen, man fängt an zu verstehen, daß Sicherheit des Lebens und der Freiheit, daß ruhiger Wohlstand und reichlichere Bedürfnisbefriedigung nur vom Kapitalismus zu erwarten sind. Die romantische Mißachtung des »Bürgerlichen« gerät in Verruf. Doch die Geistesart, aus der die Romantik entspringt, war so leicht nicht aus der Welt zu schaffen. Der neurasthenische Protest gegen das Leben suchte andere Ausdrucksformen und fand sie in der »sozialen« Kunst des neunzehnten Jahrhunderts.
GW, S. 429 ff.

Im ethischen Sozialismus verbindet sich mangelndes Verständnis der Bedingungen des gesellschaftlichen Zusammenschlusses der Menschen mit dem Ressentiment der Schlechtweggekommenen. {...} Das Ressentiment verleiht ihnen die Kraft der Entrüstung, die überall des Widerhalls bei Gleichgesinnten gewiß ist. Das Feuer ihrer Sprache aber rührt von der romantischen Schwärmerei für Ungebundenheit her. Jedem Menschen ist der Hang nach Freiheit von jeder gesellschaftlichen Bindung tief eingewurzelt; er vereinigt sich mit der Sehnsucht nach einem Zustand voller Befriedigung aller denkbaren Wünsche und Bedürfnisse. Die Vernunft lehrt, daß man jenem nicht nachgeben darf, wenn man nicht in das größte Elend zurücksinken soll, und daß diese nicht erfüllt werden kann. Wo die vernünftige Erwägung aussetzt, wird die Bahn für die Romantik frei. Das Antisoziale im Menschen siegt über den Geist. Die romantische Richtung, die sich vor allem an die Phantasie wendet, ist reich an Worten. Die Farbenpracht ihrer Träume ist nicht zu überbieten. Wo sie preist, erweckt sie unendliche Sehnsucht, wo sie verdammt, wachsen Ekel und Verachtung. Ihr Sehnen gilt einer Vergangenheit, die sie nicht mit nüchternen Augen, sondern in verklärtem Bilde sieht, und einer Zukunft, die sie sich ganz nach Wunsch ausmalt. Zwischen beiden sieht sie den nüchternen Alltag, das Arbeitsleben der »bürgerlichen« Gesellschaft. Für dieses hat sie nichts übrig als Haß und Abscheu. Im »Bürger« erscheint ihr alles Schändliche und Kleine verkörpert. Sie schweift in alle Fernen, rühmt alle Zeiten und Länder; nur für die Eigenart der Gegenwart fehlen ihr Verständnis und Achtung. {...} Sie spotten des Bürgers, sie verachten die »Krämermoral«, sie verhöhnen das Gesetz. Ihr Auge ist außerordentlich scharf für alle Ge-

brechen des irdischen Lebens, und sie sind schnell bereit, sie auf die Mangelhaftigkeit der gesellschaftlichen Einrichtungen zurückzuführen. Kein Romantiker hat die Großartigkeit der kapitalistischen Kultur gesehen. Man stelle doch z. B. einmal die Leistungen des Christentums denen der »Krämermoral« gegenüber. Das Christentum hat sich mit Sklaverei und Vielweiberei ruhig abgefunden, es hat den Krieg geradezu kanonisiert, es hat im Namen des Herrn Ketzer verbrannt und Länder verwüstet. Die viel gescholtene Krämermoral hat die persönliche Unfreiheit abgeschafft, sie hat das Weib zur gleichberechtigten Gefährtin des Mannes gemacht, sie hat die Gleichheit vor dem Gesetz und die Freiheit des Denkens und der Meinungsäußerung verkündet, sie hat dem Krieg den Krieg erklärt, sie hat die Folter beseitigt und die Grausamkeit der Strafen gemildert. Welche Kulturmacht kann sich ähnlicher Leistungen rühmen? Die bürgerliche Kultur hat einen Wohlstand geschaffen und verbreitet, an dem gemessen die Lebensführung aller Königshöfe der Vorzeit ärmlich erscheint. Vor Ausbruch des Weltkrieges war es selbst den wenigerbegünstigten Schichten der städtischen Bevölkerung möglich, sich nicht nur anständig zu kleiden und zu verpflegen, sondern auch echte Kunst zu genießen und selbst Reisen in ferne Länder zu unternehmen. Doch die Romantiker sahen immer nur die, denen es noch nicht gut ging, weil die bürgerliche Kultur noch nicht genug Reichtum geschaffen hatte, um alle wohlhabend zu machen; nie haben sie auf jene gesehen, die schon wohlhabend geworden waren.[124] Sie haben immer nur den Schmutz und das Elend erblickt, die der kapitalistischen Kultur noch als Erbe der Vorzeit anhafteten, nie die Werte, die sie selbst geschaffen hatte.
GW, S. 409 f.

124 Die englische Wirtschaftsgeschichte hat die Legende, die dem Aufkommen der Fabriksindustrie eine Verschlechterung der Lage der Arbeiterschichten zur Last legte, zerstört. Vgl. Hutt, The Factory System of the Early 19th Century (Economica, Vol. VI, 1926), S. 78 ff.; Clapham, An Economic History of Modern Britain, Sec. Edition, Cambridge 1930, S. 548 ff.

Schule

Man nimmt dem Weibe ein Stück seines Lebens, wenn man ihm die Kinder fortnimmt, um sie in staatlichen Anstalten aufwachsen zu lassen, und man nimmt den Kindern die wichtigste Schule des Lebens, wenn man sie aus dem Schoße der Familie reißt.
GW, S. 83

ꙭ

Man kann sie nicht entpolitisieren, wenn man sie als öffentliche und Zwangseinrichtung beibehält. Es gibt da nur ein Mittel, der Staat, die Regierung, die Gesetze dürfen sich in keiner Weise um die Schule und um den Unterricht kümmern, öffentliche Gelder dürften dafür nicht verwendet werden, Erziehung und Unterricht müssen ganz den Eltern und privaten Vereinigungen und Anstalten überlassen werden. Es ist besser, eine Anzahl von Buben wachsen ohne Schulunterricht auf als daß sie wohl Schulunterricht genießen, dafür aber, wenn sie einmal herangewachsen sind, die Chance haben, totgeschlagen oder verstümmelt zu werden. Ein gesunder Analphabet ist doch immer besser daran als ein des Lesens und Schreibens kundiger Krüppel. Doch mit der Beseitigung des geistigen Zwanges, der durch die Pflichtschule und den Pflichtunterricht ausgeübt wird, ist noch lange nicht alles geschehen, was notwendig ist, um alle Reibungsflächen zwischen den Völkern in den gemischtsprachigen Gebieten zu beheben. Die Schule ist ein Mittel der nationalen Vergewaltigung, sie ist vielleicht das unserem Empfinden am gefährlichsten erscheinende, aber sie ist gewiß nicht das einzige.
LI, S. 102

ꙭ

Der Schwerpunkt, der von den Soziologen auf die Massenphänomene gelegt wird und ihre Vergötterung des gemeinen Mannes sind ein Nebenzweig des Mythos, daß alle Menschen biologisch gleich sind. Welche Unterschiede zwischen Individuen auch bestehen, sie sind, so wird behauptet, durch postnatale Umstände verursacht. Wenn alle Menschen gleichermaßen die Vorzüge einer guten Bildung genössen, würden solche Unterschiede nicht auftauchen. Die Verteidiger dieser Lehre bleiben uns schuldig, die Unterschiede zwischen Abgängern derselben Schule zu erklären und die Tatsache, daß viele, die autodidaktisch gelernt haben, Doktoren, Master und Bachelor der renommiertesten Universitäten weit über-

ragen. Sie übersehen, daß Bildung Schülern nicht mehr beibringen kann als das Wissen ihrer Lehrer. Bildung erzieht Schüler, Imitatoren und Routiniers, keine Bahnbrecher neuer Ideen und kreative Genies. Die Schulen sind keine Kinderstuben des Fortschritts und der Verbesserung, sondern Konservatorien der Tradition und unveränderlicher Denkweisen. Das Zeichen des kreativen Geistes ist, daß er einen Teil dessen, was er gelernt hat, ablehnt oder wenigstens etwas Neues hinzufügt. Man missdeutet total die Meisterleistung des Bahnbrechers, wenn man sie auf die Unterweisung reduziert, die er von seinem Lehrer erhalten hat. Gleichgültig wie wirksam schulisches Üben auch sein mag, es würde nur Stagnation, Orthodoxie und starre Pedanterie erzeugen, wenn es keine außergewöhnlichen Menschen jenseits der Weisheit ihrer Übungsleiter gäbe.
TG, S. 269

Der europäische Totalitarismus ist das Ergebnis der überlegenen Stellung der Bürokratie im Bereich der Erziehung. Die Universitäten bereiteten den Diktatoren den Weg.
BK, S. 94

Selbstbestimmungsrecht

Das Selbstbestimmungsrecht in bezug auf die Frage der Zugehörigkeit zum Staate bedeutet also: Wenn die Bewohner eines Gebietes, sei es eines einzelnen Dorfes, eines Landstriches oder einer Reihe von zusammenhängenden Landstrichen, durch unbeeinflußt vorgenommene Abstimmungen zu erkennen gegeben haben, daß sie nicht in dem Verband jenes Staates zu bleiben wünschen, dem sie augenblicklich angehören, sondern einen selbständigen Staat bilden wollen oder einem anderen Staate zuzugehören wünschen, so ist diesem Wunsche Rechnung zu tragen. Nur dies allein kann Bürgerkriege, Revolutionen und Kriege zwischen den Staaten wirksam verhindern. Man mißversteht dieses Selbstbestimmungsrecht, wenn man es als »Selbstbestimmungsrecht der Nationen« bezeichnet. Es handelt sich nicht um das Selbstbestimmungsrecht einer national geschlossenen Einheit, sondern es handelt sich darum, daß die Bewohner eines jeden Gebietes darüber zu entscheiden haben, welchem Staatsverband sie angehören wollen. {…} Das Selbstbestimmungsrecht, von dem wir sprechen, ist jedoch nicht Selbstbestimmungsrecht der Nationen, son-

dern Selbstbestimmungsrecht der Bewohner eines jeden Gebietes, das groß genug ist, einen selbständigen Verwaltungsbezirk zu bilden. Wenn es irgend möglich wäre, jedem einzelnen Menschen dieses Selbstbestimmungsrecht einzuräumen, so müßte es geschehen. Nur weil dies nicht durchführbar ist, da die staatliche Verwaltung eines Landstrichs aus zwingenden verwaltungstechnischen Rücksichten einheitlich geordnet sein muß, ist es notwendig, das Selbstbestimmungsrecht auf den Mehrheitswillen der Bewohner von Gebieten einzuschränken, die groß genug sind, um in der politischen Landesverwaltung als räumliche Einheiten aufzutreten.
LI, S. 96 f.

Von wahrer Selbstbestimmung kann nur gesprochen werden, wenn der Entschluß jedes einzelnen aus freiem Willen entspringt und nicht aus der Furcht vor Verlust oder aus der Hoffnung auf Gewinn. Die liberal organisierte kapitalistische Welt kennt keine abgesonderten »Wirtschaftsgebiete«. In ihr bildet die ganze Erdoberfläche ein einziges Wirtschaftsgebiet.
LI, S. 100

Sezession

Das Selbstbestimmungsrecht in bezug auf die Frage der Zugehörigkeit zum Staate bedeutet also: Wenn die Bewohner eines Gebietes, sei es eines einzelnen Dorfes, eines Landstriches oder einer Reihe von zusammenhängenden Landstrichen, durch unbeeinflußt vorgenommene Abstimmungen zu erkennen gegeben haben, daß sie nicht in dem Verband jenes Staates zu bleiben wünschen, dem sie augenblicklich angehören, sondern einen selbständigen Staat bilden wollen oder einem anderen Staate zuzugehören wünschen, so ist diesem Wunsche Rechnung zu tragen. Nur dies allein kann Bürgerkriege, Revolutionen und Kriege zwischen den Staaten wirksam verhindern. Man mißversteht dieses Selbstbestimmungsrecht, wenn man es als »Selbstbestimmungsrecht der Nationen« bezeichnet. Es handelt sich nicht um das Selbstbestimmungsrecht einer national geschlossenen Einheit, sondern es handelt sich darum, daß die Bewohner eines jeden Gebietes darüber zu entscheiden haben, welchem Staatsverband sie angehören wollen. {...} Das Selbstbestimmungsrecht, von dem wir sprechen, ist jedoch nicht Selbstbestimmungsrecht der Nationen, sondern Selbstbestimmungsrecht der Bewohner eines jeden Gebietes,

das groß genug ist, einen selbständigen Verwaltungsbezirk zu bilden. Wenn es irgend möglich wäre, jedem einzelnen Menschen dieses Selbstbestimmungsrecht einzuräumen, so müßte es geschehen. Nur weil dies nicht durchführbar ist, da die staatliche Verwaltung eines Landstrichs aus zwingenden verwaltungstechnischen Rücksichten einheitlich geordnet sein muß, ist es notwendig, das Selbstbestimmungsrecht auf den Mehrheitswillen der Bewohner von Gebieten einzuschränken, die groß genug sind, um in der politischen Landesverwaltung als räumliche Einheiten aufzutreten.
LI, S. 96 f.

Der Liberalismus kennt keine Eroberungen, keine Annexionen; so wie er dem Staat überhaupt gleichgültig gegenübersteht, so ist ihm auch das Problem der Staatsgröße unwichtig. Er zwingt niemand wider seinen Willen in das Staatsgefüge hinein. Wer auswandern will, wird nicht zurückgehalten. Wenn ein Teil des Staatsvolkes aus dem Verband auszuscheiden wünscht, der Liberalismus hindert ihn nicht daran. Kolonien, die sich selbständig machen wollen, mögen es nur tun. Die Nation als organisches Gebilde kann durch staatliche Veränderungen weder vergrößert noch verkleinert werden, die Welt als Ganzes dadurch weder gewinnen noch verlieren.
NW, S. 31 f.

Solidarismus

Der Solidarismus will das Sondereigentum an den Produktivgütern bestehen lassen. Doch er setzt über den Eigentümer eine Instanz – gleichviel ob das Gesetz und seinen Schöpfer, den Staat, oder das Gewissen und seinen Berater, die Kirche –, die den Eigentümer dazu verhalten soll, von seinem Eigentum den richtigen Gebrauch zu machen. Es soll verhindert werden, daß der Einzelne seine Stellung im Wirtschaftsprozeß »schrankenlos« ausnütze; dem Eigentum sollen gewisse Beschränkungen auferlegt werden. Damit werden Staat oder Kirche, Gesetz oder Gewissen zum entscheidenden Faktor in der Gesellschaft gemacht. Das Eigentum wird ihren Normen unterstellt, es hört auf, das grundlegende und letzte Element der Gesellschaftsordnung zu sein. Es besteht nur noch, soweit Gesetz oder Moral es walten lassen; d. h. das Eigentum wird aufgehoben, da der Eigentümer sich in der Verwaltung seines Vermögens an andere Grundsätze als an die, die ihm die Rücksichtnahme auf seine Vermögensinteressen auferlegt, zu halten hat. {...} Damit aber

werden diese anderen Normen zum Grundgesetz der Gesellschaft. Nicht mehr das Sondereigentum, sondern Gesetzes- und Moralvorschriften besonderer Art sind nun das Grundgesetz der Gesellschaft. Der Solidarismus ersetzt das Eigentum durch ein höheres Recht, d. h. er hebt es auf. Freilich, soweit wollen die Solidaristen in Wahrheit gar nicht gehen. Sie wollen, sagen sie, das Eigentum nur beschränken, es aber grundsätzlich beibehalten. Doch wenn man überhaupt dazu gelangt ist, dem Eigentum andere Schranken als jene, die sich aus seinem Wesen heraus ergeben, zu setzen, dann hat man es schon aufgehoben. Wenn der Eigentümer nur das mit seinem Eigentum tun darf, was ihm vorgeschrieben wird, dann leitet die Volkswirtschaft nicht mehr das Eigentum, sondern jene Macht, die diese Vorschriften gibt. Der Solidarismus will zum Beispiel den Wettbewerb regeln; er soll nicht »zum Untergang des Mittelstandes« oder zur »Unterdrückung der Schwachen« führen dürfen. Das bedeutet doch nichts anderes, als daß ein bestimmter Zustand der gesellschaftlichen Produktion erhalten werden soll, auch wenn er unter der Herrschaft des Sondereigentums verschwinden müßte. Dem Eigentümer wird vorgeschrieben, was und wie und in welchem Umfang er produzieren und zu welchen Bedingungen und an wen er verkaufen soll. Damit hört er auf, Eigentümer zu sein; er wird ein bevorrechteter Genosse einer gebundenen Wirtschaftsordnung, ein eine besondere Rente beziehender Beamter. Wer soll in jedem einzelnen Fall entscheiden, wieweit Gesetz oder Moral in der Beschränkung der Befugnisse des Eigentümers gehen sollen? Doch nur das Gesetz oder die Moral selbst. Wäre der Solidarismus sich über die Konsequenzen seiner Postulate klar, dann müßte man ihn durchaus als eine Spielart des Sozialismus bezeichnen. Doch er ist weit entfernt von dieser Klarheit. Er glaubt, vom Staatssozialismus grundsätzlich verschieden zu sein, und die Mehrzahl seiner Anhänger wäre entsetzt, wenn sie erkennen würden, was ihr Ideal in Wahrheit ist. Darum mag man sein Gesellschaftsideal noch zu den pseudosozialistischen Gebilden rechnen. Aber man übersehe nicht, daß das, was ihn vom Sozialismus trennt, nur ein Schritt ist.
GW, S. 236 ff.

Sonderinteressen

Die Parlamentarier betrachten sich vielfach weniger als Vertreter des ganzen Volkes denn als Vertreter bestimmter Interessen, für die sie durch geschicktes Verhandeln mit den Vertretern anderer Gruppen

möglichst viel herauszuschlagen suchen. In den Kabinetten fühlen sich manche Ressortminister vor allem als die berufenen Anwälte der betreffenden Sonderinteressen.
WL, S. 600

Im interventionistischen Staat ist es für den Erfolg eines Unternehmens nicht mehr von entscheidender Wichtigkeit, daß der Betrieb so geführt wird, daß er die Bedürfnisse der Verbraucher am besten und billigsten befriedigt; viel wichtiger ist es, daß man so »gute Beziehungen« zu den maßgebenden politischen Faktoren hat, daß die Interventionen zum Vorteil und nicht zum Nachteil des Unternehmens ausschlagen. Ein paar Mark mehr Zollschutz für die Erzeugnisse des Unternehmens, ein paar Mark weniger Zollschutz für die Halbfabrikate, die es verarbeitet, können dem Unternehmen mehr nützen als die größte Umsicht in der Betriebsführung. Eine Unternehmung mag noch so gut geleitet sein, sie muß zu Grunde gehen, wenn sie es nicht versteht, ihre Interessen bei der Erstellung der Zollsätze, bei den Lohnverhandlungen vor Schlichtungsausschüssen und bei den Kartellbehörden zu wahren. »Beziehungen« zu haben wird wichtiger als gut und billig zu erzeugen. So gelangen denn an die Spitze der Unternehmungen nicht mehr Männer, die es verstehen, die Betriebe zu organisieren und der Produktion jene Richtung zu weisen, die die Marktlage verlangt, sondern Männer, die »oben« und »unten« gut angeschrieben sind, Männer, die es verstehen, mit der Presse und mit allen politischen Parteien, besonders mit den radikalen, so gut zu leben, daß sie und ihr Betrieb keinen Anstoß erregen. Das ist jene Klasse von Generaldirektoren, die öfter mit Staatswürdenträgern und Parteiführern verhandeln als mit jenen, von denen sie einkaufen oder an die sie verkaufen.
LV, S. 27 f.

Sobald überhaupt grundsätzlich die Möglichkeit besteht, Sonderinteressen wahrzunehmen und Privilegien durchzusetzen, entbrennt der Kampf der Interessenten um den Vorrang. Jeder sucht dem anderen zuvorzukommen und mehr Vorrechte als die anderen zu erhalten, um mehr Vorteile einheimsen zu können. Der Gedanke des lückenlosen gleichen Schutzes aller Interessen ist ein Wahngebilde einer schlecht durchdachten Theorie. Denn würden alle Sonderinteressen gleichmäßig geschützt, so hätte niemand einen Vorteil vom Schutz; alle würden nur

gleichmäßig die Nachteile der Verringerung der Produktivität spüren. Nur die Hoffnung jedes Einzelnen, für sich einen stärkeren Schutz durchsetzen zu können, der ihn den anderen, weniger Geschützten gegenüber in Vorteil bringt, macht das Schutzsystem dem Einzelnen begehrenswert. Es wird von jenen gefordert, die die Macht haben, für sich besondere Privilegien zu erwerben und sie festzuhalten. Indem der Liberalismus die Wirkungen der Schutzpolitik enthüllt hat, hat er die Macht zur Erkämpfung von Sonderprivilegien gebrochen. Denn nun ward es klar, daß es im besten Falle immer nur wenige sein können, die durch das Schutzsystem absolut gewinnen, daß die große Mehrzahl dabei verlieren muß.
GW, S. 203 f.

Sozialismus

Sozialismus und Kommunismus ist jene Organisation der Gesellschaft, bei der das Eigentum – die Verfügungsgewalt über alle Produktionsmittel – der Gesellschaft, das ist dem Staat als dem gesellschaftlichen Zwangsapparat, zusteht. Es ist für die Beurteilung des Sozialismus gleichgültig, in welcher Weise die Verteilung der Sozialdividende vor sich geht, ob sie gleichmäßig erfolgt oder nach irgendwelchen anderen Grundsätzen. Auch das ist nicht entscheidend, ob der Sozialismus durch eine formelle Übertragung des Eigentums aller Produktionsmittel an den gesellschaftlichen Zwangsapparat, den Staat, ins Werk gesetzt wird oder ob das Eigentum dem Namen nach den Eigentümern belassen wird und die Sozialisierung darin liegt, daß alle »Eigentümer« über die in ihren Händen befindlichen Produktionsmittel nur gemäß den ihnen vom Staate erteilten Weisungen zu verfügen berechtigt sind. Wenn die Regierung entscheidet, was und wie erzeugt werden soll, und an wen und zu welchem »Preis« veräußert werden soll, dann besteht nur noch dem Namen nach Sondereigentum; in Wahrheit ist alles Eigentum bereits vergesellschaftet, denn die Triebfeder des wirtschaftlichen Handelns ist nicht mehr das Gewinnstreben der Unternehmer und Eigentümer, sondern die Notwendigkeit, eine auferlegte Pflicht zu erfüllen und Befehlen zu gehorchen.
LI, S. 55 f.

Nicht so ist der Sozialismus zur herrschenden Idee unserer Zeit geworden, daß die Massen den Gedanken der Vergesellschaftung der Produktionsmittel ersonnen und dann auf die geistig höherstehenden Schich-

ten übertragen hätten; solches wagt nicht einmal die materialistische Geschichtsauffassung zu behaupten, in der doch genug vom Volksgeist der Romantik und der historischen Rechtsschule spukt. Die Massenpsyche hat aus sich selbst heraus nie etwas anderes hervorgebracht als das Massenverbrechen, als Verwüstung und Vernichtung.[125] Der Gedanke des Sozialismus ist zwar in seiner Auswirkung auch nur Zerstörung, doch er ist immerhin ein Gedanke; er mußte ersonnen werden, und das konnte nur das Werk einzelner Denker sein. Wie jeder andere große Gedanke ist er in die Massen nur durch die Vermittlung der geistigen Mittelschichte gedrungen. Nicht das Volk, nicht die Massen wurden zuerst sozialistisch – sie sind eigentlich auch heute nicht sozialistisch, sondern agrarsozialistisch und syndikalistisch – sondern die Intellektuellen. Sie und nicht die Massen sind die Träger des Sozialismus.[126] Auch die Macht des Sozialismus ist wie jede Macht geistiger Art, und ihre Stütze findet sie in Ideen; Ideen aber gehen immer von den geistigen Führern aus und werden von ihnen in das Volk getragen. Wenn die Intelligenz sich vom Sozialismus abwenden würde, dann wäre es um die Macht des Sozialismus geschehen.
GW, S. 472

Man hat mir vorgehalten, ich hätte die psychologische Seite des Organisationsproblems nicht beachtet. Der Mensch habe auch eine Seele; diese Seele fühle sich im Kapitalismus unbehaglich und würde eine Minderung der materiellen Lebenshaltung in Kauf nehmen, wenn sie eine sie besser befriedigende Arbeitsordnung eintauschen könnte. Es ist wichtig zunächst festzustellen, daß dieses Argument (wir wollen es das Herz-Argument nennen) mit dem ursprünglichen und auch heute noch von den Sozialisten und Interventionisten vertretenden Argument, das wir das Kopf-Argument nennen wollen, nicht verträglich ist. Das Kopf-Argument erblickt gerade darin, daß der Kapitalismus die volle Entfaltung der Produktionskräfte hindert, die Rechtfertigung des sozialistischen Programms. Die sozialistische Produktionsweise werde die Ergiebigkeit der Produktion unermeßlich steigern und

125 »Vgl. Maciver, Community, London 1924, S. 79f.«

126 »Das gilt natürlich auch vom deutschen Volke; nahezu die ganze Intelligenz des deutschen Volkes ist sozialistisch: die nationalen Kreise staatssozialistisch oder, wie man heute zu sagen pflegt, nationalsozialistisch, die katholischen kirchensozialistisch, die anderen sozialdemokratisch oder bolschewistisch.«

damit die Bedingungen schaffen, die eine reiche Versorgung aller ermöglichen würden. Der Marxismus ist ganz auf dem Kopf-Argument aufgebaut. Vor Lenin[127] haben die Marxisten nie behauptet, daß der Übergang zum Sozialismus die Lebenshaltung der Massen während einer Übergangsperiode herabsetzen würde. Sie haben sofortige Verbesserung der materiellen Lage der Massen angekündigt, wenn sie auch mitunter hinzugefügt haben, daß der volle Segen der sozialistischen Produktionsweise erst im Laufe der Zeit wirksam werden könne. Das Herz-Argument ist schon eine Stellung im Rückzugskampfe des Sozialismus. Es ist ein Erfolg der am sozialistischen Programm geübten Kritik, daß die Sozialisten sich genötigt sehen, dieses Argument zu verwenden.
ER, S. 76 f.

Der Ausdruck »Kommunismus« besagt nichts anderes als »Sozialismus«. Der Gebrauch der beiden Wörter hat in den letzten Jahrzehnten wiederholt die Bedeutung gewechselt, doch immer waren es nur Fragen der Taktik, die Sozialisten und Kommunisten schieden. Beide streben Vergesellschaftung der Produktionsmittel an.
GW, S. 30

Man schmeichelt den Neidinstinkten der Masse, wenn man ausrechnet, wieviel mehr der Arme zu verzehren hätte, wenn es keine Unterschiede des Besitzes gäbe. Nur pflegt man dabei zu übersehen, daß die Größe der gesellschaftlichen Produktion und die des gesellschaftlichen Einkommens nicht starr und unveränderlich sind, vielmehr wesentlich von der Besitzverteilung abhängen. Wenn das Eigentum anders verteilt wäre, dann würden minder tüchtige Wirte, deren Wirken weniger ergiebig ist, einen Teil der Produktion kommandieren; das müßte die Menge der Produkte vermindern. Die Gedankengänge des Teilungskommunismus sind Atavismus[128] aus Zeiten, in denen die gesellschaftliche Verknüpfung noch nicht bestand oder nicht jenen Grad erreicht hatte, den sie heute hat, und in der dementsprechend die Ergiebigkeit der Produktion auch weit niedri-

127 Wladimir Iljitsch Uljanow (* 1870 in Simbirsk; † 1924 in Moskau). Russisch-kommunistischer Politiker und Begründer der Sowjetunion.

128 kultureller Rückfall in überwunden geglaubte gesellschaftliche Zustände

ger war. Der landlose Mann einer auf tauschloser Eigenwirtschaft beruhenden Wirtschaftsverfassung denkt folgerichtig, wenn er in der Aufteilung der Äcker das Ziel seiner Wünsche erblickt. Der moderne Proletarier verkennt das Wesen der gesellschaftlichen Produktion, wenn er ähnlichen Gedankengängen nachhängt. Auch das sozialistische Ideal der Überführung der Produktionsmittel in die ausschließliche Verfügung der organisierten Gesellschaft, des Staates, wird vom Liberalismus mit dem Hinweis auf die Minderergiebigkeit der sozialistischen Produktionsweise bekämpft.
GW, S. 282 f.

Es kann nicht warten, bis sich die Ausländer freiwillig zum Sozialismus bekehren müssen. Denn da es das Versagen des Sozialismus nur mit den Machenschaften des Kapitalismus des Auslandes zu erklären vermag, gelangt es notwendig zu einem neuen Begriffe der offensiven sozialistischen Internationale. Der Sozialismus könne nur verwirklicht werden, wenn die ganze Welt sozialistisch wird; ein isolierter Sozialismus eines einzelnen Volkes sei unmöglich. Daher müsse jede sozialistische Regierung sofort daran schreiten, für die Ausbreitung des Sozialismus im Auslande zu sorgen.
NW, S. 172

Der Sozialismus kommt aus den Kreisen der Intellektuellen her; an seiner Wiege stehen Dichter und Denker, Schriftsteller und Literaten. Er verleugnet nicht seine Herkunft aus jenen Schichten, die sich schon berufsmäßig mit Idealen zu befassen haben. Er ist ein Ideal der Wirtschaftslosen. Daher ist nicht weiter auffällig, daß in seinem Gefolge Schriftsteller und Literaten jeder Art immer zahlreich vertreten waren, und daß er in Beamtenkreisen immer auf grundsätzliche Zustimmung rechnen konnte.
NW, S. 159

Alle Bestrebungen, den Sozialismus zu verwirklichen, führen nur zur Zerstörung der Gesellschaft. Die Fabriken, die Bergwerke, die Bahnen werden stillstehen, die Städte werden veröden. Die Bevölkerung der Industriegebiete wird aussterben oder abwandern. Der Bauer wird zur Selbstgenügsamkeit der geschlossenen Hauswirtschaft zurückkehren. Ohne Sondereigentum an den Produktionsmitteln gibt es auf die

Dauer keine andere Produktion als die von der Hand in den Mund für den eigenen Bedarf.
GW, S. 475

Wenn das sozialistische Gemeinwesen den Genossen nicht die Güter zuführt, die sie selbst genießen wollen, sondern die, welche die Machthaber für sie zuträglich erachten, so wird die Summe von Befriedigung nicht erhöht, sondern gemindert. Wirtschaftliche Demokratie könnte man die Vergewaltigung des Einzelwillens gewiß nicht nennen. Darin liegt eben ein wesentlicher Unterschied zwischen kapitalistischer und sozialistischer Produktion, daß in jener die Menschen sich versorgen, während sie in dieser versorgt werden. Der Sozialist will die Menschen füttern und behausen und ihre Blöße bedecken. Die Menschen aber wollen essen, wohnen, sich kleiden und noch manches mehr. Und jeder will nach seiner Façon selig werden.
GW, S. 418

Der Sozialismus ist der der Arbeiterseele entsprechende Ausdruck des Gewaltprinzips wie der Imperialismus der der Soldaten- und Beamtenseele entsprechende ist. Nicht, weil es ihren Interessen tatsächlich entspricht, sondern weil sie glauben, daß es ihren Interessen entspricht, neigen die Massen zum Sozialismus.
GW, S. 332

Für ein sozialistisches Gemeinwesen, das nicht die ganze Menschheit umfaßt, würde kein Grund bestehen, sich selbstgenügsam gegen das ganze Ausland abzuschließen. Es mag den Machthabern eines solchen Staates unbequem sein, daß mit den fremden Produkten auch fremde Gedanken über die Grenzen hereinkommen. Sie mögen für den Fortbestand des sozialistischen Systems fürchten, wenn es den Genossen ermöglicht wird, Vergleiche zwischen ihrer Lage und der der Ausländer, die nicht sozialistischen Gemeinwesen angehören, zu ziehen. Doch das sind politische Rücksichten. Sie fallen weg, wenn das Ausland auch auf sozialistischer Grundlage eingerichtet ist. Übrigens müßte ein von der Ersprießlichkeit des Sozialismus überzeugter Staatsmann vom Verkehr mit den Angehörigen nichtsozialistischer Staaten erwarten, daß er die Ausländer zum Sozialismus bekehren werde, und keineswegs fürchten, daß er die

sozialistische Gesinnung seiner Landsleute erschüttern könnte.
GW, S. 205

ꙮ

Die sozialistischen Schriftsteller schildern das sozialistische Gemeinwesen als Schlaraffenland. Fouriers[129] krankhaft erregte Phantasie geht darin am weitesten. In seinem Zukunftsreich werden die schädlichen Tiere verschwunden sein und an ihrer Statt werden Tiere erstehen, die den Menschen bei der Arbeit unterstützen oder sie ihm ganz abnehmen werden. Ein Anti-Biber wird den Fischfang besorgen, ein Anti-Walfisch die Seeschiffe in den Windstillen ziehen, ein Anti-Flußpferd die Flußschiffe schleppen. An Stelle des Löwen wird es einen Anti-Löwen geben, ein Reittier von wunderbarer Schnelligkeit, auf dessen Rücken der Reiter so weich sitzen wird wie in einem Federwagen. »Es wird ein Vergnügen sein, diese Welt zu bewohnen, wenn man solche Diener haben wird.«[130] Godwin[131] hält es immerhin für möglich, daß die Menschen nach Abschaffung des Eigentums unsterblich werden.[132] Kautsky[133] belehrt uns dahin, daß unter den Bedingungen der sozialistischen Gesellschaft »ein neuer Typus des Menschen erstehen wird, {...} ein Übermensch {...} ein erhabener Mensch«[134]. Trotzki[135] weiß darüber noch Genaueres zu sagen: »Der Mensch wird unvergleichlich stärker, klüger, feiner werden. Sein Körper – harmonischer, seine Bewegungen – rhythmischer, seine Stimme – musikalischer {...} Der menschliche Durchschnitt wird sich bis zum Niveau eines Aristoteles[136], Goethe[137], Marx[138] erheben. Über diesen Berggrat werden sich neue Gipfel erheben.«[139] Und Schriftsteller, die solches Zeug vorbrachten, wurden immer wieder neu aufgelegt, in fremde Sprachen übertragen und

129 Charles Fourier (* 1772 in Besançon; † 1837 in Paris).
130 »Vgl. Fourier, Oeuvres completes, IV. Bd., 2. Aufl., Paris 1841, S. 254 f.«
131 William Godwin (* 1756 in Wisbech; † 1836 London).
132 »Vgl. Godwin, Das Eigentum (von Bahrfeld besorgte Übersetzung des das Eigentumsproblem behandelnden Teiles von Political Justice), Leipzig 1904, S. 73 ff.«
133 Karl Johann Kautsky (* 1854 in Prag; † 1938 in Amsterdam).
134 »Vgl. Kautsky, Die soziale Revolution, 3. Aufl., Berlin 1911, li., S. 48.«
135 Leo Trotzki (1879 in Janowka, heute Bereslawka, Ukraine; † in Coyoacán, Mexiko).
136 Aristoteles (* 384 v. Chr. in Stageira; † 322 v. Chr. in Chalkis).
137 Johann Wolfgang von Goethe (* 1749 in Frankfurt am Main; † 1832 in Weimar).
138 Karl Marx (* 1818 in Trier; † 1883 in London).
139 »Vgl. Trotzki, Literatur und Revolution, Wien 1924, S. 179.«

eingehenden dogmengeschichtlichen Studien unterzogen!
GW, S. 139

ᘓ

Die Entwicklung zum Sozialismus hat sich nicht nur durch formelle Übertragung des Eigentums an den Staat vollzogen. Auch die Beschränkung der Befugnisse des Eigentümers ist ein Mittel der Sozialisierung. Wenn ihm die Verfügungsmöglichkeit stückweise genommen wird, indem der Staat sich immer mehr Einfluß auf die Bestimmung der Richtung und der Art der Produktion sichert und von dem Ertrag der Produktion einen immer größeren Anteil heischt, so wird dem Eigentümer immer mehr und mehr entzogen, bis ihm schließlich nur der leere Name des Eigentums bleibt, das Eigentum selbst aber ganz in die Hände des Staates übergegangen ist.
GW, S. 31

ᘓ

Seither stützten Sozialisten ihre Hoffnungen nicht länger auf die Kraft ihrer Argumente, sondern auf das Ressentiment, den Neid und den Haß der Massen. Heute verlassen sich sogar die Jünger des »wissenschaftlichen« Sozialismus ausschließlich auf die emotionalen Faktoren. Die Grundlage des gegenwärtigen Sozialismus und Interventionismus sind Werturteile. Der Sozialismus wird als die einzige faire Spielart gesellschaftlicher Wirtschaftsordnung gepriesen. Alle Sozialisten, Marxisten und Nichtmarxisten, verteidigen den Sozialismus als das einzige System, das mit einer Skala von willkürlich eingeführten absoluten Werten zusammenstimmt. Diese Werte, behaupten sie, sind die einzigen Werte, die für alle anständigen Menschen gültig sind, unter ihnen vor allem die Arbeiter, die Mehrheit in einer modernen Industriegesellschaft. Sie werden als absolut angesehen, weil sie die Mehrheit unterstützen – und die Mehrheit hat immer recht.
TG, S. 111

ᘓ

Man muss nur hervorheben, daß das, was den Sozialismus und Kommunismus populär macht, nicht nur der illusorische Glaube ist, daß sie jedem riesigen Reichtum geben werden, sondern die nicht weniger illusorische Erwartung, daß niemand mehr als andere bekommen wird. Neid ist natürlich eines der tiefsten menschlichen Gefühle.
TG, S. 349

ꙮ

Die auf die Reform der Eigentumsverhältnisse gerichteten Bestrebungen vorkapitalistischer Zeiten gipfeln gewöhnlich in dem Verlangen nach Herstellung der Vermögensgleichheit. Alle sollen gleich reich sein, keiner soll mehr, keiner weniger besitzen als die anderen. Diesen Zustand will man durch Neuverteilung des Ackerlandes herbeiführen und durch Veräußerungs- und Belastungsverbote zu einem dauernden gestalten. Es ist klar, daß das kein Sozialismus ist, mag man es auch heute mitunter als Agrarsozialismus bezeichnen. Der Sozialismus will die Produktionsmittel überhaupt nicht verteilen und will mehr als bloß enteignen; er will auf Grund gesellschaftlichen Eigentums an den Produktionsmitteln produzieren. Darum sind alle jene Vorschläge, die nur auf die Enteignung von Produktionsmitteln hinauslaufen, nicht als sozialistisch anzusehen; es kann sich bei ihnen im besten Fall um Vorschläge über den Weg handeln, der zum Sozialismus hinführen soll. Wenn zum Beispiel angeregt wird, ein Höchstausmaß des zulässigen Sondereigentums einer und derselben Person festzulegen und alles, was darüber hinausgeht, einzuziehen, so kann man das nur dann als sozialistisch ansehen, wenn beabsichtigt wird, die auf diese Weise dem Staat zufallenden Vermögen zur Grundlage sozialistischer Produktion zu machen. Wir hätten dann einen Vorschlag über den Weg der Sozialisierung vor uns. Es ist nicht schwer zu erkennen, daß dieser Vorschlag ganz und gar verfehlt ist. Ob die Menge der Produktionsmittel, die dabei vergesellschaftet werden könnten, größer oder kleiner ist, wird davon abhängen, welche Höhe für das noch zulässige Ausmaß der Sondervermögen bestimmt wird. Nimmt man sie niedrig, dann ist der Unterschied gegenüber der sofortigen Sozialisierung nur gering. Nimmt man sie hoch, dann ist der Erfolg der Maßnahme für die Vergesellschaftung der Produktionsmittel nur klein. In jedem Falle müßte sich aber eine Reihe von nichtbeabsichtigten Wirkungen einstellen. Denn es werden gerade die energischsten und rührigsten Unternehmer vorzeitig aus der wirtschaftlichen Arbeit ausgeschaltet; für die Reichen, deren Vermögen sich der Grenze nähert, wird ein Anreiz zu verschwenderischer Lebensführung gegeben. Man könnte mit größter Wahrscheinlichkeit darauf rechnen, daß die Begrenzung der Einzelvermögen die Kapitalbildung verlangsamen würde. Ähnliches gilt von der von verschiedenen Seiten

vorgeschlagenen Beseitigung des Erbrechts. Die Aufhebung des Erbrechts und des Rechts, Schenkungen zur Umgehung des Erbverbotes vorzunehmen, würde zwar nicht den vollen Sozialismus herbeiführen, doch im Laufe eines Menschenalters einen sehr beträchtlichen Teil aller Produktionsmittel in die Hände der Gesellschaft überführen. Doch sie würde vor allem die Folge haben, daß die Neubildung von Kapital verlangsamt und daß ein Teil des schon vorhandenen Kapitals aufgezehrt wird.
GW, S. 238 f.

ꝏ

Es gibt zwei verschiedene Typen für die Verwirklichung des Sozialismus. Der eine Typ – wir nennen ihn den marxistischen oder russischen – ist rein bürokratisch. Alle Wirtschaftsunternehmen sind Abteilungen der Regierung, gerade so wie die Verwaltung der Armee und der Flotte oder das Postsystem. Alle einzelnen Betriebe, Geschäfte oder Bauernhöfe stehen im gleichen Verhältnis zur übergeordneten Zentralstelle wie das Postamt zum Büro des Generalpostmeisters. Die ganze Nation bildet eine einzige Arbeiterarmee mit Frondienst; der Kommandeur dieser Armee ist der Staatschef. Der zweite Typ – wir können ihn den deutschen oder das Zwangswirtschafts-System nennen – unterscheidet sich vom ersten dadurch, daß es scheinbar und nominell das Sondereigentum an den Produktionsmitteln, Unternehmertum und den Markt beibehält. Sogenannte Unternehmer kaufen und verkaufen, bezahlen die Arbeiter, laden sich Schulden auf und bezahlen Zinsen und Amortisationen. Aber sie sind keine Unternehmer mehr. Im Nazideutschland werden sie Betriebsführer[140] genannt. Die Regierung sagt diesen scheinbaren Unternehmern, was und wie sie produzieren, zu welchen Preisen und von wem sie was zu welchen Preisen kaufen und wem sie verkaufen. Die Regierung erlässt, zu welchen Löhnen Arbeiter arbeiten sollen und wem und unter welchen Klauseln die Kapitalisten ihr Vermögen anvertrauen. Marktwirtschaft ist nur eine Mogelpackung. Da alle Preise, Löhne und Zinssätze durch die Behörden festgelegt sind, sind sie nur dem Schein nach Preise, Löhne und Zinssätze; tatsächlich sind sie nur quantitative Ausdrücke in den Behördenbefehlen, die das Einkommen, den Konsum und den Lebensstandard eines jeden

140 siehe »Gesetz zur Ordnung der nationalen Arbeit« vom 20. Januar 1934, erster Abschnitt »Führer des Betriebes und Vertrauensrat«

Bürgers bestimmen. Die Behörden, nicht die Konsumenten, leiten die Produktion. Die Zentralvorstand der Produktionsleitung ist Oberhaupt; alle Bürger sind nur Beamte. Das ist Sozialismus, mit dem äußeren Anschein des Kapitalismus.
PF, S. 4 f.

Sozialversicherung

Die Sozialversicherungsgesetze haben dem Arbeitnehmer bestimmte Zuwendungen gebracht. Doch die Aufbringung der Mittel, aus denen diese Zuwendungen bestritten wurden, belasten, sofern sie durch eine allgemeine Steuer beschafft werden, immer die Arbeitnehmer, gleichviel ob die Arbeitgeber zu Beitragsleistungen verpflichtet wurden, die sie dem Arbeiter vom Lohn nicht abziehen dürfen, oder nicht. Eine Belastung – durch Sozialversicherungsbeiträge, Steuern oder anderer Art – des Arbeitslohns wird vom Arbeitgeber als Erhöhung des Preises, den er für die Arbeit zu zahlen hat, angesehen und muss daher schließlich durch eine entsprechende Senkung des dem Arbeiter zukommenden Barlohnes ausgeglichen werden. So betrachtet stellt sich die Sozialversicherung nicht als eine gegen den Arbeitgeber gerichtete Zwangsmaßnahme dar, sondern als eine dem Arbeitnehmer auferlegte Beschränkung der Verwendung seines Arbeitsertrages.
NÖ, S. 563

ꝏ

Alle sogenannten sozialen Lasten gehen daher zu Lasten des Arbeitslohnes. Es ist ohne Belang, ob der Unternehmer berechtigt ist, die Beiträge, die er für Alters- und Invaliditätsversicherung, Witwen- und Waisenversorgung, Krankenkassen, Sterbekassen, Unfallversicherung und Arbeitslosenunterstützung zu zahlen hat, vom Arbeitslohn abzuziehen oder nicht. Diese Beträge werden, gleichviel wer sie zahlt, immer vom Arbeiter getragen. Das gleiche gilt von Lohnsteuern. Auch hier ist es ohne Belang, ob ein Recht des Abzugs besteht. Jede Steuer, die nach dem Lohnaufwand bemessen wird, trifft in letzter Linie den Arbeitslohn. Die Belastung, die dem Unternehmer aus den Arbeiterschutzgesetzen erwächst, wird auf den Lohn überwälzt. Wenn die Länge des Arbeitstages gekürzt wird und der Arbeiter diese Verkürzung nicht durch Erhöhung der Leistung wettmacht, dann wird der Lohn, (wofern er Zeitlohn ist), entsprechend gekürzt werden. Wird die Lohnsenkung durch einen weiteren Staatseingriff unmöglich gemacht, dann treten alle Wirkungen einer

durch Intervention anbefohlenen Lohnsteigerung auf. Was von der Kürzung der Länge des Arbeitstages gilt, gilt mutatis mutandis[141] auch von den Arbeiterurlauben und von allen verwandten Bestimmungen.
NÖ, S. 549

Als eines der wirksamsten Mittel des Destruktionismus hat sich die Unterstützung der Arbeitslosen erwiesen. Der Gedankengang, der zur Schaffung der Arbeitslosenversicherung führte, war derselbe, der die Kranken- und Unfallversicherung entstehen ließ. Man hielt Arbeitslosigkeit für ein Unglück, das über den Einzelnen kommt, wie eine Lawine ins Tal niedergeht. Man sah nicht, daß richtiger nicht von Arbeitslosigkeit, sondern von Lohnlosigkeit zu sprechen wäre, weil das, was der Betroffene entbehrt, nicht die Arbeit, sondern der Arbeitslohn ist. Und man verstand nicht, daß es sich nicht darum handelt, daß der »Arbeitslose« überhaupt keine Arbeit findet, sondern darum, daß er nicht gewillt ist, für den Lohn zu arbeiten, den er auf dem Arbeitsmarkte für die Arbeit, die er zu leisten befähigt und bereit ist, zu erzielen in der Lage wäre. Die Kranken- und Unfallversicherung wird dadurch problematisch, daß der Versicherte den Versicherungsfall selbst herbeizuführen oder doch zu verschärfen vermag. Von der Versicherung gegen Arbeitslosigkeit aber gilt, daß der Versicherungsfall anders als durch den Willen des Versicherten überhaupt nicht eintreten kann. Würde er nicht als Gewerkschaftsmitglied handeln, sondern seine Ansprüche so herabsetzen und Arbeitsort und Arbeitsart so wechseln, wie es die Lage des Arbeitsmarktes verlangt, so würde er Arbeit finden. Denn solange wir in der gegebenen Welt und nicht im Schlaraffenlande leben, steht die Arbeit im wirtschaftlichen Mengenverhältnis, d. h. es gibt unbefriedigten Bedarf nach Arbeitskräften. Die Arbeitslosigkeit ist ein Lohnproblem und kein Arbeitsproblem. Arbeitslosenversicherung ist geradeso undurchführbar wie etwa Versicherung gegen Unverkäuflichkeit von Waren. Das, was man Versicherung gegen Arbeitslosigkeit nennt, trägt diesen Namen zu Unrecht, weil es niemals eine auf statistischer Erfahrung beruhende Unterlage für eine derartige Versicherung geben kann. Die meisten Staaten haben das auch anerkannt, indem sie die Bezeichnung »Versicherung« fallen ließen oder zumindest aus ihr keine weiteren Folgen mehr ziehen. Der Charakter der Einrichtung ist

141 mit den notwendigen Änderungen

heute unverhüllt: Unterstützung. Sie ermöglicht den Gewerkschaften das Festhalten an Lohnsätzen, bei denen nur ein Teil der Arbeitsuchenden Arbeit findet. Die Unterstützung der Arbeitslosen ist es mithin, die Arbeitslosigkeit als Massen- und Dauererscheinung erst schafft.
GW, S. 450 f.

Die Sozialversicherung hat eine besondere Krankheit, die traumatische Neurose, die schon früher in einzelnen Fällen als Folge der zivilrechtlichen Regelung von Schadenersatzansprüchen aufgetreten war, zu einer Volkskrankheit gemacht. Niemand bestreitet heute mehr, daß die traumatische Neurose eine Folge der Sozialgesetzgebung ist. Ein überwältigendes statistisches Material hat den Beweis dafür erbracht, daß die Verletzungen von Personen, die Ansprüche auf Grund der Sozialversicherung zu erheben berechtigt sind, viel länger zur Heilung benötigen als die anderer Personen, und daß sie funktionelle Störungen in einem Ausmaße und in einer Dauer nach sich ziehen, die bei Nichtversicherten nicht auftreten. Krankheiten werden durch die Krankenversicherung gezüchtet. Einzelbeobachtungen der Ärzte und statistisches Material bestätigen, daß Krankheiten und Verletzungen bei Beamten und Festangestellten und bei Sozialversicherten sehr viel langsamer heilen als bei Angehörigen der freien Berufe und bei Personen, denen die Wohltaten der Sozialversicherung nicht zugute kommen. Der Wunsch und die Notwendigkeit, schnell wieder gesund und arbeitsfähig zu werden, begünstigen auch in objektiv nachweisbarem Maße die Heilung ganz außerordentlich. {...} Indem die Sozialversicherung den Willen zur Gesundheit und zur Leistungsfähigkeit schwächt oder ganz beseitigt, macht sie krank und leistungsunfähig; sie erzeugt Querulantentum, das an sich schon eine Neurose ist, und Neurosen anderer Art, kurz, sie ist eine Einrichtung, die dazu beiträgt, Krankheit und in vielen Fällen auch Unfälle hervorzurufen und die physischen und psychischen Folgen der Unfälle und der Erkrankungen beträchtlich zu verschärfen. Als soziale Einrichtung macht sie ein Volk seelisch und leiblich krank oder trägt zumindest dazu bei, Krankheiten zu mehren, zu verlängern und zu verschärfen.
GW, S. 443 f.

Im Kapitalismus ist der Kunde der Mann, um dessen Gunst die

Lieferanten sich bewerben und zu dem sie nach dem Verkauf »Dankeschön« und »Bitte kommen Sie wieder« sagen. Im Sozialismus erhält der »Genosse«, was der »große Bruder« ihm zu geben beschließt, und er muß dankbar sein für alles, was er erhält.
GU, S. 603

Sozialwissenschaften

Das, was jene antrieb, die die Ersetzung der Wissenschaften des menschlichen Handelns durch die Sozialwissenschaften anzuregen, war natürlich ein bestimmtes politisches Programm. In ihren Augen wurden die Sozialwissenschaften konstruiert, um die Sozialphilosophie des Individualismus zu vernichten. Die Verteidiger der Sozialwissenschaften erfanden und verbreiteten die Terminologie, die die Marktwirtschaft, in der jedes Individuum danach strebt, seine eigenen Pläne zu verfolgen, als Planlosigkeit und daher als chaotisches System kennzeichnet, und den Begriff »Plan« den Entwürfen einer Agentur vorbehält, welche, unterstützt oder identisch mit der Polizeimacht der Regierung, alle Bürger daran hindert, ihre eigenen Pläne und Entwürfe zu verfolgen. Man kann die Rolle kaum überschätzen, die die Gedankenverbindung, geknüpft durch diese Terminologie, bei der Formung der politischen Grundsätze unserer Zeitgenossen spielt.
TG, S. 266

Die pseudohistorische Disziplin, die sich heute den Namen Soziologie beilegt, ist im wesentlichen eine Deutung der geschichtlichen Vorgänge und Verkündung angeblich unausweichlicher künftiger Entwicklung im Sinne der skurrilen marxistischen Fortschrittsmetaphysik, die sich gegen die Kritik durch die wissenschaftliche Soziologie und Nationalökonomie von der einen Seite und durch die Geschichtsforschung von der anderen Seite durch die Berufung darauf zu sichern sucht, daß sie die Dinge »soziologisch« und nicht nationalökonomisch, historisch oder sonstwie in einer der »nichtsoziologischen« Kritik ausgesetzten Weise betrachte. Die pseudohistorischen »wirtschaftlichen Staatswissenschaften« und der Institutionalismus schützen sich gegen die Kritik, die die Nationalökonomie an ihrem interventionistischen Programm übt, durch die Berufung auf die Relativität aller nationalökonomischen Einsicht, die sie aus voraussetzungsloser Befassung mit der Wirtschaftsgeschich-

te gewonnen zu haben behaupten. Gegen die Logik und das diskursive Denken der Wissenschaft suchen beide das Irrationale auszuspielen.
GN, S. XII

Sparen

Man spart nicht, weil Zins besteht. Der Zins ist nicht die Ursache des Sparens, sondern das Wertverhältnis, das im Sparen hervortritt und den Umfang des Sparens bestimmt. Unter Verhältnissen, in denen die Vorsorge für die Zukunft in nichts anderem bestehen kann als im einfachen Nichtverzehren eines Teiles der genußreifen Güter und deren Aufbewahrung für späteren Verbrauch, ist der Zins in der verschiedenen Rangstellung gegeben, die man der Befriedigung gegenwärtiger und künftiger Bedürfnisse zuerkennt. Ehe man an das Sparen schreitet, durch das für künftige Bedürfnisse vorgesorgt wird, werden heutige Bedürfnisse befriedigt, die man jenen künftigen Bedürfnissen nur darum vorzieht, weil sie heutige Bedürfnisse sind.[142]
NÖ, S. 476 f.

142 »Der Einfachheit halber sprechen wir von heutigen (gegenwärtigen) und künftigen Gütern und Bedürfnissen. Genauer müsste man sagen: Befriedigung in näherer und Befriedigung in fernerer Zukunft.«

Wir gehen von der Unterscheidung zweier Arten der Vorsorge für die Zukunft aus: des einfachen und des kapitalistischen Sparens. Das einfache Sparen besteht in dem Anhäufen von Genussgütern für künftigen Bedarf. Das kapitalistische Sparen besteht in der Bildung von Kapital durch Produktion von Kapitalgütern, die reichere Versorgung in der Zukunft ermöglichen. Der Sinn des einfachen Sparens liegt in späterem Verbrauch; das einfache Sparen ist nichts als aufgeschobener Verbrauch. Früher oder später werden die gesparten Güter doch dem Verbrauch zugeführt. Der Sinn des kapitalistischen Sparens ist zunächst Erhöhung der Ergiebigkeit des Handelns; das Sparen bildet Kapitalgüter, die der Produktion dienen sollen, und nicht bloß Reservevorräte zur Verwendung in Zeiten der Not sind. Der Nutzen des einfachen Sparens liegt im Verbrauch der aufgesparten Vorräte, der Nutzen des kapitalistischen Sparens zunächst in der Erhöhung der Menge der künftig für den Verbrauch oder für weiteres Sparen verfügbaren Güter.
NÖ, S. 481

Wir sind die Erben unserer Vorfahren, durch deren Sparen die Kapitalgüter gebildet wurden, mit denen wir arbeiten. Von dem Ursparen der Fischer, die einen Teil ihrer Arbeit nicht der Sorge für den nächsten Tag, sondern durch Herstellen von Netzen und Booten der Vorsorge für spätere Tage gewidmet haben, ziehen auch wir heute noch Nutzen. Hätten die Söhne dieser Fischer das so gebildete Kapital wieder aufgezehrt, indem sie die Zwischenprodukte – Netze und Boote – aufgebraucht hätten, ohne für Ersatz durch Widmung eines Teils ihrer Arbeit zu sorgen, dann hätte der Kapitalbildungsprozeß von Neuem beginnen müssen. Das erste Kapital ist nur aus den ursprünglichen Produktionsfaktoren (Arbeit und naturgegebenen Produktionsmitteln) gebildet worden, und wenn wir Späteren weiteres Kapital durch Sparen von Gütern bilden, die durch Kombinieren von drei Gruppen von Produktionsfaktoren, nämlich Arbeit, naturgegebene sachliche Produktionsmittel und produzierte Produktionsmittel, erzeugt wurden, so ist das nur dem Umstande zuzuschreiben, daß wir dank dem von unseren Vorfahren ererbten Kapital in der Kapitalbildung nicht mehr von Frischem anfangen müssen. Will man das Kapital nicht aufzehren, dann müssen die Güter, in denen es verkörpert ist, immer wieder aus dem Ergebnis der Produktion ersetzt werden, wenn sie durch die Produktion aufgebraucht, durch Elementarereignisse zerstört oder durch Änderung der Bedarfsgestaltung oder der Produktionstechnik entwertet wurden. Gemehrt wird das Kapital durch neue Rücklagen, die über diese Erneuerung des alten Kapitals hinausgehen. Um zu sparen, muss man immer wieder mehr erzeugen als verbrauchen.
NÖ, S. 451 f.

&

Sparen, das heißt Kapitalansammlung, ist das Element, welches Stufe um Stufe die lästige Nahrungssuche der wilden Höhlenbewohner in moderne industrielle Produktionsmethoden verwandelt hat. Die Schrittmacher dieser Evolution waren die Ideen, durch die das institutionelle System geschaffen wurde, innerhalb dessen die Kapitalansammlung durch das Prinzip des Privateigentums an den Produktionsmitteln gesichert wurde. Jeder Schritt vorwärts auf dem Weg zum Wohlstand ist die Folge des Sparens. Die genialsten technischen Erfindungen sind praktisch wertlos, wenn die für ihre Nutzbarmachung notwendigen Kapitalgüter nicht vorher durch Sparen angesammelt worden sind. Die

Unternehmer benutzen die durch die Sparer verfügbar gemachten Kapitalgüter zur wirtschaftlichen Befriedigung der wichtigsten der noch nicht befriedigten Bedürfnisse der Verbraucher. Zusammen mit den Technikern, die die Produktionsmethoden zu verbessern suchen, spielen sie neben den Sparern eine aktive Rolle im Lauf der Ereignisse, die mit dem Sammelnamen »wirtschaftlicher Fortschritt« bezeichnet zu werden pflegen. Der Rest der Menschheit zieht Gewinne aus den Tätigkeiten dieser drei Pioniergruppen. Ganz gleich, welchen Dingen und Aufgaben sie sich widmen, sie sind nur die Nutznießer dieses Fortschritts, zu dessen Entstehung sie selbst nichts beigetragen haben. Ein charakteristisches Merkmal der Marktwirtschaft ist die Tatsache, daß sie den größten Teil der Verbesserungen, die den Bemühungen der drei fortschrittlichen Gruppen zuzuschreiben sind – derjenigen, die sparen; derjenigen, die die Kapitalgüter investieren; und derjenigen, die neue Methoden für die Anwendung der Kapitalgüter ausarbeiten –, der nichtfortschrittlichen Majorität der Menschheit zugute kommen läßt. Kapitalansammlung, die das Wachstum der Bevölkerung übersteigt, hebt einerseits die Grenzproduktivität der Arbeit und verbilligt andererseits die Produkte. Durch den Prozeß der Marktwirtschaft erhält der gewöhnliche Mensch die Möglichkeit, die Früchte der Errungenschaften anderer Völker zu genießen. Er zwingt die drei fortschrittlichen Gruppen, der nicht fortschrittlichen Majorität in der bestmöglichen Weise zu dienen.
WA, S. 48 f.

Die einzige Quelle der Erzeugung von zusätzlichem Kapital ist das Sparen. Wenn alle produzierten Güter verbraucht werden, entsteht kein neues Kapital. Wenn aber der Verbrauch hinter der Produktion zurücksteht und der Überschuß von neu produzierten Gütern gegenüber den konsumierten für weitere Produktionsprozesse verwendet wird, werden diese Prozesse nunmehr mit Hilfe der vermehrten Produktionsmittel ausgeführt. {...} Falls alle erzeugten Güter ohne Ersatz der Kapitalgüter, die während ihrer Erzeugung abgenutzt worden sind, konsumiert werden, wird Kapital konsumiert. Wenn dies geschieht, wird die weitere Produktion nur durch eine geringere Anzahl von Kapitalgütern bewirkt werden und wird somit ein geringeres Produktionsvolumen pro Einheit der angewandten Natur- und Arbeitskräfte erzeugen. Um diese Art von Verschleiß und

Rückgang zu verhindern, muß man einen Teil der Produktionstätigkeit der Erhaltung des Kapitals zuwenden, das heißt dem Ersatz der während der Gebrauchsgüterproduktion abgenutzten Kapitalgüter. Kapital ist weder eine Gabe Gottes noch der Natur. Es ist das Resultat einer fürsorglichen Verbrauchs-Enthaltung des Menschen. Es wird geschaffen und vermehrt durch Sparen und erhalten durch Vermeiden von »Entsparen«. Es ist auch nicht so, daß Kapital oder Kapitalgüter an sich die Macht haben, die Produktivität der Naturkräfte und der menschlichen Arbeitskraft zu steigern. Nur wenn die Früchte des Sparens weise gebraucht und angelegt werden, steigern sie das Produktionsvolumen pro Einheit der eingesetzten Natur- und Arbeitskräfte. Wo das nicht der Fall ist, werden sie verschwendet und vergeudet. Die Ansammlung von neuem und die Erhaltung von früher angesammeltem Kapital sowie die Nutzbarmachung des Kapitals zur Hebung der Produktivität menschlicher Bemühungen sind die Früchte zielbewußter menschlicher Tätigkeit. Sie sind der Ertrag des Verhaltens sparsamer Menschen, die sparen und sich vom Entsparen zurückhalten, das heißt der Kapitalisten, die Zinsen verdienen, und der Leute, denen es gelingt, das zur Verfügung stehende Kapital für die bestmögliche Befriedigung der Bedürfnisse der Konsumenten zu nützen, das heißt der Unternehmer, die Profite machen.
WA, S. 95 ff.

Spekulation

Die Spekulation erfüllt in der kapitalistischen Wirtschaft eine Aufgabe, die in jeder wie immer gestalteten menschlichen Wirtschaft erfüllt werden muß: sie sorgt für die zeitliche und örtliche Anpassung von Angebot und Nachfrage. Die Quelle der Spekulationsgewinne ist eine Werterhöhung, die von der besonderen Form der Wirtschaftsverfassung unabhängig ist. Wenn der Spekulant Produkte, die auf dem Markte in verhältnismäßig großer Menge vorhanden sind, zu billigem Preise aufkauft und sie teuerer verkauft, wenn die Nachfrage wieder gestiegen ist, so ist das, um was er aus dem Geschäfte bereichert wurde, auch vom volkswirtschaftlichen Standpunkt ein Wertzuwachs. Daß dieser viel beneidete und viel angefeindete Gewinn in einem sozialistischen Gemeinwesen nicht Einzelnen, sondern dem Gemeinwesen zufallen würde, ist nicht zu bestreiten. Doch das ist für die Frage, die uns hier interessiert, nicht von Bedeutung. Für uns ist allein das von Wichtigkeit, daß der be-

hauptete Gegensatz zwischen Rentabilität und Produktivität hier nicht besteht. Der Spekulationshandel erfüllt eine Aufgabe, die man sich aus der Wirtschaft nicht fortdenken kann. Schaltet man ihn aus, wie es in der sozialistischen Gemeinschaft geschehen soll, dann muß seine Funktion von anderen Organen übernommen werden, dann muß das Gemeinwesen selbst zum Spekulanten werden. Ohne Spekulation gibt es kein über den Augenblick hinausgreifendes Wirtschaften.
GW, S. 119 f.

ꙮ

In der in Bewegung befindlichen Wirtschaft ist jede wirtschaftliche Handlung auf ungewisse künftige Verhältnisse eingestellt. Sie ist daher mit einem Risiko verbunden, sie ist Spekulation. Die Spekulation ist bei der großen Masse, die nicht erfolgreich zu spekulieren versteht, und bei den sozialistischen Schriftstellern aller Schattierungen sehr schlecht angeschrieben. Der geschäftsfremde Literat und der wirtschaftslose Beamte sind voll von Neid und Groll, wenn sie an den glücklichen Spekulanten, an den erfolgreichen Unternehmer, denken. Ihrem Ressentiment verdanken wir die Bemühungen vieler nationalökonomischer Schriftsteller, subtile Unterschiede zwischen Spekulation einerseits und wirkliche Werte schaffendem Produzieren und dem »legitimen« Handel andererseits zu entdecken.[143] In Wahrheit ist alle Wirtschaft außerhalb der im reinen Beharrungszustand befindlichen Volkswirtschaft Spekulation. Zwischen dem biederen Handwerksmeister, der in einer Woche ein Paar Schuhe um einen festen Preis zu liefern verspricht, und dem Kohlenwerk, das auf Jahre hinaus den Verschleiß seiner Pro-

143 »Vgl. die treffende Kritik dieser mehr von guter Gesinnung als von wissenschaftlicher Gedankenschärfe zeugenden Bestrebungen bei Michaelis, Volkswirtschaftliche Schriften, Berlin 1873, II. Bd., S. 3 ff., und bei Petritsch, Zur Lehre von der Überwälzung der Steuern mit besonderer Beziehung auf den Börsenverkehr, Graz 1903, S. 28 ff. Über Adolf Wagner bemerkt Petritsch, daß er »obgleich er das wirtschaftliche Leben mit Vorliebe einen ›Organismus‹ nennt und als solchen betrachtet wissen will und obgleich er stets das Interesse der ›Gesamtheit‹ gegenüber jenem einzelner Personen betont, trotzdem bei konkreten ökonomischen Fragen über die einzelnen Personen und ihre mehr oder weniger moralischen Absichten nicht hinauskommt und den organischen Zusammenhang, in dem diese mit anderen volkswirtschaftlichen Erscheinungen stehen, geflissentlich übersieht, also dort endigt, wo streng genommen der Ausgangs-, nicht der Endpunkt einer jeden ökonomischen Untersuchung liegen sollte« (S. 59). Das gleiche gilt von allen Schriftstellern, die gegen die Spekulation gewettert haben.«

dukte vergibt, ist nur ein gradueller Unterschied. Auch wer sein Geld in festverzinslichen mündelsicheren Werten anlegt, geht, auch abgesehen von dem Risiko der Zahlungsfähigkeit des Schuldners, eine Spekulation ein; er kauft Geld auf Termin, wie der Baumwollespekulant Baumwolle auf Termin kauft. Die Wirtschaft ist notwendig Spekulation, weil sie auf die ungewisse Zukunft eingestellt ist; die Spekulation ist das geistige Band, das die einzelnen Wirtschaftshandlungen zu einem sinnvollen Ganzen, zur Wirtschaft, zusammenfaßt.
GW, S. 182 f.

Das Kapital muß in der Produktion immer wieder neu geschaffen werden. Die einzelnen Kapitalgüter, aus denen es sich zusammensetzt, haben ein zeitlich beschränktes Dasein; dauernden Bestand gewinnt das Kapital nur durch die Art und Weise, in der es der Wille des Eigners in der Produktion einsetzt. Wer Kapitalvermögen besitzen will, muß es täglich immer wieder neu erwerben. Kapitalvermögen ist keine Quelle von Rentenbezug, der auf die Dauer in Trägheit genossen werden kann. Es wäre verfehlt, diese Ausführungen mit dem Hinweis auf den ständigen Ertrag, den »gute« Kapitalsanlagen abwerfen, zu bekämpfen. Die Kapitalsanlagen müssen eben »gut« sein, und das sind sie stets nur als Ergebnis einer erfolgreichen Spekulation.
GW, S. 349

Die Spekulation macht nicht die Preise; sie muß die Preise, die sich auf dem Markte bilden, hinnehmen. Ihr Bestreben ist darauf gerichtet, die künftige Preisgestaltung richtig einzuschätzen und danach zu handeln. Der Einfluß der Spekulation vermag die durchschnittliche Höhe der Preise innerhalb eines bestimmten Zeitabschnittes nicht zu verändern; doch er verkleinert den Abstand zwischen dem höchsten und dem niedrigsten Preis. Die Preisschwankungen werden durch die Spekulation gemindert, nicht, wie die landläufige Legende meint, verstärkt.
TU, S. 237

Der Produktionsprozess ist Verwendung der Produktionsmittel im Hinblick auf künftigen Bedarf, er ist somit Spekulation auf die immer ungewisse Zukunft, er ist Bindung der verfügbaren Produktionsmittel an die erwartete Bedürfnisgestal-

tung. Was auch immer heute für künftigen Bedarf vorgekehrt werden mag, ist Spekulation und Einleitung eines Ablaufs, aus dem Unternehmergewinne oder Unternehmerverluste entstehen können. Die Produktion führt in die ungewisse Zukunft, jede Verfügung über die Verwendung von Produktionsmitteln ist Spekulation.
NÖ, S. 249

Die Anhäufung von Warenvorräten und die Arbeitslosigkeit von Arbeitskräften ist Spekulation. Der Eigentümer will die Waren nicht zu dem Preis verkaufen, den er heute erhalten könnte, weil er hofft, später einen höheren Preis zu erzielen. Der Arbeiter will weder Orts- oder Berufswechsel vornehmen, noch seine Lohnforderung ermäßigen, weil er hofft, die Arbeit, die er vorzieht, an dem Orte, den er vorzieht, mit höherem Lohn zu finden. Beide, Vorratsbesitzer und Arbeitslose, weigern sich, sich der Marktlage von heute anzupassen, weil sie auf das Auftreten neuer Daten hoffen, die die Marktlage zu ihren Gunsten verändern soll. Weil sie sich der Marktlage nicht anpassen, hat das Wirtschaftsgefüge noch nicht den Gleichgewichtsstand erreicht.
NÖ, S. 527

Staat

Der Markt ist ein Austausch produktiver Dienste. Er ist auch als eine Demokratie bezeichnet worden, in der jeder Pfennig einen Stimmzettel bedeutet und die Gewählten sich täglich zur Neuwahl stellen müssen. In dieser Gesellschaftsordnung fällt dem Staate die Aufgabe zu, das ungestörte Wirken des Marktes zu sichern durch Verhütung und Abwehr gewaltsamer oder heimtückischer Anschläge gegen Leben, Gesundheit, Freiheit oder Eigentum der einzelnen. Diese Umschreibung der Staatsaufgaben – Rechtsschutz im Innern und Verteidigung gegen Angriffe von außen entspringt nicht einem besonderen Prinzip, etwa einem gegen den Staat gerichteten »Haß«. Indem der Liberalismus die Marktwirtschaft will, lehnt er logischerweise andere Wirtschaftssysteme – Sozialismus und Interventionismus – und damit alles ab, was diese anderen Systeme dem Staate an besonderen Aufgaben zuweisen. Der Staat – der gesellschaftliche Zwangs- und Unterdrückungsapparat – ist in den Augen des Liberalismus weder ein Gott noch ein Übel, sondern eine unentbehrliche gesellschaftliche Einrichtung.
WL, S. 596 f.

Der Staat ist die einzige Einrichtung, die berechtigt ist, Zwang und Gewalt anzuwenden und Individuen Schaden zuzufügen. Diese gewaltige Macht kann nicht der Willkür einiger Menschen überlassen werden, für wie kompetent und gewitzt sie sich selber auch immer halten mögen. Die Anwendung dieser Macht ist unter allen Umständen zu begrenzen. Dies ist die Aufgabe von Gesetzen. {...} die Alternative zur Herrschaft des Gesetzes ist die Herrschaft von Tyrannen.
BK, S. 85

ꝏ

Nach liberaler Auffassung besteht die Aufgabe des Staatsapparates einzig und allein darin, die Sicherheit des Lebens und der Gesundheit, der Freiheit und des Sondereigentums gegen gewaltsame Angriffe zu gewährleisten. Alles, was darüber hinausgeht, ist von Übel. Eine Regierung, die, statt ihre Aufgabe zu erfüllen, darauf ausgehen wollte, selbst das Leben und die Gesundheit, die Freiheit und das Eigentum anzutasten, wäre natürlich ganz schlecht. {...} sobald wir den Grundsatz der Nichteinmischung des Staatsapparates in alle Fragen der Lebenshaltung des einzelnen aufgeben, gelangen wir dazu, das Leben bis ins Kleinste zu regeln und zu beschränken. Die persönliche Freiheit des einzelnen wird aufgehoben, er wird zum Sklaven des Gemeinwesens, zum Knecht der Mehrheit. Man braucht sich gar nicht auszumalen, wie solche Befugnisse von böswilligen Machthabern mißbraucht werden könnten. Schon die vom besten Willen erfüllte Handhabung derartiger Befugnisse müßte die Welt in einen Friedhof des Geistes verwandeln. Aller Fortschritt der Menschheit vollzog sich stets in der Weise, daß eine kleine Minderheit von den Ideen und Gebräuchen der Mehrheit abzuweichen begann, bis schließlich ihr Beispiel die anderen zur Übernahme der Neuerung bewog. Wenn man der Mehrheit das Recht gibt, der Minderheit vorzuschreiben, was sie denken, lesen und tun soll, dann unterbindet man ein für alle Male allen Fortschritt. {...} Der Staat ist Zwangs- und Unterdrückungsapparat. Das gilt nicht nur vom »Nachtwächterstaat«, sondern geradeso auch von jedem anders gebauten Staatswesen, ganz besonders auch vom sozialistischen Staat. Alles, was der Staat ist und vermag, ist Zwang und Gewaltanwendung. Das Verhalten, das dem Bestande der Gesellschaftsordnung gefährlich ist, zu unterdrücken, ist das Um und Auf aller Staatstätigkeit; im sozialistischen Gemeinwesen tritt dazu auch noch überdies die Verfügung über die Produktionsmittel. {...}

Das Ärgste an der Zwangsgewalt, die sich zu ihrer Rechtfertigung auf den »Staat« beruft, ist das, daß sie, weil notwendigerweise letztlich immer auf die Zustimmung der Mehrheit gestützt, sich stets gegen das aufkeimende Neue wendet. Die menschliche Gesellschaft kann die Staatsorganisation nicht entbehren, aber aller Fortschritt der Menschheit hat sich gegen den Staat und seine Zwangsgewalt durchsetzen müssen. Kein Wunder, daß alle, die der Menschheit Neues zu bringen hatten, auf Staat und Gesetze nicht gut zu sprechen waren. Die unverbesserlichen Staatsmystiker und Staatsanbeter mögen ihnen das übelnehmen; die Liberalen werden es begreifen, wenn sie es auch nicht billigen können. Doch jeder Liberale muß sich dagegen kehren, wenn man aus dieser verständlichen Abneigung gegen alles Büttel- und Schergenwesen heraus in übertriebener Selbstschätzung das Recht des Individuums verkündet, sich gegen den Staat aufzulehnen. Gewaltsamer Widerstand gegen die Staatsgewalt ist das letzte Mittel, um Unterdrückung der Mehrheit durch die Minderheit zu brechen. Die Minderheit, die ihren Ideen zum Siege verhelfen will, muß trachten, durch die Macht geistiger Mittel zur Mehrheit zu werden. Der Staat muß so eingerichtet sein, daß der einzelne auf seinem Boden und im Rahmen des durch seine Gesetze gegebenen Spielraumes sich frei bewegen kann. Der Staatsbürger darf nicht so beengt sein, daß er, wenn er anders denkt als die Träger des Staatsapparates, nur die Wahl hat, entweder unterzugehen oder den Staatsapparat zu zertrümmern.
LI, S. 46 ff./50 ff.

Die gesellschaftliche Einrichtung, die durch Anwendung von Zwang und Gewalt die gesellschaftsschädlichen Leute dazu bringt, sich an die Regeln des gesellschaftlichen Zusammenlebens zu halten, nennen wir Staat, die Regeln, nach denen dabei vorgegangen wird, Recht und die Organe, die die Handhabung des Zwangsapparates besorgen, Regierung. {...} Der Liberalismus ist somit weit entfernt davon, die Notwendigkeit eines Staatsapparates, einer Rechtsordnung und einer Regierung zu bestreiten. Es ist ein arges Mißverständnis, ihn irgendwie in Verbindung mit den Ideen des Anarchismus zu bringen. Für den Liberalen ist der staatliche Verband zwischen den Menschen eine unbedingte Notwendigkeit, denn dem Staat obliegen die wichtigsten Aufgaben: Schutz des Sondereigentums und des Friedens, in dem allein das

Sondereigentum seine Wirkungen zu entfalten vermag. Daraus ergibt sich ohne weiteres, wie der Staat eingerichtet sein muß, der dem Ideal der Liberalen entspricht. Er muß nicht nur das Sondereigentum beschützen können; er muß auch so eingerichtet sein, daß der ruhige friedliche Gang der Entwicklung nie durch Bürgerkrieg, Revolution oder Putsche gestört wird.
LI, S. 32 ff.

Der Liberalismus ist sich darüber ganz klar, daß ohne Zwanganwendung der Bestand der Gesellschaft gefährdet wäre, und daß hinter den Regeln, deren Befolgung notwendig ist, um die friedliche menschliche Kooperation zu sichern, die Androhung der Gewalt stehen muß, soll nicht jeder einzelne imstande sein, den ganzen Gesellschaftsbau zu zerstören. Man muß in der Lage sein, den, der das Leben, die Gesundheit oder persönliche Freiheit anderer Menschen oder das Sondereigentum nicht achten will, mit Gewalt dazu zu bringen, sich in die Regeln des gesellschaftlichen Zusammenlebens zu fügen. Das sind die Aufgaben, die die liberale Lehre dem Staat zuweist: Schutz des Eigentums, der Freiheit und des Friedens.
LI, S. 33

Die Kollektivisten nehmen nicht wahr, daß das, was den Staat konstituiert, die Handlungen der Individuen sind. Die Gesetzgeber, diejenigen, die die Gesetze durch die Kraft der Waffen vollstrecken, und diejenigen, die den Diktaten der Gesetze und der Polizei gehorchen, konstituieren den Staat durch ihr Verhalten. Nur in diesem Sinn ist der Staat wirklich. Getrennt von solchen Handlungen individueller Menschen gibt es keinen Staat.
TG, S. 263

Gesellschaftliches Zusammenleben und Zusammenwirken von Menschen ist daher nur im staatlichen Verbande denkbar, d. h. nur in einem Verbande, der über einen Zwangsapparat zur Unterdrückung gesellschaftsstörenden Handelns von Einzelnen oder von Gruppen verfügt.
NÖ, S. 119 f.

Um gewaltsame Störungen zwischenmenschlicher Beziehungen auszuschalten, gibt es nur eines: zu noch gewaltsameren Maßnahmen zu greifen. Einzelnen oder Gruppen

gegenüber, die zur Gewalt greifen oder die ihren vertraglich eingegangenen Verpflichtungen nicht nachkommen, hilft nur die Gewaltanwendung. Ein Wirtschaftssystem auf Grund freiwilliger Vereinbarung kann nicht funktionieren ohne die Rückendeckung durch Straf- und Zwangsmaßnahmen gegen jene, die sich nicht an die Regeln des gemeinsamen Abkommens halten wollen. Die Wirtschaft benötigt also die Hilfe des Staates.
WS, S. 13

Außerhalb des Marktes steht der Zwangs- und Unterdrückungsapparat, der Staat und seine Leitung, die Regierung. Der Staat hat dafür zu sorgen, daß der friedliche Fortgang der Produktion nicht gestört werde. Er soll Frieden, d. h. Freisein von Gewalt, im Innern und im Äußeren sichern; er soll Gewalt anwenden gegen alle, die durch Gewalt die Bürger bedrohen.
NS, S. 74

Der Liberalismus ist vom Anarchismus radikal verschieden und hat mit den phantastischen Ideen der Anarchisten nichts zu schaffen. Man muß das besonders hervorheben, weil die etatistische Polemik mitunter Verwandtschaft zwischen Anarchismus und Liberalismus aufzeigen wollte. Der Liberalismus ist nicht so töricht, den Staat abschaffen zu wollen. Er will den Staat stark, damit er die gesellschaftliche Ordnung, die er für die einzige mögliche Ordnung friedlicher gesellschaftlicher Kooperationen hält, die auf dem Sondereigentum an den Produktionsmitteln beruhende Wirtschaftsverfassung, schütze und ungestört wirken lasse. Nach liberaler Auffassung hat der Staat Leben, Gesundheit, Freiheit und Eigentum der Staatsbürger gegen gewaltsame oder heimtückische Angriffe zu schützen.
NS, S. 71 f.

Der Staatsapparat ist ein Zwangs- und Unterdrückungsapparat. Das Wesen der Staatstätigkeit ist, Menschen durch Gewaltanwendung oder Gewaltandrohung zu zwingen, sich anders zu verhalten, als sie sich aus freiem Antriebe verhalten würden.
NS, S. 68

Wer Staat sagt, meint Gewalt und Zwang. Wer sagt: da sollte der Staat

eingreifen, will, daß Menschen Gewalt angedroht oder daß gegen Menschen Gewalt gebraucht werde.
NS, S. 70

ꝏ

Nicht der Staat ist ein Übel, sondern die Mängel des menschlichen Geistes und Charakters, die unbedingt das Wirken einer polizeilichen Gewalt erfordern. Regierung und Staat können niemals vollkommen sein, weil sie ihren *raison d'être* der Unvollkommenheit des Menschen schulden und ihr Ziel, die Beseitigung des angeborenen Aggressionstriebes des Menschen, nur durch den Einsatz von Gewalt erreichen können, genau durch das, dessen Verhinderung ihr Auftrag ist. Es ist ein zweischneidiger Behelf, einem Individuum oder einer Gruppe von Individuen die Berechtigung zur Anwendung von Gewalt zu übertragen. Der Anreiz ist für ein menschliches Wesen zu verführerisch. Die Menschen, die die Gemeinschaft gegen gewaltsame Aggression zu verteidigen haben, verwandeln sich leicht in ihre gefährlichsten Aggressoren. Sie überschreiten ihr Mandat. Sie missbrauchen ihre Macht zur Unterdrückung jener, die von ihnen erwarten, sie gegen Unterdrückung zu schützen. Das Hauptproblem ist, wie zu verhindern ist, daß die Polizeimacht tyrannisch wird. Das ist die Bedeutung aller Freiheitskämpfe.
UF, S. 98

Staatsschulden

Wer Kriegsanleihe zeichnet, bekämpft daher die Notenvermehrung und damit auch die Geldentwertung; und indem er die Geldentwertung bekämpft, sichert er nicht nur sein Vermögen, {...} sondern zugleich auch jene Teile seines Vermögens, die in anderen Forderungstiteln angelegt sind, {...} Wer Kriegsanleihe zeichnet, macht nicht nur im eigentlichen Sinne ein gutes Geschäft, indem er sich für sein Vermögen eine hohe Verzinsung sichert, er fördert auch indirekt seine wirtschaftlichen Interessen, indem er das weitere Sinken der Kaufkraft des Geldes, die weitere Steigerung aller Warenpreise verhindert. Es ist nicht nur patriotische Pflicht Kriegsanleihe zu zeichnen, sondern auch Gebot der wirtschaftlichen Selbsterhaltung.
ÜK, S. 13 f.

ꝏ

Der als ewige und unwandelbare Anstalt hoch über den Wechselfällen der Wirtschaft thronende Staat, dieser neue Gott des aufsteigenden Zeitalters des Etatismus, bot da dem

Bürger hilfreich die Hand, um ihm ein Einkommen für alle Zeiten zu sichern. Hier wurde ein Weg gezeigt, der den Einzelnen von dem Zwange des kapitalistischen Systems, sein Eigentum täglich neu wagen und neu erwerben zu müssen, befreien sollte. Wer sein Geld in Schuldverschreibungen des Staates und der Gemeinden oder der von diesen beschirmten Anstalten, für deren Verpflichtungen Staat und Gemeinden die Haftung übernahmen, anlegte, der war nicht mehr dem Markte und den Verbrauchern untertan. Er musste nicht länger ängstlich bemüht sein, seine Kapitalien so anzulegen, daß sie den Wünschen der Verbraucher am wirksamsten dienen. Er war gesichert, er war aus dem gefahrvollen Bereich des Wettbewerbs der Unternehmer und Kapitalisten, wo Verluste drohen, unter die ungestörten ewigen Genuß versprechenden Fittiche des allmächtigen und vollkommenen, des »ewigen« Staates getreten. Sein Einkommen floß nicht mehr aus dem Handeln von Unternehmern, die den Verbraucher versorgen müssen, wenn sie ihre Unternehmerstellung nicht verlieren wollen, sondern aus den Steuern, die der Staat durch seinen Zwangsapparat dem Einkommen und Vermögen der Bürger entzieht. Was der Staat an Verzinsung bot, war weniger, als auf dem Markte geboten wurde; doch die Minderleistung wurde aufgewogen durch die über jeden Zweifel erhabene Kreditwürdigkeit des Schuldners, der nicht vom Markte und den Verbrauchern abhängig ist, sondern ihnen gebietet und von ihnen Zwangsabgaben heischt. {...} Im Getriebe der Marktwirtschaft in der kapitalistischen Gesellschaftsordnung ist für Einkommen, die nicht durch Dienst am Verbraucher täglich neu verdient werden müssen, kein Raum. Der Staat vermag aus dem Einkommen der Wirte Teile für die Bestreitung seiner Ausgaben herauszuziehen, er vermag für solche Verwendung auch Kapitalsteile zu enteignen oder zu leihen. Doch es ist unmöglich, daß er auf die Dauer für die Verzinsung der Schulden aufkommt. Hat er die Anlehensbeträge für laufende Ausgaben verwendet, dann sind sie aufgezehrt und haben keine Spur hinterlassen. Hat er die Anlehensbeträge für Unternehmungen verwendet, dann ist seine Fähigkeit, Zinslasten zu tragen, von dem Erfolg der Unternehmungstätigkeit abhängig. Bleibt der Erfolg aus, dann steht es nicht anders als im Falle der konsumtiven Verwendung der Darlehenssumme: die Verzinsung muss durch Besteuerung hereingebracht werden; die Staatsgläubiger werden zu Empfängern von Leistungen, denen keine Gegenleistung in der Gegenwart gegenübersteht. Der langfristige öffentliche Kredit fällt

damit ganz aus dem System der Gesellschaftsordnung, die auf dem Sondereigentum an den Produktionsmitteln beruht, heraus. {...} Das System der öffentlichen Anleihen, wie es sich im Verlaufe des 19. Jahrhunderts herausgebildet hat, war ein Versuch, im Rahmen des kapitalistischen Systems vom Markte und seiner Preisgestaltung unabhängige Einkommen zu schaffen. Auch wo die Anleihen nicht formell ewig unkündbare Rentenschulden darstellten, handelte es sich um Schulden, die nach Absicht beider Teile nie zurückgezahlt werden sollten. Die Rückzahlung der kurzfristigen Anleihen bestand in der Regel in ihrer Umwandlung in langfristige, und wenn langfristige Anleihen rückgezahlt werden sollten, wurden meist neue Anleihen zur Beschaffung der erforderlichen Beträge ausgegeben. In der Gesamtsumme sind die öffentlichen Schulden stetig gewachsen, und wenn ein Rückgang eintrat, so war er in der Regel nicht durch Rückzahlung, sondern durch Repudiation[144] der Schuld bewirkt worden.[145] Kein Mensch glaubt wohl noch, daß die Staaten die ungeheuren Beträge der Zinslasten ewig weiterschleppen werden, und jedermann nimmt an, daß früher oder später in irgend einer Form eine Aufhebung der übernommenen Pflichten eintreten wird.
NÖ, S. 214-217

ℰ

Stabilität

In der praxeologischen Sphäre kann man mit dem Begriff der Messung keinen Sinn verbinden. Im gedachten Zustand der Starrheit gibt es keine Veränderungen, die zu messen wären, und im gegebenen Zustand steter Veränderung gibt es keinen festen Punkt und keine feste Beziehung, in Bezug auf welche Veränderungen gemessen werden könnten. Die Begriffe Stabilität und Stabilisierung sind leer, außer wenn damit die Vorstellung eines Zustands der Starre und der Erhaltung dieses Zustands verbunden wird. Doch der Zustand der Starre der Wirtschaft kann widerspruchsfrei nicht einmal gedacht werden, geschweige denn verwirklicht werden. Sowohl die äußeren Bedingungen der Umwelt, in der die Menschen leben, als auch die inneren Bedingungen ihres Daseins, ihre Ideen und ihre Einsicht in die für das Handeln entscheidenden

144 Erfüllungsverweigerung etwa durch Zurückweisung oder durch Minderung der Kaufkraft des Geldes.

145 »Echte Schuldentilgung durch Rückzahlung gab es nur in den liberalen Staaten des Westens, deren Bürger frei von allem etatistischen Aberglauben waren.«

Dinge, sind jeder Stabilisierungspolitik unzugänglich. Gehandelt wird, weil es Veränderung gibt, und Handeln ist selbst immer Veränderung.
NÖ, S. 212

Für die ewige Rentenschuld braucht man den immerfesten Geldwert. Um dem Risiko des rastlos sich verändernden Wirtschaftslebens zu entgehen, um seinen eigenen Wohlstand aus dem Getriebe, in dem man ihn täglich neu aufs Spiel setzen muss, in Sicherheit zu bringen, flüchtet der Besitzer zum Staat. Doch wenn auch der Staat und sein Zwang ewig sein mögen, die Verpflichtung des Staates aus seinen Schulden könnte es nur dann sein, wenn sie auf ewig unveränderliche Leistung abgestellt werden könnte. In diesem Punkte tritt dem Vermögenden, der um der Sicherheit willen vom wagenden und nach Erwerb strebenden Unternehmer zum Rentner geworden war, das Problem der Wandelbarkeit aller menschlichen Verhältnisse wieder in anderer Gestalt entgegen. Es erweist sich, daß der Versuch, eine vom Markte unabhängige, nie versiegende Einkommensquelle zu schaffen, auch durch die Anrufung der Staatsgewalt nicht gelöst werden kann.
NÖ, S. 215 f.

In der gegebenen Welt des Handelns und der unaufhörlichen Veränderung, in der Welt die nicht starr sein kann, weil sie lebt, kann es Neutralität, wie man sie vom Gelde verlangt, ebensowenig geben wie Stabilität der Austauschverhältnisse. Eine Welt, in der die Bedingungen, die neutrales Geld und starre Austauschverhältnisse voraussetzen, gegeben wären, wäre eine Welt, in der nicht gehandelt wird.
NÖ, S. 378

Steuern

Man nimmt die Inflation zur Hilfe, wo man nicht die Erhebung von Steuern schreiten will und Anleihen nicht aufzunehmen vermag; das ist die Wahrheit. Und es gilt nun, zu untersuchen, warum man von den beiden sonst üblichen Mitteln der Beschaffung von Geld für die Staatswirtschaft nicht Gebrauch machen kann oder will. Man kann hohe Steuern nur dann erheben, wenn die Steuerträger mit dem Zweck, für den die aufgebrachten Mittel verwendet werden sollen, einverstanden sind. Dabei ist zu beachten, daß es, je höher die Gesamtsteuerlast wird, desto schwieriger wird, die öffentliche Meinung darüber täuschen, daß es nicht möglich ist,

die Steuern allein durch die dünne Oberschicht der Bevölkerung tragen zu lassen. Auch die Besteuerung der Reichen und des Besitzes wirkt sich in der ganzen Volkswirtschaft aus, und ihre mittelbaren Folgen für die minderbemittelten Schichten sind oft empfindlicher als die einer unmittelbar gleichmäßig angelegten Besteuerung. Diese Zusammenhänge mögen bei niedrigeren Steuersätzen vielleicht schwerer zu erfassen sein, bei höheren lassen sie sich kaum verkennen. Es kann übrigens keinem Zweifel unterliegen, daß man das System der vorwiegenden »Besteuerung des Besitzes« kaum noch weiter treiben kann, als es in den Staaten, in denen Inflationismus herrscht, heute schon geschehen ist, und daß man sich mithin entschließen müßte, die weiten Massen unmittelbar zur Leistung von Abgaben heranzuziehen. Das aber kann eine Politik nicht wagen, die der Zustimmung der Massen nur solange sicher ist, als sie ihnen keine sichtbaren Opfer auferlegt.
TU, S. 206 f.

Die Steuern sollen die Reichen, die Unternehmer, die Kapitalisten, kurz: die anderen bezahlen; die Arbeiter, kurz: die Wähler, auf deren Stimmen es ankommt, sollen steuerfrei bleiben. Alle Massenverbrauchssteuern – auch die auf geistige Getränke – sind abzulehnen, weil sie das Volk belasten. Die direkten Steuern können nicht hoch genug sein, wofern nur das Einkommen und der Besitz der Arbeiter frei bleiben. Nicht einen Augenblick lang lassen sich die Verfechter dieser volkstümlichen Steuerpolitik den Gedanken durch den Kopf gehen, daß auch direkte Steuern und Verkehrsabgaben Wirkungen auslösen können, die die Lebenshaltung der Schichten, deren vermeintliche Sonderinteressen sie zu vertreten vorgeben, mittelbar herabdrücken. Nur selten wird die Frage aufgeworfen, ob die Hemmung der Kapitalsbildung, die von der Besteuerung des Besitzes ausgeht, nicht auch die nichtbesitzenden Mitglieder der Gesellschaft schädige. Die Steuerpolitik entwickelt sich immer mehr zu einer Konfiskationspolitik. Die einzigen Aufgaben, die sie sich noch stellt, sind möglichst durchgreifende Erfassung und Wegsteuerung jeder Art von Besitzeinkommen und Vermögen, wobei in der Regel das mobile Kapital schärfer behandelt wird als das Grundeigentum. Die Steuerpolitik wird zum bevorzugten Mittel des Interventionismus. Steuergesetze werden nicht mehr ausschließlich oder vorwiegend zum Zwecke der Erhöhung der Staats-

einkünfte erlassen; sie sollen neben dem fiskalischen Erfolg noch anderen Zielen dienen. Mitunter tritt der finanzpolitische Gesichtspunkt ganz in den Hintergrund; die Steuer hat nur anderweitige Aufgaben zu erfüllen. Es werden Steuern ausgeschrieben, die als Strafen für als schädlich angesehenes Handeln erscheinen; die Warenhaussteuer soll den Warenhäusern den Wettbewerb mit den kleinen Läden erschweren, die Börsenverkehrssteuern sollen die Spekulation hemmen. Die Abgaben werden so zahlreich und mannigfaltig, daß bei allen geschäftlichen Veränderungen in erster Reihe auf die steuerrechtlichen Folgen geachtet werden muß. Zahlreiche wirtschaftliche Möglichkeiten müssen brach liegen gelassen werden, weil ihre Ausnützung die Steuerbelastung so erhöhen würde, daß sie unrentabel werden müßten. So sind Errichtung, Betrieb, Verschmelzung und Auflösung von Aktiengesellschaften in vielen Staaten in solchem Maße durch hohe Abgaben erschwert, daß die Entwicklung des Aktienwesens in stärkster Weise gehemmt wurde. Nichts kann einen Demagogen heute volkstümlicher machen, als wenn er immer wieder scharfe Steuern gegen die Reichen fordert. Vermögensabgaben und hohe Einkommensteuern für die größeren Einkommen sind bei den Massen, die sie nicht zu entrichten haben, ganz außerordentlich beliebt. Mit wahrer Wollust gehen dann die mit der Bemessung und Eintreibung betrauten Beamten daran, die Abgabepflichtigen zur Abstattung zu verhalten; unermüdlich sind sie darauf bedacht, durch Kunstgriffe der juristischen Auslegung den Umfang der Leistungspflicht zu erweitern. Die destruktionistische Steuerpolitik gipfelt in Vermögensabgaben. Vermögensteile werden enteignet, um aufgezehrt zu werden. Kapital wird in Gebrauchsgüter und Verbrauchsgüter umgewandelt. Hier ist die Wirkung nicht leicht zu verkennen. Doch die ganze volkstümliche Steuerpolitik unserer Tage führt zu demselben Erfolg. In der Rechtsform der Steuererhebung durchgeführte Vermögenseinziehungen sind kein Sozialismus und auch nicht das Mittel, um den Sozialismus herbeizuführen. Sie führen nicht zur Vergesellschaftung der Produktionsmittel zum Zwecke gemeinwirtschaftlicher Produktion, sondern zur Kapitalsaufzehrung.
GW, S. 458 f.

Die Steuerpolitik nahezu aller Staaten hat es für richtig befunden, die kopfsteuerartig wirkenden Steuern zu Gunsten einer Besteuerung

einzuschränken, die die höheren Einkommen und Vermögen mit weit höheren Steuersätzen belegt als die Träger niedrigeren Einkommens und Vermögens. Unter den Gedankengängen, die zu dieser Haltung geführt haben, hat im Anfang auch die Erwägung unklar mitgesprochen, daß man einer möglichst neutralen Besteuerung den Vorzug zu geben habe vor einer weniger neutralen. Doch bald verdrängten andere Gesichtspunkte diese Auffassung. Die Steuer sollte zu einem Werkzeug bewusster Eingriffe in das Getriebe der Marktwirtschaft werden. Man gestaltete die Steuerpolitik zu einem Mittel interventionistischer Wirtschaftspolitik; man wollte gar nicht die Besteuerung so neutral als möglich anlegen, man wollte sie gerade als Mittel »aktiver« Sozialpolitik.
NÖ, S. 658 f.

Wir müssen erkennen, daß jede Regierungsmaßnahme, die die Menge des Gewinns, den erfolgreiche Unternehmen erzielen können, senkt oder die ihren Gewinn wegsteuert, ein Mittel ist, das den Einfluß der Konsumenten über die Produzenten schwächt.
MU, S. 83

Wenn wir daher hören, daß die Wirtschaft bürokratisch und verschwenderisch wird, ist das nicht die Folge des Großbetriebes, des Kapitalismus, eines unbehinderten Marktsystems; es ist die Folge der staatlichen Besteuerung und der staatlichen Einmischung in diese Dinge.
MU, S. 87

Streik

Die Waffe der Gewerkschaften ist der Streik. Man muß sich dabei vor Augen halten, daß jeder Streik ein Akt des Landzwanges ist, eine gewaltsame Erpressung, die sich gegen alle richtet, die den Absichten der Streikenden zuwiderzuhandeln bereit wären. Jeder Streik ist Terrorismus. Denn der Zweck der Arbeitseinstellung würde gänzlich vereitelt werden, wenn es dem Unternehmer möglich wäre, an Stelle der streikenden Arbeiter andere einzustellen, oder wenn sich nur ein Teil der Arbeiter dem Streik anschließen würde. Das Um und Auf des Gewerkschaftsrechtes ist daher die von den Arbeitern mit Erfolg behauptete Möglichkeit, gegen den Streikbrecher mit Brachialgewalt vorzugehen.
GW, S. 447

Syndikalismus

Die Idee des Syndikalismus stellt den Versuch dar, das Ideal der gleichmäßigen Verteilung des Eigentums den Verhältnissen der modernen Großbetriebe anzupassen. Der Syndikalismus will das Eigentum an den Produktionsmitteln weder einzelnen noch der Gesellschaft übertragen, sondern den in dem betreffenden Betriebe oder Produktionszweig beschäftigten Arbeitern.[146] Da nun in den verschiedenen Produktionszweigen das Verhältnis, in dem die sachlichen und die persönlichen Produktionsfaktoren kombiniert werden, nicht dasselbe ist, würde auf diesem Wege keineswegs Gleichheit der Besitzverteilung erreicht werden können. Von vornherein schon wird in einigen Erwerbszweigen der Arbeiter eine größere Besitzausstattung empfangen als in anderen. Nun denke man erst an die Schwierigkeiten, die durch die immerfort in der Wirtschaft gegebene Notwendigkeit, Kapital und Arbeit zwischen den Produktionszweigen zu verschieben, entstehen müssen. Wird es möglich sein, einem Produktionszweig Kapital zu entziehen, um einen anderen damit reicher auszustatten? Wird es möglich sein, Arbeiter aus einem Produktionszweig abzuziehen, um sie in einen anderen zu versetzen, in dem die Kapitalausstattung pro Kopf des Arbeiters geringer ist? Die Unmöglichkeit solcher Verschiebungen charakterisiert das syndikalistische Gemeinwesen als den Gipfel des Widersinns und der sozialen Unzweckmäßigkeit. Nehmen wir aber an, daß es über den einzelnen Gruppen eine Zentralgewalt gibt, die berechtigt ist, solche Verschiebungen vorzunehmen, dann haben wir nicht mehr Syndikalismus vor uns, sondern Sozialismus. In der Tat ist der Syndikalismus als Ziel so widersinnig, daß nur Wirrköpfe, die die Probleme nicht genügend durchdacht haben, es gewagt haben, für ihn grundsätzlich einzutreten.
LI, S. 54 f.

Angenommen, der Sozialismus wäre überhaupt durchführbar, so würden

146 »Der Syndikalismus als Ziel und als soziales Ideal darf nicht verwechselt werden mit dem Syndikalismus als Taktik der in den Gewerkschaften vereinten Arbeiterschaft (der »action directe« der französischen Syndikalisten). Der Syndikalismus als Taktik kann wohl als Kampfweise zur Verwirklichung des syndikalistischen Gesellschaftsideals dienen, aber er kann such anderen, mit diesem Ideal unvereinbaren Zielen dienstbar gemacht werden; man kann z. B. – und dies will ein Teil der französischen Syndikalisten – mit der syndikalistischen Taktik den Sozialismus anstreben.«

sich der einheitlichen Durchführung des Weltsozialismus große Schwierigkeiten in den Weg stellen. Man muß mit der Möglichkeit rechnen, daß die Arbeiter der einzelnen Länder, Bezirke, Gemeinden, Unternehmungen und Betriebe sich auf den Standpunkt stellen werden, daß die auf ihrem Gebiet befindlichen Produktionsmittel ihr Eigentum seien und daß von ihren Früchten kein Außenstehender Gewinn ziehen soll. Dann aber zerfällt der Sozialismus in zahlreiche selbständige sozialistische Gemeinwesen, wenn er nicht überhaupt gänzlich in Syndikalismus aufgeht. Der Syndikalismus ist ja nichts anderes als die folgerichtige Durchführung des Grundsatzes der Dezentralisation.
GW, S. 205

Die große Masse wünscht nicht echten, d. h. zentralistischen Sozialismus, sondern Syndikalismus. Der Arbeiter will Herr der Produktionsmittel werden, die in seinem Betriebe in Verwendung stehen. Die soziale Bewegung zeigt mit jedem Tag deutlicher, daß dies und nichts anderes der Wunsch der Arbeiter ist. Anders als der Sozialismus, der das Erzeugnis der Denkarbeit in der Studierstube ist, entspringen die syndikalistischen Ideen unmittelbar dem Denken des einfachen Mannes, der stets dem arbeitslosen Einkommen abhold ist, wofern es ein anderer, nicht er selbst bezieht. Auch der Syndikalismus strebt, ähnlich wie der Sozialismus, danach, die Trennung des Arbeiters vom Produktionsmittel zu beseitigen, nur daß er dazu einen anderen Weg einschlägt. Nicht die Gesamtheit aller Arbeiter soll Eigentümer sämtlicher Produktionsmittel werden; die in einem bestimmten Betrieb oder Unternehmen oder die in einem ganzen Produktionszweig beschäftigten Arbeiter sollen das Eigentum der hier verwendeten Produktionsmittel erlangen.
GW, S. 242 f.

Tausch

Beim Tausch gibt es keine Gleichwertigkeit. Im Gegenteil, es sind die Unterschiede, die den Tausch bewirken. Man kann die Begriffe Tausch und Handel nicht auf den Begriff Äquivalenz zurückführen; man kann sie nur auf die Begriffe Unterschiede und Bewertung zurückführen. Der Käufer bewertet das, was er bekommt, höher als das, was er weggibt; der Verkäufer bewertet das, was er weggibt, niedriger als das, was er bekommt. Daher kann die Gleichwertigkeit, die wir bei der Bestimmung der Wichtigkeit, die ver-

schiedene Kapitalgüter in unserem Leben haben, nur in Preisausdrücken bestimmt werden. Bei der Berechnung in Preisausdrücken kann man ein Preissystem einführen und bestimmen, ob ein Preis gestiegen oder gefallen ist – das heißt, in Geldausdrücken. Ohne ein Preissystem gibt es keine Kalkulation.
MU, S. 52

Totalitarismus

Totalitarismus ist viel mehr als bloß Bürokratie. Er bedeutet die Unterordnung des Lebens, der Arbeit und der Freizeit eines jeden Individuums unter die Anordnungen derjenigen, die an der Macht sind und ein öffentliches Amt bekleiden. Er bedeutet die Erniedrigung von Menschen zu Zahnrädern in einer allumfassenden Maschine von Zwang und Nötigung. Er zwingt das Individuum auf jede Tätigkeit zu verzichten, die der Staat nicht gutheißt. Er toleriert keine abweichende Meinung. Er bedeutet die Umwandlung der Gesellschaft in eine streng disziplinierte Arbeitsarmee (wie die Anwälte des Sozialismus sagen) oder in ein Zuchthaus (wie seine Gegner behaupten). {...} Er[147] ist totalitär im strengen Sinne des Begriffs. Es hält das Individuum vom Mutterleib bis ins Grab hinein straff am Zügel. In jeder Minute seines Lebens ist der »Genosse« zu unbedingtem Gehorsam gegenüber den Anordnungen der höchsten Behörde gehalten. Der Staat ist ihm Beschützer und Dienstherr in einem. Der Staat legt seine Arbeit fest, seine Ernährung und seine Freuden. Der Staat sagt ihm, was er zu denken und woran er zu glauben hat.
BK, S. 33

Der europäische Totalitarismus ist das Ergebnis der überlegenen Stellung der Bürokratie im Bereich der Erziehung. Die Universitäten bereiteten den Diktatoren den Weg.
BK, S. 94

Natürlich werfen die Verfechter des Totalitarismus ein, daß das, was sie abschaffen wollen, nur die »wirtschaftliche Freiheit« sei, und daß alle »anderen Freiheiten« davon unberührt blieben. Aber Freiheit ist unteilbar. Die Unterscheidung zwischen einer wirtschaftlichen Sphäre des menschlichen Lebens und Handelns und einer nichtwirtschaftlichen Sphäre ist der übelste ihrer Irrtümer. Wenn eine allmächtige Autorität die Macht hat, jedem

147 der Sozialismus

Individuum die Aufgaben, die es zu erfüllen hat, vorzuschreiben, kann nichts von dem, was übrig bleibt, Freiheit genannt werden. Er hat nur die Wahl zwischen strengem Gehorsam und Hungertod.[148]
TG, S. 362

148 Hayek: The Road to Serfdom, London, 1944, S. 66 ff.; Mises: Socialism, S. 589.

Umverteilung

Die Menschen, in ihrem Zusammenwirken unter dem System der Arbeitsteilung, haben all den Reichtum geschaffen, den die Träumer für ein Geschenk der Natur halten. Was die »Verteilung« dieses Reichtums betrifft, so ist es unsinnig, sich auf das sogenannte göttliche oder natürliche Prinzip der Gerechtigkeit zu berufen. Worauf es ankommt, ist nicht die Zuweisung von Anteilen aus einem Vorrat, der dem Menschen von der Natur geschenkt worden ist. Das Problem besteht vielmehr darin, diejenigen sozialen Institutionen zu fördern, die dem Menschen die Fortsetzung und Erweiterung der Produktion derjenigen Dinge, die er braucht, ermöglichen.
WA, S. 93

℘

Das, was an unserer Gesellschaftsordnung am meisten der Kritik ausgesetzt ist, ist die Tatsache der Ungleichheit der Verteilung des Einkommens und des Vermögens. Es gibt Reiche und Arme, es gibt sehr Reiche und sehr Arme. Und es liegt nahe, hier an einen Ausweg zu denken: an die gleichmäßige Verteilung der Güter. Gegen diesen Vorschlag ist zunächst die Einwendung zu machen, daß da-

durch nicht viel geholfen wäre, weil die Zahl der Minderbemittelten im Vergleich zu der der Reichen ungeheuer groß sei, so daß jeder einzelne von einer solchen Verteilung nur einen recht unbedeutenden Zuwachs an Wohlfahrt zu erwarten habe. Das ist wohl richtig; das Argument ist aber nicht vollständig. Die Befürworter der Gleichheit der Einkommensverteilung übersehen nämlich den wichtigsten Punkt: daß nämlich die Summe dessen, was verteilt werden kann, das jährliche Produkt der gesellschaftlichen Arbeit, nicht unabhängig ist von der Art und Weise, in der verteilt wird. Daß das Produkt heute so groß ist, ist nicht eine natürliche oder technische, von allen sozialen Tatsachen unabhängige Erscheinung, sondern durchaus die Folge unserer gesellschaftlichen Einrichtungen. Nur weil unsere Gesellschaftsordnung die Ungleichheit des Eigentums kennt, nur weil sie jeden anspornt, soviel als möglich und mit dem geringsten Aufwand an Kosten zu erzeugen, verfügt die Menschheit heute über die Summe von jährlichem Reichtum, den sie nun verzehren kann. Würde man diesen Antrieb beseitigen, so würde man die Ergiebigkeit der Produktion so sehr herabdrücken, daß die Kopfquote des Einkommens bei gleichmäßiger Verteilung tief unter das fallen würde, was selbst der Ärmste heute erhält.
LI, S. 27 f.

Ungewissheit

Das Unverständnis des Sozialismus für die Stellung des Unternehmers artet in Idiosynkrasie[149] aus, sobald das Wort Spekulant fällt. Hier hat schon Marx[150], ungeachtet der guten Vorsätze, die ihn geleitet haben, sich ganz im »kleinbürgerlichen« Fahrwasser bewegt, und seine Schule hat ihn hierin noch übertroffen. Alle Sozialisten übersehen, daß auch im sozialistischen Gemeinwesen jede wirtschaftliche Handlung auf eine ungewisse Zukunft abgestellt werden muß, und daß ihr wirtschaftlicher Erfolg auch dann ungewiß bleibt, wenn sie technisch geglückt ist. Sie sehen in der Unsicherheit, die zur Spekulation führt, eine Folge der Anarchie der Produktion, wo sie in Wahrheit eine Folge der Veränderlichkeit der Bedingungen des Wirtschaftens ist. Die große Menge ist unfähig, zu erkennen, daß im Wirtschaftlichen nichts beständig ist als der Wechsel. Sie sieht den

149 bezeichnet in der Psychologie eine besonders starke Abneigung oder Überempfindlichkeit gegenüber bestimmten Anschauungen

150 Karl Marx (* 1818 in Trier; † 1883 in London).

augenblicklichen Stand der Dinge als den ewigen an, so sei es stets gewesen und so werde es stets sein. {...} Vorauszusehen und vorzusorgen, neue Wege einzuschlagen, ist stets nur Sache der wenigen, der Führer, gewesen. Der Sozialismus ist die Wirtschaftspolitik der Massen, der vielen, die dem Wesen der Wirtschaft fernestehen; die sozialistischen Theorien sind der Niederschlag ihrer Anschauungen über das Wirtschaftsleben. Wirtschaftsfremde und Wirtschaftslose haben ihn geschaffen und hängen ihm an.
GW, S. 190

ꝏ

Die Quelle, aus der Gewinn und Verlust des Unternehmers stammen, ist die Ungewissheit über die künftige Gestaltung der Nachfrage und des Angebots. Jede Produktion erfordert Zeit, und wenn die Verhältnisse auf dem Markte sich im Ablaufe dieser Zeit in einer Weise ändern, die nicht alle Unternehmer vorausgesehen haben, dann gibt es Gewinne und Verluste. Wenn alle Unternehmer die künftige Gestaltung des Marktes richtig vorausgesehen und demgemäß ihre Produktion eingestellt haben, kann es weder Unternehmergewinn noch Unternehmerverlust geben. Dann haben sie im Augenblicke, in dem sie sich in das Unternehmen einließen, für die Produktionsmittel schon jene Preise bezahlen müssen, die den künftigen Preisen der Produkte entsprechen; die Preise, zu denen sie die Produkte verkaufen, decken gerade die Kosten. Der Unternehmer erzielt nur dann Unternehmergewinn, wenn er die künftige Marktgestaltung richtiger beurteilt hat als die übrigen Unternehmer; dann nämlich erlöst er einen Überschuß über die Produktionskosten, weil er die Produktionsmittel zu Preisen eingekauft hat, die hinter den Preisen zurückgeblieben sind, die der künftigen Marktlage entsprochen hätten. In der gleichmäßigen Wirtschaft, in der unserer Annahme gemäß keine Änderungen der wirtschaftlichen Daten eintreten, ist für Unternehmergewinne und Unternehmerverluste kein Raum.
NÖ, S. 268 f.

Ungleichheit

Nun steht aber nichts auf so schwachen Füßen wie die Behauptung von der angeblichen Gleichheit alles dessen, was Menschenantlitz trägt. Die Menschen sind durchaus ungleich. Selbst zwischen Geschwistern bestehen die größten Verschiedenheiten der körperlichen und geistigen Eigenschaften. Die Natur wiederholt sich nicht in ihren Schöpfungen,

sie erzeugt keine Dutzendware, sie hat keine Typenfabrikation. Der Mensch, der aus ihrer Werkstatt hervorgeht, trägt den Stempel des Individuellen, des Einzigartigen, des Nichtwiederkehrenden an sich. Die Menschen sind nicht gleich, und die Forderung gleicher Behandlung durch die Gesetze kann keineswegs etwa damit begründet werden, daß Gleichen auch die gleiche Behandlung gebühre. Für die gleiche Behandlung aller Menschen durch das Gesetz sprechen zwei verschiedene Gesichtspunkte. Von dem einen sprachen wir, als wir die Gründe auseinandersetzten, die gegen die persönliche Unfreiheit von Menschen sprechen. Um die höchste erreichbare Ergiebigkeit der menschlichen Arbeit zu erzielen, bedarf es freier Arbeiter, weil nur der freie Arbeiter, der die Früchte seiner eigenen Betätigung im Lohne genießt, seine Kräfte so anspannt, als er nur kann. Der zweite Gesichtspunkt, der für die Gleichheit vor dem Gesetze spricht, ist der der Erhaltung des gesellschaftlichen Friedens. Daß jede Störung der friedlichen Entwicklung vermieden werden muß, wurde ja schon gezeigt. Nun aber ist wohl kaum möglich, den Frieden dauernd aufrecht zu erhalten in einer Gesellschaft, in der die Rechte und Pflichten der einzelnen Schichten verschieden sind. Wer einem Teil der Bevölkerung Rechte verweigert, muß immer darauf gefaßt sein, daß die Entrechteten sich zum Angriff auf die Bevorrechteten zusammenschließen. Standesprivilegien müssen verschwinden, damit die Kämpfe um Standesvorrechte aufhören. Es ist daher ganz und gar unberechtigt, an der Art und Weise, wie der Liberalismus sein Gleichheitspostulat verwirklicht hat, auszusetzen, daß sie nur Gleichheit vor dem Gesetz und keine wahre Gleichheit geschaffen hat. Die Menschen wirklich gleich zu machen, reicht alle menschliche Kraft nicht aus. Die Menschen sind und bleiben ungleich. Nüchterne Zweckmäßigkeitserwägungen, wie die es sind, die wir oben angeführt haben, sprechen dafür, sie vor dem Gesetz gleich zu behandeln. Mehr hat der Liberalismus nicht gewollt. Und mehr konnte er nicht wollen.
LI, S. 25 f.

Das, was an unserer Gesellschaftsordnung am meisten der Kritik ausgesetzt ist, ist die Tatsache der Ungleichheit der Verteilung des Einkommens und des Vermögens. Es gibt Reiche und Arme, es gibt sehr Reiche und sehr Arme. Und es liegt nahe, hier an einen Ausweg zu denken: an die gleichmäßige

Verteilung der Güter. Gegen diesen Vorschlag ist zunächst die Einwendung zu machen, daß dadurch nicht viel geholfen wäre, weil die Zahl der Minderbemittelten im Vergleich zu der der Reichen ungeheuer groß sei, so daß jeder einzelne von einer solchen Verteilung nur einen recht unbedeutenden Zuwachs an Wohlfahrt zu erwarten habe. Das ist wohl richtig; das Argument ist aber nicht vollständig. Die Befürworter der Gleichheit der Einkommensverteilung übersehen nämlich den wichtigsten Punkt: daß nämlich die Summe dessen, was verteilt werden kann, das jährliche Produkt der gesellschaftlichen Arbeit, nicht unabhängig ist von der Art und Weise, in der verteilt wird. Daß das Produkt heute so groß ist, ist nicht eine natürliche oder technische, von allen sozialen Tatsachen unabhängige Erscheinung, sondern durchaus die Folge unserer gesellschaftlichen Einrichtungen. Nur weil unsere Gesellschaftsordnung die Ungleichheit des Eigentums kennt, nur weil sie jeden anspornt, soviel als möglich und mit dem geringsten Aufwand an Kosten zu erzeugen, verfügt die Menschheit heute über die Summe von jährlichem Reichtum, den sie nun verzehren kann. Würde man diesen Antrieb beseitigen, so würde man die Ergiebigkeit der Produktion so sehr herabdrücken, daß die Kopfquote des Einkommens bei gleichmäßiger Verteilung tief unter das fallen würde, was selbst der Ärmste heute erhält.
LI, S. 27 f.

Eine der Voraussetzungen und Bedingungen, von der die Nationalökonomen in der Befassung mit den Marktproblemen immer ausgehen müssen, ist die, daß die natürliche und die erworbene Ungleichheit der Menschen auch die Anpassung der einzelnen Wirte an die Verhältnisse der Umwelt ungleich gestaltet. Das Getriebe des Marktes wird nicht durch die Verbraucher und nicht durch die, die über die Produktionsmittel verfügen, in Gang gesetzt und gehalten, sondern durch eine Anzahl von Wirten, die durch die Ausnützung der Preisunterschiede gewinnen wollen, die Unternehmer. Das sind Wirte, die mit mehr Eifer und Geschick als die übrigen Wirte nach Verdienstmöglichkeiten Ausschau halten; sie kaufen, wo und wann sie die Preise für zu niedrig halten, und verkaufen, wo und wann sie die Preise für hoch ansehen. Die Spekulation der Unternehmer ist die Triebkraft der Marktbewegungen, wie sie die Triebkraft der Produktion ist.
NÖ, S. 285

ꙮ

Geschichtlich stehen am Ausgangspunkt der gesellschaftlichen Arbeitsteilung zwei natürliche Tatsachen: die individuelle Ungleichheit der menschlichen Anlagen und die Verschiedenheit der äußeren Lebensbedingungen auf der Erdoberfläche. Diese beiden Tatsachen sind in Wahrheit eins: die Mannigfaltigkeit der Natur, die sich nicht wiederholt und das Weltall mit seinem unendlichen, sich nie erschöpfenden Reichtum an Spielarten hervorbringt. (Und diese natürliche Tatsache selbst, die wir in der soziologischen Betrachtung als Gegebenheit hinzunehmen haben, ist das Ergebnis eines in der Natur vorgegangenen Prozesses der Differenzierung und Integrierung, der der Erklärung durch dasselbe Prinzip harrt, das zur Erklärung der gesellschaftlichen Entwicklung dienen soll.)
GW, S. 262

Unternehmer

In der kapitalistischen Gesellschaftsordnung gibt es, entgegen der herrschenden Auffassung, kein Vermögen, dessen Früchte von selbst abreifen. Damit Besitz an Produktionsmitteln Einkommen gewähre, muß er entweder in erfolgreichen Unternehmungen verwendet oder an erfolgreiche Unternehmer leihweise überlassen werden. Erfolg im Unternehmen aber ist nie »sicher«. Es kann geschehen, daß die Unternehmungen fehlschlagen und das investierte Kapital mit ihnen ganz oder zum Teil untergeht. Der Kapitalist, der nicht selbst Unternehmer ist, sondern bloß an Unternehmer borgt, ist der Gefahr des Verlustes weniger ausgesetzt als der Unternehmer; doch auch er trägt das Risiko, daß der Verlust des Unternehmers so beträchtlich wird, daß er zur Rückerstattung der ausgeliehenen Kapitalien nicht mehr fähig ist. Kapitalsbesitz ist nicht die Quelle eines von selbst fließenden Einkommens, sondern ein Mittel, durch dessen erfolgreiche Verwendung Einkommen erworben werden kann. Um aus Kapitalsbesitz Einkommen zu ziehen, muß man über die Fähigkeit verfügen, es vorteilhaft anzulegen. Wem diese Fähigkeit nicht gegeben ist, dem ist Kapitalsbesitz auf die Dauer keine Einkommensquelle, der kann auch den Besitz ganz verlieren.
SG, S. 318

ꙮ

Wirtschaftsfreiheit bringt eine Elite hervor: die der erfolgreichen Unternehmer. Wenn man diese Schicht

eine soziale Klasse nennen will, darf man nicht vergessen hinzuzufügen, daß ihre Zusammensetzung beständig wechselt. Es gibt eine Anzahl von Familien, die ihren in Geschäften erworbenen und angelegten Reichtum durch mehr als zwei oder drei Generationen erhalten und gemehrt haben. Viel häufiger ist es, daß der Sohn vermögensloser Eltern emporsteigt und daß seine Söhne oder Enkel die ererbte Stellung nicht zu wahren wissen. Wo Wirtschaftsfreiheit herrscht, hat jedes bestehende Unternehmen immer wieder gegen den Wettbewerb von Personen zu kämpfen, die emporkommen wollen. Es ist daher verfehlt anzunehmen, daß »Klasseninteressen« die Unternehmer antreiben, für unbeschränkte Wirtschaftsfreiheit einzutreten. Wer für Wirtschaftsfreiheit eintritt, will vielmehr jenen heute armen und unbekannten Männern Bahn schaffen, die in kommenden Jahren diejenigen, die heute reiche Unternehmer sind, entweder verdrängen oder zur höchsten Anspannung ihrer Kräfte zwingen werden.
WL, S. 599

ꝏ

Das Getriebe des Marktes wird nicht durch die Verbraucher und nicht durch die, die über die Produktionsmittel verfügen, in Gang gesetzt und gehalten, sondern durch eine Anzahl von Wirten, die durch die Ausnützung der Preisunterschiede gewinnen wollen, die Unternehmer. Das sind Wirte, die mit mehr Eifer und Geschick als die übrigen Wirte nach Verdienstmöglichkeiten Ausschau halten; sie kaufen, wo und wann sie die Preise für zu niedrig halten, und verkaufen, wo und wann sie die Preise für hoch ansehen. Die Spekulation der Unternehmer ist die Triebkraft der Marktbewegungen, wie sie die Triebkraft der Produktion ist. Die Unternehmer suchen die Eigentümer der Produktionsmittel auf, und ihr Wettbewerb treibt die Preise der Produktionsmittel so hoch hinauf, als es ihre Erwartungen über die spätere Höhe der Preise der Endprodukte zulässig erscheinen lassen; die Unternehmer suchen die Verbraucher auf und drücken im Wettbewerb die Preise der Produkte so tief herab, daß der ganze Vorrat abgesetzt werden kann.
NÖ, S. 285

ꝏ

Nur der kann Unternehmer werden und Unternehmer bleiben, der sich täglich von Neuem als vollkommenster Vollstrecker der Befehle der Verbraucher bewährt. Wer die-

se Prüfung nicht besteht, erleidet Verluste und wird, wenn er nicht, dadurch belehrt, sein Verhalten ändert, in seiner Unternehmerstellung beschränkt und schließlich ganz aus der Unternehmerstellung gedrängt. Die Notwendigkeit, Gewinne zu erzielen, zwingt den Unternehmer, sich den Wünschen der Verbraucher, die auf dem Markte geäußert werden, so schnell und so vollkommen als möglich anzupassen. Wenn er das nicht vermag, oder wenn er sich dagegen auflehnt, wird er über kurz oder lang aufhören, Unternehmer zu sein. Kapitalisten und Grundbesitzer müssen in ihrer Unternehmerfunktion ihre gesellschaftliche Stellung dadurch bewähren, daß sie die in ihrer Verfügung befindlichen Produktionsmittel jener Verwendung zuführen, in der sie den nach der Lage des Marktes höchstmöglichen Gewinn abwerfen. Der Kapitalist, der sich durch Beteiligung am Kapitalsstock von Unternehmungen oder durch Darlehen an Unternehmungen in einer Richtung betätigt hat, die nicht die Billigung der Verbraucher findet, gefährdet Ertrag und Stamm seines Vermögens. Keine Anlage ist in dem Sinne sicher, daß sie nicht durch Missbilligung der Verbraucher Schaden erleiden müsste. Wer sein Vermögen nicht richtig, d. i. nicht den Wünschen der Verbraucher gemäß, angelegt hat und immer wieder anlegt, wird es schließlich verlieren.
NÖ, S. 271

ꟗ

Kapitalisten und Unternehmer müssen wagen, sie können nicht anders, da sie keine Möglichkeit haben, ihren Besitz ohne solche Wagnisse zu erhalten.
NW, S. 159

ꟗ

Man pflegt mitunter die Behauptung zu vertreten, daß die Unternehmer in Wahrung ihrer Sonderinteressen die Produktion in eine Richtung drängen, die den Interessen der Verbraucher entgegen steht. Die Unternehmer machen sich kein Gewissen daraus, »Bedürfnisse im Publikum hervorzurufen oder zu steigern, deren Befriedigung zwar den niederen Wert des sinnlich Angenehmen realisiert, aber der Verwirklichung des Vitalwertes ›Gesundheit‹ oder geistiger Werte abträglich ist«. So werde die Bekämpfung des Alkoholismus erschwert durch die Widerstände, die »das Alkoholkapital der Bekämpfung des unsere Volksgesundheit und Sittlichkeit schwer schädigenden Alkoholismus entgegensetzt«. Die Sitte des Rauchens wäre nicht »so verbreitet und in

steter Ausbreitung auch unter der Jugend begriffen, wenn nicht wirtschaftliche Interessen dabei eine Rolle spielten«. Es werden »Luxusartikel, Tand und Flitter aller Art, Schund- und Schmutzliteratur« heute »dem Publikum aufgedrängt, weil die Produzenten ihren Profit dabei machen oder ihn erhoffen«[151]. Allgemein bekannt ist es, daß man die großen militärischen Rüstungen der Mächte und damit mittelbar den Krieg auf Umtriebe des »Rüstungskapitals« zurückführt. Unternehmer und Kapitalisten, die Neuanlage von Kapital planen, wenden sich jenen Produktionszweigen zu, in denen sie die höchste Rentabilität zu erzielen hoffen. Sie suchen die künftigen Bedürfnisse der Verbraucher zu ergründen, um sich einen Überblick über Bedarf und Bedarfsdeckung zu verschaffen. Da der Kapitalismus immer neuen Reichtum für alle schafft und die Bedürfnisbefriedigung immer wieder verbessert, wird den Verbrauchern immer wieder die Möglichkeit geboten, Bedürfnisse zu befriedigen, die früher unbefriedigt bleiben mußten. So wird es zu einer besonderen Aufgabe der kapitalistischen Unternehmer, herauszufinden, welche bisher unbefriedigten Wünsche nun erfüllt werden könnten. Das ist es, was man im Auge hat, wenn man davon spricht, daß der Kapitalismus latente Bedürfnisse weckt, um sie zu befriedigen. Welcher Art die Dinge sind, die sich der Verbraucher wünscht, kümmert dabei Unternehmer und Kapitalisten nicht. Sie sind nur die gehorsamen Diener des Verbrauchers und vollstrecken ohne Widerrede seine Befehle.
GW, S. 414

Der Unternehmer der kapitalistischen Wirtschaft ist vom Markte und von den Verbrauchern abhängig; er muß die Geschäfte den Weisungen gemäß führen, die ihm die Verbraucher durch ihr Kaufen und durch ihre Enthaltung vom Kaufen täglich erteilen. Das Mandat, das ihm von seinen Mitbürgern erteilt wurde, ist imperativ und täglich widerrufbar. Er ist Diener der Verbraucher, seine Aufgabe ist »service«, Dienst am Kunden. Wer die Kunden besser zu bedienen versteht, hat die Möglichkeit, ihm Konkurrenz zu machen und ihn aus der Gunst der Verbraucher zu verdrängen. Jeder Unternehmer und jeder Eigentümer von Produktionsmitteln muß immer wieder von Neuem seine bevorzugte Stellung im Wirtschafts-

151 »Vgl. Messer, Ethik, Leipzig 1918, S. 111 f.; ferner Natorp, Sozialidealismus, Berlin 1920, S. 13.«

prozeß durch entgegenkommen an die Wünsche der Verbraucher erkämpfen.
NS, S. 80

ஐ

Ein beliebtes Schlagwort meint, man müßte in den gemeinwirtschaftlichen Betrieben weniger bureaukratisch und mehr kaufmännisch denken, dann würden sie geradeso wirtschaftlich arbeiten wie die privaten Unternehmungen. Die leitenden Stellen müßten mit Kaufleuten besetzt werden, dann werde der Ertrag gleich wachsen. Doch das »Kaufmännische« ist keineswegs etwas äußerliches, das nach Belieben übertragen werden kann. Die Kaufmannsqualität ist keine Eigenschaft einer Person, die auf angeborener Begabung beruht oder durch Studien an einer Handelslehranstalt, durch Mitarbeit in einem Handelshause oder dadurch, daß man selbst eine Zeitlang Unternehmer gewesen ist, erworben wird. Das kaufmännische Denken und Arbeiten des Unternehmers entspringt seiner Stellung im Wirtschaftsprozeß und geht mit ihr verloren. Wenn man einen erfolgreichen Unternehmer zum Leiter eines gemeinwirtschaftlichen Betriebes bestellt, dann mag er gewisse Erfahrungen aus seiner früheren Stellung mitbringen und eine Zeitlang noch routinemäßig verwerten können. Doch mit seinem Eintritt in die gemeinwirtschaftliche Tätigkeit hört er auf, Kaufmann zu sein und wird Bureaukrat wie jeder andere Angestellte des öffentlichen Dienstes. Nicht Kenntnis der Buchhaltung, der Betriebsorganisation und, des kaufmännischen Briefstils, nicht die Absolvierung einer Handelshochschule machen den Kaufmann aus, sondern seine charakteristische Stellung im Produktionsprozeß, die das Interesse des Unternehmens mit seinen eigenen Interessen zusammenfallen läßt.
WG, S. 112 f.

ஐ

Der Unternehmer arbeitet unter eigener Verantwortung. Erzeugt er nicht das, was die Verbraucher am dringendsten zu benötigen glauben, in wirtschaftlicher Weise, d. h. mit dem geringsten Aufwand von Kosten (Kapital und Arbeit), dann erleidet er Verluste, die schließlich dazu führen, daß sein Vermögen und damit die Befugnis, über die Verwendung von Produktionsmitteln zu entscheiden, in die Hände tüchtigerer Männer übergeht. In der kapitalistischen Gesellschaftsordnung sind die Produktionsmittel immer auf dem Wege zum besten Wirt,

d. h. zu demjenigen, der die Begabung besitzt, sie zur Befriedigung der Bedürfnisse der Verbraucher am zweckmäßigsten zu verwenden.
KI, S. 142

ೞ

Vermögen können überhaupt nicht wachsen, sie werden gemehrt. Dazu bedarf es aber erfolgreicher Unternehmertätigkeit. Nur solange die Wirkungen einer erfolgreichen glücklichen Anlage anhalten, wird das Kapital reproduziert, trägt es Früchte, mehrt es sich. Je schneller sich die Bedingungen der Wirtschaft ändern, desto kürzer ist die Dauer ihrer Güte. Zu neuen Anlagen, zu Umstellungen der Produktion, zu Neuerungen bedarf es aber immer wieder jener Fähigkeiten und Begabungen, die nur wenigen eigen sind. Vererben sie sich ausnahmsweise von Geschlecht zu Geschlecht, dann gelingt es den Nachkommen, das von ihren Voreltern überkommene Vermögen zu erhalten, vielleicht sogar, trotz der Erbteilung, noch zu mehren. Entsprechen, was wohl die Regel sein wird, die Nachkommen nicht den Anforderungen, die das Leben an einen Unternehmer stellt, dann schwindet der ererbte Wohlstand schnell. Wenn reich gewordene Unternehmer ihren Reichtum in der Familie verewigen wollen, dann flüchten sie in den Grundbesitz. Die Nachkommen der Fugger[152] und der Welser[153] leben noch heute in beträchtlichem Wohlstand, ja Reichtum; doch sie haben schon längst aufgehört, Kaufleute zu sein, und haben ihr Vermögen in Landbesitz umgewandelt. Sie wurden deutsche Adelsgeschlechter, die sich in keiner Weise von anderen süddeutschen Adelsgeschlechtern unterscheiden. Die gleiche Entwicklung haben in allen Ländern zahlreiche Kaufmannsgeschlechter genommen; reich geworden im Handel und im Gewerbe, haben sie aufgehört, Händler und Unternehmer zu sein, und wurden Grundbesitzer, nicht um das Vermögen zu mehren und immer größeren Reichtum anzuhäufen, sondern um es zu erhalten und auf Kinder und Kindeskinder zu vererben. Die Familien, die es anders gehalten haben, sind bald im Dunkel der Armut verschwunden. Es gibt nur ganz wenige Bankiersfamilien, deren Geschäft seit hundert Jahren oder mehr besteht; sieht man aber genauer zu, so findet man, daß auch bei diesen die geschäftliche Tätigkeit sich im allgemeinen auf die Verwaltung von in Grundbesitz und in Bergbau festgelegten Vermögen beschränkt.

152 Aus Augsburg stammendes Kaufmannsgeschlecht aus dem 14. Jhd. Im 16. Jhd. eine der mächtigsten Familien in Europa.
153 Ebenfalls aus Augsburg stammende Patrizierfamilie aus dem 13. Jhd.

Alte Vermögen, die in dem Sinne werbend wären, daß sie sich immerfort vergrößern, gibt es nicht.
GW, S. 350 f.

ꝏ

Es ist nicht ihres Amtes, dem Verbraucher vorzuschreiben, was er genießen soll. Sie liefern ihm, wenn er es wünscht, Gift und Mordwaffen. Nichts ist verfehlter als zu glauben, daß man mit schlechten oder schädlichem Gebrauch dienenden Erzeugnissen mehr verdienen könnte als mit guten und edlem Gebrauch dienenden. Man verdient mit dem am meisten, was der dringendsten Nachfrage entspricht; wer verdienen will, wendet sich mithin der Erzeugung jener Waren zu, bei denen zwischen Angebot und Nachfrage das stärkste Mißverhältnis besteht. Wer freilich schon Kapital investiert hat, hat ein Interesse daran, daß die Nachfrage nach den Erzeugnissen seiner Betriebe steigt. Er sucht den Absatz auszudehnen. Doch er kann auf die Dauer gegen die Änderung der Bedürfnisse der Verbraucher nicht aufkommen. Ebensowenig hat er auf die Dauer einen Vorteil davon, daß der Bedarf nach seinen Erzeugnissen wächst; neue Unternehmungen, die sich dann seinem Gewerbezweig zuwenden würden, müssen seinen Gewinn bald auf den Durchschnittssatz ermäßigen. Die Menschen trinken nicht Alkohol, weil es Bierbrauereien, Schnapsbrennereien und Weinbau gibt; man braut Bier, brennt Schnaps und baut Wein, weil die Menschen geistige Getränke verlangen. Das »Alkoholkapital« hat weder die Trinksitten noch die Trinklieder geschaffen. Die Kapitalisten, die Aktien von Brauereien und Brennereien besitzen, hätten lieber Aktien von Verlagsbuchhandlungen erworben, die Erbauungsbücher vertreiben, wenn die Nachfrage nach geistlichen Büchern stärker wäre als die nach geistigen Getränken. Nicht das »Rüstungskapital« hat den Krieg erzeugt, sondern die Kriege das »Rüstungskapital«. Nicht Krupp[154] und Schneider[155] haben die Völker verhetzt, sondern die imperialistischen Schriftsteller und Politiker.
GW, S. 415

ꝏ

154 Gustav Georg Friedrich Maria Krupp von Bohlen und Halbach (* 1870 in Den Haag; † 1950 in Schloss Blühnbach). Diplomat und späterer Aufsichtsratsvorsitzender der Friedrich Krupp AG.

155 Eugène II Schneider (* 1868; † 1942). Vorstandsvorsitzender des französischen Rüstungskonzerns Schneider-Creusot.

Es gibt eine einfache Faustregel, die Unternehmer von den Nicht-Unternehmern zu trennen. Die Unternehmer sind jene, die der Verlust des eingesetzten Kapitals trifft.
PF, S. 112

Untertan

Die Neigung unserer Zeitgenossen, obrigkeitliche Verbote zu fordern, sobald ihnen etwas nicht gefällt, und die Bereitwilligkeit, sich solchen Verboten selbst dann zu unterwerfen, wenn sie mit ihrem Inhalt durchaus nicht einverstanden sind, zeigt, daß der Knechtsinn ihnen noch tief in den Knochen steckt. Es wird langer Jahre der Selbsterziehung bedürfen, bis aus dem Untertan der Bürger geworden sein wird. Ein freier Mensch muß es ertragen können, daß seine Mitmenschen anders handeln und anders leben, als er es für richtig hält, und muß es sich abgewöhnen, sobald ihm etwas nicht gefällt, nach der Polizei zu rufen.
LI, S. 48

Verbraucher

Die wahren Herrscher im kapitalistischen System der Marktwirtschaft sind die Verbraucher. Sie entscheiden – indem sie kaufen oder von einem Kauf absehen – wer das Kapital besitzen und wer die Fabriken leiten soll. Sie legen fest, was und in welcher Menge und Qualität produziert werden soll. Ihre Ansichten bestimmen Gewinn oder Verlust des Unternehmers. Sie machen Arme reich und Reiche arm. Sie sind keine einfachen Bosse. Sie sind voller Launen und wunderlicher Einfälle, wechselhaft und unberechenbar. Sie kümmern sich kein bißchen um frühere Verdienste. Sobald ihnen etwas angeboten wird, das ihnen besser gefällt oder das billiger ist, verlassen sie ihren alten Lieferanten. Nichts bedeutet ihnen mehr als ihre eigene Zufriedenheit. Sie machen sich weder Gedanken über althergebrachte Interessen der Kapitalisten noch um das Schicksal der Arbeiter, die ihren Job verlieren, wenn sie als Verbraucher nicht mehr das kaufen, was sie früher kauften.
BK, S. 37 f.

Alle Produktion muß sich nach den Wünschen der Verbraucher richten. Entspricht sie nicht den Anforderungen, die der Konsument stellt, dann wird sie unrentabel. Es ist also dafür gesorgt, daß die Erzeuger sich nach dem Willen der Verbraucher richten, und daß die Produktionsmittel aus der Hand jener, die nicht gewillt oder befähigt sind, das zu leisten, was die Verbraucher von

ihnen fordern, in die Hände jener übergehen, die besser imstande sind, die Erzeugung zu leiten. Der Herr der Produktion ist der Konsument. Die Volkswirtschaft ist, unter diesem Gesichtswinkel betrachtet, eine Demokratie, in der jeder Pfennig einen Stimmzettel darstellt. Sie ist eine Demokratie mit jederzeit widerruflichem imperativem Mandat der Beauftragten. Sie ist eine Verbraucherdemokratie. Die Produzenten als solche haben selbst keine Möglichkeit, der Produktion die Richtung zu weisen. Das gilt in gleicher Weise vom Unternehmer wie vom Arbeiter; beide müssen in letzter Linie die Wünsche der Konsumenten befolgen. Das könnte auch gar nicht anders sein. In der Produktion können nur entweder die Konsumenten oder die Produzenten den Ton angeben. Daß es jene tun, ist nur selbstverständlich. Denn nicht um der Produktion willen wird produziert, sondern für den Konsum. Als Produzent ist der Volksgenosse in der arbeitteilenden Wirtschaft selbst Beauftragter der Gesamtheit und hat als solcher zu gehorchen. Anzuschaffen hat er nur als Konsument.
GW, S. 412

ဢ

Die Verbraucher sind es mithin, die mittelbar alle Preise und Löhne und damit die Reichtumsgestaltung aller Glieder der Gesellschaft bestimmen. Ihre Wahlakte bestimmen, wer Unternehmer und Besitzer von Produktionsmitteln sein soll. Mit jedem Groschen, den sie ausgeben, beeinflussen sie Richtung, Umfang und Art der Produktion und der Absatzorganisation. Man hat diese Gestaltung der Dinge mit der politischen Demokratie verglichen und davon gesprochen, daß der Markt eine Demokratie bilde, bei der jeder Pfennig einen Stimmzettel darstelle.[156] Die demokratische Wahlordnung mag eher als ein unzulänglicher Versuch angesehen werden, im politischen Leben die Marktverfassung nachzubilden. Auf dem Markt geht keine Stimme verloren. Jeder verausgabte Betrag, er mag noch so klein sein, übt seine Wirkung auf die Produktion. Die Entscheidung des Verbrauchers setzt sich mit dem ganzen Gewicht, das er ihr durch die Aufwendung des Geldbetrages gibt, bis in die entferntesten Bezirke des gesellschaftlichen Produktionsapparates durch.
NÖ, S. 260

156 Vgl. Frank A. Fetter, The Principles of Economics, Third Edition, New York 1913, S. 394, 410.

Verstaatlichung

Der Gedanke der Befürworter der Sozialisierung ist ja der, daß sie ihr Einkommen durch die Verteilung der Profite der zu sozialisierenden Unternehmungen erhöhen wollen. Je mehr Teilnehmer es bei dieser Verteilung geben wird, desto geringer wird die auf den Kopf entfallende Dividende sein. Daher es denn auch begreiflich ist, daß wenn von der Sozialisierung der Alpinen Montangesellschaft[157] oder der Veitscher Magnesitwerke[158] gesprochen wird, die Steirer dafür sind, daß die Sozialisierung durch die Länder erfolgt, damit die Fremden von der Anteilnahme an der Dividende ausgeschlossen werden. So lange es noch gilt, die Sozialisierung dem Staate aus der Hand zu winden und sie den Ländern zu überweisen, treten die einzelnen Länder geschlossen auf. Sobald aber einmal dieser Kampf zugunsten der Länder ausgetragen wird, werden sich sofort die Einwohner der politischen Bezirke, in denen die zu sozialisierenden Betriebe gelegen sind, melden und verlangen, daß die Sozialisierung zugunsten des Bezirkes erfolgt, und dann werden die Gemeinden kommen und werden die Sozialisierung selbst durchführen wollen. Und bevor es überhaupt so weit gekommen ist, sind schon die Arbeiter der Unternehmungen auf den Plan getreten, die sich die Sozialisierung überhaupt nicht anders vorstellen können als in der Weise, daß sie selbst zu Herren und ausschließlichen Nutznießern der Betriebe gemacht werden. Man sieht, die Idee der Sozialisierung führt, wenn man sie mit dem Gedanken des Wirtschaftsgebietes verknüpft, rasch zum Syndikalismus und zur Auflösung aller höheren politischen Verbände.
BW, S. 13

Die Bürokratisierung ist nur eine besondere Eigenheit der Verstaatlichung.
BK, S. 116

Es besteht allerdings zwischen Verstaatlichung und Verstadtlichung einzelner Unternehmungen, die inmitten einer im übrigen am Sondereigentum an den Produktionsmitteln festhaltenden Gesellschaftsordnung als öffentliche oder gemeinwirtschaftliche geführt werden, und zwischen der vollen Durchführung des Sozialismus,

157 1881 gegründet, 1973 aufgelöst
158 1881 gegründet, 1993 fusioniert

die an den Produktionsmitteln kein Sondereigentum Einzelner neben dem Eigentum des Gemeinwesens duldet, ein grundsätzlicher Unterschied von höchster Bedeutung. Solange nur einzelne Unternehmungen durch den Staat betrieben werden, werden noch Preise für die Produktionsmittel auf dem Markte gebildet. Damit ist auch für die staatlichen Unternehmungen die Möglichkeit zu rechnen gegeben. Wie weit sie das Ergebnis der Rechnung zur Norm ihres Verhaltens machen wollen oder können, ist eine andere Frage. Doch schon der Umstand allein, daß bis zu einem bestimmten Grade wenigstens eine rechnerische Ermittlung des Betriebserfolges möglich ist, gibt der Geschäftsführung solcher öffentlicher Betriebe einen Rückhalt, der der Führung eines rein sozialistischen Gemeinwesens fehlen muß. Die Art und Weise, in der das Staatsunternehmen geführt wird, mag mit Recht den Namen schlechte Wirtschaft verdienen, doch es ist immerhin noch Wirtschaft. In einem sozialistischen Gemeinwesen kann es, wie wir gesehen haben, Wirtschaft im strengen Sinne des Wortes überhaupt nicht geben. Eine Verstaatlichung aller Produktionsmittel der Volkswirtschaft bringt jedoch den vollen Sozialismus. Die Verstaatlichung einzelner Produktionsmittel ist ein Schritt auf dem Wege zur Vollsozialisierung. Ob man sich mit dem einen Schritt begnügt oder ob man noch weitere tun will, kann an seinem Charakter nichts ändern. Auch wenn man alle Unternehmungen in das Eigentum der organisierten Gesellschaft überführen will, kann man nichts anderes machen, als jede einzelne, alle gleichzeitig oder eine nach der anderen verstaatlichen. Die Unklarheit, die durch den Marxismus über den Begriff der Vergesellschaftung erzeugt worden war, hat sich in Deutschland und Österreich nach dem Übergang der Herrschaft an die Sozialdemokraten im November 1918 empfindlich bemerkbar gemacht. Über Nacht wurde ein neues, bis dahin kaum gehörtes Schlagwort volkstümlich: »Sozialisierung« wurde die Losung. Das sollte wohl eine Umschreibung des deutschen Wortes Vergesellschaftung durch ein schön klingendes Fremdwort sein. Der Gedanke, daß Sozialisierung nichts anderes sei als Verstaatlichung oder Verstadtlichung konnte kaum aufkommen; wer derartiges behaupten wollte, dem wurde bedeutet, daß er von den Dingen einfach nichts verstehe, da zwischen beiden ein himmelweiter Unterschied klaffe.

NÖ, S. 213 f.

Völkerbund

Aber wie für den Liberalen die Welt nicht an den Grenzen des Staates endet, wie für ihn die Staatsgrenzen überhaupt nur eine nebensächliche und untergeordnete Bedeutung haben, wie sein politisches Denken die gesamte Menschheit umfaßt, wie der Ausgangspunkt aller seiner politischen Doktrinen die Überzeugung ist, daß die Arbeitsteilung eine internationale und nicht bloß eine nationale ist, wie er von vornherein weiß, daß es nicht genügt, den Frieden im Innern des Staates herzustellen, daß es vielmehr notwendig ist, daß alle Staaten untereinander in Frieden leben, so fordert er auch, daß die staatliche Organisation ihre Fortsetzung und ihren Abschluß finde in einer staatsgleichen Verbindung aller Staaten zu einem Weltstaat. Darum erscheint ihm das Völkerrecht dem Staatsrecht übergeordnet, und darum fordert er über den Staaten stehende Gerichte und Behörden, die in ebensolcher Weise den Frieden zwischen den Staaten sicherstellen, wie innerhalb des Staates die staatlichen Behörden und Gerichte für die Aufrechterhaltung des Friedens sorgen oder wenigstens zu sorgen haben. Lange Zeit hindurch war die Forderung nach der Errichtung einer derartigen überstaatlichen Weltorganisation eine kaum beachtete Utopie einiger weniger Denker. {...} Erst die Greuel des Weltkrieges haben dem Gedanken einer Organisation der Welt, die künftigen Kriegen vorzubeugen in der Lage wäre, weite Anerkennung zu bringen vermocht. Nach Beendigung des Krieges sind die Sieger dazu geschritten, ein Gebilde zu schaffen, dem sie den Namen Völkerbund gegeben haben und das man vielfach in der Welt für den Ausgangspunkt einer wirklich brauchbaren künftigen überstaatlichen Organisation hält. Darüber kann allerdings kein Zweifel bestehen, daß das, was heute unter dem Namen Völkerbund besteht, in keiner Weise jenes Ideal einer überstaatlichen Organisation verwirklicht, das der Liberalismus fordert. Zunächst gehören dem Völkerbund einige der wichtigsten und größten Nationen der Welt überhaupt nicht an.[159] Außerhalb des Völkerbundes stehen, von kleineren Völkern abzusehen, vor allem die Vereinigten Staaten. Die Verfassung des Völkerbundes leidet von vornherein darunter, daß sie zwei Kategorien von Staaten unterscheidet, solche, die volles Recht genießen, und solche, die, weil sie im Weltkrieg auf jener Seite gestanden sind, die den Krieg

159 die USA gehörten dem Völkerbund bis zur Auflösung im Jahre 1946 nicht an

verloren hat, nicht voll berechtigte Mitglieder sind. Es ist klar, daß eine derartige ständische Gliederung der Gemeinschaft der Völker ebenso den Keim von Kriegen in sich tragen muß wie jede ständische Gliederung innerhalb eines Staates.
LI, S. 130 f.

Der Genfer Völkerbund ist ein Erzeugnis jenes utopischen Pazifismus, der nicht die Konflikte, sondern nur ihre kriegerische Austragung beseitigen will. Er hätte, auch wenn er besser organisiert worden wäre, nie das leisten können, was man von ihm erwartet hat. Nicht die Verfassung des Völkerbundes ist mangelhaft; die Idee, die ihm zugrundeliegt, ist falsch. Nur liberale Staaten könnten einen Völkerbund bilden, der Frieden gibt; wenn aber alle Staaten liberal sind, bedarf es zur Erhaltung des Friedens keines Paktes.[160]
NÖ, S. 627

160 »Vgl. die Darstellung der vergeblichen Versuche des Völkerbunds, den Wirtschaftsfrieden herzustellen, bei Rappard, Le Nationalisme Economique et la Société des Nations, Paris 1938.«

Wachstumslehre

Der Wachstumslehre fällt im Rahmen der antikapitalistischen und prosozialistischen Wirtschaftspolitik noch eine andere Aufgabe zu. Sie soll das Versagen der sozialistischen Wirtschaftspolitik in Rußland verschleiern. {...} Es gibt eine ziemlich brauchbare Methode für den Vergleich der Lage der russischen Arbeiter mit der der Arbeiter Westeuropas und Nordamerika. Auf Grund von Lohn- und Preistabellen errechnet man, wie lange ein Arbeiter arbeiten muß, um einen bestimmten Gebrauchs- oder Verbrauchsgegenstand zu erwerben. Die Methode ist gewiß recht roh, da sie die Qualität der Kaufgüter nicht berücksichtigen kann. Obgleich die aus diesem Mangel entstehenden Fehler die russische Lage günstiger erscheinen lassen, zeigen diese Vergleiche immer wieder, daß die Lebenshaltung der Arbeiter im kapitalistischen Westen beträchtlich besser ist als im kommunistischen Osten. Auch die eifrigsten Verfechter sozialistischer Ideen haben die Schlüssigkeit dieser Beweisführung nicht zu bestreiten gewagt. Sie ziehen es vor, einen anderen Weg zur Ermittlung des Tatbestandes einzuschlagen, den Vergleich der Quote des Wachstums. Den Ausgangspunkt bildet die äußerst anfechtba-

re Messung des Nationalprodukts. Auch wenn wir annehmen wollten, daß die Berechnung der einzelnen Posten, deren Summierung die als Nationalprodukt bezeichnete Größe ergibt, verläßlich ist, bleibt doch die Tatsache, daß die Bewertung notwendigerweise in Geld von veränderlicher Kaufkraft vorgenommen wird. Auch wenn wir nicht in einem Zeitalter wilden inflationistischen Experimentierens leben würden, müßte man die Versuche, die Größe des Nationalprodukts in Geld zu messen, als unzulässige Naivität ablehnen. Auf Grund solcher in jeder Hinsicht anfechtbaren Berechnungen ermittelt man die prozentuelle jährliche Wachstumsquote. Da die statistischen Ämter der Sowjets dafür sorgen, daß diese Quote für Rußland höher erscheint als für die Vereinigten Staaten, sind sie in der Lage zu berechnen, wann Rußland die Vereinigten Staaten wirtschaftlich überholt haben wird. Das Trügerische dieser Methode erhellt, wenn man erkennt, daß mit ihrer Hilfe auch gezeigt werden kann, wann einer der neuen afrikanischen Staaten in seinem »Wachstum« sowohl die Vereinigten Staaten als auch die Sowjet-Union überholt haben wird. {...} Es wäre gut, wenn sich die Freunde der Wachstums-Metapher daran erinnern wollten, daß es unzulässig ist, die prozentuale Gewichtszunahme eines Säuglings mit der eines älteren Kindes zu vergleichen, ohne auf den Alters- und Gewichtsunterschied zu achten.
KL, S. 162 f.

Warenkorb

Es gibt viele Wege zur Berechnung der Kaufkraft durch das Indexverfahren. Für jeden einzelnen dieser Wege sprechen gewisse ernst zu nehmende Gesichtspunkte; aber auch gegen jeden von ihnen sprechen ebenso viele ernst zu nehmende Gesichtspunkte. Da das Resultat einer jeden Berechnungsart von den Ergebnissen, die man durch andere Berechnungsmethoden erlangt, abweicht, und da jedes Ergebnis, wenn man es zur Grundlage währungspolitischer Maßnahmen macht, bestimmte Interessen fördert und andere Interessen schädigt, ist es klar, daß jede Gruppe von Interessenten sich für die Annahme jener Methode zur Errechnung der Indexzahl aussprechen wird, deren Ergebnis ihren Interessen am besten dient. In dem Augenblick, in dem man die Manipulierung der Kaufkraft als eine Aufgabe der Währungspolitik bezeichnet, muß die Frage, in welcher Höhe diese Kaufkraft festzulegen ist, höchste politische Bedeutung bekommen.
WP, S. 274

ꟿ

Jede Währungsmanipulation muss willkürlich sein; alle Verfahren, die durch Messung der Kaufkraftveränderungen einen objektiven Maßstab gewinnen wollen, der der Kaufkraftgestaltung als Richtschnur dienen könnte, verkennen die Unmessbarkeit der Kaufkraftbewegungen. Sowohl in der Auswahl der der Berechnung zugrundezulegenden Preisdaten als auch in der Wahl der für ihre mathematische Verarbeitung zu Mittelwerten zu verwendenden Methode liegen Probleme, für die keine eindeutige, dem Widerstreit von Sonderinteressen und Parteien entrückte Lösung gefunden werden kann.
NÖ, S. 431

ꟿ

Allen Überlegungen, die ein Verfahren zur Messung der Geldwertveränderungen finden wollen, liegt in letzter Linie die Vorstellung zugrunde, daß ein ewiges und unwandelbares Wesen an unwandelbaren Maßstäben die Befriedigung ermittelt, die ihm durch die Verfügung über die Geldeinheit erreichbar wird. Man verhüllt diese abstruse Vorstellung nur unzulänglich, wenn man vorgibt, man wolle nur errechnen, wie sich die Kaufkraft der Geldeinheit geändert habe. Die Problematik des Stabilitätsbegriffs liegt doch gerade in diesem Begriff der Kaufkraft. Die naive Theorie des Laien sieht, befangen in den Maßvorstellungen der Physik, im Gelde zuerst ein Unwandelbares, einen Maßstab, und glaubt, daß Schwankungen der Austauschverhältnisse nur im Verhältnis der verschiedenen Güter und Dienstleistungen untereinander und nicht auch im Verhältnis des Geldes zu den als Gesamtheit betrachteten Gütern und Dienstleistungen vor sich gehen. Doch auch dann, als man die Erkenntnis, daß auch das Geld keinen festen Punkt abgibt und daß nicht nur die Geldpreise der Waren, sondern auch die Kaufkraft des Geldes wandelbar ist, einmal gewonnen hatte, wollte man die liebgewordene Vorstellung, es müsse doch einen festen Maßstab des Tauschwertes geben, nicht preisgeben. Man kehrt nur den Sachverhalt um: nicht das Geld erscheint hinfort als das Unwandelbare, sondern die Gesamtheit aller Güter und Leistungen, die für Geld gekauft werden können. Man sucht die Kaufgüter rechnerisch zusammenzufassen, um sie als Einheit dem Gelde gegenüberzustellen. Man ist bereit, sich über alle Bedenken hinwegzusetzen, um die Indexzahlen zu ermitteln. Man ist bereit davon abzusehen, daß alle Einzeldaten, die

man für diese Zusammenfassung benötigt, anzweifelbar sind, und daß die Wahl der Methoden, mit denen man aus den Preisangaben zur Indexzahl gelangen will, willkürlich ist. Irving Fisher[161], der geistige Führer der zeitgenössischen amerikanischen Bewegung für Stabilisierung, stellt dem Gelde den Inhalt eines Korbes gegenüber, in den die Hausfrau die Waren tut, die sie auf dem Markte für den täglichen Bedarf ihres Haushalts einkauft. In dem Maße, in dem der Geldbetrag, der für die Erwerbung dieser Auswahl von Gütern aufgewendet werden muss, sich verändert hat, habe sich die Kaufkraft des Geldes verändert; das Ziel der Stabilisierungspolitik wird darin erblickt, die Unveränderlichkeit dieses Geldaufwandes zu gewährleisten.[162] Das Verfahren, das hier zur Messung der Geldwertveränderungen vorgeschlagen wird, wäre vortrefflich, wenn die Hausfrau und ihr Haushalt als unveränderliche Wesenheiten angesehen werden könnten, wenn der Einkaufskorb der Hausfrau immer die gleichen Waren und von jeder einzelnen Ware die gleiche Menge enthalten würde, und wenn die Bedeutung, die die Hausfrau dem Inhalt dieses Korbes beilegt, stets unverändert bliebe. Doch wir haben eine Welt vor uns, in der diese Bedingungen nicht erfüllt sind.
NÖ, S. 209 f.

Werbung

Die Werbung des Unternehmers um die Gunst des Verbrauchers muss, wenn sie ihren Zweck erreichen soll, aufdringlich sein. Sie hat einen Unaufmerksamen aufmerksam zu machen, einen verborgenen Wunsch in ihm zu erwecken, ihn vom Gewohnten zum Ungewohnten zu locken. Um zu wirken, muss die Werbung so beschaffen sein, wie die Geistigkeit des Umworbenen sie verlangt. Sie muss seinem Geschmack entsprechen. Sie muss seine Sprache reden. Sie ist grell, laut, grob, mit einem Worte marktschreierisch, weil das allein Erfolg verspricht. Die moderne Unternehmungstechnik hat die Kunst der Werbung sorgfältig ausgebildet und sie zu einer Art angewandter Psychologie gemacht, die man recht wohl im Gefüge der angewandten Wissenschaften der Pädagogik an die Seite stellen darf. Die auf die Massen berechnete Reklame stößt feiner empfindende Menschen ebenso ab wie alle Erzeugnisse, die dem Geschmack des Pöbels dienen wollen. Die Be-

161 Irving Fisher (* 1867 in Saugerties; † 1947 in New York). US-amerikanischer Ökonom.
162 Vgl. Irving Fisher, The Money Illusion, New York 1928, S. 19 f.

urteilung, die dem Werbewesen zuteil wird, ist durch diese Empfindungen stark beeinflußt. Man hält die Werbung durch den Unternehmer für einen »Auswuchs« des »schrankenlosen« Wettbewerbs im kapitalistischen System und möchte sie wohl am liebsten ganz beseitigen. An ihre Stelle könnte, meint man, Unterweisung in der Warenkunde treten, sei es im Rahmen des allgemeinen Schulunterrichts, sei es durch unparteiische Belehrung in der unabhängigen Presse, sei es durch genossenschaftliche Einrichtungen der Verbraucher. Jede Beschränkung der Werbefreiheit der Unternehmer würde zugleich auch die Freiheit der Verbraucher einengen. Sie könnten sich über die Marktlage und über alle übrigen Voraussetzungen, die für ihre Entscheidung von Bedeutung sein können, nicht mehr so unterrichten, wie sie es wollen und wie es ihnen ihre Einsicht gestattet. Sie würden ihre Wahl nicht mehr unmittelbar auf Grund der Eindrücke zu fällen haben, die die Bewerbung der Unternehmer bei ihnen hinterlässt, sondern auf Grund von Empfehlungen, die aus Urteilen hervorgegangen sind, die dritte Personen gefällt haben. {...} Wo Werbefreiheit besteht, sind die Verbraucher gleichsam in der Lage eines Gerichtshofes, der sich durch Erhebung des Tatbestandes über den Sachverhalt selbst unterrichtet. Wo die Werbefreiheit beschränkt ist, lernen die Verbraucher den Tatbestand nur so kennen, wie ein Gerichtshof, dem ein Berichterstatter über das Ergebnis von Erhebungen berichtet. Die weitverbreitete Meinung, die Werbung könne, wenn sie nur zweckmäßig angelegt wird, den Verbraucher so beeinflussen, wie sie wolle, ist durchaus falsch. Wäre sie richtig, dann wären Erfolg und Misserfolg des Unternehmers allein von der Wirkung seiner Werbung abhängig. Doch das wird wohl niemand bestreiten wollen, daß keine noch so fein ausgesonnene Werbung es vermocht hätte, die Postkutsche gegen die Eisenbahnen, die Eisenbahnen gegen den Kraftwagen, die Kohle gegen Elektrizität und Öl, die Gasbeleuchtung gegen die elektrische Glühlampe zum Siege zu führen. Sobald man aber das zugegeben hat, hat man bereits zugestanden, daß es Grenzen für den Erfolg der Werbung in der objektiven Brauchbarkeit und Verwendbarkeit der empfohlenen Waren und Dienste gibt, daß somit der Erfolg der Werbung von der Qualität des Empfohlenen abhängt. {...} Die Vorstellung, daß die Werbung den Verbraucher dem Willen der Erzeuger untertan mache, entspringt einer Auffassung, die das Getriebe der Marktwirtschaft verkennt. Wenn

bessere oder billigere Erzeugnisse als die von einem Erzeuger marktschreierisch angebotenen erzeugt und angeboten werden können, dann wird der Umstand, daß für das schlechtere oder teurere Produkt wirksamste Reklame gemacht wurde, sie nicht auf die Dauer vom Markte fernhalten können und wird nicht verhindern, daß sie schließlich das minderwertige Produkt vom Markte verdrängen.
NÖ, S. 277–280

Wettbewerb

Für den Unternehmer ist die Verwendung von Arbeitern Teil eines Geschäftes; sinkt der Lohn, so steigt die Rentabilität seines Unternehmens, er kann mehr Arbeiter einstellen. Die Arbeiter haben es mithin in der Hand, die Nachfrage nach Arbeitskräften zu erhöhen. Das bedeutet nun ganz und gar nicht, daß der Markt die Tendenz hätte, den Lohnsatz ständig zu drücken. Wenn die Konkurrenz der Arbeiter die Tendenz hat, den Lohn zu drücken, so hat der Wettbewerb der Unternehmer wieder die Tendenz, ihn in die Höhe zu treiben.
UW, S. 15 f.

Der Weg, auf dem die antiliberalen Gesellschaftstheorien den Versuch machten, das Friedensprinzip des Liberalismus in Verruf zu bringen, war die Verwischung des grundsätzlichen Unterschiedes, der zwischen Kampf und Wettbewerb besteht. Kampf im ursprünglichen Sinne des Wortes ist das auf Vernichtung des Lebens des Gegners abzielende Ringen von Menschen und Tieren. Das gesellschaftliche Leben des Menschen beginnt mit der Überwindung der Instinkte und Erwägungen, die zum Vernichtungskampf treiben. Die Geschichte zeigt uns ein stetiges Zurückweichen des Kampfes als einer Form menschlicher Beziehungen; die Kämpfe werden seltener und verlieren gleichzeitig auch an Schärfe. Der überwundene Gegner wird nicht mehr vernichtet; ist es irgendwie angängig, ihn in die Gesellschaft aufzunehmen, so schont man sein Leben. Der Kampf selbst wird an Regeln gebunden und damit einigermaßen gemildert. Doch Krieg und Revolution bleiben trotz alledem Vernichtung und Zerstörung; der Liberalismus hört darum nicht auf, ihren antisozialen Charakter zu betonen. Es ist nichts als eine Metapher, wenn man den Wettbewerb Wettkampf oder Kampf schlechthin nennt. Die Funktion des Kampfes ist Vernichtung, die des Wettbe-

werbes Aufbau. Der Wettbewerb im Wirtschaftsverkehr sorgt dafür, daß die Produktion in rationellster Weise betrieben werde. Hier wie überall sonst wirkt er als Auslese des Besten. Er ist ein Grundprinzip des gesellschaftlichen Zusammenwirkens, das unter keinen Umständen ausgeschaltet werden kann. Auch ein sozialistisches Gemeinwesen könnte ohne Wettbewerb nicht bestehen. Es müßte versuchen, ihn in irgendeiner Weise, etwa durch Prüfungen, einzuführen; die Wirksamkeit einer sozialistischen Lebensordnung wird davon abhängen, ob es ihr möglich sein wird, den Wettbewerb genügend rücksichtslos und scharf zu machen, damit er seine Auslesefunktion erfülle. {...} Im Konkurrenzkampf werden, heißt es, wirtschaftliche Existenzen vernichtet. Doch das bedeutet nichts anderes, als daß die Unterliegenden genötigt werden, sich eine andere Stellung in dem Gefüge der gesellschaftlichen Arbeitsteilung auszusuchen als die, die sie gern einnehmen wollten. Es bedeutet aber durchaus nicht, daß sie etwa dem Hungertod preisgegeben werden. In der kapitalistischen Gesellschaft ist für alle Raum und Brot. Ihre Ausdehnungsfähigkeit ermöglicht jedem Arbeiter ein Unterkommen; im unbehinderten Zustand kennt sie keine dauernde Arbeitslosigkeit. Der Kampf im eigentlichen und ursprünglichen Sinne des Wortes ist antisozial; er macht zwischen den Kämpfenden Arbeitsgemeinschaft, das Grundelement der gesellschaftlichen Vereinigung, unmöglich; er zerstört die Arbeitsgemeinschaft, wo sie schon besteht. Der Wettbewerb ist ein Element des gesellschaftlichen Zusammenwirkens. Er ist das ordnende Prinzip im gesellschaftlichen Verbande. Kampf und Wettkampf sind, soziologisch betrachtet, die schärfsten Gegensätze.
GW, S. 291 f.

Die Beobachtung, daß durch den Wettbewerb die Leistungen gesteigert werden, ist zwar durchaus richtig, aber sie haftet an der Oberfläche der Erscheinungen. Denn der Wettbewerb ist nicht an sich eine menschliche Leidenschaft. Die Anstrengungen, die die Menschen im Wettbewerb machen, machen sie nicht um des Wettbewerbs, sondern um des Zieles willen, das sie dadurch erreichen wollen. Der Kampf wird wegen des Preises, der dem Sieger winkt, ausgetragen, nicht um seiner selbst willen. Welche Preise aber sollten die Arbeiter im sozialistischen Gemeinwesen zum Wetteifer anspornen? Ehren-

titel und Ehrenpreise werden erfahrungsgemäß nur wenig geschätzt. Materielle Güter, die die Bedürfnisbefriedigung verbessern, können nicht als Preise gegeben werden, da der Verteilungsschlüssel von der individuellen Leistung unabhängig ist und die Erhöhung der Kopfquote durch erhöhte Anstrengung eines Arbeiters so unbedeutend ist, daß sie nicht ins Gewicht fällt.
GW, S. 145

ꙮ

Die Sozialisten behaupten, daß der Kapitalismus erniedrigend und unvereinbar mit der Würde des Menschen sei, daß er die geistigen Fähigkeiten des Menschen schwäche und dessen moralische Rechtschaffenheit verderbe. Im Kapitalismus, sagen sie, muß jeder seine Mitmenschen als Konkurrenten ansehen. Des Menschen eingeborene Instinkte des Wohlwollens und der Kameradschaft würden somit in Haß und in rücksichtsloses Streben nach persönlichem Erfolg auf Kosten aller anderen Menschen verwandelt. Doch der Sozialismus werde die Tugenden der menschlichen Natur wieder in ihr Recht einsetzen. Freundlichkeit, Brüderlichkeit und Kameradschaft würden die Kennzeichen des zukünftigen Menschen sein. Zunächst sei es erforderlich, das Schlimmste aller Übel – die Konkurrenz – zu entfernen. Die Konkurrenz kann allerdings niemals entfernt werden. Da es immer Stellungen geben wird, die die Menschen höher als andere bewerten, werden die Leute nach ihnen streben und ihre Rivalen auszustechen versuchen. Es ist unerheblich, ob wir diesen Wetteifer Rivalität oder Konkurrenz nennen. In jedem Fall muß auf die eine oder andere Weise entschieden werden, ob ein Mensch die Stelle, um die er sich bewirbt, erhalten soll oder nicht. Die Frage ist bloß, welche Art des Wettbewerbs bestehen sollte. Bei der kapitalistischen Variante des Wettbewerbs werden andere Leute auf dem Markt übertroffen, indem bessere und billigere Güter angeboten werden. Die bürokratische Variante besteht in Intrigen am »Hof« derjenigen, die an der Macht sind.
BK, S. 109 f.

ꙮ

Es ist mithin nichts als ein Schlagwort, das auf die Urteilslosigkeit der Denkunfähigen berechnet ist, wenn man behauptet, für den Kapitalismus einzutreten sei allein die Sache der Unternehmer und Kapitalisten, deren den Interessen der übrigen Schichten entgegenstehende Sonderinteressen durch die

kapitalistische Ordnung gefördert werden. Die »Besitzenden« haben keinen anderen Grund, für die Einrichtung des Sondereigentums an den Produktionsmitteln einzutreten als die »Besitzlosen«. Wenn ihre unmittelbaren Sonderinteressen in Frage kommen, dann sind sie nichts weniger als liberal. Die Vorstellung, als könnten die Besitzenden, wenn nur der Kapitalismus erhalten bleibt, ewig im Besitze verbleiben, entstammt einer Verkennung des Wesens der kapitalistischen Wirtschaft, in der das Eigentum stets auf dem Wege vom weniger tüchtigen zum tüchtigeren Geschäftsmann ist. In der kapitalistischen Gesellschaft kann Vermögen nur erhalten werden, wenn man es durch geschickte Anlage immer wieder von neuem erwirbt. Die sich schon im Besitze befinden, die Reichen, haben keinen besonderen Grund, die Aufrechthaltung des Zustandes der uneingeschränkten Konkurrenz aller zu wünschen; sie haben – besonders wenn sie nicht die ersten Erwerber des Reichtums, sondern Erben sind – vom Wettbewerb mehr zu fürchten als zu hoffen. Sie sind am Interventionismus besonders interessiert, der immer im Sinne einer Erhaltung der unter den Besitzenden gerade bestehenden Verteilung der Güter wirkt, aber nicht am Liberalismus, in dessen System es keinen Platz gibt für Rücksichtnahme auf das Hergebrachte und auf seinen Träger, den alten Reichtum. Der Unternehmer kann nur gedeihen, wenn er das ausführt, was die Verbraucher verlangen.
LI, S. 162

ꕥ

Die alten Liberalen fochten für die Abschaffung von Gesetzen, die Menschen vom Marktwettbewerb mit privilegierten Gruppen ausschloß. Sie wollten die Beseitigung von Gilden- und Zunftprivilegien, monopolistischen Gesellschaften und so weiter. Sie wollten jedermann das Recht geben, seinen eigenen Lebensweg, sein Betätigungsfeld und seine Arbeitsmethoden zu wählen. Das hatten sie im Sinn, wenn sie sagten, daß der Wettbewerb »frei« sein sollte. Das Plädoyer für Wettbewerbsfreiheit war ausschließlich durch ihr Interesse an der bestmöglichen Befriedigung menschlicher Bedürfnisse motiviert. (Um es mit einem heute modernen Spruch zu sagen: durch ihr Interesse, Freiheit von Not zu erreichen.) Ein Gesetz, das Menschen aus dem Wettbewerb ausschließt, kann nie die Versorgung mit Waren vergrößern, verbessern oder verbilligen. Was es erreichen kann, ist immer nur der Schutz weniger effizienter Pro-

duzenten vor dem Wettbewerb der effizienteren. Der Effiziente braucht keine Privilegien.
MP, S. 11

Wohlstand

Durch den Verlust eines Genußgutes oder eines Produktivgutes erwächst den Menschen ein Ausfall an Bedürfnisbefriedigung; sie werden ärmer. Durch den Zuwachs eines solchen Gutes wird ihr Versorgungsstand besser; sie werden reicher. Nicht das Gleiche kann vom Verluste oder Zuwachse von Geld gesagt werden. Veränderungen in dem der Volkswirtschaft zur Verfügung stehenden Bestand an Produktiv- oder Konsumgütern ziehen ebenso wie solche im Bestande an Geld Veränderungen im Werte nach sich; während aber die Veränderungen im Werte der Produktiv- und Genußgüter auf den Ausfall oder Zuwachs an Bedürfnisbefriedigung keinen Einfluß haben, passen die Veränderungen im Geldwerte den Geldbestand derart dem Geldbedarf an, daß der Versorgungsstand der Menschen derselbe bleibt. Eine Vermehrung der Geldmenge kann den Wohlstand der Bevölkerung ebensowenig vermehren, wie ihn ihre Verringerung vermindern kann.
TU, S. 61

Die Käufer zahlen nicht für die Mühe und Arbeit noch für die Länge der Zeit, die der Arbeiter bei der Herstellung braucht. Sie zahlen für die Produkte. Je besser die Werkzeuge sind, die der Arbeiter in seinem Job verwendet, desto mehr kann er in einer Stunde leisten, desto höher ist folglich seine Belohnung. Was die Löhne steigen lässt und die materiellen Lebensbedingungen der Lohnempfänger zufriedenstellender werden lässt, ist die Verbesserung der technischen Ausrüstung. Amerikanische Löhne sind höher als die Löhne in anderen Ländern, weil das investierte Kapital pro Kopf der Arbeiter größer ist und die Fabriken dadurch über mehr und wirkungsvollere Werkzeuge und Maschinen verfügen. Der American-way-of-life ist das Ergebnis der Tatsache, daß die Vereinigten Staaten dem Sparen und der Kapitalakkumulation weniger Hindernisse in den Weg gelegt haben als andere Nationen. Die wirtschaftliche Rückständigkeit solcher Länder wie Indien beruht eben darin, daß ihre Politik die Akkumulation des heimischen Kapitals und die Investition ausländischen Kapitals behindert. Da das erforderliche Kapital fehlt, werden indische Unternehmen daran gehindert, genügende Mengen an moderner

Ausrüstung zu verwenden, stellen damit weniger pro Mannstunde her und können es sich daher nur leisten, Löhne zu zahlen, die verglichen mit den amerikanischen Löhnen als bestürzend niedrig erscheinen. Es gibt nur einen Weg, der zu einer Verbesserung des Lebensstandards der lohnabhängigen Massen führt, nämlich die Hebung der investierten Kapitalmenge. Alle anderen Methoden, so populär sie sein mögen, sind nicht zweckdienlich, sondern sogar dem Wohlstand derjenigen abträglich, denen sie angeblich nützen sollen.
PF, S. 151 f.

Im Wesen der kapitalistischen Gesellschaftsordnung liegt es, daß Kapital stets neu gebildet wird. Je größer der Kapitalfonds wird, desto höher steigt die Grenzproduktivität der Arbeit, desto höher wird daher absolut und relativ der Arbeitslohn. Die fortschreitende Kapitalbildung ist der einzige Weg, um jene Gütermenge zu mehren, die die Gesellschaft jährlich ohne Schmälerung der künftigen Produktionserträge verbrauchen kann, und zugleich der einzige Weg, um den Verbrauch des Arbeiters dauernd und ohne Schaden für die kommenden Arbeitergeschlechter zu erhöhen. Darum hat der Liberalismus als das einzige Mittel zur dauernden Hebung der Lage der breiten Schichten das Fortschreiten der Kapitalbildung bezeichnet. Der Weg, den Sozialismus und Destruktionismus gehen wollen, ist ein anderer: Sie wollen Kapital aufzehren, um die Gegenwart reich zu machen auf Kosten der Zukunft. Die Politik des Liberalismus gleicht dem Vorgehen des sorgsamen Hausvaters, der für sich und seine Nachkommen sammelt und baut. Die Politik des Destruktionismus gleicht dem Vorgehen eines Verschwenders, der unbekümmert um das Morgen das Ererbte verjubelt.
GW, S. 425

Zensur

Nehmen wir einmal an, es sei gut, den Menschen zu verbieten, sich durch übermäßiges Rauchen und Trinken selbst zu schaden. Aber hat man einem solchem Verbot erst einmal stattgegeben, werden andere kommen und sagen: Ist der Körper alles? Ist nicht der menschliche Geist viel wichtiger? Ist nicht der Geist das eigentlich Menschliche an uns, die einzige wirklich menschliche Qualität? Wenn man der Regierung das Recht zugesteht, über den Verbrauch des menschlichen Körpers zu entscheiden, näm-

lich, ob man rauchen oder nicht rauchen, trinken oder nicht trinken soll, dann ist es schwer, den Leuten eine richtige Antwort zu geben, die behaupten: Der Geist und die Seele sind viel wichtiger als der Körper, und der Mensch schadet sich weit mehr, wenn er schlechte Bücher liest oder schlechte Musik hört und sich schlechte Filme ansieht. Es ist deshalb die Pflicht der Regierung, die Menschen davon abzuhalten, diese Fehler zu begehen.
WI, S. 18

Denn wenn einmal der Grundsatz, daß die Konsumwahl des Einzelnen von der Obrigkeit überwacht und eingeengt werden muss, anerkannt ist, hängt es von der Obrigkeit und von der sie beherrschenden öffentlichen Meinung ab, wie weit man geht. Dann kann man grundsätzlich nichts mehr gegen Bestrebungen einwenden, die alle Betätigung des Einzelnen der Fürsorge des Staates unterwerfen wollen. Wenn man seinen Leib davor bewahren will, durch manche Genüsse Schaden zu nehmen, dann mag man auch seinen Geist vor schädlichen Lehren und Ansichten schützen und seine Seele durch Glaubens- und Gewissenszwang dem ewigen Heil zuführen. Wenn man dem Einzelnen die Freiheit der Konsumwahl nimmt, nimmt man ihm alle Freiheit. Doch das sind Gesichtspunkte, die die Politik zu würdigen hat. Vom praxeologischen Standpunkt ist zu sagen: Wenn man die Konsumwahl des Einzelnen beschränkt, dann kann man ihm nie das Ausmaß von Befriedigung verschaffen, das ihm Freiheit der Konsumwahl geboten hätte. Denn er schätzt die Genüsse, deren Erlangung ihm durch das Eingreifen der Obrigkeit unmöglich gemacht wurde, höher als die Genüsse, die er sich durch die freigewordenen Mittel an ihrer Stelle verschaffen kann.
NÖ, S. 655 f.

Zentralbank

Die öffentliche Meinung fordert immer »billiges Geld«, d. h. niedrigen Zinssatz. Das Um und Auf der Politik der Notenbanken liegt darin, gegen diese Forderung der Rücksichtnahme auf ihre eigene Solvenz und auf die von dieser abhängige Festhaltung der Kursparität dem Auslande und dem Golde gegenüber zu ihrem Rechte zu verhelfen. Die Staatsbank wird, schon weil sie von der Bareinlösung ihrer Kassenscheine und Verrechnungsschecks entbunden sein soll, freie Hand haben, ihre Kredite so auszudehnen, wie es die Politiker wünschen. Sie

wird zu schwach sein, dem Ansturm der Kreditsuchenden Widerstand zu leisten. Wird doch die Verstaatlichung des Bankwesens gerade zu dem Zweck ins Werk gesetzt, um, wie Deumer[163] sagt, »die Klagen der kleineren industriellen Unternehmungen und mancher Handelsfirmen, daß sie nur mit Schwierigkeiten und unter größeren Opfern den notwendigsten Kredit erhalten«, abzustellen.
KI, S. 145 f.

163 Robert Deumer (* 1882 in Leipzig; † 1956 in Karlstein). Jurist und späterer Reichsbankdirektor.

Zins

Der Urzins ist von der Menge des Angebots an Kapitalgütern unabhängig. Er ist es vielmehr, der Kapitalangebot und Kapitalnachfrage bildet. Durch den Urzins wird bestimmt, wie viel von dem verfügbaren Gütervorrat für den Verbrauch in der Gegenwart und wieviel für die Vorsorge für die Zukunft gewidmet wird. Der Urzins kann aus dem menschlichen Werten und Handeln nicht verschwinden. Wenn eine Lage der Dinge wiederkehren würde, wie sie am Ende des ersten christlichen Jahrtausends bestand, als der Glaube an das unmittelbare Bevorstehen des Endes aller irdischen Belange allgemein war, dann würde, dem Gebote der Bergpredigt gemäß, alle Vorsorge für die irdische Zukunft aufhören. Die Produktionsmittel würden jede Bedeutung verlieren; sie würden als nutzlos und wertlos angesehen werden. Das Agio der gegenwärtigen Güter gegenüber den künftigen Gütern würde damit nicht verschwinden; es würde über alles Maß hinauswachsen. Würde dagegen der Urzins ganz verschwinden, dann würde das bedeuten, daß für die Deckung gegenwärtigen Bedarfs, des Bedarfs des nächsten Augenblicks und des Bedarfs in absehbarer Zukunft nicht gesorgt wird, daß man immerfort nur für

die fernste Zukunft produzieren will und daß man einem Apfel, den man heute oder morgen, in einem Jahre oder in zehn Jahren verzehren kann, zwei Äpfel, die erst in tausend oder zehntausend Jahren genußreif sein werden, vorzieht. Der Urzins ist eine elementare Werterscheinung, die man aus dem menschlichen Wirtschaften nicht fortdenken kann. Er ist daher auch nicht an die Organisationsform der gesellschaftlichen Kooperation geknüpft. Er ist im Handeln eines isolierten Wirts oder eines sozialistischen Gemeinwesens ebenso wirksam wie in der Marktwirtschaft der auf dem Sondereigentum an den Produktionsmitteln beruhenden Gesellschaftsordnung.
NÖ, S. 478

Wenn man den Zins beseitigen oder ermäßigen will, müsste man sich an die Verbraucher wenden und sie auffordern, in Hinkunft Befriedigung in einem ferneren Abschnitt der Zukunft nicht niedriger zu werten als Befriedigung in einem näheren Abschnitt. Es ist nutzlos und zweckwidrig, den Zinsbezug zu verbieten oder an die Eigentümer der Produktionsmittel das Ansinnen zu stellen, auf ihn freiwillig zu verzichten. Man müsste den Verbrauchern sagen: Schätzet einen Apfel, der in hundert Jahren reifen wird, nicht niedriger als den reifen Apfel, den ihr sogleich verzehren könnt. Denn solange diese Wertungsverschiedenheit besteht, kann man den Urzins nicht »beseitigen«, »aufheben« oder in seinem Ausmaß beschränken. Die verschiedene Wertung gegenwärtiger und künftiger Güter ist die Quelle des Urzinses, nicht die Habsucht der Kapitalisten. Man kann den Zinsbezug den Bezugsberechtigten nicht entziehen, wenn man nicht will, daß sie das Kapital aufzehren. Man kann den Zinsbezug nicht unter den durch die Höhe des Urzinses gegebenen Stand herabsetzen, wenn man nicht das Marktgetriebe in ein sinnloses Chaos verwandeln will.
NÖ, S. 705

Der Urzins ist nicht die Bezahlung einer Funktion oder eines Dienstes, er ist nicht die Belohnung, die für Enthaltung von der Kapitalaufzehrung gewährt wird, er ist auch kein Aufschlag, der zu einem niedrigeren Preis hinzutritt oder hinzugefügt wird. Er ist die Wertverschiedenheit in der Bewertung künftiger und gegenwärtiger Güter. Er ist kein Preisaufschlag, sondern der Preisabschlag, den künftige Güter

gegenüber den Preisen gegenwärtiger Güter erleiden. Wenn es keinen Urzins gäbe, würden die Kapitalgüter nicht etwa aufgezehrt werden. Im Gegenteil: in einer Welt ohne Urzins würde stets nur gespart und für künftigem Verbrauch dienende Erzeugung investiert werden. Nicht das – unausdenkbare und mit dem menschlichen Handeln unvereinbare – Verschwinden des Urzinses könnte Kapitalaufzehrung bewirken, sondern die – bei Fortbestand der elementaren Werterscheinung des Urzinses – institutionell verfügte Enteignung der Zinsbezüge der Kapitalseigner. Wenn man den Zinsbezug des Kapitalisten abschafft, wird der Kapitalist gerade darum die Kapitalgüter aufbrauchen, weil Urzins besteht und gegenwärtiger Verbrauch dem künftigen Verbrauch vorgezogen wird. Man kann daher den Zins nicht »abschaffen«. Man kann den Zinsbezug der Eigentümer der Produktionsmittel beschränken oder beseitigen; doch dann hat man eine Lage herbeigeführt, in der die Kapitalien aufgezehrt werden. Wer den Urzins beseitigen wollte, müsste die Menschen dazu bringen, einen Apfel, der in hundert Jahren verfügbar sein wird, nicht niedriger zu schätzen als einen genussreifen Apfel.
NÖ, S. 483

Innerhalb enger Grenzen kann schließlich auch die Umlaufsmittelausgabe zu erhöhter Kapitalbildung und damit zu Ermäßigung des Zinsfußes führen. Zunächst aber tritt durch die Umlaufsmittelausgabe eine sofortige und unmittelbare Ermäßigung des Leihsatzes ein, die von jener endlichen Zinsermäßigung in Art und Maß unabhängig ist. Die neu von den Banken auf dem Geldmarkte angebotenen Mittel müssen selbstverständlich einen Druck auf den Zinsfuß ausüben. Bei dem Zinssatz, der vor der Ausgabe der zusätzlichen Umlaufsmittelmenge in Kraft stand, waren Angebot und Nachfrage nach Leihgeld ausgeglichen; der zusätzliche Betrag kann nur untergebracht werden, wenn mit dem Zinssatz hinuntergegangen wird. Das ist den Banken noch immer rentabel, da die Vermehrung der Umlaufsmittelmenge von ihnen, abgesehen von den banktechnischen Kosten (z. B. des Notendrucks und der Buchführung) keinen Aufwand erfordert. Die Banken können mithin die Zinssätze, die sich auf dem Leihmarkte ohne ihr Dazwischentreten bilden würden, unterbieten und damit, da ihr Wettbewerb die übrigen Geldverleiher zur Ermäßigung ihrer Zinsforderung zwingt,

den Zinssatz des Marktes zunächst ermäßigen. {...} Nach dem Vorgang von Wicksell[164] nennen wir jenen Zinssatz, der durch Nachfrage und Angebot festgestellt werden würde, wenn die Realkapitalien ohne Vermittlung des Geldes in natura dargeliehen würden, den natürlichen Kapitalzins, und jeden Zinssatz, der für Darlehen, die in Geld oder Geldsurrogaten bestehen, verlangt wird, den Geldzins. Es ist den Banken möglich, den Geldzins durch fortgesetzte Erweiterung der Umlaufsmittelausgabe bis auf das durch die Kosten des Bankbetriebes gegebene Maß, praktisch gesprochen also bis nahezu auf Null, herabzudrücken. Eine Reihe von Schriftstellern haben daher gemeint, daß man den Zins auf diesem Wege ganz beseitigen könnte, und ganze Schulen von Reformern wollten durch bankpolitische Maßnahmen die Unentgeltlichkeit des Kredits anbahnen und damit die »soziale Frage« lösen. Kein vernünftiger Mensch aber zweifelt heute daran, daß man den Zins keineswegs »aufheben« kann und daß der durch die Erweiterung der Umlaufsmittelausgabe herabgedrückte Geldzins sich über kurz oder lang wieder auf den Stand des natürlichen Kapitalzinses heben muß. Die Frage ist nur, wie diese unvermeidliche Anpassung vor sich geht. Die Antwort erklärt uns zugleich auch die Schwankungen der Konjunktur.
GK, S. 46 f.

164 Johan Gustav Knut Wicksell (* 1851 in Stockholm; † 1926 Stocksund). Ökonom.

Der Zinssatz, der durch den Darlehensmarkt bestimmt und nicht durch eine Politik des »leichten Geldes« manipuliert wird, ist der Ausdruck der Bereitschaft der Leute, einen Teil des real verdienten Einkommens nicht in den laufenden Verbrauch einfließen zu lassen und ihn für eine Ausweitung der Wirtschaft zu verwenden. {...} Zins ist kein Produkt der Machenschaften von rauen Ausbeutern. Der Abschlag bei Zukunftsgütern gegenüber Gegenwartsgütern ist eine ewige Kategorie des menschlichen Handelns und kann durch bürokratische Maßnahmen nicht abgeschafft werden. Solange es Menschen gibt, die einen heute verfügbaren Apfel zweien in fünfundzwanzig Jahren vorziehen, wird es Zins geben.
CE, S. 200

Zwang

Die Wissenschaft mag die Folgen des Genusses von Alkohol, Nikotin und anderen Giften feststellen; sie

mag aufklären und belehren. Wenn aber jemand bereit ist, die schädlichen Folgen auf sich zu nehmen, weil er den Genuß so hoch schätzt, daß er ihm diese Schädigungen aufzuwiegen scheint, dann kann ihm die Wissenschaft nichts mehr sagen. Ich mag es bedauern, daß die Mitmenschen anders handeln, als ich es für vernünftig halte. Doch wenn ich die Mittel hätte, sie wider ihren Willen zu dem zu zwingen, was ich als ihnen zuträglicher erachte, würde ich ihre Versorgung nicht verbessern und sie nicht glücklicher machen.
NÖ, S. 595

Solange es Schutzzölle und Wanderungsverbote, Zwangsschulen und Zwangsunterricht, Interventionismus und Etatismus gibt, werden immer wieder Konflikte entstehen, die zu kriegerischen Verwicklungen führen.
LI, S. 132

Literaturverzeichnis

AG Die Abschaffung des Geldes in Russland. In: Neue Freie Presse vom 17. November 1920.

BB Bemerkungen über die mathematische Behandlung nationalökonomischer Probleme. In: Studium Generale. Zeitschrift für interdisziplinäre Studien. Heft 11, 1953.

BK Die Bürokratie. Sankt Augustin: Academia, 2004.

BW Die politischen Beziehungen Wiens zu den Ländern im Lichte der Volkswirtschaft. Separatabdruck aus Jahrbuch der Gesellschaft österreichischer Volkswirte 1920. Wien: Carl Fromme, 1920.

CE The Causes of the Economic Crises. And other essays before and after the Great Depression. Auburn: Mises Institute, 2006. (Übersetzung Helmut Krebs, menschliches-handeln.de)

DG Die Goldwährung. In: Neues Wiener Tagblatt Nr. 101, 12. April 1925.

DW Das Wirtschaftssystem des Interventionismus. In: Mitteilungen des Deutschen Hauptverbandes der Industrie. Folge 31, 31. Juli 1930.

EM Das Eigentum in der Marktwirtschaft. In: Monatsblätter für freiheitliche Wirtschaftspolitik. Heft 12. 1964.

ER Erinnerungen. Stuttgart: Lucius & Lucius, 2014.

GG Die Goldwährung und ihre Gegner. In: Neue Freie Presse (Wien) Nr. 24168 vom 25. Dezember 1931.

GK Geldwertstabilisierung und Konjunkturpolitik. Jena: Gustav Fischer, 1928.

GN Grundprobleme der Nationalökonomie. Jena: Gustav Fischer, 1933.

GS Geldentwertung und Staatshaushalt. In: Neues Wirtschaftsblatt Nr. 273 vom 15. Oktober 1919.

GU Gleichheit und Ungleichheit. In: Monatsblätter für freiheitliche Wirtschaftspolitik. Heft 10, 1961.

GW Die Gemeinwirtschaft. Untersuchungen über den Sozialismus. Jena: Gustav Fischer, 1932.

IG Inflation und Geldknappheit. In: Neue Freie Presse (Wien) Nr. 20666 vom 11. März 1922.

IN Die Wahrheit über den Interventionismus. In: Monatsblätter für freiheitliche Wirtschaftspolitik. Heft 10, 1957.

KI Kritik des Interventionismus. Untersuchungen zur Wirtschaftspolitik und Wirtschaftsideologie der Gegenwart. Darmstadt: Wissenschaftliche Buchgesellschaft, 1976.

KK Die Krise und der Kapitalismus. In: Neue Freie Presse (Wien) Nr. 24099 vom 17. Oktober 1931.

KL Kapitalbildung und die Lehre vom Wachstum. In: Greiß, Franz und Meyer, Fritz W. (Hrsg.). Wirtschaft, Gesellschaft und Kultur. Festgabe für Alfred Müller-Armack. Berlin: Duncker & Humblot, 1961.

KM Karl Menger und die Oesterreichische Schule der Nationalökonomie. In: Neue Freie Presse (Wien) Nr. 23123 vom 29. Januar 1929.

LI Liberalismus. Jena: Gustav Fischer, 1927.

LV Die Legende vom Versagen des Kapitalismus. In: Kardorff, Siegfried von (Hrsg.). Der internationale Kapitalismus und die Krise. Festschrift für Julius Wolf zum 20. April 1932. Stuttgart: Ferdinand Enke, 1932.

MA Markt. In: Handwörterbuch der Sozialwissenschaften. Stuttgart-Tübingen-Göttingen: Fischer-Mohr-Vandenhoeck, Bd. 7, 1961.

MO Monopole – Dichtung und Wahrheit. In: Monatsblätter für freiheitliche Wirtschaftspolitik. Heft 1. 1965.

MP Monopoly Prices. In: The Quarterly Journal of Austrian Economics Volume 1, No. 2 (Summer 1998). Auburn: Mises Institute. (Übersetzung Helmut Krebs, menschliches-handeln.de)

MU Marxism Unmasked. From Delusion to Destruction. Irvington: Foundation for Economic Education, 2006. (Übersetzung Helmut Krebs, menschliches-handeln.de)

NÖ Nationalökonomie. Theorie des Handelns und Wirtschaftens. Genf: Edition Union, 1940.

NS Im Namen des Staates oder die Gefahren des Kollektivismus. Stuttgart: Vlg. Bonn aktuell, 1982.

NW Nation, Staat und Wirtschaft. Beiträge zur Politik und Geschichte der Zeit. Wien – Leipzig: Manzsche Verlagsbuchhandlung, 1919.

OH Observations on Professor Hayek's Plan. Libertarian Papers, Vol. 1, Art. No. 2, 2009. (Übersetzung Helmut Krebs, menschliches-handeln.de)

PF Planning for Freedom. And twelve other essays and addresses. South Holland: Libertarian Press, 1952. (Übersetzung Helmut Krebs, menschliches-handeln.de)

PW Probleme der Wertlehre. München: Duncker & Humblot, 1931.

RV Die Rolle der Vorstellung vom Volkseinkommen in der Weltpolitik. In: Beckerath, Meyer, Müller-Armack (Hrsg.). Wirtschaftsfragen der freien Welt. Frankfurt: Fritz Knapp, 1957.

SG Die Stellung des Geldes im Kreise der wirtschaftlichen Güter. In: Mayer, Fetter, Reisch (Hrsg.). Die Wirtschaftstheorie der Gegenwart. Bd. II. Wert, Preis, Produktion, Geld und Kredit. Wien: Springer, 1932.

SP Die geldtheoretische und geldrechtliche Seite des Stabilisierungsproblems. München: Dunker & Humblot, 1923.

TG Theorie und Geschichte. Eine Interpretation sozialer und wirtschaftlicher Entwicklung. München: Akston, 2014.

TU Theorie des Geldes und der Umlaufsmittel. München: Duncker & Humblot, 1924.

ÜK Über Kriegskostendeckung und Kriegsanleihen. Wien: Pimmer, 1918.

UF The Ultimate Foundation of Economic Science. An Essay on Method. Princeton: van Nostrand, 1962. (Übersetzung Helmut Krebs, menschliches-handeln.de)

UW Die Ursachen der Wirtschaftskrise. Ein Vortrag. Tübingen: Mohr, 1931.

VW Vollbeschäftigung und Währungspolitik. Sonderabdruck aus »Schweizer Monatshefte«. Heft 10, Januar 1957.

WA Die Wurzeln des Antikapitalismus. Frankfurt/Main: Fritz Knapp, 1979.

WG Die Wirtschaftsrechnung im sozialistischen Gemeinwesen. In: Archiv für Sozialwissenschaft und Sozialpolitik. Band 47. Mohr, 1920.

WI Vom Wert der besseren Ideen. Sechs Vorlesungen über Wirtschaft und Politik. München: Olzog, 2012.

WL Wirtschaftlicher Liberalismus. In: Handwörterbuch der Sozialwissenschaften. Stuttgart-Tübingen-Göttingen: Fischer-Mohr-Vandenhoeck, Bd. 6, 1959.

WM Ein Wort zum Monopolpreisproblem. In: Muthesius, Peter (Hrsg.) Vom Sinn der Konzentration. Beiträge aus Wissenschaft und Praxis. Frankfurt: Fritz Knapp, 1965.

WP Das Währungsproblem. In: Mitteilungen des Verbandes österreichischer Banken und Bankiers, Wien, XVI. Jahr, Nr. 10/11, November 1934.

WS Wirtschaft und Staat. In: Schweizer Monatshefte. Zeitschrift für Politik, Wirtschaft, Kultur. Zürich: Heft 1, 1968.

ZD Zukunft des Dollar – Zukunft der Demokratie. In: Zeitschrift für das gesamte Kreditwesen. Heft 1, 1964.